自然作为理性
——托马斯主义自然法理论

Nature as Reason:
A Thomistic Theory of the Natural Law

［美］简·波特（Jean Porter） 著
杨天江 译

华东师范大学出版社

华东师范大学出版社六点分社　策划

欧诺弥亚译丛编委会成员（以姓氏笔画为序）
马华灵　王　涛　吴　彦
杨天江　徐震宇　黄　涛

欧诺弥亚译丛·总序

近十余年来,汉语学界政治法律哲学蔚然成风,学人开始崇尚对政治法律生活的理性思辨,以探究其内在机理与现实可能。迄今为止,著译繁多,意见与思想纷呈,学术积累逐渐呈现初步气象。然而,无论在政治学抑或法学研究界,崇尚实用实证,喜好技术建设之风气亦悄然流传,并有大占上风之势。

本译丛之发起,旨在为突破此等侧重技术与实用学问取向的重围贡献绵薄力量。本译丛发起者皆为立志探究政法之理的青年学人,我们认为当下的政法建设,关键处仍在于塑造根本原则之共识。若无此共识,则实用技术之构想便似空中楼阁。此处所谓根本原则,乃现代政法之道理。

现代政法之道理源于对现代人与社会之深入认识,而不单限于制度之塑造、技术之完美。现代政法世界之塑造,仍需重视现代人性之涵养、政道原则之普及。若要探究现代政法之道,勾画现代人性之轮廓,需依傍塑造现代政法思想之巨擘,阅读现代政法之经典。只有认真体察领悟这些经典,才能知晓现代政法原则之源流,了悟现代政法建设之内在机理。

欧诺弥亚(Εὐνομία)一词,系古希腊政治家梭伦用于描述理想政制的代名词,其着眼于整体福祉,而非个体利益。本译丛取其古意中关切整体命运之意，彰显发起者们探究良好秩序、美好生活之要旨。我们认为，对现代政治法律道理的探究，仍然不可放弃关照整体秩序，在整体秩序之下看待个体的命运，将个体命运同整体之存续勾连起来，是现代政法道理之要害。本译丛对现代政治法律之道保持乐观心态，但同样尊重对古典政法之道的探究。我们愿意怀抱对古典政法之道的崇敬，来沉思现代政法之理，展示与探究现代政法之理的过去与未来。

本译丛计划系统迻译、引介西方理性时代以降求索政法道理的经典作家、作品。考虑到目前已有不少经典作家之著述迻译为中文，我们在选题方面以解读类著作为主，辅以部分尚未译为中文的经典文本。如此设计的用意在于，我们希望借此倡导一种系统、细致解读经典政法思想之风气，反对仅停留在只言片语引用的层面，以期在当下政治法律论辩中，为健康之政法思想奠定良好基础。

译丛不受过于专门的政法学问所缚，无论历史、文学与哲学，抑或经济、地理及至其他，只要能为思考现代政法之道理提供启示的、能为思考现代人与现代社会命运有所启发的，皆可纳入选目。

本译丛诚挚邀请一切有志青年同我们一道沉思与实践。

欧诺弥亚译丛编委会
二零一八年元月

目 录

序言 / *i*
致谢 / *iii*

第一章 导论 / *1*
    一、经院主义自然法概念 / *8*
    二、自然法的现代进路 / *29*
    三、自然法传统的晚近动向 / *39*
    四、自然法与神学伦理学 / *55*

第二章 自然作为本性：自然法之根 / *65*
    一、思辨实在论与自然法初探 / *70*
    二、自然与自然法 / *84*
    三、捍卫一种目的论的人性观 / *101*
    四、趋向一个人性概念 / *127*
    五、伦理自然主义、理性与自然法 / *153*

第三章 德性与幸福生活 / *171*
    一、自然福祉与幸福概念 / *176*

二、福祉、幸福与德性的实践 / 198
　三、德性理想与自然规范 / 216
　四、自爱、爱世人与正义规范 / 247
　五、再论幸福生活 / 269

第四章　自然作为理性：自然法的行为与诫命 / 282
　一、实践理性的当代和中世纪方法 / 285
　二、实践理性、意志与首要原则 / 302
　三、自然法与神法："十诫"作为道德法则 / 327
　四、道德规范作为法则与分界 / 352
　五、审慎与道德知识的界限 / 377

第五章　自然法与神学伦理学 / 397
　一、自然法乃基督教伦理之基 / 399
　二、从自然法到人权 / 419
　三、自然权利的悖论地位 / 438
　四、自然、恩典与自然法 / 461

文献 / 488
人名索引 / 511
主题索引 / 514
译后记 / 519

序 言

大约在五年前,笔者完成了一项关于经院主义自然法概念的研究。这个概念主要由 12、13 世纪的神学家和教会法学家发展出来。笔者最后得出的结论是:这个概念从根本上来说仍然妥当,而且从神学角度来看也前景光明。同时,笔者还表达了一份希望:希望其他学者可以把它视为当代神学伦理学的一种资源,从中汲取养分。当然,笔者还是决心自己做一番尝试,而大家所看到的这部著作就是尝试的结果。更为具体地说,笔者在这部著作当中把经院主义自然法概念作为自己的理论起点,进而提出了一种建构性的自然法理论。正如笔者在第一章中所解释的,笔者这里特别倚重阿奎那(Thomas Aquinas)的思想,却把它置于经院主义的背景之下。为了实现这一点,笔者遵循"反思性解释"这一历史悠久的方法,把阿奎那及其对话者视为会话伙伴,并试着破解他们的核心议题。笔者并没有说,这样最终得出的理论一定是阿奎那的理论,也没有说一定是更为概括意义上的经院主义理论;但是,笔者确实表示,它在以下意义上是托马斯主义的:它把阿奎那的自然法理论作为起点,并且以一种忠于他的总体目的的方式加以推展。

在接下来的内容当中,笔者有意预设但并未竭力捍卫先前有本著作曾提出来的解释,这些解释涉及一般意义上的经院主义思想,以及具体意义上的阿奎那理论。笔者援引了那部著作的一些内容,旨在方便那些想要看到对这些解释的完整辩护的读者,或者那些希望获得比这里所能提供的文献范围更为广泛的读者。出于同样的原因,笔者并没有试图对阿奎那或任何其他的中世纪作家进行系统的文本研究,但是要想捍卫笔者所预设的那些解读,这种研究就是必需的。就阿奎那而言,笔者主要把精力放在了他的《神学大全》(Summa theologiae)上,它是本书频繁援引的对象。笔者也援引了他的其他作品的某些段落,只要觉得这些段落在某个点上可以提供更为全面或更加清晰的见解,而且它们通常都被置于了脚注之中。对其他中世纪作家的援引,笔者尽可能地把它们直接置于正文之中。在很多问题上,笔者都利用了洛特(Odon Lottin)所编订的文本《圣托马斯·阿奎那的自然法理论及其先驱》(Le droit naturel chez saint Thomas d'Aquin et ses prédécesseurs),第2版,Bruges：Beyart,1931,页 105—125,以及魏甘德(Rudolf Weigand)的著作《从伊尔内留斯到阿库修斯以及从格兰西到约翰尼斯·托伊托尼库斯法律政令的自然法学说》(Die Naturrechtslehre der Legisten und Dekretisten von Irnerius bis Accursius und von Gratian bis Johannes Teutonicus),页 17—63("民法学家")和页 140—258("教会法学家")。对洛特的援引注明了姓名和页码,而对魏甘德的援引则注明了姓名和段落编号。对这二者的翻译都是笔者自己的,其他翻译亦是如此,除非另有说明。

致 谢

首先必须感谢圣母大学及其神学院教授卡瓦蒂尼(John Cavadini),同意笔者用一年时间来完成本项研究。也要感谢波特(Jon Pott)和他在伊曼德斯的同事的鼓励和帮助。洛厄里(Kevin Lowery)和马腾斯(Paul Martens)为本研究的准备阶段提供了文献研究方面的帮助,卡姆斯(Charles Camosy)则为笔者准备好了文献。还要感谢德拉蒙德(Celia Deane-Drummond)、马腾斯、麦克多诺(William McDonough)、马蒂森(William Mattison)、梅冈(Christopher Megone)和平奇斯(Charles Pinches)对著作初稿的深入而又广泛的评论。莫斯(Lenny Moss)提供了笔者急需的当代遗传学理论和生物哲学上的指导,还为对这个领域内的深入阅读提供了非常宝贵的建议。他们帮助的价值毋庸置疑,但是任何错误都归咎于笔者的愚钝,而不应怪罪笔者的评阅人和那些交谈者。笔者的丈夫布林金肖普(Joseph Blenkinshopp)也阅读并评论了文稿,但对他的亏欠远不止于此——还有他对笔者的有些痴迷的工作方式的宽容和耐心,以及他始终不渝的爱护与支持!

第一章和最后一章的部分内容来自两篇之前已经发表的文章:"一种礼仪传统:作为道德研究传统的自然法理论"("A Tradition of Civility: The Natural Law as a Tradition of Moral Inquiry",

Scottish Journal of Theology 56[2003]:27—48),以及"作为圣经概念的自然法:对一个中世纪主题的神学反思"("Natural Law as a Scriptural Concept: Theological Reflections on a Medieval Theme", *Theology Today* 59[2002]:226—241),承蒙这些杂志的授权,这里方得使用它们。

笔者的母亲最近刚刚退休,她在教学和教务管理岗位上辛勤工作了五十载。她重新回到了她曾经度过童年和少年的小镇。不久之后她与一位儿时的玩伴重逢,而他与她一样丧偶且独居多年。结局不难预料,但当这件事情真实地发生在一个人自己生活之中时,或者发生在一个人所热爱的那些人的生活之中时,总是件充满奇妙和欢乐的事情——他们彼此找到了新的爱情,一起开始了新的生活。因此,这部作品也献给我的母亲,以及那位为我们的生活带来许多快乐的热忱而又有风度的绅士!

第一章 导 论

[1]本书将铺陈一种自然法的神学解释。它以中世纪时期诸位自然法理论家(特别是阿奎那,但不局限于他)为理论起点,并且结合当代视角和问题意识,使其成为一种建构性的道德理论。对于很多读者来说,这似乎是一个自相矛盾的做法。自然法通常被视为一种普遍的道德规范,可以被一切理性的人所理解,不管他们所具有的特定的形而上学或者宗教精神(如果有的话)是什么。果真如此,它是最适合借助哲学分析方式研究的。而这种理论方法又是对一种更为一般的哲学精神的反映:纯化理性,把它从历史的偶然事件和具体的文化活动之中解脱出来。结合现代早期的自然法理论研究来说,这种精神体现在持续不断的努力之中:把自然法与特定信念和活动(特别是神学信念和活动)的背景拆开,从历史的角度来看,它们本来是相互关联的。用巴克(Ernest Barker)的话来说,"与神学结盟了若干世纪……自然法理论在16世纪摇身一变,成为了一个独立自主和唯理主义的体系,并在17、18世纪保持如此,被世俗自然法学派的哲学家所信奉和阐发。"① 有一种观

---

① Ernest Barker,《礼仪之传统》(*Tradition of Civility*),转引自 Gerard Watson,"自然法与斯多亚主义",收于 *Problems in Stoicism*, A. A. Long 主编, London: Athlone, 1971, 页 216。笔者这里未能查出原始文本。

点认为,对我们的道德信念和活动的妥当评价,实际上依赖于特定的神学信念或者研究方式。但从以上视角来看,只要根据的是对何谓自然法的合理解释,这个观点都是与一种自然法的理论方法相对立的。

[2]哲学方法有着忠实的拥趸,他们大多并没有竭力表明,他们对自然法的解释是与早期的自然法思想传统保持一致的。毕竟,正如纯粹理性的道德规范在其内容或效力上并不依赖具体的文化信念和活动,那么,这种道德规范的思想史也就无法实际地限制它的发展。尽管如此,我们还是可以找出证明自然法哲学方法的历史效力的证据,或者说表面上来看如此。我们可以思考一下西塞罗《论共和国》当中的一个被频频援引的段落:

> 真正的法律是与本性相合的正确的理性;它是普遍适用的、不变的和永恒的;它以其指令提出义务,并以其禁令来避免做坏事。此外,它并不无效地将其指令或禁令加于善者,尽管对坏人也不会起任何作用。试图去改变这种法律是一种罪孽,也不许试图废除它的任何部分,并且也不可能完全废除它。我们不可以元老院和人民大会的决定而免除其义务,我们也不需要从我们之外来寻找其解说者或解释者。罗马和雅典将不会有不同的法律,也不会有现在与将来不同的法律,而只有一种永恒、不变并将对一切民族和一切时代有效的法律;对我们一切人来说,将只有一位主人或统治者,这就是上帝,因为他是这种法律的创造者、宣告者和执行法官。无论谁不遵从,逃避自身并否认自己的本性,那么仅仅根据这一事实本身,他就将受到最严厉的刑罚,即使是他逃脱了一般人所认为的那种惩罚。①

---

① 《论共和国》,第三卷,二十二,33。这是笔者自己的翻译,同时根据 Loeb 版进行了校对。正如 Loeb 版所表明的(页 210),这个文本是通过 Lactantius 传给了经院主义者的。

乍一看,这段话似乎是对一种纯粹哲学的自然法理论方法的支持。西塞罗把自然法描述为一种普遍适用的法,在一切时代和所有地方都是相同的,不可改变的,这样,它就不允许被废止、免除,或者出现例外。而且,如果继续对自然法传统进行探究,那么我们就会发现,这些特征实际上被普遍视为自然法的标准。用12世纪一位隐名教会法学者的话来说,"自然法在尊贵上优于其他,正如它在时间上先于其他;在时间上占先,是因为它与人性同时开始;之所以在尊贵上占优,是因为其他法律可以被改变,而它却保持不变。因此,正义也被定义为分给每个人以其权利的稳定、永恒的意志。再进一步,国家的理由可以把[3]民事法置于一旁,但却不可以这么对待自然法"(《科隆大全》,*The Cologne Summa*,摘自洛特,页106)。

然而,西塞罗的论述实际上也暗示了处理自然法的其他方法。他说,自然法是"与本性相合的正确的理性",这里"正确的理性"的提法与当代哲学方法完全相合,而他也提到了"本性"(nature),这就提醒我们:从历史的角度来看,对自然法的解释往往与对本性的具体的和富有争议的科学和形而上学解释相连,而这种本性指的是我们的人类本性,或者更为一般的自然秩序,或者兼指二者。而且,他还直截了当地说,上帝是"这种法律的创造者、宣告者和执行法官"。正是通过这种方式,他把自然法与上帝对一切人的权威联系在了一起。想来这些话对于稍后的犹太教和基督教思想家来说有着不同于西塞罗的意味,但是无论怎样理解它们,它们都不是严丝合缝地契合一种纯粹哲学的自然法理论方法,至少就我们大多数当代人对这种方法的理解来说如此。

事实上,对自然法的反思包含着一个丰富而又多变的传统,从中我们可以发现,解释何谓自然法以及评判它的意义和实践效力的方式不止一种。当然,前面所勾画的那种自然法哲学方法代表着这一传统的一个重要分支,它形成于现代早期阶段,统治着迄今为止的大多数自然法讨论。但是,一旦我们把它视为自然法的唯一可能的理论方法,或者认为它代表着据以评判其他方法的理由充分和完全清晰的标准,那么我们就会忽视、甚至扭曲这一传统一并提供的其他的可供选择的方法——这些方法就其自身而言就是值得思考的,而且它们在某些方面、从某些角度来看,比当下具有统治地位的哲学方法更有希望。

另外一个文本暗示了这样的一个选择,这个文本就包含在后来称为《标准集注》(Ordinary Gloss)的著作之中。这是一部12世纪早期的集注,也是一部通行于当时的圣经评注,它经由教父的逐页评注汇编而成。之所以被称为"标准的"评注是因为它迅速成为了中世纪学校所使用的此类汇编的范本。它为西方基督教神学思想提供了一个极为珍贵的见证,因为它既是早期教父观点的一个缩影,同时也预示了随之而起的经院主义神学的主要路线。这里我们可以提供其中的一段说明,它是对后来经院主义自然法反思经常引证的那个章句的解说,《罗马书》章2节14:"没有律法的外邦人若顺着本性行律法上的事,他们虽然没有律法,自己就是自己的律法":

> [4]使徒保罗在前面说,如果外邦人犯了罪就会受到责罚,只有行善才能得拯救。但是,由于他们没有律法,不知道什么是善,什么是恶,似乎二者都不应施加于他们。与此相反,正如使徒所言:即使没有成文法,也有自然法,据此可以理解并且内化什么是善,什么是恶,与本性相反的就是恶行,那正是恩典所要治愈的。世俗欲望的沾染不可能从人的灵魂之中根除上帝的形象,直至它荡然无存。那是在人类受造时通过上帝形象铭刻上去的,是无法全部移除的。相应地,当恶行通过恩典治愈时,他们就会自然地做那些与律法相连的事情。

恩典不可以根据本性而受到否定,相反,本性要通过恩典治愈。正义的律法,排除了故障,会在精神的个体之中得到恢复,通过恩典再次被铭刻。①

初步阅读我们可以发现,这些话语所反映出来的对自然法的基本理解,与我们在现代哲学方法之中所发现的相同。毫无疑问,这二者之间存在着重要的连贯性。它们都坚持西塞罗对自然法的出色评定,其中包括它的古老性,它的不朽性,以及它的普遍适用性。然而,与此同时,《集注》对这些评定的阐发却截然不同。最令人称奇之处在于,这里理所当然地把自然法作为一个圣经教义来对待,因为《圣经》既为肯定自然法的存在提供了一个保证,也为它设定了一个神学背景,而正是这个背景使得它变得富有意义。自然法以创世为根据,代表着人类反映神之形象的一个方面。这样的话,它既为罪提供了一个参照点,也为复原的愿景(hope of restoration)奠定一个基础。同时,《集注》所强调的是我们所说的自然法的理智(noetic)特征,而不是它的实体(substantive)或似法(lawlike)特征,因为它被描述为道德省察(moral discernment)的一种潜能(capacity)或能力(power),而不是一组从根本上或者主要意义上来说的正当行为的规则。正如我们将在后文当中看到的,经院主义者确实也相信自然法可以产生具体的道德规范。但是,他们并不认为这些就是最为重要意义上的自然法的核心内容。相反,他们把首要意义上的自然法等同于道德省察的潜能,或者说

---

① 摘自 Migne 的《希腊教父集》(*Patrologiae Cursus Completus*),1852,114:475—476;笔者也查对了以《拉丁圣经与标准集注》(*Biblia Latina cum Glosa Ordinaria*)为名出版的手稿,卷 4,Brepols:Turnhout,1992。《标准集注》后来被错误地归于 Walafrid Strabo(d. 849),并且以他的名义在 Migne 出版。对该汇要的形成的完整解释及其对后世的意义,参见 Beryl Smalley,《中世纪的圣经研究》(*The Studay of the Bible in the Middle Ages*),Blackwell,1952;再版,Notre Dame:University of Notre Dame Press,1964,页 46—65。

这种潜能得以运用的基本原则。澄清这个事实意义非凡,因为它指出了一个替代方案:用一种潜能或能力的普遍性,而不是一组可普遍接受的道德规则,来解读西塞罗的自然法评判。即便如此,与自然法相连的那些普遍存在的潜能和动作仍然需要进行神学解释,因为它们有些已经被败坏了,或者说被遮蔽了。否则,我们就不一定会确信它们无法被罪整个地根除和消解,也不一定会听说一旦它们被恩典治愈就会运行良好。

很明显,现当代把自然法看成一组道德规范,固守着它的普遍性和理性强制力(rationally compelling force),而上述自然法的神学方法即使与之相合,也显得相当别扭。因此,当我们看到,那么多的现当代自然法阐释者,都觉得他们教父时代和中世纪时期前辈的理论混乱不堪,转而讴歌自然法作为"一个独立自主和唯理主义的体系"的现代形态,这也就见怪不怪了。但是,现代自然法理论方法并非唯一可能的选择,它也没有设定标准,要求其他的自然法解释方案都要据此得到评判。需要特别指出的是,《集注》例示了别具一格的神学方法,它本身即具有独立的价值,甚至对于当下神学家来说也是如此。这至少可以作为本项研究的一个隐含的预设。

本书将提出一种自然法的神学解释,它以 12、13 世纪经院主义法学家和神学家所阐发的自然法概念为理论起点和导向。坦诚地说,对于塑造一种 21 世纪的自然法伦理而言,这并非一个显而易见的理论起点。正如笔者希望在接下来的内容当中所要表明的,经院主义的自然法方法可以提供很多东西,尤其是从神学伦理学的立场来看。它暗含着一种思考自然法的方式,这种方式尤其具有神学特色,但同时也向其他的思维视角开放,其中包括那些自然科学的视角。基于同样的原因,这种方式也提供了一些反思前理性之自然(prerational nature)的道德意蕴的起点,从它本身及其与人类理性运用的关联之中来观察它。正如我们将会看到的,经院主义者处理自然的方法与他们的神学信念之间的联系并非偶然。他们的自然法理论并没有为我们规定一个伦理的规范体系，它既详尽无疑足以据以实践，又充满活力足以说服一切富有理性而又天赋良好的人士。然而，我们有充分的理由提出疑问：是否任何一种道德理论都能为我们提供这样一个体系。而且，这种自然法方法为我们带来了某种可以说是更为珍贵的东西，即，一种从神学角度反思人类道德现象的方式。

在进行这种阐述时，笔者会尽力注意我们与经院主义者之间的距离。笔者并不想暗示：经院主义概念为我们带来的是一种绝对令人满意的自然法解释，相形之下后来的所有方法徒有衰落的象征。对自然法的反思包含着一个充满活力的传统，这个传统的稍后阶段既反映了那些先驱的优势，也反衬出了它们的弱点。就此而论，正如我们后面将要看到的，后来的自然法理论形式揭示了中世纪方法的某些模糊之处。基于以上两个理由，请不要把笔者所带来的内容视为对经院主义自然法概念的一个展示，而应把它作为一种自由地利用着那个概念的现代自然法理论。

同时我们也看到，我们与经院主义者之间的距离仅限于此。在某些关键点上，经院主义者们是正确的——或者这至少可以成为接下来内容的一个更进一步的预设。他们正确地坚持了自然法独特的神学意蕴，正如经文和教义在自然上的视角所透露出来的那样。他们正确地把自己的自然法阐释置于了一个强劲的自然概念之上，其中既包括人类理性，也包括人类存在的前理性成分。而且，他们正确地把首要意义上的自然法等同于道德省察和动作的基本潜能，而不是道德规则——同时并没有否认按照这种理解，自然法确实产生着明确的行为规范。笔者自己的自然法方法以这些深刻的见解为理论起点，并且希望可以通过成熟的解释来证明它们。

推动本项研究的是一个确信：经院主义者为我们带来了一个既具有说服力也发人深省的自然法方法。笔者正是根据这一方法提出一种建构性理论，这里的首要目标不是去解决当代问题，或者去修正其他方法的缺陷,不管是针对一般的道德反思,还是针对具体的自然法理论。相反,笔者希望把自己所认为的经院主义理论方法的关键因素转化为一种建构性理论,它具有自身的价值,可以作为对道德生活的一个神学上妥当的、有说服力的解释。但是,这项研究确实也预设了一个有待解决的难题和有待修正的具有缺陷的背景,否则提出个人的观点又有何意义呢?笔者并未暗示,自己能够实际地解决一切与自然法相关的那些可能出现的问题,但笔者断言,后面所提出的理论一定可以通过有益的方式促进持续的理论对话。无论怎么说,本项研究的理论意义在于:复兴并扩展笔者所认为的经院主义自然法概念的那些典型特征。因此,理应说出比笔者认为这些典型特征是什么更多的内容。故而,本章的第一节必然以一种简洁的形式点明笔者所认为的经院主义自然法概念是什么。然后把它与后来形成的现当代理论方法进行比较。笔者希望通过这种方式,既可以确定经院主义概念的不完整发展的要点和模糊之处,也可以更为清晰地揭示笔者所认为的它最强劲和最独特的特征。最后,笔者将在最后一节回到最初设定的任务,提出一个一直萦绕在心的自然法阐述的概览。

一、经院主义自然法概念

正如笔者在前文所指出的,希望在这里提出一种自然法理论,它能够接续自然法传统的历史传承。在接下来的内容中,笔者会自如地汲取那一传统的部分内容,既作为起点也作为鉴戒。当然,对于当下很多的哲学家和神学家来说,"传统"(Tradition)是一个颇有负担的术语,因此笔者在这里首先要表明,无意为当前关于传统含义的争论提供一个立场,更不想暗示自然法反思传统只有作为一个传统才有价值。毋宁说,笔者在论及自然法反思传统时看重的是它的象征形式:在对自然法的自我反思的理论化之前,我们可以发现一段悠长的历史,它充满着对自然法的反思和评注,以文本为中心,通过对早先理论方法的一个自觉利用、评注、批判和修正的过程加以发展。① 无论是基于历史的原因还是基于实际的原因,我们都可以名正言顺地把这个反思过程视为一个统一的传统。也就是说,我们可以追溯一个关于利用、批判和修正的连贯程度不一的路线,其中,后世的自然法思想家或者明确地援引他们的前辈,或者以隐含的但却可以分辨出来的方式反思着早先思想的轮廓——而且与此同时,我们也可以在自然法问题上追溯广泛共识的路线,还有那些贯穿着自然法反思大部分历史的反复出现的难题。②

我们在处理经院主义理论时,特别是在处理中世纪高端时期的经院主义理论时,尤其需要谨记自然法反思的这些方面。(现代早期的经院主义者越来越多地采用具有时代特征的哲学视角和方法。)笔者这里并不打算暗示:经院主义者是在以我们理解那一传统的方式理解着他们自己对自然法的反思。尽管如此,我们还是可以通过这些术语拟定他们的反思要点,从而在探讨经院主义自然法反思时就能突出一个重点,否则的话它往往会被忽视甚至误解。也就

---

① 在过去的一个世纪当中,已经出现了相当多的著作论及自然法反思的历史。对自然法思想史的非常有用的、可以作为典范的考察,见 A. P. d'Entreves,《自然法:法律哲学导论》(*Natural Law: An Introduction to Legal Philosophy*), rev. 2, London: Hutchinson, 1970。对直到阿奎那时期的经院主义自然法理论讨论的详细处理,参见 M. Grabmann,《从格兰西到托马斯·阿奎那的经院主义自然法理论》("Das Naturrecht der Scholastik von Gratian bis Thomas von Aquin"),载于 *Mittelalterliches Geistesleben: Abhandlungen zur Geschichte der Scholastik und Mystik*,卷 1,共 3 卷(Munich: Hueber, 1926),页 65—103; Lottin(1931); Weigand(1967);以及 Michael Crowe,《自然法的变动形象》(*The Changing Profile of the Natural Law*), The Hague: Martinus Nijhoff, 1977, 页 192—245。更多的细节,包括较为广泛的文献,参见拙著,《自然法与神圣法:重回基督教伦理学传统》(*Natural and Divine Law: Reclaiming the Tradition for Christian Ethics*), Ottawa: Novalis; Grand Rapids: Eerdmans, 1999, 页 66—75。
② Grabmann 强调早期经院主义学者对自然法的基本共识,尽管他们在细节上有所分歧,见《从格兰西到托马斯·阿奎那的经院主义自然法理论》,页 96—97。

是说,那一时期的经院主义定义性特征之一是它对文本的依赖,其中既包括代表着至高权威的《圣经》文本,也包括其他的更为广泛的文本,比如犹太教的,伊斯兰教的,古典时代的,基督教起源时期的,尽管它们无法与《圣经》相提并论,但仍然都是重要的权威。① 后面的这些保存着真理的片段,而《圣经》却提供了一个解释的关键,可以把这些片段重新连接为一个系统的、综合的整体。当下我们可以清楚地看到,经院主义者们对这些权威文本作为真理中介的可信度信心满满,也对他们自身修复这些文本以片段的方式所保存的完整的真理的能力确信不疑。他们虽未能实现这一目标,但确实从权威文本传递给他们的各种不同的视角之中构建起了一些体系,这些体系尽管颇受限制但却令人印象深刻、叹为观止。

笔者试图借此表明,这揭示了我们理解经院主义自然法概念的途径,至少对于我们接下来思考的那个阶段的自然法概念来说如此。经院主义者所获得的自然法传统是通过一系列文本传递过来的,它们都被认为是权威的,当然最高的权威只有一个,那就是《圣经》。在《圣经》之外,这些文本还包括教父们的著作,特别是圣奥古斯丁,当然也不仅限于他,还有为数众多的古典作家,包括亚里士多德、查士丁尼治下的罗马法学家、一些其他希腊罗马哲学家,此外还有整个非基督教渊源当中最为重要的作家,西塞罗。②

---

① 此处特别参考了 R. W. Southern,《经院人文主义与欧洲大一统》(*Scholastic Humannism and the Unification of Europe*),卷 1:《奠基》(*Foundations*),Oxford: Blackwell,1995,页 1—57 和页 102—133。
② 鉴于人们广泛认为,从根本上来说,中世纪的自然法观念是亚里士多德主义的,此处特别强调西塞罗似乎有点奇怪。然而,Cary J. Nederman 关于中世纪政治理论的作品使得笔者相信那种看法是错误的。参见他的论文,《自然、罪与社会的起源:中世纪政治思想中的西塞罗传统》("Nature, Sin and the Origins of Society: The Ciceronian Tradition in Medieval Political Thought"),载于 *Journal of History of Ideas* 49,(1988):3—26,以及《亚里士多德主义与十二世纪"政治科学"的起源》("Aristotelianism and the Origins of 'Political Science' in the Twelfth Century"),载于 *Journal of History of Ideas* 52,(1991):179—194。

这当然不是一个各种渊源的大杂烩，它早已通过文本传递和评论的持续过程得以形成，再加上后来作家对他们前辈的援引、扩充和修正。因此，这一传统的统一性首先是被一个有意为之的传播过程所带来的，尽管这种传播涉及的只是权威文本及其被认为包含着的真理，而不是一个传统本身。

同时，经院主义者们并非纯粹是一个继受的文本传统的被动接受者和传播者。11、12世纪是一个社会急剧变动、社会体制变革迅速的时期，最终在思想生活中绽放了通常所说的12世纪的文艺复兴。① 经院主义者是这些变化的直接承受者，而且在很大程度上也肩负着理顺和巩固它们的责任。为了提出一种新型的社会神学，配合这个在很多方面都日新月异的社会，经院主义者们广泛利用了早期阶段的自然法传统，同时也以回应时代需求的方式重塑着它。经院主义者诉说着他们古典时代或者教父时期的语言，但是，如果因此认为他们所指的总是这些前辈所指的东西，这却是一个错误。当古老的主张被基于新的社会条件加以断定时，它们就呈现出了新的含义。而且，各种不同的思潮都汇聚在了一起，汇聚的方式是它们的创始者所始料未及的，何谈有意为之？

经院主义思想就其自身而言具有忠于文本的风格，这并不一定与现代理想就水火不容。后者旨在建构可以获得普遍辩护的哲学体系——例如，文本思考可以被视为一种辩证地揭示自明真理的途径。然而，还存在更为深远的方面。经院主义的自然法反思透露出了它受惠于文本之处。我们在指出这个方面时确实远离了以下观点：自然法是由普遍有效的道德规范构成的，它们是一切理性的个人所能获得的。换言之，经院主义的自然法反思植根于一

---

① 此处特别参考了 Southern，《经院人文主义与欧洲大一统》，至于更多的细节，其中包括更为详细的文献，参见拙著《自然法与神圣法：重回基督教伦理学传统》，前揭，页 34—41。

份忠诚,也从根本上受其塑造,那就是把一个特定文本作为思考的最高权威来源。这个文本当然就是《圣经》,它在经院主义自然法反思当中的地位给予那种反思一种透视法的特征。这与当下自然法理论的大多数拥趸所持的理论观点是不相一致的。

认为《圣经》是经院主义自然法反思的唯一源头,这却是误导性的。那意味着经院主义者以圣经文本为出发点,把它与其他源头隔离开来,从而形成他们自己的自然法解释。这种理论方法将会预设一种特别现代(甚至典型的)新教信念:唯独圣经(sola Scriptura)。那与经院主义者对广泛的文本传统所抱持的开放态度格格不入。① 正是这种开放性使得他们易于接受广泛形式的自然法传统,其中既包括古代的源头,也包括基督教的源头。然而,当经院主义者接触它的时候,自然法传统已经是一个基督教化的传统了,其中《圣经》是与其他源头无法分开地交织在一起的。而且,在利用和发展这一传统的过程中,经院主义者转向了《圣经》,既用它证明对自然法的诉求,也用它引导自己对已经获得的那一传统的调用和重塑。如果认为《圣经》与他们所获得的那一传统的其他源头之间的联系是片面的,这同样也是误导性的。根据这种方式圣经文本一直决定着自然法的轮廓,正如经院主义者对它的理解那样。他们对圣经的解读本身是由关于自然法的更为广泛的

---

① 笔者不知道有谁真正试图通过这种方式提出一种自然法解释,但是,我们当代学者确实有人主张:只有根据启示,辅以权威解释,才能确立自然法的规范意义,或者说才能令人信服地确立。这种方法至少在最近的教皇通谕《真理之光》(*Veritatis Splendor*),Origins:CNS Documentary Service 23,14 October 1993,之中得到了暗示;特别参见第 44 段、53 段和 117 段。Russell Hittinger 在《首要的恩典:在后基督教世界重新发现自然法》(*First Grace:Rediscovering the Natural Law in a Post-Christian World*),Wilmington:ISI Books,2003,当中提出了一种相似的理论方法,参见该书页 3—37。Stephen Pope 则在《同性恋的科学和自然法理论分析:方法论研究》之中讨论并批判了一种相似的路径,("Scientific and Natual Law Analyses of Homosexuality:A Methodological Study"),载于 *Journal of Religious Ethics* 25,no. 1(1997):89—126。

预设塑造的,这反过来又是由一个自然法反思的多面向传统所形成的。虽然如此,就其根据和整个轮廓来说,经院主义的自然法概念在深层次上是由他们对《圣经》的解读所塑造的,这种解读是通过教父评论的中介进行的。

最后这一点应该大书特书。尽管经院主义者没有把早期教会的神学家置于与《圣经》同等重要的地位,但他们也认为教父的那些评论为理解圣经文本提供了最佳的指南。同时,早期对自然法的神学(还有哲学)反思往往既应景而发又言简意赅。经院主义者总是应时而动的,他们的著作是对广泛的思想和社会因素的回应,他们的创作隶属于大的自然法反思传统,这样他们就把教父品评自然法的核心要旨发展成为了一个内在一致的概念,而这个概念为未来的理论发展奠定了基础。如果我们在这里探讨经院主义者发展这一概念的具体背景,势必会远离主题。当前只需说明,就其主干来说,它结合了早期对自然法的神学反思的主要路线,把它整合成了一个多少统一的自然法概念(至于统一的程度则取决于我们所讨论的作者的情况)。①

因为经院主义自然法概念脱胎于对一个早期传统的反思,那么为了理解它所独具的特征,我们就需要把它置于那一传统之中来研究。长久以来,该自然法反思传统具体体现为一组差别,它们设定限定性的边界,各种不同的自然法理论就是在这个边界之内发展出来的。除了极少数的例外,当我们诉诸自然法时,就意味着承认我们可以在人为法、风俗和惯例(简言之,各种形式的社会习俗)与这些习俗脱胎于其中的人生的预定天赋之间作出具有意义的区分。自然法理论家未必都根据"预定是善、习俗是恶"的思路直接从前面的那种区分进入道德判断。但是,他们通常都默认或者宣布社会习俗是能够根据它们的预定起源加以分析的,至少在

---

① 具体细节,参见拙著《自然法与神圣法:重回基督教伦理学传统》,前揭,页 25—62。

部分上如此,而且这种分析路线从某个方面来说是具有重要的道德意义的。

当然,无论何时何处都可以在预定天赋与社会习俗之间作出一个区分,而且可以根据人性的广泛理解对它进行解释。① 因此,当我们发现自然法传统包含着对自然的规范或似法属性及其与社会习俗关系的各式各样、完善程度各异的理论解释时,我们丝毫也不应感到惊讶。在各个不同的时代,"自然"一直被等同于某种秩序,它或者由自然世界显露,或者通过形而上学分析揭示,具有人性的规律性,包含着与其他动物共享的那些方面,并且伴随着人类理性的活动。自然的规范力量一直被解释为因果关系的不可抗拒的联系的一种表达,一组或明或暗地从自然秩序或者理性反思而来的道德规则,一种道德省察的潜能或能力。社会习俗则一直被解释为人性的有机的、直接的表达,或者被解释为反思性的建构(reflective constructions),它们从自然赋予的起点发展而来,甚至是以随机的和不可预测的方式。

自然法传统的弹性为基督教神学家留下了广阔的空间,使得他们可以按照自己独特的信守来调整和发展它。这一传统不仅为引入一个基督教的上帝观,把上帝作为自然法的作者和卫士,留下了广阔的空间(正如西塞罗的论述所表明的),而且更为根本的,自然与习俗之间的区分打开了一个思路:在这个语境下可以把"自然的"等同于启示法和良知。毕竟,从一个基督教的视角来看,它们二者明显都是预定的,而且都会产生了一系列的社会表达,尽管产生的方式有所不同。例如,我们可以发现,奥利金(Origen)把自然法等同于上帝法。无独有偶,安布罗斯(Ambrose)把自然法等同

---

① 经院主义自然法概念及其与中世纪自然观念之间的关系,更多细节请参见拙著《自然法与神圣法:重回基督教伦理学传统》,前揭,页 25—62。讨论教父的自然法观念的地方在页 124—129。

于摩西律法,同时解释说后者是对前者的肯定和延伸。他还拿使徒保罗对外邦人内心法律的援引(前引《罗马法》2:14—15)指代自然法。哲罗姆(Jerome)同样把这种内在的法律等同于自然法,而且他还提供了一个被广泛援引的评论:良知(synderesis),或者理性,即使在该隐那里也不能被灭绝。奥古斯丁(Augustine)也把自然法等同于外邦人的不成文法,这样他就认为它是普遍有效的,尽管他有时也补充说它几乎被罪完全遮蔽了。他还把自然法与上帝形象联系起来,把它解释为理智魂。因此,按照他的观点,自然法是天生的,它与第一个人的创造同步,而且也是无法根除的。最后,他与许多其他的教父作家一样,也把自然法与黄金规则(Golden Rule)和《摩西十诫》联系了起来。他说,黄金规则是一条所有人都知道的基本道德规范,根据这条规则至少可以从理论上派生出基本的道德原则。同时,鉴于罪的普遍作用,我们的道德认识大大地受到了限制和败坏。基于这个原因,上帝已经在摩西律法,特别是在"十诫"之中,仁慈地安排了自然法的基本诫命(precepts)。因此,"十诫"可以被视为自然法的一种成文表述。

[13]当经院主义者面临着要提出自己的自然法解释的任务时,他们发现,传承到自己手中的那一传统错综复杂,留给他们的是各式各样的自然法定义。① 这种错综复杂的局面既是挑战也是机遇。他们尊重权威文本,这使得他们竭尽全力地把各种不同的自然法解释尽可能地纳入自己的阐释之中,但他们并非总是能够把这些视角整合成连贯的理论。然而同时,承继下来的传统的复杂性意味着,它可以把自然哲学和系统神学的最新发现——那时

---

① Brian Tiereny 在他的《自然权利的观念:1150—1625 年的自然权利、自然法与教会法理论研究》当中比较详细地讨论了这一点(*The Idea of Natural Rights:Studies on Natural Rights,Natural Law,and Church Law*,1150—1625),Atlanta:Scholars Press,1997,页 43—77;同时也可以参见拙著《自然法与神圣法:重回基督教伦理学传统》,前揭,页 76—98。

这两个学科正方兴未艾、影响广泛——以及早期更为一般的人性和自然秩序的视角融合在一起。经院主义者们很快就发现，几乎任何起源性的人生原则都可以被视为"自然"，它与社会习俗之中——理想地或者实际地——所体现出来的"法"相符。正如我们所期待的，这些既包括理性，也包括我们与非理性造物共有的那些倾向或者有序进程，还有更为一般的形而上学原则，甚至包括广泛使用的社会习俗。是否能够把这些不同的方法置于一个统一的自然法概念的界限之内，或者是否应当把这些不同的方法置于一个统一的自然法概念的界限之内，这并非总是明确的。实际上，12世纪的法学家通常使用多重自然法（multiple natural laws）的提法。当然，法学家们很快就开始尝试为这种多重性提供某种秩序了，神学家们也按照这些路线持续地努力着，但无论是法学家还是神学家，都不曾尽力把它简化为自然法定义的唯一"恰当"的整齐划一。

经院主义者在使他们的自然法阐释条理化上作出了诸多努力，他们逐渐确定了自然法的首要的或者说核心的理解方式，与之相比其他的解释都是次生的，是对首要的自然法的表达，或者从它那里派生而来。正如我们现在可以想象的，为了找到这种首要意义的自然法，他们求助于《圣经》，特别是使徒保罗所言的外邦人的不成文法，那是世世代代的教父评论所解释过的。这就使得他们形成了一种观点，根据这种观点，自然法从根本上来说是一种区分善恶的潜能或能力；自然法是那按照上帝的形象创造出来的人之灵魂所固有的特征，它通过道德诫命表达或者发展，而这些道德诫命又通过恩典的作用得到证实、完成和[14]超越。尽管按照它的首要意义来理解，自然法是不包括具体的道德规则的，但它却在黄金规则以及爱上帝和爱邻人这两条至高的诫命中找到了直接的表达。这些又产生了"十诫"的更为具体的规范，它们可以在人生条件的保证之下进一步细化。因此，从广义上来说，自然法既包括基本的道德判断能力，也包括具体的道德规范，尽管在具体规范层面上无论是正当的变化还是罪的扭曲都存在着相当大的空间。

无论是经院主义自然法概念的复杂性,还是经院主义者试图理顺这种复杂性的方法,我们都可以在12世纪后期的教会法学家胡古齐奥(Huguccio)的著作中找到绝佳的例证:

> 因为不同的人有不同的自然法观念,那么我们就从它的不同的含义出发吧!自然法被说成是理性,因为它是灵魂的一种自然能力,人类据以区分善与恶,选择善、拒斥恶;理性被说成是法(jus)因为它发布命令(jubet);它也被说成是律(lex),因为它约束(ligat),或者它迫使人们正当地行为(legitime);它被说成是自然的,因为理性是自然的善之一,或者因为它与自然极为相合,从不违逆于它。就这种自然法而言,使徒说,"我发觉在我的肢体内,另有一条法律,与我理智所赞同的法律交战",这说的就是理性,称之为法,正如刚才所言。其次,自然法被说成是理性的判断,亦即,从理性出发的运动,直接地或者间接地;那就是说,任何一个被理性强制的运作或工作,省察、选择、行善、施舍、爱上帝,诸如此类。在评论使徒经书时,"外邦人没有法律,但自己对自己就是法律,"奥利金说,就此法律而言,"他说自然地,亦即通过自然理性,换言之,通过理性的自然引导。"针对相同的文本,希拉里(Hilary)说,"自然法就是不伤害任何人,不拿别人的任何东西,不欺诈和不作伪证,不卷入他人的婚姻,以及诸如此类的事情。简而言之,己之不欲勿施于人,这是与福音的教义相吻合的。"但是,根据这种理解方式,所说的都不是恰当意义上的自然法。因为刚才所说的包含在这种自然法理解之中的东西应当说只是自然法的[15]一个效果,或者应当说是派生于它,或者说是根据自然法不得不去做的事情,而不是自然法本身。同样地,根据第三种意义,自然法被说成是一种本能和自然秩序,据此龙生龙凤生

凤,据此物以类聚人以群分,据此各物秩序井然,据此它们哺育后代,据此它们追求和平、远离搅扰,并且去做感官,即自然欲望,所要求的其他事情。针对这种法,法学家说,"自然法就是自然教会所有动物的东西";这种法是所有动物共有的,而在前面的两种意义上,它只适合于理性存在物。因此,法学家说,"我们看到,其他动物,甚至野生动物,也被认为习得了这种法。"同样地,在第四种意义上,自然法被说成是神圣法,亦即,包含于摩西律法和福音之中的内容。这被说成是自然法是因为,最高的自然,即上帝,把它传递给我们,并且通过律法、预言和福音教会我们,或者因为自然理性把我们导向或者驱向,甚至通过外在习得,那些包含在神圣法之中的东西。因此,如果我可以大胆地说,我会极为肯定这种法是在不恰当的意义上被说成自然的,因为自然法,即理性,迫使一个人去做那些包含着其中的事情,而且他被迫以理性去做那些事情。①

笔者这里之所以要大篇幅引述这段文本,是因为尽管胡古齐奥自己觉得是在提出了一个截然不同、甚至颇有争议的立场("如果我可以大胆地说……"),但他分析自然法的方式接下来却支配着12、13世纪的经院主义理论方法。② [16]乍看之下,这些似乎只是不同

---

① 胡古齐奥(Huguccio of Ferrara)通常被视为最好的教令集专家,也就是《格兰西教令集》的评注者。这个文本可以追溯到1188年。他所指的"法学家"是查士丁尼。实际段落引自乌尔比安,"开始"指的是《格兰西教令集》的开篇,这是 Huguccio 的评注对象。关于格兰西本人我们几乎一无所知,但可以合理地确定,他是一名教士,一位与波伦亚有联系的法律学者。他的教会法分析大纲,*Concordia discordantium canonum*,或者更多地称之为 *Decretum Grantiani*,始于1140年。据我们所知,它代表着把教会的法令编进一个连贯的体系的首次尝试,而且它对后来的神学和教会法都发挥着深远的影响。
② Tierney 断定,胡古齐奥事实上是首位把首要意义上的自然法等同于理性,并依次分析自然法的其他意义的学者,参见《自然权利的观念:1150—1625年的自然权利、自然法与教会法理论研究》,前揭,页64—65。

意义的自然法的目录,实际却贯穿着分析上的细致探察,据此这些不同的解释都与首要意义关联起来,通常被等同于理性或者道德省察的基本原则,并且依次得到评价。更令人惊叹的是,乍看之下似乎只是对自然法的一种理性主义的解释,实际却植根于《圣经》之中,相应地,《圣经》所启示的神圣法被说成是与自然理性全等的。

这就把我们带到了前文简要提及的那一点上。即是说,经院主义者熟知自然法传统中普遍主义的显著特性,那是由我们开篇提到的西塞罗的文本体现出来的。然而,当他们理解它时,他们似乎没有注意到,更没有讲清楚,自然法的圣经元素与这种普遍元素之间潜藏的张力。这或许会给以下观点落下口实:经院主义的自然法方法简直混乱不堪。但是,这个判断过于轻率了。在我们看来是悖论的东西,或者是完全矛盾的东西,对于他们而言却并非如此。在某种程度上,这可以归因于他们所形成的概念的具体细节。毕竟,与论证一组具体的道德规范的普遍性相比,捍卫被理解为上帝赋予的道德判断的能力的自然法的普遍性更为容易!

胡古齐奥的用语暗示了一个更为根本的理由,可以说明他们的方法为何并没有让他们感到是悖论性的。在他们看来,《圣经》是神圣智慧的至上的、明确的表达,但并非唯一的表达——自然进程和人类理性都是类似的反映,尽管它们只是上帝智慧的片段的、模糊的表达。① 对《圣经》进行解释预设着理性和判断的天赋能力,它们本身都是上帝赋予的。正如波纳文图拉(Bonaventure)所言,如果不是上帝赋予了我们理性之光,我们就无法理解《圣经》的道德信息(《宣讲:论十诫》,*Collationes de decem praeceptis* I 2.2)。因此,经院主义者都毫不犹豫地借助或明或暗的理性化的

---

① Southern 强调了这一点,参见《经院人文主义与欧洲大一统》,前揭,页 1—57。笔者在《自然法与神圣法:重回基督教伦理学传统》之中更为详细地讨论了相关问题,页 129—146。

标准来解释《圣经》。但是与此同时，人类的理性能力本身也被以神学的，最终是圣经的术语加以解释。这就是为什么经院主义者并未试图从纯粹的自然素材或者理性自明的直觉派生出自然法思想体系的原因，这就是为什么他们诉诸《圣经》确立自然法道德的具体要点的原因——例如，通奸的不正当性，这是他们爽快地承认无法由理性本身轻易决定的。①[17]尽管经院主义者没有采用这些术语，他们却为一个普遍现象提供了一种透彻解释，即，上帝智慧通过自然和人类理性发挥作用。人类理性和《圣经》是相互补充和相互解释的，这样当《圣经》校正和成全着理性的解救时，理性也使得我们能够理解和解释《圣经》。

于是，这就把我们带到了最后一点。根据到此为止已经说过的内容似乎可以得出，经院主义者把自然法视为一个神学概念，而不是一个具有实践效果的道德概念。这种印象并非完全错误。经院主义自然法概念反映着贯穿其发展的具有统治地位的神学关注，而且我们经常发现它被用于解决神学难题，而不是为特定的道德诉求辩护。而且，经院主义者并未试图从首要原则那里推导出一个完整的、综合的道德诉求的体系。他们亦未试图表明，通常接受的道德规范是怎样系统地推导出来，并被置于一个综合的体系之中的。他们的的确确按照自然法根源来解释现有的规范，但他们这么做并非总是带着得出道德结论的目标。

但是，这并不意味着他们的自然法概念毫无实际意义。12、13世纪是这样的一个时期，从乡村直到（公认的）帝国的各个层面，教俗权威以及教会和公民社会内的各种不同因素之间的冲突、改革和发

---

① 相关的文本在 John Dedek 那里得到了编排，*Premarital Sex : The Theological Argument from Peter Lombard to Durand*, *Theological Studies* 41(1980):643—667。同时，Dedek 提供了一个很好的例证，说明了那些阻止我们完全理解经院主义自然法路径独特性的假设，因为按照他的观点，经院主义者在这一点上提供的圣经论证不可能是真正的自然法论证。

展都得到了制度化。① 大学系统以及相应的经院主义本身形成于这一过程,而且在接下来的两个世纪,经院主义在正在形成的大学系统之中的制度化实践为评价、批判和推动这些制度变革提供了一个极为重要的制度框架。正如萨瑟恩(Richard Sourthern)所评述的:

> 遥想12、13世纪,学院里旷日持久的论辩所产生的东西才是人们通常接受的对象。经院主义的论辩[18]尽管在用语上与日常语言相去甚远,但却发挥着时下政治集会的许多论辩功能:它们把信仰和行动议题呈现于一代又一代人面前供其思考,这些人很多将来注定要执行他们当下正在讨论的问题。西方社会并非顺理成章地循规蹈矩:整个人群被划分为许多半自治的群体,反权威的倾向又表现得过于强烈而无法轻易忽视。各个学院的论辩都有的放矢,它们要把学院之外可能提出的质疑揭示出来,因此学院与外部世界在见解上的一致性就成了功成事遂的根本基础。王室政务会议后来被称为"议会",然而实际上远非如此,学院才是中世纪的议会。②

自然法的概念在这些辩论和法定化的过程当中扮演着核心角色。西欧到目前为止都还是一个基督教信仰占据主导地位的社会,这些辩论是以神学术语展开的,辩论各方都宣称代表着基督教信仰的真实声音。就此而论,经院主义的自然法概念正是因其代表着对圣经、古典和哲学元素的综合,从而为筛选和审断这些相互竞争的主张提供了一个最为有用的框架。同时,这一自然法概念因其强烈的

---

① 此处特别受惠于Southern对这些社会和制度发展与经院主义作为一种思想运动的形成之间的关系的分析;参见《经院人文主义与欧洲大一统》,前揭,特别是页198—231,详细情况和文献请参见拙著,《自然法与神圣法:重回基督教伦理学传统》,前揭,页34—41。
② Southern,《经院人文主义与欧洲大一统》,前揭,页144—145。

圣经导向确实偏重于支持神学和教会的主张,(笔者认为)这就是为何自然法的概念在教会法学家和神学家的著作中扮演着核心角色,而在世俗的法学家那里却并非如此的原因。在后者看来,只有理性或者平等的概念,方能提供社会批判的基础框架。[①](此处应当补充:在整部著作当中,无论何时提到经院主义,除非另有说明,都特别指涉 12、13 世纪的神学家和教会法学家。这么做纯属权宜,但是应当承认这并非精确的用法,因为世俗法学家也可能是经院主义者。)

同时,经院主义者们也清楚——许多后来的自然法思想家却不清楚——不能把社会的制度和实践视为自然的有机展开,认为它们自发地生于自然的必然要求(exigencies),并且从该事实之中获得其权威。相反,他们从未忘记以下事实:社会制度和实践总是或多或少是习俗的,而且在某些情况下还与自然法则相悖,[19]至少从某些视角来看如此。就此而论,他们追随的是西塞罗而非亚里士多德。[②]也就是说,与其认为他们支持亚里士多德的观点:社会习俗直接根源于自然倾向,从而直接反映出人性,毋宁认为他们采纳了西塞罗的观点:人类社会反映着人类反思和发明的持续过程,其中自然倾向通过协商、立法和习俗的形成从而得到表达。(附带说一下,这就是我们为何不能认为本章开端所引述的西塞罗的段落反映了一种现代意义的自然法理论,这种理论把自然法作为一组可以普遍接受的道德法则的原因——西塞罗太熟悉社会规范的习俗特征了,以致于他不能不加限制地支持这种观点。)我们可以再次使用一个当代的表达:他们清楚,人性不足以说明根源于它的社会习俗和惯例。[③]

---

① 正如 Crowe 在《自然法的变动形象》中所指出的,第 110 页;同样参见拙著《自然法与神圣法:重回基督教伦理学传统》,前揭,页 47—48。
② 总体情况参见拙著《自然法与神圣法:重回基督教伦理学传统》,前揭,页 247—258;关于经院主义对西塞罗的亏欠,参见 Nederman 的前引文章,注释 7。
③ 关于这一点的特别有益的讨论参见,John Kekes,《人性与道德理论》("Human Nature and Moral Theories"),载于 Inquiry 28(1985):231—245。

然而,经院主义者们深信,如果按照某种意义进行解释,选择一种至少有时会为分析留下空间,并且具有道德启示的方式,那么社会规范定然是植根于人性的。因此,当他们根据自然法思考具体道德规范时,他们几乎总是会把已经得到接受的规范和实践作为自己的起点,接着根据它们据以形成的自然法原则分析它们。这里不妨略举一例,它涉及波纳文图拉对婚姻的分析,后面是对夫妻双方贞洁德性一个评述:

> 根据的是,自然原本得以构成、以不同的性别得以成形的那条自然法则,有《创世记》开头的经文为证:"神就照着自己的形象造人,乃是照着他的形象造男造女。"因为一条附加的诫命的存在,根据那条迄今仍然有效的自然法则,《创世记》开头又说:"神就赐福给他们,又对他们说:'要生养众多,遍满地面,治理这地;也要管理海中的鱼、空中的鸟,和地上各样行动的活物'"。除非通过夫妻双方贞洁的淬炼,这显然是无法正当地完成的。它还是根据基于上帝启示出来的自然法则。因为亚当在熟睡之后开始讲预言,他说:"这是我骨中的骨,肉中的肉……因此,人要离开父母与妻子连合,二人成为一体。"从第一点可以看出,男女结合是自然的,从第二点可以看出,这种结合是道德的,从第三点可以看出,[20]它是神圣的。这三者相互一致,遵照自然法则的限定,据此首先得出夫妻双方贞洁的行为和实践。(《论福音的完满》[De perfectione evangelium]3.1)①

---

① 方济各修会的波纳文图拉与多米尼克修会的阿奎那几乎是同时代人,出生相差不到五年(前者生于1221年,后在大概生于1225年),逝世于同一年,1274年。二者都是经院主义哲学家,都把生涯的最为重要的时光献给了巴黎大学。波纳文图拉有一点与阿奎那不同,他同时还担任教职,先是在1257年担任方济各修会的总管(minister general),然后于1273年担任Albano的枢机主教之职。

我们往往会看到这样的情况:经院主义者仅仅满足于根据自然起源来分析现有的规范和实践。然而,这种分析路线也能为已经被接受的实践和社会制度提供正当化的根据。从他们把自然之善的一般原则视为上帝创设的导向来看,他们可能会断定:任何以一种合乎理性和正当的方式反映人性之真实面向的制度,都因此而成为道德上正当的。尽管上面所引述的内容表现得不是那么明显,但是正如前面的语境所清楚地反映的,波纳文图拉对婚姻的分析事实上就是这种论证的一个例证。他在这里捍卫了一个主张:夫妻双方的贞洁是一种与基督教生活相称的真正德性,从而反对那些辩称性行为总是有罪的或者至少也是可耻的自然规律(shameful necessity)的人。

当然,我们可以在"合乎理性"和"正当"等限定词之中装进很多内容,而且这也会提出一个问题:经院主义的自然法概念可否以其自身的术语生成这些限定词——换言之,它在自身的道德力量上是否需要依赖一些外部原则。很难以任何肯定的方式回答这个问题,原因在于,基本概念太过宽泛了。任何预定的道德原则都只能被视为某种类型的自然法,或者被视为自然法的一个表达或体现。这就意味着,那些从某个角度来看是从自然法的范围之外产生的原则,从另一个角度来看,也可以被视为自然法原则。正如我们前面所指出的,理性,甚至《圣经》,都会被视为自然法的形式,补充和校正着那些根源于我们共同的动物本性或者我们的感性的自然法原则。正因如此,更有建树的问题或许是指出,经院主义者是否能够把这种多重形式的自然法概念融进某种连贯的统一体之中,从而[21]形成一种能够根据其自身的术语带来真正规范力量的自然法阐释。总体而言,我们在13世纪的经院主义神学家当中找到了最为完备和最令人信服的自然法阐释,因为他们的神学体系提供了方向明确的框架,其中不同含义的自然得以条分缕析,彼此之间得到了系统性的安排。

当然,如果我们再进一步地细致探讨个别神学家所形成的具体的自然法解释,这可能会离题太远。然而,即使我们不深入到这些观点,也可以注意到其他方面,经院主义自然法概念既为对社会实践的道德批判提供了一个根据,也为捍卫现存的或者富有革新精神的做法提供了一个基础。我们往往习惯于把中世纪自然法理论与某种特定的性伦理联系起来,这种性伦理是通过行为的自然或非自然形式发展起来的,后者在一切情况下都会受到谴责。毫无疑问,非自然的观念在这种语境下(还有其他若干语境)都扮演着重要的角色,但是,经院主义者用于批判和修正的原则的清单比这个例证所暗含的更为丰富。尤其是,他们非常清楚,并非每个非自然的做法,在它是根源于社会习俗的意义上,都是贬义的非自然的。例如,所有权在传统上被视为非自然的制度,然而这一时期没有任何经院主义者质疑所有权作为一种制度的正当性。尽管如此,自然法的概念仍然能够提供一个准则,该准则由整体目标或者正当性理由构成,据此像所有权这样的非自然的制度可能会遭到某种道德批判。我们可以在 13 世纪神学家欧塞尔的威廉(William of Auxerre)那里发现这种方法的明确例证。他指出,共同共有,也就是说,脱离所有权制度存在的那种情况

> 并非一条纯粹意义上的自然法诫命,而仅仅是与某种限定相一致;因为它是纯洁状态或者井井有条的自然状态之中的一条诫命;但是,在本性堕落和贪婪的状态,它却不是一条诫命,也不应当是,因为如果它是,那么公共秩序就会被消解,人类就会相互屠戮毁掉自身。在极端必要的时刻,一切东西都应当共同所有这仍然是正确的,因为自然理性指引,邻人的福祉应当先于个人的世俗之善而得到珍视。(《黄金大全》[*Summa aurea*] III 18.1)①

---

① William of Auxerre 是一位世俗的神学家——换言之,不是任何宗教团体的成员——他的《黄金大全》大约成书于 1220 年,对阿奎那的著作产生了相当大的影响。

[22]其他神学家却打算证明,如果考虑到自然法的复杂性的话,那么所有权并不完全违背自然法;然而,出于同样的原因,自然法相关方面的复杂性也为更加丰富的道德分析和批判提供了资源。以下是大阿尔伯特(Albert the Great)对相同主题的探讨:

> 共同共有一切东西和对某些东西的所有权都源于自然法,因为正如我们业已表明的,该法律的原则并非相同。因此,按照那种产生共同使用的既无劫掠也无篡夺的状态,理性和良知会指示:任何东西都不应成为私有财产,而是应当交由每个人共同共有,因为它是共同创造的。但是随着恶意、怨恨和劫掠的逐渐增多,"自然"采取了另一种原则,亦即,私有财产应当被正当化,既提供给自己,也提供给别人。那么,据此拥有自己的东西,这并不违背自然法则,相反必要时必须分享。由此,把无主物授予占有人的法律就确立起来,原理如其他相似的法令。(《论善》[De bono] V 1.3 ad 6)①

阿奎那则进一步发展了阿尔伯特对所有权的分析,他证明存在着一种集体的(而非个人的)财产权:

> 可以两种方式思考外在之物。第一种涉及它们的性质,这不属于人力,只属于神力,一切东西都直接遵守它。第二种涉及对东西的使用。那么,人对外在之物具有自然的所有权(dominium),因为通过理性和意志他可能为着自己的利益使

---

① Albert the Great(亦称科隆的阿尔伯特,1200—1280)是一位多米尼克神学家,他对亚里士多德的著作进行了广泛的评注,既写作神学,也写作哲学和自然科学方面的作品。

用它们，仿佛它们就是为他而做的，因为不完美的东西总是为着较为完美的东西而存在的……而且根据该论证，大哲学家亚里士多德在《政治学》第一卷中证明：对外在之物的拥有(possessio)对于人而言是自然的。还有，这种针对其他造物的自然所有权在于上帝之形象，体现在对人的创造之中，正如经文所载，[23]"我们要照着我们的形象，按着我们的样式造人，使他们管理海里的鱼、空中的鸟、地上的牲畜和全地，并地上所爬的一切爬虫"，等等。(《创世记》，1:26)。(《神学大全》第二集第二部分第66个问题第1节)

他接着论证说，对财产诉求的限制源于作为该制度根源的同一自然法原则：

受人权支配的那些东西不可能限制自然权利或者神权。那么，根据上帝之道所确立的自然秩序，较低的东西指向该目的，人类的需要将会被它们所减轻。因此，东西的分配和占有是来自人权的，它并没有阻止人类的需要通过这类东西减轻……（他补充说，通常人类的需要可以通过施舍这样的活动满足。）然而，如果需要是如此的迫切和显而易见，那么即刻的需要就必须通过任何可能发生的事物加以减轻……那么，有人就可以合法地拿走他人的东西以减轻这种需要，不管是公开的还是秘密的。这种行为也不具有盗窃或者劫掠的性质。(第二集第二部分第66个问题第1节)

最后这段引文进一步例证了这个解释过程能够为规范批判奠定基础的方式，它实际影响着社会制度的发展。阿奎那并没有明确地说，在极端必需的情况下，一个穷人有权取得富人的财物。但是事实上，他确实说过，如果穷人在这种情况下拿走了富人的财物,她是可以免遭惩罚的。这已经是对私有权(在阿奎那看来是习俗的,而不是自然的)所产生的诉求的一个相当重要的限制了。正如我们在第五章当中将会看到的,13世纪后期的一些经院主义者在这条路上甚至比阿奎那走得更远,他们力证穷人对物质必需品的诉求构成了一项应予法律保护的权利,而且还产生了裁决和保护这些诉求的新的法律制度。这代表着一个更进一步的、最为重要的方式,经院主义的自然法概念具有具体的规范含义。也就是说,它产生了社会规范,因为它为体现这些规范的变革的社会实践提供了正当理由。

经院主义自然法概念以及在它所提供的语境下发展起来的具体的理论和道德论证,构成了中世纪神学的最为伟大的成就之一。这是一个无需借助其他就令人印象深刻的成就,它为神学和道德反思提供了一个具有永恒价值的资源。后来这一成就的价值和独特外观[24]在很大程度上被弄得模糊不清了,因为中世纪的经院主义者不愿意去承担在他们的直接后继者看来至关重要的任务——即是说,他们不愿意从一个或者少数几个首要原则那里推导出一个完整的道德诫命的集合,那个原则或那些原则被认为对于所有理性的人来说都是有说服力的。我们很难对这个事实作出评价,因为我们通常就是这么看待自然法的。但是,这种思考自然法的方法是特别现代的。更为具体地说,它尤其是那些通常被大家视为自然法理论"之父"的早期现代的哲学家的特点。打那之后,我们就倾向于以他们没有做过的东西去评判他们了,而且鉴于他们自身的目标和预设,我们没有丝毫理由再作尝试,更不用说自问,我们可以从他们独特的方法之中学到什么了。

同时,认为从中世纪对自然法的阐释向现代的过渡代表着一个衰落的过程,这也是一个错误。经院主义的概念在很多方面还有待开发,而且,对中世纪自然法理论的现代使用和反应,也有助于把它们的模糊之处揭示出来。基于这个原因,对自然法概念随后发展的检视既有助于凸显经院主义概念的独特之处,也有助于揭示对该概念的当代使用需要修正的一些问题。

二、自然法的现代进路

我们在上一节结束时集中讨论了财产权问题,把它看作是一种可以通过自然法概念加以分析和发展的制度的一个范例,那么本章最好用一个针对同一主题的现代早期的视角作为开端。我们可以思考一下艾维拉德(William Everard)、温斯坦莱(Gerrard Winstanley)以及所谓"掘地派"(Diggers)的其他领袖在1649年写下的段落:

> 在起初,伟大的造物主,理性,让地球成为一种共同的财富……因为人具有上帝赋予他的对鱼、鸟、野兽的所有权(dominion)。但是,在起初对人类的一支应当统治另一支却未置一辞……
>
> 但是,由于人的肉体……开始沉溺于所造之物,而不是神圣的理性和正义……那么他就堕入了心神盲目、软弱之中……
>
> 地球本来是被造作为赈济所有物种,既包括人也包括野兽的共同财富的,这时却[25]被统治者和教导者变成了围墙,而其他人则沦为了臣仆和奴隶。而且,那在这一创造过程中作为所有人共同宝库的土地遭到买卖,落入少数人手中;这样那伟大的造物主很是蒙羞;仿佛他是一个趋炎附势者,乐于某些人的安逸的生计,对其他人的悲惨的贫困和窘迫幸灾乐祸。在起初并不是这样……①

---

① William Everard 和 Gerrard Winstanley 等人,《真正的平等派举起的旗帜》(*The True Leveller's Standard Advanced*, 1649),见《清教徒革命纪实》(*The Puritan Revolution: A Documentary History*),主编 Stuart E. Prall(New York: Doubleday/Anchor, 1968),页174—175。

英国内战时期,还有一些更为激进的思想家,他们并非总是被我们视为自然法传统当中的人物,或者真正被视为现代道德思想发展的参与者。[①] 然而,他们尽管显得奇特——或许恰恰是因为这种奇特——却预示了自然法传统在现代时期的发展。请思考一下我们刚才所援引的段落!一方面,我们在这里听到了经院主义者所独具的声音,它不仅诉说着对放弃所有权的肯认,也重复着"地球是共同财富"这样的中世纪口头禅。实际上,这些评论表明:只要把它视为一个此时此地可以实现的社会生活规划,那么经院主义者对一个理想的或者原初的自然状态的诉求,就可能转化为一个革命性的社会变革纲领。经院主义者们已经通过方济各修士甘愿彻底贫困的例证暗示了这种可能性,按照波纳文图拉的说法,那是一种个人按照人出生和死亡"贫困和赤裸"[②]的自然状态而生活的状态。另一方面,这里经院主义的自然法阐释被重构为理性的一种应用,"神圣的理性和正义"——尽管把它作为一种圣经学说提出来也是正确的。

[26] 纵观现代自然法学家的较为慎重的著述,这种风格都是

---

① 塔克(Richard Tuck)是一个显著的例外,至少就他思考过这些思想家对道德思想的影响来说如此。参见《自然权利诸理论:起源与发展》(*Natural Rights Theories: Their Origin and Development*, Cambridge: Cambridge University Press, 1979),页143—155。然而,笔者并未暗示塔克会同意我的解释。应当指出,尽管激进的改革者以一种特别生动的方式反映了中世纪自然法概念向现代自然法概念的过渡,但他们肯定不是最早的现代自然法理论家;他们在1645年到1650年之间表现活跃,这早于洛克却晚于格劳秀斯。
② 这个短语来自《争论问题:论福音的完满》(*Quaestiones disputatae de perfectione evangelicum* 2.1)。波纳文图拉自己显然没有试图对贫穷的道德正当性表示怀疑,但是他所捍卫的贫穷理想至少暗示:财产制度及其暗含的等级差别不仅是习俗的,而且并非社会的必然基础。正如 Richard Tuck 针对方济各理想的后来发展所评述的,"如果一部分人可以过天真的生活,那么所有的人都应当可以这么做。"参见《自然权利诸理论:起源与发展》,页22。

反复浮现的。这些作家大多都把自己明确定位为基督教思想家,把自己的道德和政治著作装扮为延续基督教思想意味的努力,以应对他们那个时代正在变革的社会条件。我们这里不妨略举几例。

霍布斯在《利维坦》靠近中段的部分宣称:"直到目前为止,我仅是根据……自然原理引伸出了主权权利和臣民的义务……但往下我所要谈的是基督教体系国家的性质和权利,其中有许多地方要取决于神的意志的超自然启示;这一讨论必然不但要以上帝的自然传谕之道为根据,而且也要以上帝的预言传谕之道为根据。"①接着,他又通过对基督教政治理论的圣经基础进行一种深入的释经学铺陈,完善了自己的主张,这既扩充了他的一般的自然法阐释,也完成了这种阐释。无独有偶,尽管洛克是在《政府论下篇》才开始详细阐释自然法理论的,但他此前已经在《政府论上篇》通过广泛的圣经注释证明了国王其实是没有对臣民的无限统治权的。②还有第三个例证。考虑一下格劳秀斯的情况。他在提出著名的观点"即使上帝不存在自然法仍然有效"之后,立刻补充说:"那么可以得出:我们必须毫无例外地对上帝我们的造物主表示顺服,我们所有的一切都源于上帝;上帝已经通过各种方式展现了自身的至大与至善,那些服从者会得到至多的奖赏,甚至永恒的奖赏,因为上帝是永恒的。"③存在这样的趋势,把这些以及类似的评

---

① 霍布斯(Thomas Hobbes),《利维坦》(*Leviathan*), C. B. MacPherson 编订并作导读(1651;重印,Middlesex,U. K. ,and Baltimore:Penguin Books,1968),页 409。
② 洛克(John Locke),《政府论》(*Two Treatises of Government*),Peter Laslett 编订并作导读,Cambridge:Cambridge University Press, 1963;重印 New York:Mentor,1965;第 1 版 1690;第 2 版 1694;第 3 版 1698;本卷中上篇在页 175—298。
③ 格劳秀斯(Hugo Grotius),《论战争与和平法》(*On the Law of War and Peace*,1625),载于《从蒙田到康德的道德哲学》(*Moral Philosophy from Montaigne to Kant*),卷 1,主编 J. B. Schneewind,Cambridge:Cambridge University Press,1990,页 90—110,此处位于页 92。

述视为虚妄之言或者旨在自我保护的故作姿态。在笔者看来,是没有理由这样看待它们的,而且即使它们确实如此,也不会影响接下来的论述。也就是说,在现代早期阶段的公共讨论当中,自然法与神学论证之间并不存在明显的不谐;相反,人们认为它们相互扩充、彼此强化。

尽管如此,在现代自然法[27]思想家与其中世纪先驱之间,还是存在着一个根本的差异的。哈孔森(Knud Haakonssen)提到了格劳秀斯和霍布斯都遭遇到的"当然的模糊"(prima facie ambiguity):"一方面,他们都是从一种有神论的立场出发的,据此生活和道德都是神圣命定的部分;另一方面,他们都试图解释以这种方式解释该命定的道德方面,从而说明在脱离有神论信念的情况下人们如何能够具有一种道德生活。"① 在笔者看来,这种模糊性贯穿着现在早期的自然法理论著述。它既反映在霍布斯的评述之中,"我仅是根据……自然原理引伸出了主权权利和臣民的义务",也体现在洛克两篇论文的建构方式之上,还表现为格劳秀斯的主张:上帝的权威肯定了理性独自确立的东西。② 无论哪种情况,起作用的都是对理性和启示的特定解释,据此这二者是道德知识的相

---

① 哈孔森,《自然法与道德哲学:从格劳秀斯到苏格兰启蒙》(*Natural Law and Moral Philosophy from Grotius to the Scottish Enlightenment*),Cambridge:Cambridge University Press,1996,页 31。更为一般地,他对 17 世纪自然法理论的发展的讨论(页 15—62)似乎也肯定了本章的主要线索。关于所提到的作者的更多的细节也可以参见,《自然权利诸理论:起源与发展》,页 58—81(格劳秀斯)和页 169—173(洛克),以及最近的,施尼温德(Jerome Schneewind)的《自律的发明:近代道德哲学史》(*The Invention of Autonomy: A History of Modern Moral Philosophy*),Cambridge:Cambridge University Press,1998,页 58—81(苏亚雷斯和格劳秀斯)、页 82—100(霍布斯)、页 118—140(普芬道夫)以及页 141—166(洛克和托马修斯)。

② 因此,Locke 在他的释经学式的上篇之后紧接着写作了一个针对政治权威的通过哲学论证的下篇,在 Laslett 版本中位于页 299—478。关于格劳秀斯的被频繁引证的主张:自然法则可以从理性那里单独推倒出来,因此即使上帝不存在也成立,参见 Schneewind,《从蒙田到康德的道德哲学》,前揭,页 92。

互兼容、相互补充但最终截然不同的源头。先是理性自身起作用，然后启示介入进来，肯定、校正和补充理性所产生的道德法典。

这样，我们就再次看到了对一个传统的富有创新精神的解读。这个传统是以传统语言构建起来，正因如此，强调这是一个创新就是有价值的。经院主义者们同样也说过自然法是一个理性的产物。然而，正如我们刚才所看到的，他们同时也在以神学的词语解释理性本身。这就是他们在确定自然法的具体内容时为何既毫不犹豫地利用理性论证，又毫无顾虑地引用《圣经》的原因。同时也是他们为何不愿意根据纯粹理性的，也就是说非神学的起点和论证，构建自然法理论的原因。

现代自然法学家却与之形成了鲜明的对比，他们恰恰试图做到这一点。这时，我们也首次看到了要求一种真正科学的道德知识的理想的出现。按照普芬道夫的说法，这种知识"完全建立在扎实的基础之上，据此能够演绎出真正的证明，这些证明能够产生稳固的科学。它的[28]结论是可以从确切的原则推导出来的，这无可置疑，没有更深的基础是存疑的了。"①这是一个节点，此后自然法开始被视为一个体系，据此可以推导出一个具体道德原则的完整集合，或者至少是一个框架，据以评判现有的规则，确认它们，并把它们置于系统性的相互关系之中。相应地，自然法这时开始被首先等同于那种具体规则的集合，它能够被这样推导或者证成。这进一步把自然法传统的现代运用与它的中世纪形式隔离开来。自然法传统的中世纪形式会把首要意义上的自

---

① 普芬道夫(Samuel Pufendorf)，《论自然法与万民法》，(*The Law of Nature and of Nations*)，1672。从《从蒙田到康德的道德哲学》页170—182之中摘录出来并带有注释，此处位于页175。正如哈孔森所评论的，普芬道夫"对自然法的科学性的坚持是受到笛卡尔主义和霍布斯启发的，是格劳秀斯的志向的重生：用数学作为自然法的指导思想，这个思想在很大程度上被他的人文主义气息掩盖了"(《自然法与道德哲学：从格劳秀斯到苏格兰启蒙》，页37)。

然法等同于一种道德判断的自然能力，或者这种能力据以运作的极为一般的原则。①

因此，在从中世纪晚期向现代性的转变过程中，自然法这一理论传统大为改变，开始从一种立足神学根基的人类道德解释变为一个用于推演或者至少是检验和补充那些确定的道德规范的哲学框架。这种转变为理论层面上的分歧留下了相当大的空间。我们再次看到，这一时期形成的不是一个而是诸多自然法理论，其中有些特别强调前理性的自然，而其他的则坚持实践理性生成道德规范的自足的充分性。然而，这些理论又被它们所坚持的立场统一起来，并且与中世纪的经院主义理论方法区分开来：自然法是能够通过一组道德规范得到理想的表达的，这组道德规范来自一个或少量首要原则，而首要原则又是广义的自然所给定的，或者实践理性本身的必然要求所给定的。

那么，我们该如何看待这一转变呢？几乎可以肯定，目前大多数的自然法理论捍卫者将会宣称：现代自然法学家基本正确，至少他们的基本愿望是正确的。这也就是说，大多数当代自然法理论家都会同意：可以通过理性的反思本身，而不用必须涉及[29]某些宗教的或者其他的传统信念，确立一种自然法道德。从这个角度来看，经院主义的自然法阐释似乎是对那些可以立足理性根基加以构思和辩护的原则的一种较早的、相对粗疏的陈述。从这个角度来看，这种根基等同于非神学的根基。因此，自然法传统的叙事基本上是一种多少有些持续进步意味的叙事，通过把自然法作为

---

① 无论如何最初是这样的。然而，正如哈孔森所评述的，"17世纪晚期的自然法理论，尤其是普芬道夫和洛克的理论，所强劲推出的最大问题实际上是，在何种意义上以及在何种程度上，道德可以被解释为一个人为的建构，而又不至于堕入'怀疑论'，或者说相对主义"（《自然法与道德哲学：从格劳秀斯到苏格兰启蒙》，页37）。结果，这些理论家转向了——笔者更愿意认为是回归了——"个体人性的道德能力"，或者"这种道德能力在人类道德制度中的集体效果的证明"（页61），以此作为对自然法反思的一个焦点。

"一个独立的、理性化的体系",它逐渐从模糊走向清晰。[1]

笔者是不同意这种观点的,原因有多个方面。首先,笔者并不相信那些试图捍卫一种自然法伦理的现代尝试成功了,认为这种伦理既能让所有理性的人信服,又足够详尽从而具有实践意义。笔者严重怀疑这种捍卫是否可能,至于原因将在后面的章节详细考察。更为根本的,笔者将要证明:经院主义者之于我们之所以是混乱的,原因在于,我们是在用不属于他们自己的自然法概念体系评判他们,而不是试着用他们自身的目标和信念去理解他们。正如我们早已看到的,经院主义的自然法理论方法浸润于经义神学的因素之中,尽管经院主义者在发展这种概念时也运用了相当多的哲学技巧,但它仍然处于明确属于基督教的信念和关怀的框架之内。如果我们假设理性的探究必须涤净一切历史和文化的际遇,那么他们的方法似乎就是混乱的,或者说不理性的(arational)。但是众所周知,从很多角度来说这种假设都是成问题的,不论是神学家,还是单纯的哲学家,或者各式各样的文化评论家。我们无须为了证明以下可能而采纳只有某些后现代主义者才会支持的深刻的怀疑论:理性探究只能发生在某种文化上具体的实践、风俗和传统的语境之下。[2] 从这个角度来看,经院主义的自然法理论方法再次呈现出了合理和诱人的面貌。

[30]这是那些不能通过对历史证据的审查最终加以解决的争

---

[1] Ernest Barker,前引书(注释1)。
[2] 对于这一点有着相当多的文献。大家很快就会看出,笔者这里主要受惠于麦金太尔(Alasdair MacIntyre)有关传统的理性化的广泛著作,尽管笔者并非在每一点上都赞同他。他的解释是通过大量的文章以及长篇著作发展出来的,但在后面的内容中笔者主要利用了他的三部著作:《追寻美德:道德理论研究》(*After Virtue: A Study in Moral Theory*), Notre Dame: University of Notre Dame Press, 1981; 第2版 1984;《谁之正义? 何种合理性?》(*Whose Justice? Which Rationality?*), Notre Dame: University of Notre Dame Press, 1988; 以及《三种对立的道德研究方法:百科全书、谱系学和传统》(*Three Rival Versions of Moral Enquiry: Encyclopia, Genealogy and Tradition*), Notre Dame: University of Notre Dame Press, 1990。

议之一,因为它本身就是一个关于历史证据解释方式的争议。而且,解释的任务本身也不可避免地会受到我们赋予它的评价性的前提的改造。① 尽管如此,自然法反思的历史至少可以表明:一种自然法解释比另外一种更为合理。我们还是回到当前的话题。总是可以争辩:自然法反思的历史主要在于一种道德理论,这种道德理论表现为一个纯粹理性主义者的时而显得混杂但却保持进步的发展,因此可以正确地说它是哲学式的道德理论。有些具体的道德主张就体现在那种反思之中,倘若有人打算把自己的分析推进到足够高的抽象层面,那么几乎总是可以把这些道德主张解释为更为普遍的原则的表达。诉诸特定的根据,例如《圣经》,这可以被解释为较早的、含混的努力,为的是要确立后来被置于更加稳固的理性基础之上的东西。否则这些根据就会被用来证明:我们有时是在借助暧昧、罕见的论据得出有效结论。然而,我们越是细致地观察自然法反思的发展的丰富特性,这种还原论的分析就会越发显得不合理。②

与此同时,即使我们得出结论:现代的自然法理论方法在某些方面是有问题的,我们也应当抵制来自相反方向的诱惑:把它视为对中世纪理想的纯粹堕落。现代自然法理论家就像他们的中世纪先驱一样,是在他们自身的社会和思想形势所产生的实际问题的背景下发展他们的自然法概念的,而且在我们也共担着那种形势的意义上,这些问题必然也是我们自身的问题。正如我们不能以现代词汇解释中世纪经院主义,我们也不能无视那些充斥着现代自然法理论方法的独特关注——尤其鉴于我们自身也在相当大的

---

① 评价性历史的观念有很多先驱,笔者这里主要得之于麦金泰尔的《追寻美德:道德理论研究》,第 2 版;特别是页 1—5 和页 265—272。
② 正如笔者更为详细地证明的,《一种礼仪传统:作为道德研究传统的自然法理论》("A Tradition of Civility: The Natural Law as a Tradition of Moral Inquiry"),载于 *Scottish Journal of Theology* 56, no. 1, (2003):27—48。

程度上共享着那些关注。更有甚者,那些内在于现代自然法理论方法的模糊点在某种程度上也可以追溯到经院主义概念,该方法正是产生于它。对于我们刚才一直在讨论的自然法理性地位的模糊点来说,尤其如此。

从我们自身所关注的问题来看,无论是现代自然法学家,还是他们的经院主义先驱,都不是十分清楚以下问题[31]:他们的根本信念是否、以及在何种程度上依赖具体神学的视角。① 对于经院主义者而言,这种模糊性是不存在的,也不会妨碍他们发展出自然法概念,因为他们著述的背景没有促成这个问题。12、13世纪是一个社会变动和制度发展迅速的阶段,但这种发展是在一个对神学和道德信念存有广泛共识的大背景下发生的。正是在这个背景之下,自然法概念为当时社会正在浮现的制度和实践提供了一个分析和批判框架。相应地,也是在这个背景之下,自然法理论分析主要在于展示现有的社会形式与它们所根源的自然原则之间的关系。这里的"自然原则"应作特别广义的理解。中世纪自然法法学家根本无须利用自然法概念,作为发展一套系统的道德规范体系的基础,因为道德规范已经确立了,至少它们的主要脉络已经确立了,而且没有确立的可以通过对现有理想和实践的扩充和批判过程发展出来。

在向现代过渡的早期阶段,这种局面发生了变化。欧洲社会的迅速膨胀意味着,若干世纪以来欧洲人首次面临着与那些在信念和生活方式上明显不同于他们的社会产生持续接触的形势。②

---

① Philippe Delhaye 在他《自然法之恒久》(*Permanence du droit naturel*),Louvain:Editions Nauwelaerts,1960,页66—84,针对中世纪的经院主义者提出了这一点。
② 不应过分强调这种对比关系,因为经院主义者及其同时代的人也都必须面对"他者",非基督教的欧洲民族以及后来的穆斯林——更不用说还有"内部的局外人",犹太人群体。尽管如此,欧洲、小亚细亚和北非的各个民族之间既有差异也有相当多的衔接之处——"野蛮人"与欧洲的基督徒毕竟多是相同的民族,而且,基督徒、犹太人和穆斯林共享着相同的历史和文化,至少是在相当重要的(转下页注)

不仅如此,也正是在这个阶段,民族国家体系作为社会组织的基础在欧洲形成了,尽管民族国家本身在起源上是中世纪的。① 尽管这个体系最终为社会稳定和国际法提供了一个基础,但在它的早期阶段却伴随着相当大的社会动乱,这种动乱既出现在民族群体内部(例如,[32]英国内战),也出现在民族和国家相互之间。正因如此,这个阶段的男男女女都感到需要一个普遍接受的道德规范的顶层框架,据此他们可以搞清楚他们正在直面的各个极度不同的社会,而且他们也可以据此基础协调国内外的冲突。这毫不令人感到奇怪。

同样毫不奇怪的是,他们愿意转向自然法传统以获得这个框架。毕竟,该传统长久以来肯定了存在这样的一种法律,它比具体社会的法典更为根本,具有至上的权威,而且是无法废除的。还有比这更好的评价其他文化活动的标准吗?还有比这更好的确立国内权威和国际法的基础吗?除此之外,正如普芬道夫的评论所暗示的,现代科学作为一种与众不同的思想事业的出现,以及它所特有的极其成功的探究方法,让人对道德研究也可以建立在新的基础之上满怀期待,凭借这个基础或许可以获得对社会条件梦寐以求的确定性和完整性。

笔者前文业已指出,试图捍卫一种既令人普遍信服又具有实践意义的伦理的现代愿望未必能够得到满足,稍后还会回来更为详细地证明这个主张。然而,这并不意味着可以简单地无视普遍主义(universalism)的现代愿望。我们在很大程度上仍然面临着

(接上页注)程度上。与之相比,欧洲、撒哈拉沙漠以南的非洲和美洲的民族远为独特,在各个方面都必须竭力理解他们。更多的细节参见,Anthony Padgen,《自然之人的陷落:美洲印第安人与比较民族学的起源》(*The Fall of Natural Man: The American Indian and the Origins of Comparative Ethnology*),Cambridge:Cambridge University Press,1982,页 10—26;关于自然法论证在这一背景下的使用,见页 57—108。

① 笔者此处特别依赖 Hendrik Spruyt,《主权国家及其竞争者》(*The Sovereign State and Its Competitors*),Princeton:Princeton University Press,1994。

产生那些愿望的相同的挑战,而且在那个程度上我们需要找到一种解决它们的替代方式。正是因为这个原因,如果没有其他的话,我们不能简单地重复经院主义的自然法概念,从而把它作为当代伦理思考的基础。相反,我们所要做的是对这个概念进行一种重述,回应对我们时代形势的那些挑战。

接下来我们会转向自然法反思传统后来的发展动向,这会把我们进一步带到本项研究所要关注的问题上。即是说,现代早期阶段曾一度出现把自然法视为一个"独立和理性的体系"的狂热,之后,自然法的信誉度就在世俗哲学家当中遭遇了急速的下滑。尽管如此,自然法传统却在罗马天主教道德神学家圈内得到了保存和发展,结果它开始被人们特别与天主教思想联系起来,这种联系一直延续到今天。鉴于这个背景,在天主教知识阶层之内,以及天主教徒与新教徒之间,自然法一直都是尖锐争论的焦点,也是近来的重新评价的焦点。然而,悖论的是,这种神学背景并没有为对自然法的现代观念的重新评价带来太多东西。这种现代观念把自然法理解为一组能够[33]通过"纯粹"理性确立的道德规则。相反,纵观自然法理论的晚近历史,自然法一直都被视一种哲学化的道德理论,根据非神学的根据进行辩护或者否定,其中只有很少的例外。接下来我们将转向对这一动向的更为细致的观察。

三、自然法传统的晚近动向

现代早期阶段的自然法理论家既包括天主教的哲学家和法学家,也包括新教的哲学家和法学家。而且,按理说新教哲学家和法学家更有影响。[①] 无论怎么说,正如我们已经看到的,这些理论家

---

① 正如哈孔森所指出的,现代早期阶段关于自然法的论著,有很多都代表着新教徒对晚期经院主义自然法理论的反动,以及诸如此类东西,见《自然法与道德哲学:从格劳秀斯到苏格兰启蒙》,页 24—26。

都渴望发展出一套理论来,如果成功了就可以使得他们受到教派控制的信守(denoinational commitments)变得不那么重要。尽管如此,18世纪之后,自然法理论还是逐渐地主要与天主教会的道德教义联系起来,这既是由于阿奎那和他的天主教会内的现代早期的阐释者所产生的影响,也归咎于在这个群体之外自然法观念广遭质疑的事实。[①] 然而,天主教界所保持的自然法理论形式在某些方面非常不同于前面所勾勒的经院主义概念。认识到这一点很重要。更为重要的是,天主教的自然法理论形式也是被一些前提预设塑造出来的,这些预设与我们通常发现在现代早期的讨论中具有活力的预设相同。当教会职员和神学家诉诸自然法时,他们通常都带着明确的目的:阐明那些对所有善良的人们都具有或者应当具有理性强制力的道德论证。

同时,当我们从现代过渡到当代阶段时,这种诉求的措辞也发生了重要的改变。就它的较早形式来说,现代天主教的自然法阐释植根于对一种前理性的自然所彰显出来的目标和整体秩序的阐释。这无疑代表着现代早期阶段的[34]自然法学家与其中世纪先驱的另一个连接点,因为他们也认为前理性的自然具有重要的道德意义。然而,无论是中世纪的自然法学家还是现代的自然法学家,都不认为自然法的前理性起源会消除它的根本理性的特征。那么,这里我们就触及到了第二个方面,那是我们对一个中世纪概念进行现代改造会产生问题的方面。我们不能照例把这个难题也追溯到经院主义者,因为他们对自然的阐释,尽管各不相同且饱受

[①] 关于现当代天主教自然法理论的更多细节,以及新教对这些理论的批判和重估,参见拙著《自然法与神圣法:重回基督教伦理学传统》,页 29—33。Todd Salzman 为天主教群体内部针对自然法的当代争论提供了一个很好的概述,《他们怎样谈论天主教伦理方法?》(*What Are They Saying about Catholic Ethical Method?*),Mahwah, N. J.:Paulist, 2003,页 17—47;对当代理论方法的更加批判性的评价,以及对《真理之光》的深入讨论,参见 Hittinger,《首要的恩典:在后基督教世界重新发现自然法》,页 3—37。

争议,但却并非特别模糊。然而,这些阐释确实预设了关于自然的具体的哲学和神学观念。不出所料,这些观念事实上并非对所有善良的人们都具有理性强制力。鉴于现代把普遍的说服力(universal cogency)作为合乎理性的标准加以信奉,天主教的自然法理论家发现他们越来越被迫要在自然法的自然性(naturalness)与它的理性特质之间作出选择。

他们几乎无一例外地都会选择强调自然法是合乎理性的,而不去强调它的那种按照早先意义理解的认为前理性的自然具有独立道德意义的自然性。到 20 世纪之初时,这种自然观被广泛认为是站不住脚的。对于那些接受过英语世界道德哲学训练的天主教徒来说,现代天主教的自然法理论方法似乎很容易受到所谓自然主义谬误的驳斥的伤害,根据这种驳斥从事实性的或者形而上学的前提推出道德结论是不正当的。甚至更为重要的是,对这种理论方法所具有的,在自然和非自然特性之间进行遽然划分的坚持,已经逐渐被视为是恣意的和不合理的。有一位叫杜姆斯(Herbert Doms)的神学家曾在 20 世纪 30 年代出版过一部影响广泛的著作,他在其中力证,是人的整体福祉(overall well-being)而不是生物学意义上派生出来的自然性,才应成为性伦理的首要标准。① 这种论证路线随后被 20 世纪最具影响的天主教神学家所概括和发展,其中包括拉内(Karl Rahner)和龙纳根(Bernard Lonergan),他们提出理由证明,传统的自然法阐释并不充分,因为它代表的是一种"静态的"或者说"古典的"人性观。我们越是明了我们的人性的表达受制于历史的方式,我们就越不会打算从我们自身对那种人性的"永恒"结构的观念之中引申出道德结论。这种论证大概就

---

① 关于 Herbert Doms 著作的意义的更多细节参见,Lisa Cahill,《性、性别与基督教伦理学》(*Sex, Gender, and Christian Ethics*),Cambridge:Cambridge University Press,1996,页 91。

是这个样子的。①

[35]然而,一直以来几乎没有天主教徒愿意整个地拒绝一种自然法存在的观念。正是因为这个原因,当我们仔细观察20世纪早期的天主教自然法阐释时,我们就会发现,他们几乎没有例外地都赞同对自然法传统的这样一种阐发:强调自然法的理性特质,并且弱化甚至否认自然的规范意义,就差直接把人性等同于理性了。默里(John Courtney Murray)是这个方面的典型例证。他确实在对自然的目的论阐释之中肯定了自然法的形而上学基础。然而,他似乎也把人性或多或少地整个等同于人类的理性能力;因此,他对自然法发挥作用的方式的解释,强调的是实践理性的运作,这样就弱化甚至否定了任何广义上理解的

---

① 对 Rahner 重述自然法的有益讨论,以及广泛的参考文献,参见 James F. Bresnahan,《信仰的伦理学》("An Ethics of Faith"),见《恩典的世界:卡尔·拉内神学的主题与基础导读》(*A World of Grace: An Introduction to the Themes and Foundations of Karl Rahner's Theology*),Leo J. O'Donovan 主编,New York:Crossroad,1981,页169—184;Michael J. Himes 在自己的作品中为 Lonergan 的自然法著作提供了一个很好的概述和评价,《当代神学之中的人:从人性到真正的主观性》("The Human Person in Contemporary Theology: From Human Nature to Authentic Subjectivity")(1983),重印于《基督教伦理学导论》(*Introduction to Christian Ethics: A Reader*),Ronald R. Hamel 和 Kenneth R. Himes,O. F. M. 主编,New York:Paulist,1989,页49—62。Charles Curran 针对"经典的"自然法理论提出了一个批判,他把对两位作者的见解都包含了进去,《道德神学中的自然法》("Natural Law in Moral Theology")(1970),重印于《道德神学读本之七:自然法与神学》(*Readings in Moral Theology No. 7: Natural Law and Theology*),Charles E. Curran 和 Richard A. McCormick 主编,New York:Paulist,1991,页247—295;最近,他对伦理学的自然法理论方法又提出了一个更具同情感,但仍然属于评判性的评价,《当下的天主教道德传统:综合》(*The Catholic Moral Tradition Today: A Synthesis*),Washington,D. C.:Georgetown University Press,1999,页35—45。近期,顺着相似的思路还发展出来了对自然法理论的其他批判,参见 Josef Fuchs,《自然法抑或自然主义的谬误?》("Natural Law or Naturalistic Fallacy?"),收录于他的《道德要求与个人义务》(*Moral Demands and Personal Obligations*),Washington,D. C.:Georgetown University Press,1993;初版 1988,页30—51,以及 Edward Vacek,《神圣命令、自然法与互爱伦理学》("Divine-Command, Natural-Law and Mutual-Love Ethics"),见 *Theological Studies* 57(1996):633—653。

自然的规范力量。当他谈到那种贯穿着公共生活的自然法共识时,他说:

> 在那种构成着(自然法方面)共识的思想体系之中,与理性相一致的存在属性并非偶然的因素。无理性的事实或者纯粹的经验,对于把自身设计为公共行为的控制性规则没有任何价值。超越于经验以及把事实转化为原则,这是理性的工作。共识的学理得以形成的行为,既不是深入各种事实的行为,也不是反思经验的行为。它是一种判断的行为,是在道德肯定或者否定之中所进行的一种操练。①

[36] 这种趋势至少有一个重要的例外,它出现在逼近梵蒂冈第二届大公会议的那几年中,即,由马里旦(Jacques Maritain)提出的对自然法和自然权利的具有高度影响力的阐述。他以一种斩钉截铁地的口吻断定了自然法的形而上学基础:

> 我所强调的是自然法当中可以确认的第一个基本要素,即,**本体论要素**;我的意思是运行的**规范性**,它的基础在于那一存在的本质:人。正如我们已经看到的,一般来说,自然法是特定存在物的发展的理想公式;或许可以把它比作一个代数方程,根据这个方程,曲线在空间中延展,然而对人来说,这条曲线自由地符合该方程。那么,我们可以说,就其本体论方面而言,自然法是一个与人类行为相关的**理想秩序**,一个在合适与不合适、正当与不正当之间的**划分**,这取决于人性或者本

---

① John Courtney Murray,《我们坚信这些真理:美国命题之天主教反思》(*We Hold These Truths:Catholic Reflection on the American Proposition*),New York:Sheed and Ward,1960,页122。

质,以及根植于它的不变的机理。①

然而,如果我们深入阅读就会发现,尽管马里旦把自然法置于自然的一种强劲的形而上学观念之上,这种观念却几乎没有直接的规范意义。原因在于,马里旦与他的大多数同时代人截然不同,他并不把那种被视为道德规范的一个源头的自然法看作是可由人类理性直接获取的东西:"在这一点上我们必须强调,人类理性并非以一种抽象的和理论的方式发现自然法的条例(regulations),就像发现一系列的几何原理那样。而且,也不是通过智力的概念运用,或者通过理性知识的方式发现它们的。"②那么,我们是怎么认识自然法的规定呢?马里旦求助于阿奎那,并对他的学说进行了解读。他接着解释说,我们对自然法的实践知识"不是理性的知识,而是通过倾向的知识。那种知识不是借助概念和概念判断的清晰的知识,它是晦涩的、不成体系的、借助天性或者禀赋的生命的知识,其中智力为了产生判断咨询并且倾听内在的旋律,持久倾向的振动之弦使之呈现于主体之中。"③

其实很难搞清楚怎样才能获得一种既非概念、也非理性的人类知识的形式(而且更难把这种[37]观念归之于阿奎那),但是无论如何,马里旦显然都没有断定道德诫命是可以通过任何直接的方式从对人性规范意义的反思之中推导出来。就此而论,他是那种试图证明自然法规则的一般趋势的一个例外。也就是说,他确实保持了自然法与一种强劲的人性观的联系,以此阐发自然法。但是,为了做到这一点,他否认了人性具有任何直接的、认识论上的规范力量。

---

① Jacques Maritain,《人与国家》(*Man and the State*),Chicago:University of Chicago Press,1951,页 87—88,强调为原著所有。
② Maritain,《人与国家》,前揭,页 91。
③ Maritain,《人与国家》,前揭,页 91,强调为原著所有。

还有一种强调自然法的理性特质的理论方法,它在菲尼斯(John Finnis)、格里塞(Germain Grisez)及其追随者的"新自然法理论"当中得到了最为完整的表达。我们在后面还会不断提到这一颇有影响力的自然法理论,这里不妨指出它的主要思路。这种理论首次由格里塞提出,在之后的三十多年以来,既受到了激烈的讨论,也获得了相当大的发展。下面的概述主要依赖菲尼斯的著作《阿奎那:道德、政治和法律理论》,它代表着该学派观点的最近的、也是最为广泛的表述。①

菲尼斯的理论起点是对阿奎那自然法论述的一种解释。按照他的理解,这种解释依赖于对以下问题的某种特定的理解:如果人类行为要成为完全理性化的,它需要什么。② 按照菲尼斯的解读,阿奎那认为,我们被他《神学大全》(第二集第一部分第 94 个问题第 2 节)所提到的那些倾向导向某些人类善,例如,生命、知识和实践理性化。尽管这些善的知识不是天生的,但只要得到体验,它们

---

① 除了 John Finnis 的《阿奎那:道德、政治与法律理论》(*Aquinas: Moral, Political, and Legal Theory*),Oxford: Oxford University Press,1998,该理论的主要陈述还包括 John Finnis 的《自然法与自然权利》(*Natural Law and Natural Rights*),Oxford: Clarendon,1980;Germain Grisez、Joseph Boyle 和 John Finnis 的"实践原则、道德真理与终极目的"("Practical Principles, Moral Truth, and Ultimate Ends"),见 *American Journal of Jurisprudence* 32(1987):99—151;以及 Germain Grisez 的《主耶稣之路:基督教道德原则》(*The Way f the Lord Jesus 1: Christian Moral Principles*),Chicago: Franciscan Herald Press,1983,和《主耶稣之路:过基督徒的生活》(*The Way f the Lord Jesus 2: Living a Christian Life*),Chicago: Franciscan Herald Press,1993。Robert George 在捍卫该理论免遭各类批判的过程中提供特别清晰和有益的概述,这些论文结集成书,题为《为自然法辩护》(*In Defense of Natural Law*),Oxford: Oxford University Press,1999,特别参见页 45—54 页 83—91。此外,可以参见 Rufus Black 为其与 Nigel Biggar 合编的论文集所写的导读,其中包含着一个有益的总结,《新自然法理论》("The New Natural Law Theory"),收录于《自然法理论的复苏:对菲尼斯—格里塞学派的哲学、神学和伦理学回应》(*The Revival of Natural Law: Philosophical, Theological, and Ethical Responses to the Finnis-Grisez School*),Aldershot: Ashgate Press,2000,页 1—28。

② John Finnis,《阿奎那:道德、政治与法律理论》,前揭,页 56—102。

就会立刻被理智作为善抓取,撇开它们的情感诉求或者它们的工具价值不论。因此,可以把它们描述为首要的或者基本的人类善。任何以这些善之一为目标的行为,至少在这个意义上说,本身即是可以理智理解的;而且正是因为这个原因,可以说基本善[38]提供了可以理智理解的目的,或者换一种说法,行动的基本理由。① 由此,它们为实践理性的首要原则"善要被实行和追求,恶要被避免"(Good is to be done and pursued, and bad is to avoided)(《神学大全》第 94 个问题第 2 节)提供了内容。②

菲尼斯补充说,首要原则本身并不产生道德义务上的"应当"。"当那条绝对是首要的实践原则在其与其他所有的首要原则的关系当中,通过一种不受诸如扭曲的情感等任何次于理性的因素限制和转移的理性化所遵循时"③,道德意义上的"应当"就达成了。虽然没有任何人可以追求每一种基本善的每一种例示,理性却提出了要求:我们应当对每一基本善的最为完满可能的例示开放。菲尼斯把这个要求描述为:首要原则命令我们追求基本善的完整指令。④ 因此,实践理性化排斥任何"直接或者间接与某种基本善相悖的"行为,例如,杀人是与生命的善相悖的,或者,通奸是与婚姻的善相悖的。⑤ 还存在其他的道德形式,最为著名的是公平和关怀他人,但是,这些似乎也可以通过一种对所有基本善的真正不受限制的开放加以分析。⑥

最终,基本人类善不仅为动作提供了可以理智理解的理由,而且还只提供这样的理由,它们是抽离于它们的具体例示才能得到

---

① Finnis,《阿奎那:道德、政治与法律理论》,前揭,页 60。
② Finnis 的翻译,见《阿奎那:道德、政治与法律理论》,前揭,页 86。
③ Finnis,《阿奎那:道德、政治与法律理论》,前揭,页 87。
④ 同上书,页 106。
⑤ 同上书,页 140;进一步参见页 138—140,163—170。
⑥ 同上书,页 111—117,页 123—129。

思考的。因此,当我为了自己的健康去散步时(这是笔者自己的例子,不是菲尼斯的),我的动作就是可以理智理解的和好的,因为它旨在保存生命这种基本善的一个例示——不是因为它旨在保存我的生命(仅此只是一个自私自利的动机),也不是因为我喜爱它(那将是一个情感的而不是理性的行动理由)。① 这并不意味着,一个行为只要出现对一项基本善的理性追求之外的自指的和情感的动机,那么它在道德上就是恶的,而是说那种理性地追求基本善的动机使得一个行为在道德上是值得称赞的。②

笔者已经在其他地方竭力论证了:对自然法的这种解释,并没有准确地刻画出阿奎那自己对自然法的理解,而且事实上格里塞已经不再试图证明他们的[39]"新自然法理论"是对阿奎那解释的准确翻版了。格里塞在这一点上与菲尼斯不同。③ 尽管如此,鉴于它自身的品格,这仍是一种非常强大的、影响广泛的自然法理论。正如上面的概述所揭示的,它在很大程度上是一种现代模式的自然法理论,因为它宣布从一个不容置疑的首要原则,即,通过对基本善的理解得以具体化的实践理性的首要原则,导出道德诫命的完整体系。应当承认,这里所说的"导出"(derivation)似乎是"细化"(spec-

---

① 对于第一点,参见 Finnis,《阿奎那:道德、政治与法律理论》,前揭,页 89,页 111—117;对于第二点,参见页 73—78。
② Finnis,《阿奎那:道德、政治与法律理论》,前揭,页 74—75。
③ 特别参见拙文,《理性、自然与人生之目的:评约翰·菲尼斯的〈阿奎那〉》("Reason, Nature and the End of Human Life: A Consideration of John Finnis' Aquinas"),见 *Journal of Religion* 80, no. 3(July 2000):476—484。相似的论证在 Anthony J. Lisska 那里也得到了发展,《阿奎那的自然法理论:分析性重构》(*Aquinas's Theory of the Natural Law: An Analytic Reconstruction*), Oxford: Clarendon, 1996,页 139—165,以及 Ralph McInerny,《阿奎那论人类行为:一种实践理论》(*Aquinas on Human Action: A Theory of Practice*), Washington, D. C.: Catholic University of America Press, 1992,页 184—192,以及《格里塞与托马斯主义》("Grisez and Thomism"),收录于《自然法理论的复苏:对菲尼斯—格里塞学派的哲学、神学和伦理学回应》,页 53—72。

ification)而非"演绎"(deduction)。即是说,在体验到生命这项基本善时(设例),我们理性地理解到,生命是值得追求的,而且永远不应受到破坏或者被阻止产生。尽管如此,这个细化的过程的确会产生明确的道德规则,这些规则自身可以接近,但却无法完全实现,基本善和实践理性首要原则的那种理性上的强制特质。①

在天主教道德神学家圈内,对自然法的这种解释已经引发了相当大的争议,他们大多都质疑这种理论所产生的严格的禁令。② 尽管如此,这些批判者在很大程度上仍然赞同格里塞和菲尼斯的道德推理的基本方法。他们具有一个共同的确信:道德规范以基本善的形式得到分析,这些基本善通过行动加以追求,主要的分歧在于,什么算是"违反"一项基本善。③ 从我们的角度来看,至关重要的是,作为争论双方的天主教道德思想家都仍然坚持认为,自然法是作为一种理性的道德得以理解的,这种道德可以被所有富有理性和天赋良好的人士所接纳。按照麦考米克(Richard McCormick)和库兰(Charles Curran)的话来说,"从道德神学或者基督教伦理学的视角出发,任何承认人类理性作为道德智慧的一个源头的人,都采取着一种自然法观点。"④因此,在它的全部[40]形式当中,现当代的天主教自然法思考都更为一般地反映着现代道德思想的那些关注和预设。其中首先包括,需要一个对话的框架,从中"所有善良的人"都能够对影响公共福祉的事项运用理性,还需要一个为道德边界进

---

① 正如 George 所指出的,如果认为自然法的具体结论与实践理性的首要原则以及通过它得以细化的规范具有相同的理性确定性,这是错误的;参见《为自然法辩护》,前揭,页 45。
② Salzman 归纳了主要的论点,《他们怎样谈论天主教伦理方法?》,页 39—44;同样参见 Nigel Biggar 在他的《自然法理论的复苏:对菲尼斯—格里塞学派的哲学、神学和伦理学回应》第 283 到 294 页结论中所提出的具有同情感但仍属于批判性的评价。
③ 正如 Salzman 在《他们怎样谈论天主教伦理方法?》第 39 到 40 页中所评述的。
④ Curran 和 McCormick,《道德神学读本之七:自然法与神学》,页 1。

行辩护的基础,而不管这些边界究竟该如何划定。

行文到此,我们尚未讨论新教对自然法观念的批判和重新评价。然而,这些也应当被视为自然法传统的一个部分。自然法阐释的持续发展有着深刻的塑造因素,它既受到了新教自然法理论家的影响,也遭遇了新教对基督教伦理学的自然法理论方法的执着批判。最近,新教的重新评价已经恢复了曾经被许多天主教神学家所拒绝的早期传统,特别是它对把前理性的自然作为道德省察的一个源头的强调。最后,新教思想家阵营对自然法所提出的批判以及部分的和解,指向了自然法传统发展至今尚未解决的深层的模糊点和未经审视的假设。

新教批判自然法的主要思路广为人知。自从宗教改革以来,这个学说已经被视为人类骄傲的一个表现,一种脱离上帝律法和恩典称义的努力——这个批判路线在 20 世纪的巴特(Karl Barth)那里得到了有力的表达。与之相似,尼布尔(Reinhold Niebuhr)为传统的新教观点据理力争:人类罪性的普遍现实已经彻底地破坏了我们对一种自然的道德秩序的认识。较近时候,霍尔华斯(Stanley Hauerwas)已经拒绝了自然法学说,根据在于,它为基督教伦理学所提供的其实是一个不那么神学的基础。[1]

---

[1] 参见 Karl Barth,《教义》(*Church Dogmatics* II/2),G. W. Bromiley 等人译(Edinburgh: T. & T. Clark, 1957),页 528—535;Reinhold Niebuhr,《基督教信仰与自然法》("Christian Faith and Natural Law")(1940),重印于《爱与正义:雷因霍尔德·尼布尔短文选集》(*Love and Justice: Selections from the Shorter Writings of Reinhold Niebuhr*),Louisville: Westminster/John Knox, 1957,页 46—54;以及 Stanley Hauerwas,《和平国度:基督教伦理学入门》(*The Peaceable Kingdom: A Primer in Christian Ethics*),Notre Dame: University of Notre Dame Press, 1983,页 50—71。对于一个具有鲜明的路德派的观点,参见《真理之光》当中所刻画并由 Reinhar Hütter 所发展的对自然法的精妙而又具有同情感的批判,《真理之光中的上帝律法》("'God's Law' in Veritatis splendor: Sic et Non"),收录于《伦理学中的大公教会事业:新教徒对教皇保罗二世道德通谕的使用》(*Ecumenical Ventures in Ethics: Protestants Engage Pope John Paul II's Moral Encyclicals*),Hütter 和 Theodor Dieter 编订(Grand Rapids: Eerdmans, 1998),页 84—114。

20世纪,天主教对自然法观念的重新评价并未能止住这些批判。相反,这一时期天主教与新教在批判上不谋而合的程度令人咋舌。就两组批判而言,较早时候的自然法理论方法反映的是一种把实际存在的社会实践等同于不可改变的自然法的不正当的[41]趋势。正如我们在前面已经说明的,在20世纪的大部分时间里,天主教神学家都在争辩,较早的理论方法反映的是一种古典的和静态的世界观,这种世界观不重视历史的偶然性或者单个人的需求。可以把这一点与尼布尔的评论进行对比:"理性无法定义任何普遍有效或者认同的正义标准。因此,托马斯主义的正义定义充斥着从封建社会秩序的既定现实之中所获得的具体细节,可以被视为封建贵族占据支配地位的社会的'理性化'。"①然而与此同时,天主教仍在继续坚持某种普世伦理的可能性,根据在于理性而非前理性的自然,那与在他们看来作为新教伦理学的宗派危险的东西是相反的。②

然而,如果我们只考虑这些批判意见而不考虑其他的,那么我们就只看到了新教自然法理论方法的片面观点。在过去的三十年间,新教神学家越来越多地转向自然法传统,以之作为他们道德思考的一个源头。实际上,在英语学者圈内有一位要求重新思考自然的神学意义的最为重要的支持者,他就是改革派神学家古斯塔

---

① Reinhold Niebuhr,《基督教信仰与自然法》,见 *Theology* 40(February 1940):86—94,此处位于页 87—88。新教和天主教批判的相似之处还有很多,请比较一下尼布尔对爱的伦理学作为自然法伦理学的一种矫正和替代的捍卫,与 Edward Vacek 在《互爱伦理学》("Mutual-Love Ethics")页 649—653 所提出的高度相似的提议。

② 有一个来自 20 世纪最具影响力的道德神学家的很好的例证,参见 Bernard Häring,《基督的法律:牧师和平信徒的道德神学》(*The Law of Christ: Moral Theology for Priests and Laity*),卷 I,Edwin G. Kaiser 英译(Westminster, Md.: Newman Press, 1965),页 243。最近也有人表达了相似的关注,不过不是专门借助自然法,David Hollenbach,《共同善与基督教伦理学》(*The Common Good and Christian Ethics*, Cambridge: Cambridge University Press, 2002),页 127—170,以及 Lisa Cahill,《迈向全球伦理学》("Toward Global Ethics"),见 *Theological Studies* 63 (2002):324—344。

夫森(James Gustafson)。按照他的观点,天主教坚持自然是一个重要的神学范畴,这是正确的,而新教神学家试图在自由与历史的主题之下理解所有的神圣和人类活动,这却是错误的。① 然而与此同时,他也坚持,这种理论的根本预设无法在当代科学的自然观下得到维持。因此他提出,无论是新教还是天主教神学家,"有待系统性地解决的问题是自然在神学伦理学当中的地位。"②

古斯塔夫森自己是这样解决这个问题的:他阐述了一种基本的基督教的虔敬态度能够在反思自然界的语境当中得以培育和表现的[42]种种方式,自然界则被视为神权的一个具有核心意义的表达,因为它既维持也最终破坏着人类生活。③ 在古斯塔夫森看来,这种理论方法是具有某种优势的,因为它无需借助一种成问题的自然理论,或者根本无须对自然进行任何系统性的说明。相反,他以我们体验到和参与进去的非人世界解释自然,而且他指望充满虔敬的省察,从而能把道德内容带进这样理解的自然。

古斯塔夫森对自然作为人类省察和责任的一个完整语境的强调已经引起了广泛的关注。而且,这种关注绝非仅限于新教学者群体。杰出的天主教道德神学家库兰早期是传统天主教自然法理论形式的颇有影响力的批判者,最近他又提出了一种天主教的道德神学,它的框架就是一种遵循前文所勾勒的路线的回应型伦理(ethic of responsiveness)。④ 甚至更为显著地,我们可以在新教对自然法伦理的较近的恢复当中看到相似的观念表达,从表面上来

---

① 特别参见,James Gustafson,《自然:它在神学伦理当中的地位》("Nature: Its Status in Theological Ethics"),见 *Logos* vol. E(1982):5—23.
② Gustafson,《自然:它在神学伦理当中的地位》,前揭,页 6。
③ 这在他的两卷本著作当中得到了最为广泛的发展,《神本视角下的伦理学》(*Ethics from a Theocentric Perspective*),卷 1:《神学与伦理学》(*Theology and Ethics*),Chicago: University of Chicago Press, 1981, 以及卷 2:《伦理学与神学》(*Ethics and Theology*),Chicago: University of Chicago Press, 1984。
④ 参见 Curran,《当下的天主教道德传统:综合》,前揭,页 73—83。

看,它完全不同于古斯塔夫森的自由的和实用的理论方法。这里不妨略举一例。以下是对自然法传统当中何者具有神学效力和价值的一个摘要,它来自路德派神学家许特尔(Reinhard Hütter):

> (道德省察的)这个任务不是一种有待适用的"理论",而是一个既包含理论推理也包含实践推理的具体实践。它必然涉及一种神学的思维方式,这种思维方式预设:(1)上帝是造物主和救世主,他从神圣起源、从彼此之间、从创造之处揭露并审判人类的失和,他召唤人类融入神圣生活的团体;(2)一种受造的秩序和一种为着全人类而追求的"生活方式";以及(3)一种既非未遭损害亦非昭然若揭,而是被有罪的欲望、习性和做派伤害和掩盖的实践理性。自然法并非"彼处之物",不是我们耐心寻找终会"撞上"的东西。它也不是那种"写在"我们的基因或者星星之上的东西。它并不意味着我们对道德的一般概念具有一种先验的通道。尽管某些实践理性原则是我们所有人都可以理解的,但完整的自然法不是直接铭刻在我们的心上那么简单。相反,人类社会是由各种不同的实践和传统所塑造的,它们显现了对上帝为[43]人类所设定的目标的种种偶然的和无法预测的共鸣,这种目标正如以色列和耶稣的叙事所清楚地表达的。基督徒在特定的责任体系(及其使命)之中必须根据上帝的诫命辨别和判断共鸣与不谐。实际上,我们在哪里认出了人类社会的类型和传统与上帝的律法既具有重要意义又具有广泛基础的一致性,哪里就有被(重新)发现的自然法。①

---

① Reinhard Hütter,《路德伦理学的双重中心:基督徒自由与上帝诫命》("The Twofold Center of Lutheran Ethics: Christian Freedom and God's Commandments"),载于《路德伦理学的承诺》(*The Promise of Lutheran Ethics*), Karen Bloomquist 和 John Stumme 编订(Minneapolis:Fortress,1998),页 31—54,此处位于第 51 页。

许特尔的全面的神学导向极不同于古斯塔夫森,但不能把其中的不同之处追溯到改革派与路德派神学的传统差别。然而,正是因为这个原因,他们的相同点也是明显的。许特尔与古斯塔夫森一样,也不把自然法等同于一种道德理论,可以指望它在遭遇具体情形之前产生道德结论。恰恰相反,自然法是通过信仰者对一个情形的忠诚的反应彰显出来的,在这种情形之中,人类生活的秩序被视为是与上帝的意志相统一的。在这一点上——而且明显不是之前——我们发现和重新发现了自然法。

许特尔似乎并不是在与古斯塔夫森的对话之中发展他的自然法解释的。他们在理论方法上的大体相似性反映了新教神学的一个更为一般的趋势,即,强调对上帝意志的辨识和回应,那是通过《圣经》的中介在神圣的诫命之中表现出来的。当然,这个主题贯穿着基督教的神学史,但是,在 20 世纪,它独特的构成及其普遍的影响要归功于巴特的作品。在他看来,对上帝诫命的回应是基督教生活的核心任务和特权。① 鉴于巴特自己的观点,这个事实有助于解释近期新教神学的一个否则就难以理解方面,即,在那么多受到巴特影响的新教神学家之中,都对诉诸自然性作为一个道德标准持开放态度。②

---

① 笔者对巴特伦理学的解释主要依赖于 Nigel Biggar 的《久违的推进:卡尔·巴特的伦理学》(*The Hastening That Waits: Karl Barth's Ethics*),带有新结论的平装本(Oxford: Clarendon, 1995)。

② 特别感谢 Oliver O'Donovan,参见他的《复活与道德秩序:福音伦理学大纲》(*Resurrection and Moral Order: An Outline for Evangelical Ethics*), Grand Rapids: Eerdmans,1986,页 31—52。然而与此同时,他也坚持,他不支持回归一种"自然伦理";参见《国家的欲望:重新发现政治神学之根》(*The Desire of the Nations: Rediscovering the Roots of Political Theology*), Cambridge: Cambridge University Press,1996,页 19—20。霍尔华斯最近甚至也论证说巴特的神学提供了一个进入自然神学的入口;《宇宙粒子:教会的见证与自然神学》(*With the Grain of the Universe: The Church's Witness and Natural Theology*), Grand Rapids: Baker,2001,页 173—204。然而,这种论证路线并没有把对自然法重新评价纳入其中;参见第 134 到 135 页的简短的非难之词。

巴特的影响以一种欢快的反语,为传统的天主教和新教的自然法理论方法的[44]和睦相处提供了一个开端。

尽管接下来的论述可能需要受到限制,但当代对自然法传统的运用往往是按照教会控制的路线进行划分的。近年以来,新教神学家已经开始反思改革派对自然法存在已久的怀疑,甚至到了质疑天主教要更为严肃地对待他们自己的自然法伦理的地步了。尽管如此,对于大多数新教徒来说,自然法传统有着有用的内核,它就处于我们对所面对的大自然赋予所持有的某种态度之中,这是一种对上帝意志的虔诚接受或者积极洞察的态度,由自然的偶然因素居间促成。按照这种观点,自然被视为在其赋予的内容而不是在其固有的秩序性或者目标性上,为基督教反思提供着一个背景。相反,对于大多数天主教徒而言,自然法被或多或少地直接等同于道德推理的应用,当然要考虑到自然的规律性,但不是以被它们束缚的方式。天主教对道德要合乎理性的强调,反映了对道德法则的特性和一般有效性的传统的天主教关注,但是,出于同样的原因,它却没有为特别神学的规范和理想留下什么空间。因此,近来出现的天主教的自然法理论形式比大多数新教理论形式更具规范内容,但与此同时,它们在特别基督教的道德生活视野上提供的东西却很少。①

这种评价,再加上自然法传统的现代演进史,指向了任何自然法理论都必须加以解决的反复出现的难题。在何种意义上能够把自然法理解为"一种永恒、不变并将对一切民族和一切时代有效的

---

① 至少一般情况如此。然而,正如我们已经指出的,Hittinger 的《首要的恩典:在后基督教世界重新发现自然法》似乎反映了一种相反的趋势,它并不着重强调那些植根于自然法的独立的道德省察的可能情况。类似地,Martin Rhonheimer 主张,实践理性的权威植根于上帝的权威,而不是经由理性所省察的自然的可以理智理解性,参见《自然法与实践理性:一种托马斯主义的道德自律观》(*Natural Law and Practical Reason: A Thomist View of Moral Autonomy*),Gerald Malsbary 英译(New York: Fordham University Press, 2000),页 11—12。

法律"？在何种程度上，一种健全的自然法阐释依赖特定的神学（或者其他）视角，以及这如何反映在我们对它的普适性的解释之中？我们如何解释社会实践和道德的前习俗的（preconventional）根源，以及尤为突出的，怎样解释前理性的自然和我们应当预设什么样的理性？在什么程度上，以及在哪些方面，自然法像法一样发挥作用，即是说，作为可供实践的道德规范的一个源头？我们将在随后的章节当中逐一回到所有这些问题。

四、自然法与神学伦理学

我们已经在前面两节当中指出了自然法传统的模糊之处及其成问题的地方。然而，这些都不应使得我们对它的持久吸引力熟视无睹，特别是它对神学家的吸引力，但又不仅限于神学家。近来，新教和天主教神学家对自然法传统的重新评价也可以证明这个事实。正如许特尔的评论提醒我们的，长期以来，自然法的观念一直都是作为一个框架发挥作用的，我们可以从中获得那些极端重要的神学学说的道德意味，其中既包括创造的善性，也包括人类作为上帝全部智慧统治的自由参与者的地位。

笔者在本书中的目标是要为自然法传统提出一种新颖的阐释，把中世纪经院主义的概念作为自己的理论起点，并且尝试发展一种回应前面所确定的问题的理论。希望到目前为止，大家对这个理论方法背后的动机已经比较清楚了。从我们的立场来看，经院主义自然法概念有很多值得称赞的地方。它提供了一种肯定人性的道德意义的方式，其中包括人性的前理性维度，同时也没有否认理性对于道德反思和实践的核心意义。由此观之，它暗示了探究一系列主题的新颖的研究路线——至少对于我们来说它们是新颖的。更为重要的是，从我们的角度来看，它为这些问题提供了一个特别神学的理论方法，可以把一种圣经学和教义学的理论方法与其他视角的进路都结合起来。

那么,我们怎样才能形成一个既回应当代关注,同时又仍然保持经院主义理论方法优势的自然法概念呢?笔者的行文方式是有选择地恢复那种在12、13世纪体现在经院主义反思之中的自然法传统。更为具体地说,笔者将提出自己所认为的经院主义自然法概念的关键特征,参照相关的当代思想思考它们,并把它们发展成为一种系统性的自然法阐释,既表明它对道德思考的意义,也突出它在宽广的神学框架之中的位置。最终可以得出一种自然法阐释,它并非是为从不容置疑的首要原则那里导出道德规范提供一个基础。然而,它将为[46]分析、批判和形成那些规范和实践,并在一个具有实践关注的语境之中为革新进行辩护,提供一个框架。还是从我们自己的角度来看,这个框架的优势在于,它可以使得我们以具体的方式把神学的视角与道德反思系统性地串联起来。

尽管把这种方法描述为经院主义的,无疑是一种时代错误,但笔者相信它一定是经院主义者们倍感亲切的方法,因为它是从他们都会赞成的预设出发的。首先而且也是最为根本的,就像经院主义一样,这是一个立足于文本的道德和神学反思的方法,中世纪的文本为后面的内容提供了最为直接的基础,还有它的大部分结构。但是在第二个方面,这种理论方法并不认为,相关的文本构成了一个自我包容的体系,只能通过文本之间的评注过程才能得到解释。相反,存在一个总的预设,当然必须通过整体研究才能确认它:这些著述反映着一种理解自然法的方式,它基本是健全的,并且得到了广泛的赞同——不是说每个人都会认同它的全部内容,而是说广泛的对话参与者都赞同它的重要部分。换言之,这些文本之所以珍贵,恰恰是因为它们提供了一个理解文本之外世界的有效和有益的视角,而且正是因为这个原因,我们能够借助那些在某些方面明显不同于经院主义者自身的预设、信念和关怀来解释和发展它们。这种理论方法也反映了经院主义者们自身赞同的预设,至少是在某种程度上,因为对他们而言,文本之所以珍贵也是因为它们包含着文本之外的世界的真理,尽管是以片段的或者扭曲的形式。① 最后,笔者认为自己正在探讨的自然法解释是对经院主义的概念的真实表达,尽管可以承认这是一种他们当时没有提出的表达。然而,笔者并不试图在这部著作中证明自己对经院主义在这个主题上的内容的解读的精确性,当然也不会宣称自己的自然法阐释代表着任何一位经院主义作家的观点。

于是,这就把我们带到了另一个要点上。随着研究的深入越发可以看出,有一位经院主义作家在笔者的自然法阐释之中发挥着核心作用,他就是托马斯·阿奎那。实际上,笔者认为自己的自然法理论,就其本质而言,是阿奎那的理论[47]在当代背景下的延伸和发展,或者至少是他的理论在他的整体规划的精神之中的延伸和发展。当然,笔者非常清楚,自己对阿奎那的解释在很多方面都会受到质疑,而且其他人已经在其对阿奎那的解读的基础上形成了极为不同的自然法理论。当然,笔者在这部著作当中并不打算驳斥那些不同的解释理论,除非是为了发展笔者自己的阐释,也不打算证明以下的自然法理论就是对阿奎那理论的一种解读。

有鉴于此,有些人可能会提出疑问:笔者为何把这项研究描绘为对经院主义自然法概念的一种重述,而不是把它直接作为对阿奎那自己观点的重述。首先,除非把它置于他本人的直接先驱和同时代人的观点的背景之下,就无法完整地理解阿奎那对自然法的阐释,即使是根据它本身的词汇,而且脱离这个背景,它对于我

---

① 当然,在这里所采取的理论方法与经院主义者们的著述方式之间还是存在着相当大的差别的。最为重要的,他们认为有文本基础的研究形式不是唯一的,而是最好的、最接近唯一的那种展开思想研究的方式,但逻辑分析和建构过程也在他们的著作中发挥着作用。这里笔者主要依赖 Southern 的《经院人文主义与欧洲大一统》,页 15—57。

们这个时代的意义也并非完全自明。① 其次,没有一位作家,甚至包括阿奎那,能够完全体现经院主义者们处理自然法主题的讨论的丰富性。而且,还有很多有用的东西,它们不包括在阿奎那自己的思想当中,或者至少可以说不具有那么突出的位置。出于这两个原因,笔者提出的是自己对自然法的阐释,只不过利用的是一系列12、13世纪作家的资源,其中阿奎那的分析提供了根本的理论框架,从而可以把他们的见解发展成为一个连贯的叙述。这当然是一个深层次的理由:为何应当把接下来的叙述视为一种托马斯主义的自然法阐释,而不是对阿奎那自己观点的直接呈现。笔者试图既表明自己受惠于一般的经院主义的概念,也表明自己特别依赖阿奎那,这通过本书的主标题和副标题可窥一斑。主标题来自一个在经院主义自然法讨论之中频繁出现的短语,而副标题则代表着本书所采取的具体方法。

[48]现在是时候来初步说一说笔者所认为的自然法是什么了,同时还要简要地勾勒一下接下来将要提出的阐释内容。② 笔者的理论起点是阿奎那对"我们之中是否存在自然法"这个问题的回答:

---

① 尽管笔者非常同情他们的整体方法,但在笔者看来,Anthony Lisska 和 Kevin Flannery 所提供的对阿奎那自然法理论的解释,受制于他们对这种理论的亚里士多德主义根源的关注,从而忽视了阿奎那理论的其他渊源或者他的直接思想背景;参见 Lisska,《阿奎那的自然法理论:分析性重构》,以及 Kevin L. Flannery, S. J.,《诫命中的行为:托马斯·阿奎那道德理论的亚里士多德主义的逻辑结构》(*Acts Amid Precepts : The Aristotelian Logical Structure of Thomas Aquinas's Moral Theory*), Washington, D. C. ;Catholic University of America Press,2001. 当然,笔者实际上是非常认真地对待阿奎那自然法理论的亚里士多德主义的自然主义的,这自不待言。然而,与此同时,阿奎那使用亚里士多德的理论以便形成一种自然法概念,它在起点上不是直接亚里士多德主义的,而是根源于他的直接先驱同时代人的著作。在笔者看来,除非我们谨记这一点,否则我们甚至无法理解阿奎那自然法理论当中的那些最为亚里士多德主义的因素。
② 接下来要说的只是稍后有待提出的要点的概述,因此笔者此处并不试图详细证明后面所要提出的主张。

显然万事万物都以某种方式分有着永恒法,永恒法铭刻在它们身上,从而派生出指向恰当行为和目的的各自倾向。与其他事物相比,理性造物以一种更为卓越的方式服从上帝的智慧统治,他自身即分有着这种智慧统治,既照管着自身也照管着他物。因此,理性造物有一种对永恒理性的分有,借此他们拥有了一种指向恰当行为和目的的自然倾向。这种理性造物对永恒法的分有就称之为自然法。(《神学大全》第二集第一部分第91个问题第2节)

没错,阿奎那这是在以具体来说是神学的,而稍微概括地说是道德的术语,来架构他对自然法叙述。自然法概念带给他的是一种把人类道德置于广泛的神学概念框架之内的途径,创造和智慧统治在该框架之中具有核心地位,而它的概括性允许他结合各种各样的方式,这些方式都是经院主义者理解自然法的方式。同时,他并不满足于对各种不同的自然法阐释的特别运用。相反,他把这些整合进一个系统之中,置于智慧统治的主宰观念之下,那被视为实现一个目的的动作。①

---

① 此处要感谢 Aaron Canty,他首先使得笔者注意到阿奎那理论当中的自然法与智慧统治之间的联系。Hittinger 同样也把智慧统治学说作为了理解阿奎那自然法理论的关键,但他似乎从这一点得出结论说,人们在没有启示的指导之下无法可靠地形成道德判断,这种启示可以通过教会官方进行权威的解释,参见《首要的恩典:在后基督教世界重新发现自然法》,页 24—32。然而,阿奎那把人对智慧统治的服从与专属于人的独立判断和行动的能力系统性地联系起来。除了《神学大全》第二集第一部分的引论,参见《神学大全》第二集第一部分第 91 个问题第 2 节以及《反异教大全》第 3 卷第 111 和 113 个问题。相似地,Hittinger 证明,按照阿奎那的观点,自然法作为一种道德判断的潜能已经遭到罪的严重削弱,以致于无法正常地发挥作用。他同时援引了一个靠后的文本,"In duo praecepta"序言 1,来支持这种观点。然而,按照笔者自己的观点,这种解释路线是无法得到支持的。甚至是 Hittinger 所援引的文本也不像他所暗示的那样那么消极,而且阿奎那在其他地方也清楚地说明:他确实相信我们的道德判断的潜能能够在离开启示和恩典之下发挥作用,至少可以在某种程度上发挥作用。进一步的细节,参见拙著《自然法与神圣法:重回基督教伦理学传统》,页 173—176。

阿奎那系统的自然法阐释预设了一个更为[49]一般的经院主义理解，它涉及自然，以及自然能够被认为构成一条法律或者产生法律的方式。这是阿奎那道德思想之中最具争议的方面之一，它已经使得有些人试图证明，对于他而言，道德规范仅仅取决于理性。然而，没有任何经院主义者愿意在人类理性与更为广义理解的自然所固有的可理智理解性之间挑起不和。自然的可理智理解性具有不止一种的理解方式，这取决于讨论的是何种自然——首要的选择是把自然视为一个有序的整体，这种自然适合于特定种类的造物。但是，对于经院主义者而言，包括阿奎那，对自然法的反思总是预设着人类理性是一个更为一般的可理智理解性的表达，这种可理智理解性是自然界和人性本身的非理性构成部分所特有的。①

就这种联系而言，重要的是要记得第一节所提到的要点。那么，经院主义者，包括阿奎那，实际上并不认为现存的社会制度和实践是前理性的自然的直接表达。相反，他们追随西塞罗而非亚里士多德，把社会实践视为理性的建构，凭借的是人性的前理性以及受到它们塑造的层面，但不是以任何一个确定的方式。因此，经院主义者们都清楚地知道，我们会把什么东西描绘为人类道德不完全受制于人性的决定性。尽管他们以一种综合的方式坚持人类规范和实践的自然性，他们也都清楚，为了从一般理解的人性过渡人类道德规范必须把其他的因素也考虑进去。

那么，什么是"其他的因素"呢？从一个层面来看，把自然倾向转化为社会实践的其他因素经由共同的反思加以推理，从而产生适合一个由理性的人们所组成的社会的那些法律和习俗。② 然

---

① 关于细节，参见拙著《自然法与神圣法：重回基督教伦理学传统》，页 77—79。
② Pamela Hall 在自己的《叙事与自然法：一种托马斯主义伦理的解释》(*Narrative and the Natural Law: An Interpretation of Thomistic Ethics*)，Notre Dame: University of Notre Dame Press, 1994，特别是在页 38—43 和页 45—64，以及 Flannery 在《行为中诫命：托马斯·阿奎那道德理论的亚里士多德主义的逻辑结构》当中，页 167—194，以不同的方式提出和发展了这一点。

而，这个过程可能进展得很好，也可能很坏，因此就会产生进一步的问题：应当控制这一过程的原则是什么？阿奎那对经院主义自然法概念发展的最为重要的贡献在于以下事实：他以某种方式回答该问题而不是回避它。他说，自然法的形式是被理性的判断决定的，而且，相应地实践理性被目的所充实，它指向这些目的。因此，阿奎那对自然法的解释从本质上来说是目的论的——也就是说，它是这么构成和发展的，通过反思人类[50]生活的目标或者目的，以及这种目的结合我们复杂而又具体的人性的各种倾向并为其带来秩序的方式。

我们应当强调这一点：对于阿奎那而言（与许多后来的天主教思想家不同），充实自然法诫命并且赋予其结构的行动目的是整体完美（overall perfection），即是说，行动着的人的幸福，而不是器官的各自目的或者功能。当然后面这些确实也具有规范意义，但是，除非在它们相互之间以及与造物的完整福祉的恰当关系之中加以审视，否则就无法得到充分的理解或者追求。而且，对于阿奎那来说，世俗的幸福在于德性的实践，它并非仅仅在于好的道德品质，而是更为根本的在于人类主体的全部能力的全面发展和运用——成全。因此，对于阿奎那来说，德性的生活提供了充实并赋予各种自然法诫命的目标。这似乎对于我们来说是陌生的，通常我们都试图把自然法与德性作为两种道德反思的理论方法，从而进行尖锐的二分。但是，这种二分法却不为早期的经院主义者所熟悉，而且正如我们将要看到的，它反映了关于德性与法律关系的预设，这些预设我们不必自己确定。

尽管如此，真实的情况是，德性的理想，至少按照通常的理解，并没有为道德反思提供一个充分的基础。阿奎那分享着普遍的经院主义预设：道德包含着法律，通过《圣经》所启示的上帝的神圣法得到范例式的表达。然而对于他们而言，神圣法不是仅仅强加于人类生存的无形的偶然性上，它凭借并且完成着早已存在的令式

(imperatives),也反映着上帝的智慧和意志的各个方面。德性本身会产生这些令式中的一些,而且更为根本的,也是我们趋向某些行为类型的种特异性的(species-specific)趋势。神圣法的规范可以给这些令式带来融贯和完成,但是,在此之前我们必须在特定的语境下解释这些令式本身。这个语境由一般理解的自然法所设定,并且由我们可以称之为道德责任、它的范围和限制的实用主义所设定。这些解释的过程把自然法和神圣法的各个不同的方面整合进一个诫命的体系,适合于生活在特定时空的理性造物的生活方式。

笔者会在本书接下来的三章当中,探讨经院主义和托马斯主义自然法阐释的这三个构成部分,并按照当代关注的问题推进它们。接下来的一章,笔者会思考,我们能够在多大程度上按照当代关于生命起源和发展的科学观念,利用经院主义关于自然的预设和信念。笔者会提出理由证明,与通常的看法相反,[51]经院主义的观念与进化论,或者更为一般的与当代生物科学,并不冲突——尽管它们确实需要我们对这些科学的哲学含义作出某些特定的判断。相反,当代生物学理论所提出的挑战与以下问题相关:我们能否谈论生物的本质,作为它们具有可理智理解性和因果力量的生存的构成部分。笔者相信,我们能够这么做,而且第二章将为这种观点提供证明。第三章会探讨阿奎那对幸福的解释,看看它与他的整体德性理论的联系——那是一种可以证明是比通常想象的更为复杂和更加丰富的阐释。然后在第四章会开启对经院主义以下主张的探讨:理性产生道德规范。这是另一个可以证明比我们首先想到的更为复杂的主张。具体而言,笔者将会集中关注人类行为的必然要求产生明确的道德规则的方式,这些规则一方面是正义德性的诫命,另一方面也是表达和捍卫一种无法还原的人之价值的共同感的分界线。笔者接着会更为细致地观察审慎这种德性,证明尽管该种德性无法直接产生道德规范,但它在个人和公共层面上的道德知识的发展之中却发挥着重要作用，即使这种作用是间接的。相应地，在一个基督教的背景下，审慎的推理释放了一种可能性：道德规范在某种意义上既是理性的也是启示的，而且这也是为何一种托马斯主义的自然法理论方法容留了一种特别神学的自然法伦理，尽管如此，它并非仅仅是神学信念向自然和理性的原料上的投射。

这就把我们带到了本章第二节末尾所提出的问题。我们在何种程度上能够或者应当渴望获得一个道德诫命的体系：它既是具有理性说服力的，也足够具体足以在实践上加以说明？阿奎那在道德科学观念上的保留暗示着这个目标无法实现，而且最近关于道德传统特征的作品似乎也肯定了这种见解——后面笔者将提出论据证明。然而，这并不意味着道德传统对理性的批判无动于衷，或者对那些旁观者来说完全晦涩难懂或毫无说服力。我们需要一个更为精微的阐释，从而说明具体的信念和实践与它们所产生的道德主张之间的关系。因为托马斯主义自然法理论尤为关注社会习惯与这些习惯所根源的自然原则之间的关系，所以它特别适合为这种阐释的形成提供一个起点。后面笔者会在第五章论证这一点，那里会集中关注自然权利为这种论证提供一个焦点和例证的问题。

最后，笔者将会在第五章末尾转向自然与恩典这一复杂的问题，并对它稍作研究。经院主义者们对自然界的积极态度，以及他们以一种神学术语解释它的欣然感情，都表明他们没有在自然与恩典之间作出我们在晚期天主教思想之中所发现的那种截然划分。当然，把新经院主义在自然的与超自然的之间的二分法归咎于早期的经院主义者，这将是一个错误。尽管如此，他们确实坚持自然与恩典之间的划分。正如笔者将要证明的，这种划分预先假定了针对自然的相同态度，也被它所规定，这些态度贯穿着自然法概念，即，经院主义者们对创造的善性的感觉，以及他们的信念，在晚期经院主义者那里特别突出：最好以各种造物的可理智理解的性质理解自然。笔者将会论证：这种划分仍然有效，而且事实上在神学上也不可或缺。这并不意味着我们需要以与经院主义者们完全相同的方式解释它，也不意味着我们可以在不进行系统重述的情况下简单地利用经院主义的自然法概念。但是，这有可能是另外一个话题了。

第二章 自然作为本性:自然法之根

[53]大阿尔伯特有一个对自然法的分析,他在这个分析的开端申言:"自然法就是理性或者义务的法则,因为自然作为理性。然而,当我说自然作为理性之时,有可能把它理解为不止于自然,或者不止于理性,或者同时作为自然和理性"(《论善》,第五章,1.2)。他这么说就像是在以老生常谈的方式开篇,而且这种说法也确实抓住了我们所关注的那一时期的一般的经院主义理论方法。就其主要含义来说,自然法与理性相等同,终归是人性的定义性标志。但是,这种解释自然法的方式并不意味着人性的其他方面,其中包括它的前理性的构成部分,都缺乏道德意义。恰恰相反,"自然作为本性"(nature as nature)负载着独立的道德意义,尽管该意义必须通过理性的反思才能洞察。因此,自然法既反映着人这种造物(human creature)的独特性,也反映着我们人类与上帝的其他造物的更为基本的连续性:独特性,因为只有一种理性的造物才能被恰当地说成是遵循一条法则;连续性,因为我们对自然法的分有是上帝的智慧统治的整个活动的一种表达,一切东西都受造其中,一切东西都受其统治。

无独有偶,大阿尔伯特的学生阿奎那也说:"人依其自然本性所倾向的任何事物都属于自然法。任何事物自然地倾向与其形式相合的运动：例如，火倾向于发热。因此，由于理性灵魂是人的恰当形式，那么每个人都存在着与其理性相合的自然倾向，而且这种倾向按照理性去行为"（《神学大全》第二集第一部分第94个问题第3节）。这似乎反映出一种理论方法，根据它，[54]人性，以及隐含的，自然法，可以通过理性自身的机理得到解释。但是，这明显不是阿奎那的观点。正如他接下来解释说，"人之自然本性可以说成是专属于人的……也可以说成是人与其他动物共有"，而且两种本性都产生道德约束，对应于不同种类的罪（《神学大全》第二集第一部分第94个问题第3节答复2）。

直到很近以来，这些以及与之相似的说法对于我们当代人来说，似乎反映着经院主义自然法概念的最为陈旧和最不招人喜爱的方面。认为大阿尔伯特、阿奎那以及他们的对话者有可能是正确的，至少总的来说是正确的，这一点可能会遭到质疑。相反，直到很近以来，大多数自然法的当代捍卫者，都拒绝了那些坚持前理性的自然的道德意义的信条，它们长久以来可是占据着全部自然法理论的核心地位的。这一观察结果既可以适用于基督教的自然法思想家，也可以适用于其他人。正如我们在上一章看到的，在前一世纪的大多数时间里，天主教神学家都强调人的历史和人格维度，同时质疑前理性的自然的道德意义。与此同时，正如我们同样看到的，即使最具同情感的新教神学家也都不愿意把道德意义赋予自然的东西，除非把它解释为反应性（responsiveness）和省察力（discernment）的一个场所（locus）。除了这些神学因素，还存在着许多反对自然之物的道德意义的著名论证，而且不管我们怎样看待它们的优点，它们对于神学伦理学和哲学伦理学都具有十分深刻的影响。最终，许多神学家都对任何诉诸自然性的做法表示怀疑，因为这些诉求所发挥的作用，它们要证成被广泛视为一个成问题的性道德的东西——尽管近年来有人试图为一个更传统的性道德的理论方法进行辩护，所采取的方式是避免直接诉诸前理性的自然的道德意义。① 综合所有这些原因,神学家们对前理性的自然的道德意义的广泛拒斥,乍看之下似乎令人惊讶,细想起来却可以理解。

然而,这种立场是有代价的。它所带来的后果,是对若干世纪以来的基督教道德教义的一个核心特征的整个拒绝。该教义的作用在于,以各种方式把教义的信念与伦理的信念联系起来,并且为该教义的许多规范内容提供一个基础。这样一来,这种立场几乎没有给神学家留下什么资源,如果有了这些资源就可以为当代生物伦理学、环境伦理学或者自然权利的争论带来[55]不同的视角——正是这些领域才是人们一直期待听到典型的基督教声音的地方。出于同样的原因,它阻止了我们全力以赴,在当代哲学和科学中恢复一种自然性的道德理想,并且由此妨碍了基督教思想与其他广泛的文化因素之间可能产生的最为重要的接触点。

最近,神学家们开始重新思考人性,通盘考虑之下的人性,可以最终具有道德意义的可能性。② 这些探究饱受范围广泛的关注点

---

① 例如,参见 John Finnis,《阿奎那:道德、政治与法律理论》(*Aquinas: Moral, Political, and Legal Theory*),Oxford:Oxford University Press,1998,页143—154。
② 在天主教界,Stephen Pope 对进化心理学的神学意义进行了精微而又具有同情感的探讨,对于提升这一重新思考贡献良多;参见他的《利他主义的进化与爱的命令》(*The Evolution of Altruism and the Ordering of Love*),Washington, D. C.:Georgetown University Press,1994,以及较近的,《神学视角下道德的进化论之根》("The Evolutionary Roots of Morality in Theological Perspective"),见 *Zygon* 33, no. 4(December 1998):545—556。除此之外,Gustafson 要求对自然重新进行神学评价,这种呼吁无论在天主教思想家还是在新教之中都具有高度的影响力。除了 Gustafson 以及上一章所讨论的其他人的作品之外,这一重新思考的更多的例证,涉及广泛的视角,包括 Martin Cook 的《自然地思考的方式》("Ways of Thinking Naturally"),见《基督教伦理学协会年鉴》(*Annual of the Society of Christian Ethics*)(1988),页161—178;Ralph McInerny 的《阿奎那论人类行为:一种实践理论》(*Aquinas on Human Action: A Theory of Practice*),Washington, D. C.:Catholic University of America Press,1992;Philip Hefner《人为因素:进化、文化与宗教》(*The Human Factor: Evolution, Culture, and Religion*),Minneapolis:Fortress,1993;Cynthia S. W. Crysdale《修正自然法:从经典范式到新兴概率》(转下页注)

的促动,而且沿着不同的方向前进,但是放到一起来看,它们总体反映着一个意思:历史上的基督教道德教义的这个方面对于教会的道德反思和见证毕竟是重要的。也并非只有神学家才会重新思考自然的道德意义,我们目前正经历着哲学家、政治活动家、医生和律师对这个主题的兴趣的一种复苏之势。当然,这里不可能在一本书中公道地处理这种复苏的各个方面。① 与此同时,[56]自

(接上页注)("Revisioning Natural Law: From the Classicist Paradigm to Emergent Probability"),见 *Theological Studies* 56(1995):464—484; Anthony J. Lisska,《阿奎那的自然法理论:分析性重构》(*Aquinas's Theory of Natural Law: An Analytic Reconstruction*),Oxford:Clarendon,1996; Michael S. Northcott,《环境与基督教伦理学》(*The Environment and Christian Ethics*),Cambridge:Cambridge University Press,1996,页 257—327;以及 Stephen Clark,《生物学与基督教伦理学》(*Biology and Christian Ethics*),Cambridge:Cambridge University Press,2000。尽管这些人当中很多都是职业的哲学家,而非神学家(Clark,Lisska,McInerny),但他们都试图在明确的基督教信仰的框架之内恢复自然的道德意义。

① 后面将会变得更为明确,笔者在本书中的主要的对话者是自然主义德性伦理的捍卫者,该理论主要是沿着 Philippa Foot 所提出的路线发展起来的,最近的作品是《自然之善》(*Natural Goodness*),Oxford:Clarendon,2001。下一章还会涉及对该文献的引用。其他的文本还包括,Mary Midgley,《兽与人:人性之根》(*Beast and Man: The Roots of Human Nature*),New York:Meridian,1978,以及较近的,《伦理的灵长类动物:人、自由与道德》(*The Ethical Primate: Humans, Freedom, and Morality*),London:Routledge,1994; Owen J. Flanagan, Jr.,《奎因主义伦理学》("Quinean Ethics"),Ethics 93(1982):56—74,以及《道德人的多样性:伦理学与心理实在论》(*Varieties of Moral Personality: Ethics and Psychological Realism*),Cambridge:Harvard University Press,1991;Leon Kass,《迈向更为自然的科学:生物学与人事》(*Toward a More Natural Science: Biology and Human Affairs*),New York:Macmillan,1985;Martha Nussbaum,《非对当的德性:一种亚里士多德主义方法》("Non-Relative Virtues: An Aristotelian Approach"),收录于 *Midwest Studies in Philosophy XIII: Ethical Theory: Character and Virtue*,Peter French,Theodore E. Uehling,Jr.,以及 Howard K. Wettstein 编订,Notre Dame:University of Notre Dame Press,1988,页 32—53,以及较近的《妇女与人类发展:潜能路径》(*Women and Human Development: The Capabilities Approach*),Cambridge:Cambridge University Press,2000;Allan Gibbard,《明智选择,合宜感情:一种规范判断理论》(*Wise Choices, Apt Feelings: A Theory of Normative Judgement*),Cambridge:Harvard University Press,1990;以及 Larry Arnhart,《达尔文主义的自然权利:人性的生物伦理学》(*Darvinian Natural Right: The Biological Ethics of Human Nature*),New York:SUNY Press,1998。

然性的理想再次成为了工业化社会的显著主题,实际上它从未在西方文化中断根。有鉴于此,对经院主义的自然和自然法理论方法的重新考虑颇有时不我待之感。按照广义理解,这将是描述本书任务的一种方法。但是显而易见的是,这个规划预设了经院主义人性观从根本上来说是可以辩护的,因为否则的话恢复他们的自然法概念的规划就无法顺利开启。至少,证明经院主义者为一种合理的、一般的人性阐释提供了一些因素,这应当是可能的。

本章笔者试着证明,经院主义者确实提供了一个可予以辩护的人性的理论方法,尽管这个方法需要借助我们自身的思想背景重新加以辩护。笔者将通过详细地展示自认为具有说服力的人性阐释来实现这一点,从经院主义思想当中获得理论起点,同时从当代科学和哲学的角度阐发它们。本章只是浅尝辄止,并不试图表明这种阐释在道德上多么重要——那将是后面章节的任务——但是,笔者确实希望在这里就打下基础。完成这一任务不可避免地面临着选择问题,因为要想以一本书的一章的篇幅去确定并解决所有反对以下主张的潜在论证,那是不可能的:存在着人性这种东西,而且我们能够(或多或少地)认识它是什么。笔者的策略毋宁是努力提出一种合理的人性阐释,将其置于以下证明过程之中:这种阐释可以通过即使不是我们当代人共同接受、也是广泛接受的哲学和科学术语加以辩护。正如笔者在上一章末尾所指出的,这种阐释将是神学的,而非严格哲学的,但是笔者希望避免把神学主张简单地强加于生硬的材料之上。笔者将竭力提出一种回应相关科学视角的阐释,但不仅限于此。尽管没有任何一般的人性阐释(不管是神学的还是非神学的)能够避免在相互竞争的科学和哲学视角的某些点上的取舍,但笔者将会证明:可以为一种[57]广义的经院主义人性理论进路进行辩护,而不用根据偏颇的理由排除这些视角当中的任何一个。

笔者将要为之辩护的理论方法可以用大阿尔伯特的表述加以

概括:"自然作为本性"——这就意味着,正如我们将要看到的,自然在其与道德反思相关的意义上,它的运行是可以理智理解的,而这种可理智理解性反过来又反映了各种形式的受造存在物的善性和固有的理性化(inherent reasonableness)。正是这些受造存在物的这些形式构成着世界。在本章的第二节,笔者将更为详细地探讨这一视角,然后在接下来的几节,笔者将借助当代科学和哲学视角努力发展它。最后,在本章的最后一节笔者将会初步探究,说人性总体来看是具有道德意义的,这会是什么意思。

然而,在继续前进之前,我们需要解决一个问题,它在第一章就出现过,而且还会在整部著作的不同语境之中反复出现。它就是实在论的问题,既包括它的思辨形式,也包括它的道德形式,更为突出的是,实在论与一种特别神学的自然法理论方法所暗含的那种特殊主义(particularism)之间的关系问题。在当前的语境下,这个问题产生于坚持发展一种回应当代科学和哲学视角的人性阐释的信条。鉴于一种发展某种自然法神学的公开目标,为何必须关注诸如此类的非神学视角呢?出于同样的原因,鉴于对上一章所提到的普遍主义(universalism)的拒绝,我们怎能宣称无论如何都会拥有一种真正的人性知识呢?本章的第一节将用于解决这些问题。

一、思辨实在论与自然法初探

笔者在本书当中有一个预设:我们能够获得关于我们周围世界的真正知识,尽管这种知识可能是不完美的,而且,我们还能通过概念构想和表达这种知识,那些概念与它们所代表的事物的种类是完全相符的。① 这就是说,笔者预设了一种实在论,[58]至

---

① 因此,当笔者提及"实在论"时,心中想到的是当前通行用法上的实在(转下页注)

少就我们对自然世界的知识来说如此。(笔者也会为一种道德实在论进行辩护,但在目前阶段说出这是何种实在论为时尚早。)不妨简单来说,这是一个富有争议的立场——目前关于实在论及其替代方案的争论业已持续至少一个世纪之久了,而且尚无得到解决的迹象。对实在论者立场的全面阐述和辩护对于一部志不在此的著作来说显然力有不逮。尽管如此,笔者还是试图更为清楚地表明,实在论指的是什么,为何可以把它当作一个合理的立场,以及因何相信一种自然法的神学需要预设这种观点。

在许多读者看来,这种努力似乎既毫无必要,又误入歧途。毫无必要是因为,鉴于发展一种自然法神学的目标,考虑其他的关于我们周围世界的非神学观念似乎是毫无必要的。误入歧途是因为,为一种实在论辩护无论是基于哲学的根据,还是基于神学的根据,似乎都是可以排除在外的。把一种自然法的神学置于一种神学的自然解释之上不是更有道理吗?在某种意义上,这正是笔者要做的。但是,笔者也想证明,神学家根据自身的理由致力于以一种方式解释自然,它回应着我们对周围世界最佳的思辨理解,当下这即便不是全部也是在很大程度上通过自然科学实现的。而且,正是这种努力才会受到挑战,既根据哲学的理由,也根据神学的理由。

麦格拉斯(Alister McGrath)在他的《科学的神学·卷1:自

(接上页注)论,该术语与"相对主义"或者"怀疑论"判然有别。"实在论"有时也被用于对比"唯名论",在这种语境下它指的是关于一般概念的实在论。我们正在讨论的这个阶段的经院主义者是上述两种含义上的实在论者。笔者认为可以提出一个论证证明较为广义的实在论包含着这种较为具体意义上的实在论——但该论证不在本书的讨论之列。针对相关主题的有用概观参见,Marilyn McCord Adams,《十四世纪早期的一般概念》("Universals in Early Fourteenth Century"),收录于《剑桥中世纪晚期哲学史》(*The Cambridge History of Later Medieval Philosophy from the Rediscovery of Aristotle to the Disintegration of Scholasticism*,1100—1600), Norman Kretzman, Anthony Kenny 和 Jan Pinborg 编订(Cambridge: Cambridge University Press, 1982),页 411—439。

然》一书中抓住了这个反对意见的精神:

> "自然"并非一个具有一种"观察陈述"地位的中立实体,它包含着以某种特定的方式观察世界——而且它被观察的方式塑造着作为结果的"自然"的概念。"自然"的观念绝非"给定",它是由观察者的先验假定塑造的。人们不是在"观察"自然,而是在建构它。而且,一旦具有社会意义的中介观念、理论和价值的重要性得到承认,那么,自然概念,至少在部分上,是一个社会建构的结论就不可避免。如果自然概念在社会意义上是有中介的——无论是什么程度——那么,它就无法作为一个所谓中立、客观或者无解释的理论或者神学基础发挥作用。自然已经是一个得到解释的范畴。①

[59]鉴于自然概念的被建构性及其相对的空泛性,神学家可以自由地解释它,可以选择最符合她自己的视角和目标的方式:

> 自然本身没有提供任何作为范畴证明手段的本体论。它是一个被解释并且具有社会意义中介的范畴。对于神学家来说,这提出了一个关键问题:鉴于"自然"是一个被解释的和中介的概念,那么应当首先选择何种解释呢?基督教神学家必将希望开发出另外一个范畴,把它作为一种手段,挽救"自然"概念作为一个知性上切实可行的范畴,而与此同时又按照一种基督教的方式去解释它。那是这是一个什么样范畴呢?"创造"。②

---

① Alister E. McGrath,《科学的神学·卷1:自然》(*A Scientific Theology*, vol. 1: *Nature*),Edinburgh:T. & T. Clark;Grand Rapids:Eerdmans,2001,页113,强调为笔者添加。

② Alister E. McGrath,《科学的神学》,前揭,页113。

笔者是同意麦格拉斯这里所说的大部分内容的。我们无法从对自然世界的观察当中获得神学思辨的清晰的、毫无争议的起点,更不能获得一个完整的本体论。我们关于自然的观念源于研究和反思的社会进程,如果这就是麦格拉斯说的,"自然"是一个被解释和具有社会意义的中介的范畴所意指的内容,那么他无疑是正确的。(然而,笔者对他得出这一结论的方式却持保留意见。)而且,笔者也同意,神学家应当把自然解释为创造,而且还会补充另外一点:这种解释为神学家提供了必要的解释线索,从而可以把其他关于自然的各种视角整合起来,并弄懂它们的含义。然而与此同时,笔者也想表明,一种神学的自然解释必须至少在某种程度上,并且以某些方式,对我们最为独立地确定的自然世界的说明负责。笔者并不清楚麦格拉斯本人是否同意这种限制,因为他在自己的《科学的神学》的第 2 卷花了相当大的篇幅为科学实在论的主张进行辩护。除非证明当代科学能够确立自然世界的真正知识,对于神学家以及任何其他人都很重要的知识,这么做又有什么意义呢?

这又把笔者带到了前文提到的对麦格拉斯的评述的保留立场之上。即是说,他设想,对自然的神学要求预设了一个唯一、统一的自然观,而且进一步预设了通常称之为轻率的实在论的东西——这种观点是指,自然世界的性质在于对探查开放,让所有人都看得见。这些假定无论是在古代还是在中世纪盛期,都不可能被接受,我们当下也无须再坚持它们。我们的那些先驱们都非常清楚,存在着许多不同的理解自然的方式,至少其中的一些,[60]无论如何都不止一种,在思想上是有迹可循的。相应地,他们看到,各式各样可予以辩护的自然的理论方法,都提出了有趣的、难以解决的思想难题。正如我们在上一章所指出的,自然法思想的传统是在一个多样化的自然理论方法的背景之下形成的,它在调适这种多样性上的灵活性,对于解释它的经久不衰大有帮助。与我们的那些先驱们相比，自然法的当代捍卫者理应更加精致。从这个角度来看，自然科学为我们思考自然世界提供了更加深刻的方法，把我们自身作为该世界的一个部分也囊括在内了——不是说只有这些方式，但它们仍然是有效的和不可或缺的方式。

对于像麦格拉斯这样反对自然观念上的轻率但又不否认科学实在论的学者来说，这种论证路线可能是很有说服力的。但是，其他的神学家，更不用说许多哲学家和文化评论者，他们可能会把麦格拉斯的反对意见延伸得更远，从而试图证明不单是我们的自然概念，还有我们的一般而言的自然世界的(推定)知识，其中包括科学化的世界知识，都是从社会角度建构起来的。① 果真如此，那么我们或许可以尝试另一个建构，从而使得我们思想圈内各个都心照不宣，不用再担心我们的主张对于他人是否具有说服力的问题。

为了评判这个提议，我们需要首先更为清晰地认识到，说知识或者任何其他的东西都是从社会角度建构起来的，这究竟意味着什么。没有人会否认我们关于世界的知识，以及充实着那种知识的研究、论证和思辨的堆积在社会的意义上都是中介的，至少在某种程度上以及以某些方式。毕竟，相关的思维活动是通过语言中介的，从某种意义上来说，语言是特定社会的产物。当我们试图整

---

① 尽管现在看起来显得有点陈旧，但还是值得推荐，Martin Hollis 和 Steven Lukes 主编的论文集《理性化与相对主义》(*Rationality and Relativism*)，Cambridge: MIT Press, 1982, 以及 Michael Krauz,《相对主义：解释与对抗》(*Relativism: Interpretation and Confrontation*), Notre Dame: University of Notre Dame Press, 1989, 它们提供了一个涉及相关争论的主要思路的很好的导论，尤其是英语世界哲学家之间的争论。具体来说，Hollis 和 Lukes 的导言,《理性化与相对主义》, 页 1—20, 以及他们的章节,《相对主义、理性主义与知识社会化》("Relativism, Rationalism, and the Sociology of Knowledge"), 页 21—47, 以及 Krauz 在《相对主义：解释与对抗》中的导言, 页 1—11, 为这个主题提供了有益的向导。较近的, Ian Hacking 在他的《关于什么的社会建构？》(*The Social Construction of What?*), Cambridge: Harvard University Press, 1999, 页 1—34, 提供了一个综合分析，涉及当前与"现实是从社会的角度建构起来的"这一主张密切联系的各种不同的立场。

理这些限定词时难题就产生了——这种社会框架在何种程度上、以何种方式限制和制约着我们关于世界的知识,以及我们尝试构思和交流那种知识的努力? 正如哈金(Ian Hacking)所指出的,宣称"知识是从社会角度建构起来的",这可以通过[61]种种不同的方式加以解释,它们并非完全等同于否认知识的任何可能性,这种知识涉及一个外在的世界,或者关于那个世界的有意义的语言——相反,这些类型的怀疑论是相当罕见的。① 尽管如此,在轻率的实在论与彻底的怀疑论之间仍然存在较大的空间,而且对知识或对话的社会建构性的辩护也可以采取若干不同的方式。

幸运的是,对于我们的宗旨而言,无须更为详细地整理相关论证。我们可以通过一个对比,把焦点更为清晰地对准到至关重要的问题上。对比的一方是诉诸知识的社会建构的主张,另一方是那种主张的辩护者视之为替代性方案的东西,即,某种形式基础主义(foundationalism)。频繁出现的情况是,存在着一些支持某种形式的建构主义的论证,激发它们的不是广义上的怀疑论,而是对以下主张的反对:我们只有根据那些本身无可置疑的基础才能获得值得信赖的知识。那么,这究竟是什么意思呢? 对它的拒绝对于目前的讨论意味着什么呢?

笔者在前一章指出,现代自然法理论体现出了一种志在科学化道德规范的理想,试图利用数学方法论和科学确立清晰确定的道德结论。这一理想反映了现代早期阶段的自然法理论家与其中世纪先驱之间的最为显著的差别。我们已经观察到,中世纪经院主义者把自然法等同于道德省察的能力,或者这些能力得以运作的极为概括的原则。他们没有期待从这些起点处得出确定的和综合的道德规则体系。在他们看来,这样的计划似乎是不必要(因为启示已经补全了我们的自然法知识),而且鉴于实践理性的内在局

---

① Hacking,《关于什么的社会建构?》,前揭,页24—25。

限,也很可能是徒劳无益的。

　　现代早期阶段的自然法学家则与之截然不同。他们坚信,推导出一个完整的、明确的和确定的道德规范体系,这个计划不仅是可行的,而且鉴于道德规范对于人类生活的极端重要性,它也代表着一个恰当的和必需的目标。针对这一点,笔者还要提请大家注意,现代自然法学家所处背景还具有另一个方面,那就是前提预设上的突变,涉及与启蒙相连的思想研究的恰当形式和范围问题。现代自然法学家的规划是把道德知识置于确定的基础之上,对于所有理性的人都具有强制力,这个规划就是麦金泰尔所描述的启蒙工程①的一个构成部分。这就是说,现代自然法理论方法反映了思想研究的一个更为一般的理想:旨在形成或者揭示理性化的标准,它们既是任何理性存在物都懂得和接受的,也足够实质,可以解决具体的理论和道德分歧。

　　这一理想通常被描述为基础主义,尽管该术语可能是误导性的,被当作表达现代早期的哲学家所追求的东西的一个速记,但它却是无害的。② 中世纪的人们在把所接受的传统作为知识的根据

---

① 关于"启蒙工程"及其失败的最近讨论,参见 MacIntyre,《三种对立的道德研究方法:百科全书、谱系学和传统》(*Three Rival Versions of Moral Enquiry: Encyclopedia, Genealogy, and Tradition*), Notre Dame: University of Notre Dame Press, 1990,页 55—56。
② 此处需要对这类术语保持警惕。如果"基础主义"被用来简单地指代那种"没有某些无须任何证明就成立的起点,那么思想是不可能的"——换言之,证明不是无限递归的——那么经院主义者就像许多古希腊哲学家一样也是基础主义者。笔者同意 Robert Pasnau 的看法:阿奎那也是这种意义上的基础主义者。参见《托马斯·阿奎那论人性:对〈神学大全〉第一集第 75 到 89 个问题的哲学研究》(*Thomas Aquinas on Human Nature: A Philosophical Study of "Summa thologiae" Ia 75—89*), Cambridge: Cmabridge University Press, 2002,页 308。然而,在现当代哲学家当中,"基础主义"已经越来越具有一种较强的含义,据此知识的起点,不管它们被视为什么,都能提供获取知识的充要条件。因此,这种形式的基础主义强调作为真正知识标志的确定性和普遍说服力——如果有了恰当的基础,个人的知觉和推理是健全的,那么真正的知识就势所必然。否认这种较强意义上的基础主义而同时又肯定一种较弱的古典或者中世纪形式,是极为可能的——正如麦金泰尔本人所做的(参见后文第四章)。

上是非常谨慎的,不管是思辨的知识,还是道德的知识。经院主义者尊重既定的权威,把文本作为研究的重心。这种做法已经广遭质疑,其中既有好的理由,也有(值得商榷的)坏的理由。哲学家和科学家试图通过逻辑或数学原理、清楚确定的观念、经验观察或者结合所有这些的方式,从而取代权威的文本,为他们的主张提供易懂的和普遍接受的基础。而且,这些起点被认为对于解决理论分歧来说,不仅是必要的而且是充分的,或者通过它们自身,或者与我们关于周围世界的一般知识结合起来。理性的确定性被视为知识的理想,相应地,真正的知识被认为是一切理性人都能够获得的,不管他们的预设可能是什么。

这一理想及其激发的哲学和科学项目支配着现代已降的西方思想生活——实际上,[63]很多人把它视为现代性的定义性标志之一。随着20世纪哲学、文化和文学对其核心预设的攻击的积聚,它开始崩溃了。这些批判及其所代表的立场自然地被称之为后现代性,有时据说我们都后现代了。这或许是一个夸张的说法,但启蒙基础主义业已广泛失信却是不争的事实,偏向某种认真对待偶然因素和社会条件的叙述,它们在所有思想研究的形式当中都可以发现。

后现代强调偶然性和社会定位,这对于很多人来说似乎意味着,对于我们获取任何类型的知识的能力来说,即使不持彻底的怀疑态度,至少也保持着一种相当程度上的谦逊。然而,对启蒙基础主义的否认,要求我们否认每种强劲形式的实在论,这并非自明。麦金泰尔业已提出,后现代趋向怀疑论本身就是"启蒙工程"的含义之一:

> (可以这么说)如果唯一可资利用的合理性标准是那些通过传统并在传统之内得到的标准,那么任何处于相互对抗的传统之下问题都是无法合乎理性地决定的……不可能存在这

种合理性。每套标准,每种包含一套标准的传统,都像任何其他的传统一样,要求我们体现尽可能多或者尽可能少的忠诚。我们或许可以把这个称为相对主义者的挑战,与第二种我们或许可以称之为视角主义者(perspectivist)的挑战形成对照……视角主义的挑战对从任何一个传统之内得出真理要求的可能性提出了疑问。①

因此,相对主义和视角主义的貌似合理,其实都源于以下事实:这些都是对合理性和真理的普遍易懂的标准这一启蒙理想的反转。由于这一点是无法实现的(这是麦金泰尔本人也会同意的),据说唯一可行的选择就是采取某种形式的相对主义或者视角主义。相反,麦金泰尔答复说,还有第三种选择,即,存在这种可能性:传统的发展,无论是内在的,还是相互之间,能够自身被视为一个真正理性的过程,如果它进展顺利则会沿着一个更为丰满的抓取现实的方向前进。② 他通过阐述自己把合理性称之为传统导向的[64]研究的东西,继续发展了这第三种选择。按照这种观点,"合理证明的标准本身是从一种历史当中浮现出来的,也是该历史的一个部分。在该历史中,它们通过以下方式得到证明:它们在那种相同传统的历史之内超越了他们的前辈的局限,并且弥补了他们的前辈的缺陷。"③这些标准通过与对立传统的一系列遭遇而得到进一步的检验和发展,在这一过程中,一个传统的拥护者可能通过他们自身的问题,借助他们自身的最佳的证明标准作出判断,认为对手是更为优越。如果一切进展顺利,那么传统导向的研究将以这种方式得到发展,它为理性

---

① MacIntyre,《谁之正义?何种合理性?》(*Whose Justice? Which Rationality?*),Notre Dame: University of Notre Dame Press,1988,页352。
② MacIntyre,《谁之正义?何种合理性?》,前揭,页353—354。
③ 同上书,页7。

的批判开启了种种可能性,既针对传统本身,也针对其他的与之竞争的传统。出于同样的原因,它为真理要求提供了一个框架。不能把这些真理要求简单地等同于那种传统本身所保证的任何陈述,但可以把它们有意义地视为对思想和思想之外的现实的对应关系的调和。

在笔者看来,麦金泰尔的作为传统导向研究的合理性理论是有说服力的,至少作为一个思辨合理性的阐述而言。然而,笔者此处的目标并非要为他的理论辩护,而是用它说明一个要点。正如我们将会看到的,麦金泰尔本人相信(笔者也会同意),传统导向的研究在某些情况下可以获得对某个给定主题的高度发展的理论阐释,这种阐释可以在一个研究领域之中揭示恰当的划分和因果联系。果真如此,那么研究的社会属性所固有的偶然性本身就无须排除一套真正的、理性表达的世界知识。通过这种方式,麦金泰尔提供了一个拒绝启蒙基础主义的哲学家范例,与此同时又肯定了一种强劲的实在论形式,据此我们能够获得真正的知识,并且以真实的、(笔者还要补充说)有意义的语调表达该知识。

我们还会有更多的机会回到思辨实在论的可能与限制及其对自然法的意义的问题上来。现在转向本节开端所提出的另一个问题,并对它稍作探讨。那就是,即使承认一种强劲实在论的可能性,神学家为这种观点进行辩护又有什么利害关系呢?这里尝试解决这个问题,当然也是浅尝辄止。解决的方式是询问经院主义肯定刚才所提到的那种意义上的实在论有什么利害关系。

按道理来说,经院主义者无疑会同意麦格拉斯的观点:在最为根本的意义上,应当通过创造以及(他们补充的)智慧统治的神学范畴来理解自然。笔者[65]在其他地方也力证,经院主义自然法概念代表着这一基本信条的具有核心意义的表达。① 经院主义者当然不是通过创造和智慧统治学说诠释自然法的始作俑者。但是之于他们，这种联系尤其重要，而且他们对自然法概念的发展反映了这个事实。

为了全面把握这一点，我们需要聚焦于经院主义自然法反思的历史背景的一个方面。即是说，到13世纪，这种反思不仅通过神学和实践思考形成了，而且通过与各种不同异见群体的争论加剧了，特别是通过这个阶段在意大利和法国南部形成的清洁派运动（Cathar Movement）。② 目前很难精确重构清洁派的观点，但相当清楚的是，他们似乎都是二元论者，坚持认为可见世界多少有点堕落、不完美，或者全然为恶。因此，这个世界不可能是一个善的上帝的创造结果，尽管在它的确切起源上一直存在某种分歧。由此他们把物质世界、形体和繁衍过程看成是恶的，而且认为基督徒

---

① 参见拙著《自然法与神圣法：重回基督教伦理学传统》（*Natural and Divine Law: Reclaiming the Tradition for Christian Ethics*），Ottawa: Novalis; Grand Rapids: Eerdmans,1999,页164—177,以及较近的,《作为圣经概念的自然法:对一个中世纪主题的神学反思》("Natural Law as a Scriptural Concept: Theological Reflections on a Medieval Theme"),见 *Theology Today* 59, no. 2(July 2002):226—241。正如 McGrath 的评论所表明的,创造学说及其与自然概念的关联再次引发了持久的神学关注;对近期论证的有益概述,参见 Hans Schwarz,《创造》(*Creation*), Grand Rapids:Eerdams,2002,页87—162。此外,犹太神学家 David Novak 力证,犹太人对自然法的思考应当是基于一种创造学说,相应地是基于对上帝智慧的一种理解,参见《犹太教的自然法》(*Natural Law in Judaism*),Cambridge:Cambridge University Press,1998。他的论证暗示,一种神学的自然法学说最好被理解为有神论的而非唯独基督教的学说。笔者无意否认这一主张——只是想补充说,有神论的论证也恰恰是基督教的论证。不是任何恰恰是基督教的东西唯独是基督教的。实际上是奇怪的,如果我们基督教在神学上没有分享其他伟大的有神论宗教的话,尽管我们无法片面地宣布交叉的领域到底是什么。
② 关于清洁派异端的更多细节,参见 Malcolm Lambert,《中世纪的异端：从格列高利改革到宗教改革的大众运动》(*Medieval Heresy: Popular Movements from the Gregorian Reform to the Reformation*),第2版,Oxford:Blackwell,1992,页33—61,页105—146;此外,参见拙著《自然法与神圣法:重回基督教伦理学传统》,可以获得更多的细节和文献。

只能通过尽可能远地与物质世界决裂才能得到拯救。出于同样的原因,他们拒绝承认大部分《圣经》经文的权威,其中既包括《旧约》,也包括部分《新约》(或者至少是经院主义者认为他们正在说的)。真正的上帝在《新约》当中向我们显示了,而《旧约》当中的上帝或者是一个神话,或者更为糟糕的,是对这个样子的世界负责的恶的原则。

[66]与此相反,经院主义者断定上帝作为造物主是至一和至上的,可见的物质世界是善的,《圣经》的统一是上帝的自我显现。在给出这些答复时,他们广泛地利用了自然法概念。① 他们诉诸这个概念证明,人的自然倾向没有一个自身就是坏的,每个都有其正确的表达;因此,没有任何饮食自身就是有罪的,而且更为重要的是,性活动在人类生活当中具有一个恰当的位置。② 毋庸置疑,他们都清楚人类之罪的普遍后果,而且把人类生活的自然之物从这些扭曲之中区分出来并非总是易事。尽管如此,他们仍然坚持:在最低限度上,个人或种族生活延续所必需的任何东西都不可能自身就是坏的,无论罪所引入的扭曲可能是什么。相似地,他们诉诸自然法概念,为调和《新约》和《旧约》的似乎矛盾的诫命提供一种圣经注释学。

从此后的七百年来看,这些问题可能只具有纯粹的历史意义。对此笔者并不是十分肯定,因为二元论仍然是许多基督徒非常现实的选择。无论如何,经院主义自然法概念的神学含义

---

① 笔者在《自然法与神圣法:重回基督教伦理学传统》中也捍卫了这些主张,尤其是第63 到第 98 页和第 187 到第 206 页。
② 无论是 Bonaventure(《宣讲:论十诫》,6.6)还是阿奎那(《反异教大全》,III 127)都指出了一点:没有任何饮食本身是非法的。而且,阿奎那还在对自然法诫命的深入讨论中提到了这一点。当然,这种评述可能会被用来反对犹太教和穆斯林的饮食限制,但是阿奎那提到了那些人的错误,他们认为所有性活动都是有罪的(III 126)——可以肯定是清洁派——而 Bonaventure 则明确地说他正在驳斥的观点来自摩尼教徒,即清洁派。

超出了它作为一种回答各种形式的二元论的功能，尽管那也是重要的。这个概念的更大意义在于，它可以为我们理解上帝的启示提供潜在的含义，并且可以暗示上帝的创造的、神助的（providential）和救赎的活动。也就是说，经院主义者在发展他们的自然法概念时所预设的是上帝和上帝行为的根本至一，相应地，他们预设上帝行为的不同表达是相互一致的，这种一致表现在每个都可以用来印证另外一个。这种统一首先是通过《圣经》本身统一表达出来的，也正是因为这个原因他们小心翼翼地指出，黄金规则这条基本的自然法诫命在《新约》和《旧约》当中都可以找到。当它在自然法的应用和[67]新旧约所启示的神法的拯救之间的全等中表现时，它也就在上帝的创造与救赎活动之间的根本一致中表达了出来。而且，对圣经一致和创造与启示全等的这些基本的信条进一步意味着，我们在周围世界之中所观察到的善和可理智理解性并非虚幻，相反它们代表着对上帝智慧和创造意志的真正模仿，尽管这些模仿是有限的和片段的。

麦克马林（Ernan McMullin）在评论当前流行的关于神创论（creationism）与进化论的争议时说："一种在奥古斯丁时代就已经落伍了的、无脑的字面论已经使得整个创造观念都变得可疑了。"①正如这种说法所暗示的，经院主义者并非现代意义上的创造论者，他们也并非强烈坚持对《创世记》的第一章进行字面解释。恰恰相反，他们认为创造论是有问题的，基于同一理由，对实在论的彻底拒绝也是有问题的。无论按照哪一种观点，世界仍然能够被视为上帝创造权力的一种表现，但是，在这两种情况下，我们都

---

① Ernan McMullin,《导论：进化与创造》("Introduction: Evolution and Creation")，收录于《创造与进化》(*Evolution and Creation*)，Ernan McMullin 主编（Notre Dame: University of Notre Dame Press, 1985），页 1—58，此处位于第 47 页。

无法借助创造的各个方面与上帝的创造智慧或意志之间存在的任何可资信赖的联系。相应地,不存在任何从创造的具体方面推论上帝属性或者上帝意志的知识的可能。这个结果无疑对于经院主义自然法的理论方法是致命的,或者说对任何其他试图把规范结论植根于创造所表现出来的上帝意志之中的神学伦理都是致命的。更为严重的是,它将意味着,世界尽管是上帝创造的,但对上帝来说却是晦暗不明的,而这一点距某种形式的否定世界的二元论只有一步之遥。

经院主义神学家经常会因对形而上学问题投入大量精力而受到批判,因为那些问题似乎与一种真正的福音神学的精神和宗旨相去甚远。但是,我们应当在相应的背景下审视他们的形而上学关切。总的来说,经院主义神学家确实相信人类理性能够确证上帝的存在,也能够确定关于上帝的某些真理,尽管可能是不完美的。而且,他们对这些论证的价值了然于胸,既是出于他们的固有旨趣,也是作为与那些不接受基督教启示的人(无论死活)的一个接触点。然而,笔者相信,他们对形而上学玄思的主要兴趣存于别处——即是说,它是他们整个神学规划的根本,因为它提供了从中通过反思上帝造物从而辨识上帝智慧和意志的必要背景。① 当我们在经院主义者发展他们的自然法概念的语境中,仔细品味他们解释自然的方式时,我们就会看到他们对这一点的说明。

---

① Michel Bastit 提出理由证明,阿奎那对亚里士多德主义形而上学路径的使用,以及他对柏拉图主义等级和分有范畴的重新解释,都服务于他整个神学工程的目标,因为正是它们使得他得以发展出一套神学科学,据此可以对它的恰当对象,即上帝,作出某种正面的断定。《托马斯主义是一种亚里士多德主义吗?》("Le thomisme est-il un aristotélisme?"),见 *Revue Thomiste* 101(2001):101—116,115—116。在笔者看来,这似乎是正确的。笔者只想补充一点:尽管阿奎那的形而上学神学显然是他自己的,但它反映了那个时代的经院主义神学家当中较为普遍地共有的渴望。

二、自然与自然法

我们业已发现,经院主义者们在那种充实着自然法传统的一般预设上是一致的,根据这个预设,社会实践和道德规范的几乎任何一个前习俗的根据都可以被视为一种自然。倘若从这个视角来看,那么"自然"可能与我们通常所理解的没有任何关系,或者只具有微乎其微的关系——它可以被解释为等同于理性,正如我们在前面已经看到了;或者甚至等同于《圣经》;或者等同于广泛分享的社会习俗。它们都可以视为在某种背景下产生着社会习俗(或者在后一种情况下,产生着更为具体的社会习俗,而不是普遍的社会习俗)。

同时,经院主义者们对于捍卫自然,更为具体地说是人性的道德意义,也有利害关系。如果全面考虑的话,这种人性既包括前理性的部分,也包括专属于理性的部分。而且,他们在进行这种捍卫时是有资源可资利用的,那就是从 11 世纪开始浮现的、在我们集中关注的整个这个阶段持续发展的、既丰富而又精致的自然哲学。[①] 起初,自然法作为一个系统的思维领域产生于一些尝试,它们试图调和《创世记》中关于创造的解释与柏拉图在《蒂迈欧篇》(*Timaeus*)中所提出的(似乎)相似解释,这样它最终总体趋向于[69]柏拉图主义。倘若从这个角度来看,"自然"就被等同于了整

[①] 关于 11、12 世纪自然哲学及其对经院主义自然法概念的影响的更多内容,参见拙著《自然法与神圣法:重回基督教伦理学传统》,页 66—85。值得指出的是,旗帜鲜明的经院主义自然路径随着实验科学的来临并没有幸存下来,而且经院主义者对直接观察和实验的漠不关心无疑也是该理论体系的一大弱点。正如 Richard Southern 所评述的:"一切思想体系都会把某种普遍存在的弱点带进自己的结构之中,而且当它在某种意义上形成体系的力量时,这种弱点更是难以消除的。中世纪经院主义思想的典型力量在于它对过去的权威陈述的详细解释。这些是体系得以形成的基石,它们为论证提供了材料,为最为大胆的结论提供了基础。但是它们也设定了界限,逾此体系就不能成立"(《经院人文主义与欧洲大一统》,卷 1:《基础》,Oxford:Blackwell,1995,页 54)。

个世界,被视为了一个由可以理智把握的相互关联的事物构成的宇宙。早期的经院主义者试图把自然人格化,根据这种理解方式,称之为"她"("自然"几乎总是阴性的),把她作为一个按照自己的智慧统辖那个显明的造物世界的独立实体。然而,人们广泛认为这种理解自然的方式只具有可疑的正统性,而且对亚里士多德哲学的重新发现也为晚期经院主义者提供了一个解释自然的替代方案。对于这种观点,我们是可以在大阿尔伯特和阿奎那那里发现的,主要是根据具体种类的造物的性质理解自然的,把它视为它们存在及其因果力量的可理智理解的原则。由此各造物间井然有序的相互关系就可以通过它们的因果性的相互关系得以解释,而这根源于每个种类所特有的具体性质。

然而,这些关于自然的不同解释却也共同具有一个批判性的预设——它们预设:按照这个词能够被使用的大多数方式来看,自然是可理智理解的,并且由此能够、也应当通过它自身的恰当的运行原则加以分析。[①] 当然,经院主义者并不否认上帝对自然世界的终极至上性,但是,与早期阶段的中世纪知识分子不同,他们都对频繁地诉诸奇迹作为解释的手段保持着克制。他们聚焦于上帝的智慧,那是通过可见世界当中有序的运动和变化过程所彰显出来的,而并非关注上帝奇迹般地打乱那种秩序所体现出来的权柄。而且,出于同样的原因,当他们开始发展他们的特点鲜明的自然法概念时,他们是通过自然的可理智理解性充实和限制人类生活的那些方式实现这一点的。

正如我们可以想见的,这只是一个一般的方法,它可以允许对何谓"自然"和何谓"自然的"进行范围广泛的解释,其中包括那两种方法的各种不同的结合(在晚期经院主义阶段,缺少了人格化自然

[①] 之所以说是大多数方式,是因为他们有时候确实把一个人的体格和性格也说成是其自然——与之类似,纯粹的偶然也可能被视为自然。但是,值得注意的是,这些形式的自然没有一个是与任何类型的自然法相关的。参见拙著《自然法与神圣法:重回基督教伦理学传统》,页77—78,从中可以看到详细情况。

的趋势)。而且,我们正在探讨的那个阶段的许多经院主义者不愿意费心去发展他们自己的自然哲学,正像当前的大多数道德哲学家或神学家不愿掌握当代科学研究的细节,或者发展一套完全经过处理的科学哲学一样。他们直接预设对自然的各种不同的阐释,这些阐释都是他们可以获得的,其中每一种都可能产生一种自然法。用多米尼克神学家格雷蒙纳的罗兰(Roland of Cremona)的话来说:

> [70]我会说,正如自然在哲学家那里得到了分析,那么,各种各样的自然法也应当得到分析。因为存在着某种特定的法,或者某种特定的普遍的自然,据此可以说,一切事物都自然地欲求存在,或者欲求那种善。这种欲求是普遍的自然,普遍的自然法则,而且这就存在于所有造物之中。或许这种法或者这种自然来自种族、模式和秩序,对此已经在第二书中说得够多的了。还有某种其他的自然,或者特定的法,它存在于植物之中;因为它属于特定的植物法则,即是说,它们应当生叶结果,正如亚里士多德在树木、植物和攀爬植物的书中所说的……在动物之中还存在另一种更为具体的法,据此每种和每只动物都与一个与自己相似的动物结合在一起,正如波伊修斯所说的那样;某种其他的法则是某种动物所特有的,例如,蜘蛛自然地织网,这样她就会捕获蚊蝇吃掉。还有一种更为具体的法,那就是良知,它就存在于人之中。(洛特,页115)①

---

① Roland of Cremona 是巴黎最早的两位多米尼克导师之一,另一位是 Hugh of St. Cher。他著述的时间大约在 1229 到 1230 年之间。"良知"涉及理性的更高或更优的组成部分,由此通常与良心联系起来,但不等同于良心。两个词都有一个很长很复杂的历史。更多的细节参见 Odon Lottin,《良知与良心:从 12 世纪到 13 世纪》("Syndérèse et conscience aux XIIe XIIIe siècles"),收录于《心理与道德:从 12 世纪到 13 世纪》(*Psychologie et morale aux XIIe et XIII e siècles*),卷 2:《道德难题》(*Problèmes de morale, première part*), Louvain: Abbaye du Mont César, 1948; six vols published 1942—1960,页 103—350。

对于经院主义者而言,人类理性反映着那些与前理性自然之中彰显出来的相同的存在和行为的可理智理解的结构,它把知性和思考的可能性以及有组织的实现带给了它。① 具体来说,经院主义者尤其关注那些原则,它们似乎既在其他有生命的造物也在我们自身之中彰显自我。其实他们并不拥有有时归之于他们的那种观点,根据该观点,人应当单纯地模仿非人类的动物的行为,因为他们非常清楚地知道,其他动物所作出的行为,例如,性滥交,并不适合人类。尽管如此,他们对其他动物与我们人类之间衔接点(continuities)的看重比当代哲学家所做的更甚,至少在非常近期之前如此。虽然人类实践的规范无法直接从动物行为中推导出来,但人类道德与其他动物所遵守的行为规范之间还是存在很多衔接点的。

[71]当然,对于经院主义者而言,这些衔接点并非是对我们与非理性动物之间的生物亲缘的表达,更不能说他们相信人类理性是生物进程的一个产物或者附带现象,而那正是我们的一些当代人所宣称的。正如笔者将在后文力证的,经院主义者可能对捍卫前一主张没有任何利害关系,尽管他们当然可以拒绝后一主张。无论如何,对于他们来说,动物与人类倾向之间的衔接点可以在形而上学和神学上进行解释。每个造物都显示出了某种有序的行为类型,简单来说就是生成,并维持其存在。此外,每个造物都还显示了更为深刻的、更为复杂的类型,例如,有序的生长和繁殖。因为我们既是造物也是动物,我们也显示了这些有序的行为类型。以此方式,自然进程的可理智理解的结构为人类造物全然理性的活动提供了基础——而且,这些理性活动反过来又被它们由以产

---

① 关于经院主义把前理性的自然理解为自然法的一个源头的更多细节,参见拙著《自然法与神圣法:重回基督教伦理学传统》,页76—85。

生的自然进程赋予了方向性和连贯性。"自然作为理性",因为理性本身是一种自然能力,而且在它的运作当中,它是被那种可理智把握的秩序所充实和反映的,这种秩序显露于我们自身的人性之中,也显露于我们的生活所嵌入的世界之中。

前理性的自然与理性之间的联系是由自然的可理智理解性构成的,而不是由理性的自然性(在我们的意义上)构成的。① 鉴于它的可理智理解性,广义解释的自然对人类理性的[72]涵摄力是开放的。而且,由于可理智理解性蕴含着目标性,人性尤其以目标装备理性,这些目标为理性的实践运作提供了起点和终点(goals)。从这个意义上来说,实践理性在自身的运作中向下开放——尽管这个比喻可能不太恰当——利用前理性自然的可理智理解性,那是它以一种特别人类的风格延伸和完成的。更为明确

---

① 在《心灵与世界》(Mind and World, Cambridge: Harvard University Press, 1994)一书当中,John McDowell 提供了一种富有启发意义的方式,从当代哲学的参数之内到达相同点(尽管亚里士多德显然贯穿着他本人的视角)。他力证,如果我们既承认理性的自发性,也承认它的接受能力的话,那么我们就必须找到一种肯定理性的自然性的方式(页 3—23)。而且,如果我们要想坚持某种形式的实在论,就必须二者都肯定。没有接受能力,我们的思维就不会服从来自外在世界的限制;然而这些限制必须不能以这样的方式发挥作用,即剥夺人类思维的某种自发元素,因为那样的话它们就无法以需要的方式贯穿推理过程。因此,他力证,即使我们最为基本的感官也必然包括一种概念的成分,从而贯穿我们的信念和理性反思(页 24—65,特别是页 57—60)。他接着论证说,我们只能通过肯定人类理性的自然性所必要的方式同时坚持自发性与接受能力(页 66—86)。在笔者看来这似乎是正确的,但他接着阐明这一点时使用的却诉诸亚里士多德的"第二性"观念(笔者认为毫无教益)。按照 McDowell 自己的说法,更好的是恢复经院主义(以及古典的)见解:人类心灵的能力是被那些可理智理解的东西贯穿着的,它们组织着整个自然世界,方式是通过它们恰当的运作追踪这些可理智理解的东西。换言之,我们最为基本的感官和推理过程与现实相连,因为心灵的自然运作与现实的基本的形而上学结构是同形的。Janet Coleman 在《麦金泰尔与阿奎那》("MacIntyre and Aquinas")一文当中针对阿奎那的理论指出了这一点,收录于《麦金泰尔之后:麦金泰尔作品的批判性视角》(After MacIntyre: Critical Perspectives on the Work of Alasdair MacIntyre), John Horton 和 Suan Mendes 编(Notre Dame: University of Notre Dame Press, 1994),页 65—90。

地说,理性把我们的前理性的倾向做成确定的社会实践和制度的形状,通过它们自然的目标和机理都能得以追求。除此之外,它引入了自身的趋势,指向那些非理性的造物所无法获得的善,而且它带来了自身的机理,扎根于对恰当运行的需求之中。可以肯定的是,理性赋予了行为以截然不同的含义,而这些行为是我们与其他动物所共有的,这转而导致了独特的道德诫命的产生。然而,即使在它运行的这些方面,理性也未脱离前理性的自然。

经院主义者说明了理性与前理性自然之间的变奏,对此我们有很多段落可以援引。其中最为清晰的一段出现在世俗神学家菲利普(Philip the Chancellor)的著作之中(第1263段):

> ……因为之所以称之为自然法是基于自然的考虑,那是自然理性所指向的,也是书写在自然理性之中的,按照这种说法,理性本身即是自然。那么同样地,把自然视为性质,或者把自然视为理性,这也是可能的。自然,因为它是性质,指引着理性造物,即人,与另一个人产生性关系,为的是种的福祉,为的是种的福祉的保存。正是出于这个目标,存在着命令,"禁止通奸",等等。自然作为性质指示,一个人与另一个人而不是很多人发生性关系。但是,理性作为理性则指示,这是一个与自己统一起来的人。我所说的"统一"关涉自然,因为它是理性。(洛特,页112—113)

因此,繁衍同类的基本的动物倾向,指引着人与异性之一员相结合。同时,这个倾向是被我们作为一个人类倾向所感受到的,也就是说,它是通过理性的判断和反思作为介导的,而且理性限制着它以至于可以细化:它应当被导向它的恰当对象,即,那个它与之交媾的个体。(与大多数经院主义者一道,菲利普相信一夫一妻制是理性的要求,[73]尽管是一个在某些情况下可能被中止的要求。)最后,这个倾向还会受到进一步的限制,那是因为理性通过人类制度表达出来,它还会细化:合适的配偶是一个通过独特的人类婚姻活动与自己结合起来的人。值得注意的是,按照菲利普的观点,反对通奸的禁令来自我们自然的一个方面,它比理性更为根本,不管是就其首要的运作来说,还是其产生制度的运作来说,即,通过与另一个结合繁衍种的基本本能。

基于显而易见的原因,婚姻和性伦理学都是按照这类术语加以分析的。但是,性不是这么分析的人类生活的唯一方面。菲利普提供了一个针对谋杀禁令的极为相似的分析,断定它起源于前理性的自然,然后通过理性的反思得以细化,更为狭义地特指那些无辜的人。一份匿名的教会法大全提供了一个继承制度的相似分析:

> 这里有一个对继承人顺序的讨论,它要么是从福音法切入的,要么是从自然法切入的,因为经上说"原来不是儿女应为父母积蓄,而是父母该为儿女积蓄。"或者从理性的法则出发:因为理性指示人把儿女指定为自己财产的继承人要好过陌生人。或者从性的法则出发:因为父母对自己儿女的肉体的爱要超过对陌生人。(*Summa Reginensis*;魏甘德,no. 385)

显然,当经院主义者处理人类倾向和活动的前理性根源时,他们的意旨在部分上是分析性的。[①] 自然法在传统上一直都是根据

[①] 正如 Servais Pinckaers 所指出的,阿奎那的这种语言的源头是亚里士多德、斯多亚学派和西塞罗,而不是他的同时代的人;实际上,他似乎是直接以倾向的术语进行讨论的唯一的一个经院主义者。参见《基督教道德的起源:方法、内容与历史》(*Les sources de la morale chrétienne*:*Sa méthode*,*son contenu*,*son histoire*),Fribourg:Editions Universitaires Fribourg,1985,页 411—414,从中可以获得更多细节。其他的经院主义者像菲利普一样更喜欢说各种不同的自然法则。但是,显然这些自然法则被理解为源于天生的人类趋势,这些趋势指向特定的目的——换言之,倾向。因此,笔者并不认为托马斯主义术语体系的使用扭曲了他们的意思。

第二章 自然作为本性:自然法之根　91

前习俗与习俗之间的区分得以确切阐述的,我们在这里可以看到,那种区分表现为对人类社会习俗的一种分析,根据的是这些习俗在我们与其他动物所共有的倾向之中的根源。同时,经院主义者同样也从这种类型的分析当中得出规范性结论,也正是在这里我们发现了他们自然法概念的最有争议、也[74]最为有趣的方面。菲利普再次提供了一个有用的参照点。我们在前文已经看到,他把反对通奸的禁令与一种基本的倾向联系在一起,那是所有生物都共有的,繁衍自己的种类。他在其他地方还把反对杀人的禁令与另一种基本倾向联系起来,即,保存生命。这很可能让我们颇感不协调。怎么可能从人性的前理性的成分推导出道德规范?那可是以相互尊重的关系为前提的啊!

　　首先应当指出的是,菲利普并没有从那里所提到的倾向之中推导出反对通奸和杀人的禁令,那种推导意味着,可以通过某种基于对那些倾向本身的考虑的论证确立这些规范。他指出,这些禁令确实是从所涉的倾向之中获得其根据和意义的,但这并不必然意味着我们能够仅仅通过反思我们自身的自然倾向就获得这些禁令。这个主张至少是与一个观点一致的:根据这种观点我们以另外一种方式获得这些禁令——例如,从社会规范那里,或者通过上帝的诫命——而且只有到了那时,才能通过对人性的一种反思回溯性地看出它们的意义。一般而言,经院主义者们都坚持认为,从实践上来说,道德知识在部分上——至于究竟是多大部分则有着相当大的争论空间——正是依赖于这种特别的助力,不论它是来自上帝,还是来自"智慧者"精神的思考。

　　尽管如此,我们还是可以可靠地设想:菲利普确实相信反对通奸的禁令是可以通过繁衍的倾向加以证成的,尽管他悬置了以下可能性:我们或许只能回溯性地认识到这一点,通过对禁令本身的反思。而且,即使是这种较为限定的主张似乎也是不协调的。当下,我们更容易把这种繁衍的本能与广泛散播自身基因的努力联系起来，那是通过尽可能多的性接触实现的——至少对于雄性来说如此。从这个视角来看，婚姻和反对通奸的禁令都要被视为社会建构，那些有助于制约和疏通繁衍倾向的社会建构——最好把它们与菲利普的第二阶的分析联系起来，在那个层面上理性的考虑是限定着繁衍的基本倾向的。

但是实际上，菲利普的分析反映出了一个细微但却十分重要的差别：经院主义的前理性的人性理论方法与我们的不同。也就是说，当菲利普把反对通奸的禁令与基本的前理性的繁衍倾向联系起来时，他并非简单地将就一种关于这种禁令的根源的理论。相反，他预设了一种关于人类特有的[75]繁衍形式的叙述，这种叙述在他那个时代的其他经院主义者的著作当中得到了详细的解释。按照这种观点，人类繁衍并不是简单的生孩子的问题。相反，抚育人类后代，使他们成长为理性主体和社会成员，这是自然的目标。相应地，按照人类特有的形式来说，繁衍的过程所包含的不仅是生物意义的繁殖，还有照料和养育，以及我们所说的孩子的社会化。这种社会化所发生的具体方式，以及贯穿始终的理想，无疑将是习俗的，但是，某种社会化形式的必然性根源于我们人性的各个方面，其中包括我们人类的根本的社会生活方式和人类后代发展上的不足和相对脆弱。按照经院主义者们的观点，这种社会化的过程需要某种类型的家庭结构，它是围绕着某种稳定的婚姻建立起来——尽管他们也认识到了足以满足这一目标的不止一种婚姻和家庭生活的结构。因为通奸僭越和破坏了婚姻和血缘关系的结构，而这些结构又是把孩子培养成完全健全的成人所必需的，那么可以说它是与繁衍的倾向背道而驰的——即便是在理性的反思和制度化的构造所引入的限制之前进行思考也是如此。

这就把我们带到了更远的一点。虽然经院主义者们坚持，我们能够借助与非理性的动物所展示的那些倾向的类比来理解我们的根本倾向，但他们同时也承认，即使最为根本的人类倾向也不是像其他动物所经历的那样得到体验的。① 正常的成人是通过某种理性反思的中介体验到这些倾向的,而这种体验进一步受到这种倾向得以表达的文化形式的限制和塑造。② 按照这种方式,即使是我们的最为基本的倾向也是与我们作为理性和社会产物的生活要求无法摆脱地密切相连的,除非我们在通盘考虑的人类生活的背景之下审视它们,否则就无法充分地解释它们。出于同样的原因,这些倾向的道德意义,只有当它们被置于广泛的哲学和神学判断的语境之中才能变得明显。

必须要强调这一点,因为我们三番五次地假定经院主义者们是从一个过分简单化了的分析之中得出道德结论的,[76]根据这个分析,生物过程的运行是由那些过程的常规结果揭示出来的。按照这种观点,经院主义者们的主张:性交导向繁衍——例如——遭到了一个简单事实的驳斥(那是他们都未曾注意到的):大多数的性交行为事实上没有带来繁衍。但是,他们关于性交目的的主张并不依赖任何来自性交结果的这种简单化的论证。相反,这些主张取决于那些关于哪些性交结果是好的,因此是一种积极意义上的自然的判断。正如菲利普所说的:"为着种之延续而与他者发生性关系,与基于自身的快乐而与他者发生性关系,这是两种相反的目的;前者秉承的是自然的寓意,后者却与自然的寓意相悖;假设种之延续是通过后者类型的行为实现的,它仍然与自然的寓意不符,而是在顺应色欲的快乐"(洛特,页113)。

---

① 正如 McDowell 所观察到的,我们与其他动物共有某种倾向和能力,这个事实并不意味着这些就像它们在其他动物之中的对应物一样在我们之中具有相同的形式,或者以相同的方式得以体验;参见《心灵与世界》,页63—65,页108—126。
② 更有甚者,即使孩子以理性的形式间接地体验到这些倾向,也就是说他们通过他们的照料者的指引和判断、通过制度化的实践的中介体验到它们——我们在下一章可以更为详尽地看到。

经院主义者更没有从器官的结构或者功能得出道德判断;相反,使用个人身体的道德水准却是从哲学的,最终也是神学的考虑得出的。阿奎那清楚地说明了这一点:

> 如果有人在繁殖和教育的得到证成的目标之外,进行了射精,这不应被视为一桩轻罪,其根据在于一个事实:如果有人应当在自然命定的方式之外使用他的身体,这要么是一桩轻罪,要么根本不是罪。例如,假设有人要用他的手走路,或者用他的脚实施手的动作。因为在类似这样的紊乱的活动中,人的善没有受到太多的阻碍,但是紊乱的射精对于自然的善却是有害的,那种善即是种的延续。因此,在杀人的罪之后,那意味着实际存在的人性遭到了破坏,这种罪就具有次级重要的地位,因为在这种情况下人性的繁殖受到了阻碍。(《反异教大全》III 122)

无疑,经院主义者们对性交在人类生活中的地位的解释在细节上有着诸多可供批判之处。但是,这种论证的结构却是笔者想要强调的。经院主义者们没有从性交的可以观察到的结果,或者从性器官的构造和功能开始推论,从而得出性在人类生活中的地位的结论。① 相反,他们是从对[77]性在人类生活中的恰当地位的判断开始推论的,从而得出一组关于性行为的目标和一个人的性器官的恰当使用的结论。他们的分析是目的论的,因为这种分析预设了某种解释,解释的对象涉及通盘考虑的人类生活应当表现为什么样子,以及人类生活的不同倾向和功能在那种背景下服务于什么目标。但是,在他们的分析当中,没有任何内容要求他们

---

① 这一解释在拙著《自然法与神圣法:重回基督教伦理学传统》当中得到了更为详细的辩护,前揭,页190—199。

必须从人类器官或者功能出发进行推论,从而与有机体的整体福祉或者对人类生活的恰当面貌的广泛陈述所设定的背景隔离开来考虑。

果真如此,我们或许可以质疑:经院主义者们是否真的在任何严肃的意义上从前理性的自然得出道德知识。也就是说,如果基本人类倾向的道德意义,只有当它们被置于关于人类生活的恰当面貌的广泛主张的背景之下才能得到审视,那么,人性的前理性的成分似乎至多只能提供道德反思的原材料。按照这种观点,人类趋于繁衍的倾向之所以具有道德意义,是因为它们为人类判断和决策提供了一个非常重要的领域。而且毋庸置疑的是,如果我们想在这个领域当中头脑清晰、行动睿智,那么我们就需要掌握精确而又完整的信息,触及我们作为性存在者的自然。但是,这并不意味繁衍的机理,或者更为一般地为人类性活动提供结构的倾向,具有它们自身的恰当的、具有道德意义的可理智理解性,可以以某种方式充实和限制理性反思。相反,人类性活动的现实可以被视为原材料,在某种程度上可以说需要根据关于性活动恰当表达的理性判断、根据与具体性活动没有任何关系的恰当性的标准进行塑造。

我们当代的许多人都支持这种理论方法,尤其是在性伦理学问题上,但也不限于性伦理学问题。而且,经院主义者们有时也倾向于这种理论方法。然而,当我们更为广泛地研究他们的观点时,我们会发现,他们的整个思路其实更为复杂。他们确实坚持认为,基本的人类倾向必须在其被置于人生的背景下,在整个人生的背景下,才能得到理解。后面这一限制可以以一种直接的道德含义加以详细阐述,但是它也可以以一种更为自然的方式加以解释。而且,经院主义者们的关于自然的整体预设易于使他们相信:一再出现的人类趋势确实反映着人性,而且正因如此可以从目的论的角度解释它们。

这就把我们带到了更为一般的要点之上。① 经院主义者们关于[78]自然法推理的理论方法,是由他们所采用的文本传统提供形式和导引的,但当人类倾向在人生之中得到体验和展现时,它也在通过他们对人类倾向的不断反思之中受到塑造。在这个极其基本的意义上,他们的自然法概念不是简单地强加在人类经验的原始素材之上,相反那种概念本身是被对经验和实践的反思充实着的。公认地,这种反思也被理论的判断所充实,这些判断与自然有关,并且涉及把某种东西描述为自然的意味着什么。经院主义者们也很清楚某些人类趋势(tendencies)和条件根源于自然的原因,它们是有害的,或者是有道德问题的——疾病可以算作前者的显著例证,而某些使某人倾向于某种恶的天生的性格特征可以算作后者的例证。为了成为经院主义观念下的真正的人性表现,一个可以观察到的倾向必须不仅仅是天生的和广泛体验到的,它必须也是经得起检验的,可以通过什么对于人性来说是恰当的,或者至少作为这样思考的人性的特征加以解释。

出于同样的原因,当经院主义者们对他们自身的观察和体验进行反思时,他们确实会改变自己对什么应算作人性表现的观点,并且相应地调整自己的自然法观念。经院主义者对性和繁衍的评价为这一过程提供了一个特别清晰的例证。正如菲利普的评述所说明的,经院主义者是一种广为传播的教父观念的传承者,这种观念认定性欲望从本质上来说是有罪的。12世纪的教会法学家特别易于采纳这种观念,尽管他们不再说性欲望本身在道德上是有罪的。但是,鉴于当时存在着一个更为一般的预设:只要是根源于人性的都必然在某种意义上是善的,因此显然直到那时这种立场尚不一致。经院主义者们很快就修正了自己的立场,要么是通过

---

① 对于接下来内容的更为深入的证明,可以在拙著《自然法与神圣法:重回基督教伦理学传统》当中找到,前揭,页77—78和页190—199。

区分性欲望的有罪的和道德上中性的形式,要么是通过简单地断定这样的性欲望是道德上中性的。阿奎那是第一位清楚地说明性欲望本身是善的经院主义者,但是这种观点在他的先驱欧塞尔的威廉那里已经有所预示,而且我们在他的同时代的波纳文图拉那里也可以发现对它的不那么直接的暗示。①

这样,经院主义的自然法概念逐渐通过一个持续前进的反思过程建立了起来。基本的人类倾向、需要和欲望被置于广泛的背景之下,这些背景是由神学的和哲学的[79]思考设定的,它们同时也为发展和修改这些思考提供了一个经验的基础。重要的是要认识到,在这整个过程之中,这个概念没有任何成分具有完全的阐释的分量,更不用说道德的分量。经院主义者没有简单地把理性的或者神学的理想强加于前理性的人性的原材料之上。我们人类的自然所具有的这些前理性成分具有独立的意义。与此同时,在他们的反思当中,扮演这种核心角色的自然倾向并不具有决定性的和压倒性的分量,从而可以直接从对这些倾向当中的一个的反思过渡到道德结论。那些倾向要想得到理解和正当的运用,就必须被置于更为广泛的背景之中加以审视,揭示它们在人类生活中的地位。

这让我们看到了经院主义的自然法理论方法与大多数现当代理论方法之间的关键差别。正如我们在前一章所观察到的,现当代自然法理论家往往试图避免富有争议的形而上学或者神学主张,因为这些可能反而会破坏他们提出一种令人普遍信服的伦理观的诉求。鉴于这种限定,难以本着基本人类倾向、欲望或者需要与自然世界其他方面的相似性或者联系,提出一种关于它们的解

---

① 虽然阿奎那对性快感的自然性和中性的辩护(例如,《神学大全》第二集第二部分第 153 个问题第 2 节,特别是答复 2)一直都是他的亚里士多德主义的自然理论的应有之义,它同时也反映了经院主义在这个主题上的思想轨迹,参见拙著《自然法与神圣法:重回基督教伦理学传统》,页 195,那里有更多的细节。

释。然而,人类倾向、欲望和需要为提出一种基于人性的伦理观提供了最为明显的起点。因此,现代阶段的自然法理论往往根据一些目标设计他们的分析,这些目标显然是由人类倾向或者有机体的反复出现的功能、甚至特定器官的功能所揭示的。麦考米克(Richard McCormick)援引颇具影响力的耶稣会道德神学家许尔特(Franciscus Hürth)的话说:"自然的意志铭刻在器官及其功能之上……人只能支配他的器官和官能的运用,它们涉及造物主在其形成它们时所意图的目的。这种目的对人来说既是生物法则,也是道德法则,这样的话后者迫使它按照生物法则生活。"[1]随着这种理论方法[80]逐渐失信于人,当代自然法思想家开始发展一种替代性的分析路线,其中就包括上一章所讨论的最为著名的"新自然法理论",它把自然法植根于某些基本善被实践理性省察时的不证自明的可欲性质之上。当然,这些代表着非常不同的自然法理论方法。然而,它们分享着基本的预设:不管我们把什么视为自然法的起点,它都必须表现出独立于任何广泛的关于恰当的人类生活样式的解释——否则一个人的道德基础就根本不是基础的。

与之相反,经院主义者们毫不迟疑地把基本的人类倾向及其指向的善置于更为广泛的形而上学和神学语境之中。他们确实相信人自然地、自发地欲求某些特定的善,这些善在某个方面是与人

---

[1] Richard A. McCormick 在《人之性:迈向连贯的伦理方法》("Human Sexuality: Towards a Consistent Ethical Method")之中援引,收录于 John A. Coleman, S. J. 主编《天主教社会思想百年:庆祝与挑战》(*One Hundred Years of Catholic Social Thought: Celebration and Challenge*), Maryknoll, N. Y.: Orbis, 1991, 页 189—197,此处位于第 191 页。最初的出处在《人工授精:道德与法律价值》("La fécondation artificielle: Sa valuer morale et juridique"), 见 *Nouvelle revue théologique* 68(1946):416。尽管笔者不想过分夸大这种相似度,但在笔者看来,Lisska 对自然法的重构着重于可被视为导向各种不同的相互分离的目的的倾向,这似乎同样强调的是各种不同的人类生活的道德含义,而不是人作为受造物的整齐划一的目的,也就是说的全面完善。尤其参见《阿奎那的自然法理论:分析性重构》,前揭,页 82—115。

同构的。而且,他们设想这些倾向按理说是受到理性的反思和教诲的某种限定的,从而充实着道德判断,无需再详尽阐述神学和形而上学体系。尽管如此,这些假定还是与以下观点一致的:基本人类倾向只有在对何以成人的某种理论阐释的语境之中才能得到完整的理解,它们的道德寓意才能一览无余。这就是经院主义者们实际上采取的理论方法——他们之中有些是通过对当时的神学和哲学讨论的信手拈来,其他的则是通过详细地阐述欲望和省察在完整的人类生活之中的地位。这些阐述并非单纯地强加于相关的经验,但它们确实为这些经验带来了秩序和一致性——换言之,它们是打算阐明人类欲望、需要和趋向的意义的理论,而不是观察报告。正因如此,它们为区分真假倾向提供着标准,这就是说区分哪些是根源于人的基本需要和潜能的倾向,哪些只是反映着个人癖好或者异常状态的倾向。此外,他们为把真正倾向置于某种秩序之中提供了一个基础。更为重要的是,这些理论提供了从对基本人类倾向的反思到一种完备的道德规范阐释的必备框架。

这是些什么样的理论呢?所有的经院主义者都会从对各种不同意义的自然法的某种思考那里获得自己的起点,其中包括(在这种背景下)最为重要的,一种较为广泛的可以说是我们与其他动物共享的自然法,以及一种较为具体的把自然法等同于人类专有的理性判断的潜能。这意味着不论[81]他们的具体理论的细节怎样,经院主义者所提供的都是对自然法的这两个相关方面的联系方式的阐释。通常他们是这样做到这一点的:提供关于人类理性汲取、贯彻、延伸和完成我们与其他动物共有倾向的方式的完备程度不同的阐释。这个过程又被置于更为广泛的背景之下,这些背景在体系性上具有不同程度完备性。《圣经》和传统传递下来的上帝的诫命提供了一个这样的背景,而德性和完美的理想提供的则是另一个。正如我们前文所指出的,菲利普轻易地就从繁衍的倾向过渡到了反对通奸的禁令,这反映出了对性本能在人类生活之中的地位及其得以最佳表达的条件的一组判断——这些判断超出了单纯的观察,但未必构成一种完备的理论。这些判断的类型提供了第三个重要的背景,从中基本人类倾向可以得到解释。

不是说我们这里所探讨的所有作者,都试图把他们对自然法的观察融汇为对自然法的体系解释。但是,那些确实这么做的人受制于他们自身的分析逻辑,需要把这些不同的背景融会贯通,成为对整个人生样式和目标的某种规范阐释。正是因为这个原因,经院主义的自然法理论方法屈从于某种幸福论(eudaemonism)。这就是说,它屈从于以对人生的终极目的或者整体目标的陈述的解释,以幸福、至福或者繁荣加以理解。当然,并非所有的经院主义者都按照这种路向进行反思,而且在那些采取这种路向进行反思的人当中,幸福论的发展程度也不同。这种阐释的最为发达者是阿奎那,他以人类对幸福的欲望组织自己对道德的阐释,按照他的观点,这是一种可以既容纳自然的成就模式,也容纳超自然的成就模式的欲望。

与此同时,当我们探究阿奎那本人的幸福论时,令人吃惊的是,他居然赋予了基本人类倾向那么大的地位。① 我们从他关于幸福是什么的一般概括中本没有预料到这一点——那是直观上帝的愉悦,超自然的幸福,或者理智和道德德性的实践,各种人间形态的幸福。然而,这些主张必须联系他的评论加以探讨:每个人都欲求幸福,因为她欲求幸福的成就;随着我们阅读的深入,意志自然地趋向某种自然的善。这些评论反过来又暗示,不论涉及什么幸福,它必须为自然之善的追求和[82]实现留下空间。这是一种被以下事实强化的暗示:阿奎那是按照我们的自然倾向安排自然法的诫命的。笔者的要点是,阿奎那的更为一般的评论,特别是关于自然幸福,必须结合他对以自然倾向为形式的人类欲望和争斗

---

① 这种评述预示着第 3 章的论证,在那里会提供参考文献。

的分析加以阅读。为了算作人类的幸福或者繁荣,任何局面必须至少为恰当的和良序的追求和实现提供某些自然的人类善,甚至当它对它们的享受规定和施加一些限制时也是如此。不管它还可能是别的什么,人类幸福必须可以被视作一种繁荣形式,它适合于一种造物:它存在、过着和享受一种特殊的动物生活。①

我们会在接下来的两章进一步挖掘和发展这些主张。但是目前来说,任何这样的考虑都是不成熟的。显而易见的是,整个经院主义的自然法理论方法提出了哲学和(广义地说)科学问题,在继续探讨之前需要加以澄清。接下来两节笔者会尽力确定和澄清自己认为的最为重要的问题。

三、捍卫一种目的论的人性观

经院主义的自然法概念预设了一种目的论的人性观。这至少是上节所得出的结论,而且如果这个结论合理,那么任何试图调取这个观念为当代神学伦理学所用的尝试,都必须首先捍卫目的论分析的正当性。那将是本节的目标。直到最近,这都还被视为几近无望的计划,因为我们业已习惯于认为,从根本上来说,任何对自然目的的诉诸,都与对生物的进化论起源与发展的当代科学解释不相一致。然而近来,许多生物学家和科学哲学家(他们大多并不拥护人生的神学观)已经开始为那种正当性辩护了,这实际上是在为把某种目的论分析融入生物科学的必要性进行辩护。正如我们后面将要看到的,这些论证为经院主义和当代人性观提供了一个接触点。

[83] 尽管如此,实际情况仍然是,当前大多受过教育的人如果

---

① 这在《反异教大全》当中有着有力的说明,阿奎那从中力证,对特定的善的各种不同欲求,例如,荣誉或者快乐,将会以一种荣福直观的最高方式得到实现,参见《反异教大全》III 63。

听说在中世纪和当代,自然和人生观之间居然存在着某些连接点,都会感到惊诧。如果在神学家当中也像在其他人当中那样,没有一个普遍的看法,认为这种理论方法的神学假设是与当代关于生命起源的理论不一致的,那么经院主义的自然法理论方法在当前或许会吸引更多人的同情性关注。实际上,有很多人,既包括身体力行的科学家,也包括躬行实践的神学家,都认为基督教与达尔文的进化论完全不一致。① 与之相映成趣,最近又出现了许多尝试,试图通过诉诸某种形式的进程神论(process theism),或者德日进(Teilhard de Chardin)的进化论哲学,或者对基督教基础教义作为象征性的或者积极意义的神话的重新解释。②

---

① 然而,这并非普遍情况,甚至在那些没有任何神学献身的人当中也是如此。例如,哲学家 Michael Ruse 通过其著作《达尔文主义者可以成为基督徒吗? 科学与宗教之间的关系》(Can a Darwinian Be a Christian? The Relationship between Science and Religion, Cambridge: Cambridge University Press, 2001)为基督教和达尔文主义之间的不一致之处,提供了一个基本上属于同情立场的概述和评价。他在回应 Michael Dennett 和 Richard Dawkins 时辩称,进化论本身,即使在其最强的意义上(正如他本人所持有的)也没有任何部分要求我们采纳他们那种还原论的唯物主义(reductive materialism):"没有任何合理的论证已经达到了表明达尔文主义蕴含着无神论的高度。无神论正在被偷运进来,然后镀上进化论的光泽。没有任何理由为我们的标题问题给出一个否定的回答"(第128页)。

② John Haught 在其影响广泛的著作《达尔文之后的上帝:进化论神学》(God after Darwin: A Theology of Evolution), Boulder, Colo.: Westview Press, 2000, 之中辩称,进化调用最多的那种形式的无神论,可能是进程思想与德日进宇宙进化论神学的一种融合,融合的方式是肯定现实以一种自治的和自我调整的方式发展趋向神圣之爱的光辉。因此,他力证如果上帝被视为"自动卸载,苦难之爱",那么"宇宙将……自发地自我创造和自我调整"(页53)。他的立场的主要线索是在第45到56页安排的;他在第81到104页为自己对德日进观点的使用进行了辩护。无独有偶,Philip Hefner 在其著作《人为因素:进化、文化与宗教》(The Human Factor: Evolution, Culture, and Religion), Minneapolis: Fortress, 1993, 之中辩称:"人是从属于上帝的受造的共创者,他们的目标是成为代理者,行动自由,孕育未来。这种未来对于业已孕育我们的那种自然是最有益的——这种自然不仅是我们自身的遗传遗产,也是整个人类共同体以及我们所属并处于其中的进化和生物现实。行使这种代理据说是上帝对人的意愿"(页27)。与此同时,Hefner 坚决不赞成提供一个上帝的教义或者自然的系统分析,所以很难知道如何去解释这一主张。

如果从经院主义的视角来看,这些类型的辩护对基督教信念的破坏比对它们试图驳斥的那些论证的破坏尤甚。或者可以说,无论如何,这些论证没有一个是与关于上帝和上帝向世界启示的基本信念一致的。这些信念是[84]经院主义者共有的,不管他们的具体观念是什么。没有一个经院主义者会接受一种实际上否认关于上帝的陈述是真理主张的观念,更何况是正确的陈述。至于前两种理论方法,他们或许会赞同麦克马林:"进化论哲学的上帝几乎必然是一个内在的东西,因此完全不是传统基督教信仰的超越的创造者。"①任何对经院主义自然法思想的调用,如果还希望尊重他们思想的整体性的话,都必须这么做,以便尊重他们自己视为根本性的东西。那就是说,上帝的超越性,以及上帝作为世界的唯一的和完全自足的创造者的地位。

出于同样的原因,经院主义自然法理论方法的细节有助于我们把焦点对准一个通常不那么准确的讨论,那就是,当代的进化理论在多大程度上是与经院主义者所预设的神正论,以及更为具体地与他们的自然法理论方法相容的?正如笔者将要论证的,它们无论如何都不是水火不容的——即是说,在肯定一种进化理论的同时肯定某种形式的经院主义神正论没有任何矛盾之处。尽管如此,这两种观念之间还是存在着张力,但这些张力没有迫使我们要么放弃进化论,要么放弃一种从经院主义思想中所获得的自然法理论。但是,它们确实要求我们限定通向二者的方法。而且在那种意义上,它们都属于有益的张力,促使我们既要更为细致地思考我们的科学观,也要更加谨慎地思考我们的神学观。

下面,还是从我们大多数当代人心目中关于经院主义自然法推理的理论方法的最为明显的问题开始吧!那就是,经院主义自

---

① McMullin,"导论",前揭,页43。

然法概念在何种意义上预设了一种生命起源和物种形式的不堪一击的观点？更为具体地说，为了接受经院主义自然法理论方法，我们必须拥护创世论吗？

我们已经指出，经院主义者们坚称一种创世教义——即是说，他们认为上帝是一切在上帝之外存在的事物的唯一的、没有原因的原因。按照传统的术语来说，上帝"从无中"创造了世界。相应地，任何现存的事物都必须被以某种方式直接或间接地归之于上帝的创造活动。然而，这种观点没有必然蕴含任何关于上帝创造和维持世界的方式的特定说明。更为具体地，创世教义也没有排除第二因在世界的实际生成与演化之中所发挥的正如我们现在正体验到的作用。当我小时候得知上帝创造了我时，(过了一定年龄)[85]我绝对没有想过：我的父母在这个过程当中居然没有任何参与！出于同样的原因，捍卫创世教义未必与这样的一种观点不相容：根据这种观点，最初的创造包含着未来发展的原则或者潜能，只是随着时间展开罢了。

因为这个原因，经院主义的创世教义不一定会把我们固定在神创论之上，这种神创论是一种特别现代的观点，按照这种观点《创世记》的创造叙事就会被或多或少地视为对创造过程的描述性叙事。① 12世纪的神学家促成了自然哲学的复苏，他们坚持自

---

① 关于自然哲学在这个阶段的发展及其对经院主义自然法概念的影响的更多细节，参见拙著《自然法与神圣法：重回基督教伦理学传统》，页66—75。甚至在现代阶段，对进化理论的神学反应也绝非我们通常想象的那样都统统是否定性的。宗教改革早期对达尔文有许多反应，对其中关键问题详细而又富有启发的评价，参见 David N. Livingstone,《设计的观念：普林斯顿答复达尔文中的一个核心概念的变迁》("The Idea of Design: The Vicissitudes of a Key Concept in the Princeton Response to Darwin")，见 *Scottish Journal of Theology* 37(1984):329—357。对达尔文著作的接受有着广泛的历史背景，这方面有一个有益的分析，参见 Lenn E. Goodman 和 Madeleine J. Goodman,《创造与进化：古代斗争的轮回》("Creation and Evolution: Another Round in an Ancient Struggle")，*Zygon* 18, no. 1(March 1983):3—43。

然进程的可理智理解性,认为应当透过世俗的原因,根据内在原则展开的方式理解它们。当然,他们没有否认创世教义,但是,他们坚持上帝是把世界当作一个整体创造出来的,具有内在的行动原则,足以产生维持受造秩序的生长和腐败进程。随后,经院主义者在肯定自然的自治时更为谨慎,但他们也支持自然在被创造出来时具有产生和指引自身运行所必需的原则。至少他们中的某些人承认这种可能性:上帝在最初的创造活动中实际上并没有创造《创世记》开篇所提到的那些不同种类的生物。[1] 而且,他们认为受造秩序掺杂着偶然和易错的元素,世界的善性和可理智理解性并不意味着它的每个方面都直接是好的和可理智理解的。

出于同样的原因,经院主义者们对一种创世教义的肯定具有相当大的灵活性,可以为理解上帝创造活动的具体方式留下余地。对于他们来说,创造的准确机制是没有以下核心主张重要的:上帝实际上是自身之外的任何事物的创造者。这是一个与关于上帝创造和维护世界的方式的广泛[86]观点都相容的教义。这种理论方法之于现代感情是令人吃惊的,但是它与经典的基督教创世教义却是完全一致的。也就是说,恰恰因为创世教义预设了一位超越性的上帝,他是一切存在的唯一的和充分的原因,这个教义才与受造宇宙的时间起源(或者其他的)、发展和预定目的相容。出于同样的原因,因为上帝的创造行为自成一类(suigeneris),严格来说,它是不可想象的。这似乎意味着,我们可以自由地以各种不同的方式向我们自己描绘创造,尽管(就笔者浅见)经院主义者们并没

---

[1] 此刻笔者特别想到奥古斯丁对《创世记》的解释,根据这种解释,上帝赐予创造"种子原则"(seed-principles),带来进一步的发展。阿奎那提到了这种观点,但没有明确采纳(《神学大全》第一集第 69 个问题第 2 节;第一集第 71、72 个问题)。McMullin 在"导论"中针对奥古斯丁立场以及阿奎那对这种立场的解读进行了富有启发的讨论,页 11—21。

有发展出这一点来。① 因此,我们在自身的创造的表现上不要被固定在《创世记》的想象上,尽管对于犹太人和基督徒来说,这种想象无疑总是占据着重要的位置,而且我们也不要把它视为对宇宙或者更为具体的人类生命的起源的字面解释。正因如此,与许多当代神学选择相比,一种强创世教义不是更少地而是更多地与现代进化理论相容。

经院主义思想的这个方面早已模糊不堪了,这至少在某种程度上可以归咎于一个预设:经院主义者们致力于某种形式的源于"设计"(design)的论证。这种论证在当下可以通过佩利(William Paley)的从生物应然"设计"证明上帝存在的著名论证之中得到最好的认识。这种预设因以下事实而赢得了人们的信赖:至少某些经院主义者,其中也包括阿奎那,采取了一种自然进程上的目的论观念,据此这些进程被导向了具体目的。但是,如果仔细探究可以发现,阿奎那和佩利所提出的显然并非相同的论证。按照佩利的观点,生物的"设计"证明了上帝的存在,因为没有任何可以想象的环环相扣的自然原因能够设计或者组装成那种不可想象的复杂的生物成分。这一点从佩利在一只手表和一个生物体之间的著名对比中可窥一斑。他提到,任何人都可以看到一只手表不像一块石头,它必然是被某人制造出来的,因为:

> 当我们检查我们所看到的那块表时——这是我们无法在石头之中发现的东西——它的几个部分是为着一个目标被设

---

① 然而,这个时期至少有一些学者准备说,我们无须字面地对待《创世记》的语言。Tulio Gregory 就提供了 12 世纪早期哲学家 William of Conches 的例子,他评述说《创世记》中创造亚当和夏娃的故事"不能字面地相信"。对于更多的细节和文献,参见 Gregory,《柏拉图主义的遗产》("The Platonic Inheritance"),收录于《12 世纪西方哲学史》(*A History of Twelfth Century Western Philosophy*),Peter Dronke 编(Cambridge: Cambridge University Press, 1988),页 54—80,此处位于第 65 页。

计和放置到一起的,比如说,它们这么构成和调校以便产生运转,[87]而这种运转这么校准以便指示一天的时间;如果那些不同的部分是以不同于它们现在的样子形成的,或者按照任何其他的样式或按照不同于它们现在的情况放置,那么要么这个机械完全不能产生任何运转,要么根本不能用作它现在的用途。①

换言之,这个论证凭借的是人工制品与生物的一种类比。正如人工制品无法组装自己,生物也无法自发地汇聚到一起,除非有一种力量(agency),它在我们所知道的自然因果性的框架之外发挥着作用。正如佩利接着解释的,一旦我们认识到了一只手表是什么,那么,"我们就会自然而然地推断,这只手表必然有一个制造者——某时某地一定存在一个制造者,或者说一些制造者,他或他们为着我们发现它所实际回应的目标塑造了它,他或他们领会了它的构造,并且设计了它的用途。"②

阿奎那关于上帝存在的第五种证明通常被认为似乎是与之相同的论证形式。然而,我们应当对这种解释抱持怀疑态度,至少因为佩利的论证依赖人工制品与生物之间的类比关系,而阿奎那就像他之前的亚里士多德一样却坚持着二者之间的对立。按照他们的观念,人工制品必须被设计和组装,这恰恰是因为它们不具有自身的内在形式,或者相应地,不具有它们自身的冲着那种形式内在目标的内在趋向。而且,如果我们转向阿奎那的具体论证,我们可以看到,它所诉诸的并非生物设计,相反却是自然运作的目标导向性,其中包括但不仅限于生物的运作:

---

① 《自然神学》("Natural Theology"),收录于《威廉·佩利文集》(*The Works of William Paley*),London: William Orr, 1844,页25—28,McGrath援引,《科学的神学》,前揭,卷1,页251。
② 《自然神学》,引自《科学的神学》,前揭,卷1,页251—252。

第五种方式采自事物之统辖。因为我们看到那些不具有理性的东西,例如自然物,是根据一个目的运行的,这一点是明确的,它们总是或者频繁地以相同的方式运行,这样才能实现最好的状态。那么,显然它们是从意图而非偶性获得一个目的的。但是,那些不具有认识力的东西除非受到另一个具有知识和知性者的导向就不会行至一个目的,正如箭是被弓箭手引导的。因此,存在着具有知性者,从而一切自然物都注定趋向一个目的,我们称之为上帝。(《神学大全》第一集第 2 个问题第 3 节)

[88]就其自身而论,这似乎蕴含着对自然因果进程的另一种近乎神奇的介入。但是,统辖、指引以及诸如此类的语言,都不应被理解为对受造秩序的具体的、近乎神奇的介入。它们可以被视为理解创造本身的方式。正如阿奎那在其他地方清楚地讲明的,上帝被说成指引造物趋向其目的,通过赐予它一种具有独特因果原则的特殊自然,凭借这种自然它将会自然地按照这种方式行为以实现其目的——这不过是它的形式的完美实现,也就是说,那种独特类型的造物的最为完满的可能表现(第二集第一部分第 93 个问题第 5 节)。① 不论我们是否把这种论证视为对上帝存在的一种证明,它

---

① 正如我们在下一章将会看到的,他在对归之于 Dionysius the Areopagite 的新柏拉图主义著作《论神名》的评论当中也得出了同样的结论;参见 De divinis nominibus X, 1. 1, 857。相似地,参见 De veritate 22. 1 和 SCG III 25。通过这种方式阿奎那通过直接的上帝因果性重新解释了柏拉图的等级和分有概念,这种因果性又通过一种亚里士多德主义的自然观得到了解释。因此,按照这种观点,上帝的创造活动被解释为处于自我推动的可理智理解的原则之中并通过它的事物本性原理。出于同样的原因,由于各种结果反映着它们原因的可理智理解的原则,至少在某种程度上反映,所以我们可以从造物的知识前进到对上帝的一种有限然而却真实的知识。笔者这里追随 Bastit 的理论,参见《托马斯主义是一种亚里士多德主义吗?》,前揭,从中可以获得完整的论证。

都不依赖一种对自然因果秩序的近乎神奇的介入的诉诸,毋宁求助于一种分析:自然秩序之中内在的可理智理解性蕴含着什么。

然而,正是在这一点上,我们确实感到了经院主义自然法理论方法与某些进化论解释的真正紧张的触发点。更为确切地说,经院主义的理论方法预设着各种自然的真实存在——这就是说,它预设着我们的一般性或自然类型的概念至少粗略地或者在部分上与现实世界的实际属性相对应。而且,这种实在论对于笔者正在发展的那种自然法的神学解释来说是根本性的,因为它为一些目的论判断提供了基础,而这些判断对于自然法至关重要。在经院主义者看来,只要自然是善的,它就是规范性的,而只要它在自己的运作当中展现了可理智理解性和目标,它就是善的。相应地,这种目标又可以通过参照造物的整个生命和福祉得以解释。换言之,这种自然法理论方法所预设的是,具体生命类型的完整的善性或者价值,当某种造物根据自己存在的内在原则繁盛起来时,与它相适应的那种生命形式。

与之形成鲜明的对比,对于我们许多当代人而言,进化论以及[89]当前更为一般的生物科学,已经使得对任何类型的自然目的论的讨论变得不可能了。按照这种观念,进化过程受制于纯粹的机遇,这样就排除了任何在这些过程之中寻找秩序或者方向的主张,更不能把我们人类自身看作是它们的最高成就。就其自身而言,尚不清楚这种观念是否必然排除经院主义者们所预设的那种目的论,因为这是一种根植于专属于种种造物繁荣规范的目的论,不是(或者至少说不是主要的和直接的)一种在作为整体的进化过程当中彰显出来的目的论。然而,这种分析路线有时会沿着一个排除那种目的论的方向延伸。更为确切地说,人们有时认为进化理论不仅意味着物种随着时间的流逝而形成和发展,而且意味着那些在这一过程中出现的种类在例示它们的特定生物之外没有真实的存在。换言之,因为进化过程被当作偶然事件的随机互动,所以进化的产物,即物种,同样也被视为纯粹偶然的分类组合。① 而且,这种观点当然会排除对内在于一种生物的繁荣规范的诉诸,理由很简单:它否认在我们的分类系统之外存在生物种类。这至少是它的某些典型形式所支持的进化理论的解释。然而,这种解释绝非人们普遍持有的解释,而且正如笔者所要证明的,它也并非最为可能的解释。

这些争论或许是重要的,它们把我们带到了进化论生物学的含义之外,从而把生物哲学的某些最为古老、也是最为根本的问题囊括在内了。② 这就相当于问,我们怎样理解生物所特有的那些秩序类型?我们能够仅仅通过最为基本的因果力量层面的分析为生物秩序提供一个令人完全满意的说明吗?或者为了提出对生物的充分解释我们必须进行更高层面的描述和解释吗?关键是要意识到,这[90]不仅仅甚至主要不是一个关于在生命过程之中发挥作用的有效因果性类型的问题。具体来说,为了说明生物的独特特征,为某种神秘的生命力量进行辩护,这没有问题,或者为某种特别的上帝干预加以辩护,这更没有问题。③ 相反,这里所关心的

---

① 对这种观点的全面总结和辩护,参见 Richard Dawkins,《累积微小的变化》("Accumulating Small Change"),收录于 *Philosophy of Biology*, Michael Ruse 主编(Amherst:Prometheus Books,1998),页 62—68,重印于《盲目的钟表匠:为何进化的证据揭示的是一个没有设计的宇宙?》(*The Blind Watchmaker:Why the Evidence of Evolution Reveals a Universe without a Design*),New York:Norton,1986,1987,1996。
② 例如,参见 Richard Lewontin 对分子生物学家所采取的各种不同理论方法的解释,他们尝试在分子相互作用的层次上解释生物现象,还有有机生物学家,对于他们来说,"重要的是整个有机体";《三螺旋:基因、组织与环境》(*The Triple Helix:Gene, Organism, and Environment*),Cambridge:Harvard University Press,2000,页 76。
③ 按照刚才所捍卫的观点,上帝无疑介入到了这些过程之中,也介入到了其他运作之中,因为上帝是事物之本性的特有原则的创造性起源,而且也是因为上帝维持一切事物运作和持存的事实。重点在于,进化过程根源于事物(生物和非生物)的运作和互动,根据的是它们本性所特有的原则;因此,除了上帝"常规的"创造和维持活动,我们无需引入任何进一步的特殊类型的神圣干预来解释这些过程。

第二章　自然作为本性：自然法之根

问题涉及描述的层面，在这个层面上一个生物是能够得到理智理解的，至少能够作为系统描述和有效假设的对象。这个问题潜在地涉及到生物学作为一门科学的自主性问题。如果没有以最为基本的自然力量的运作形式存在的剩余物，我们能够分析生物现象吗？甚至在理论层面上能够分析吗？或者说，一门自足的生物科学必然同时要求独特的研究原则和研究模式吗？到目前为止业已明确，笔者所捍卫的观点暗含着对后一立场的支持。

需要指出的第一点是，我们辨识出来的生物的自然类型似乎确然存在于自然之中。这已经被许多生物学家和科学哲学家辩护过了，他们不关心任何特定形式的形而上学实在论，更不关心自然法学说。正如迈尔（Ernst Mayr）所指出的，"当自然主义者17世纪伊始开始越来越仔细地研究自然之中的有机物种时，证据就开始积累起来，可以证明这些物种不同于所谓的无生物物种。这些自然主义者非常肯定地表示，生物学物种不仅在自然之中具有现实，而且在很多情况下，即使不是大多数情况下，它们都因为自然的断裂而彼此极为不同。"[1]

对于生物类群的更高等级来说也是如此。实际上正如迈尔在其他地方所说的，这些"是被内在特征所定义的。鸟类是有羽毛的脊椎动物。任何满足定义项'有羽毛的脊椎动物'的都属于鸟类。一个本质主义者的定义在高等类群的层面是充分的和令人满意的。"[2]

---

[1] Ernst Mayr，《迈向一种新的生物哲学：对一个进化论者的观察》(*Toward a New Philosophy of Biology: Observations of an Evolutionist*)，Cambridge: Harvard University Press，1988，页317—318。

[2] Ernst Mayr，《种概念及其适用》("Species Concepts and Their Application")，收录于《群、种与进化》(*Populations, Species, and Evolution*)，Cambridge: Harvard University Press，1963，1970，页10—20，重印于 *Philosophy of Biology*，页136—145，此处位于第140页。正如 Mayr 所解释的（页139—141），生物学者按照等级为生物分类，从包含较小的类比到较大的类别，"种"、"属"、"科"和"目"等。一个"分类"（复数为类群）是指任何在这个分类体系中独特到具有一个明确的类目的种群。严格地讲，"种"不是一个"分类"，只有一个具体的种类，例如"知更鸟"，才是。

[91]与此同时,尽管迈尔相信种和高等群类存在于自然之中,但他否认这些代表着一种亚里士多德主义(或者可能是经院主义)意义上的本质。尽管他承认一个种的所有成员都具有共同的特性,但他否认这等同于说一个生物学上的种具有一个本质:"一个共同特性与一个本质是两种完全不同的东西。无可否认,每个本质的特点就在于共同特性,但是一个分享共同特性的群不一定具有一个本质。一个本质的突出特征在于它的永久性,它的不变性。相形之下,一个生物学群所共有的特性可能会发生变化,而且具有进化改变的倾向。"①

但是,正如笔者在其他地方证明的,这混淆了一个概念所特有的一成不变(unchangeability)与例示这个概念的那些实体的一成不变。② 如果我们确实具备了一个关于人的充分概念,从而使得我们能够确定那些作为这样的人的典型特征,那么这个概念在以下两种不同意义上都将是长期有效的:它不需要修改(根据它对于其对象是充分的假定),以及它没有把任何时间参数纳入自身之内(因此,它能被适用于任何时代存在的任何人)。这并不意味着这个概念所针对的现实是不发生变化的。几乎可以肯定的是,"人"这个范畴是在一个进化过程的终点才开始存在的,这个过程延续了一段相当长的时间,很可能出现的情况是,我们要么进化成其他的东西,要么(更可能的)全部停止存在。因此,人类这个概念曾经一度没有适用,它也可能再次停止适用。尽管如此,并不能说这个概念本身同样地受制于时间。

出于同样的原因,如果我们关于鸟的概念反映着世界的某种现实,还有我们碰巧一并归入这个范畴之下的那些个体,那么这种现实就存在了,尽管它只是暂时性的。自然类型在规定意义上的

---

① Mayr,《新生物哲学》(*New Philosophy of Biology*),页345。
② 《自然法与神圣法:重回基督教伦理学传统》,前揭,页104—105。

存在并不必然以某种实体的存在为前提,要求沿着柏拉图主义的理念的思路,[92]在例示它的现实之外和之上存在。相反,它的前提是那些事物被归诸其下的范畴——或更为准确地说,它们中的一些——反映着所涉事物的真实性质或者方面,据此它们算作它们所是的事物类型。出于同样的原因,这种观点预设着事物的形式能够通过概念抓取,尽管是不完美地,而且更为重要的是,这些概念是真正解释性的,也就是说,它们帮助我们理解自然物的运行,除了这种方式之外它们对于我们来说就是难以理解的。

按照笔者正在探讨的亚里士多德—托马斯主义的术语来说,这些类型的解释都可以被视为对形式因的诉诸,但重要的是请不要被这个表述误导了。形式因所揭示的是那种描述,据此某物能够按照它所是的事物类型得到理解。① 在这个背景下,"原因"这个用语不一定意味着动力因(efficient causality),而是更为广泛地指任何可理智理解性和解释的原则。把生物的形式看作是处于那些能够独立存在、先于在某些个体之中具体体现的事物类型之中的,这是一种范畴错误。它们被例示,或者它们不被例示,而且正是这些例示,而不是形式本身,才会产生和消亡。② 出于同样的原

---

① 正如 Pasnau 所指出的,对于阿奎那来说,特定类型的事物的可理智理解性源于它的形式,这一点(以及在适当的情况下与它的质料)被它的恰当的定义所捕获;因此,"形式因"所涉及的是解释原则,据此某物被确认为它所是的物的类型。在非人造物的情况下,形式因和终极因是同一的,因为自然运行被导向维持或者沟通某种形式。更为具体的细节,参见托马斯·阿奎那,7—10,21—22,89—95。Coleman 和 Clark 同样提供了这些相互联系的富有启发意义的讨论,参见 Coleman 的《麦金泰尔与阿奎那》,页 70—73,以及 Clark,《生物学与基督教伦理学》(Biology and Christian Ethics),页 13—19。
② 笔者这里并不打算否认人的魂是一种实质性形式,具有在肉体死亡的情况下存活的类型。然而,即使是人的魂也无法在它一个人体之中例示之前存在,而且除非参考它在质料之中的个体化就无法理解它——这并不是否认它在质料、在每一点上都要求存在,从而为了持续存在。参见 Pasnau,《托马斯·阿奎那论人性:对〈神学大全〉第一集第 75 到 89 个问题的哲学研究》,页 45—57,可以获得进一步的细节。

因,生物的形式没有反物质而存在,从而对它们运用一种有效的因果关系。正如伦诺克斯(James Lennox)对它的理解,特别提到亚里士多德的形式概念,"生物的形式即它的魂,而亚里士多德把魂理解为一组统一的目标导向的潜能——营养的、繁殖的、位移的和认知的。"① 就这点而论,形式是通过[93]由那种所涉物质类型所特有的有效的因果关系方式体现出来的。从生物科学的角度来看,特定种类的物质的具体形式通常提供着研究的起点——那就是说,生物特有的秩序类型需要科学研究,而且也为这种研究的进行提供着一个结构性框架。

种和更高级的类型真实地存在于自然之中,仅仅通过这个事实可能还是无法排除它们只是随机发展的产物的可能性。但是,如果种和更高的群类确实存在于自然之中——也就是说,如果我们关于物质类型的概念并非单纯的投射(projections),而是反映着世界的真实特征——那么种就不可能是对个体的纯属任意的分类。② 种和高等群类具有真实的存在,这种主张暗示着那些可以辨认的物质类型展示了可理智理解的相似性,而且相互之间以有序的方式关联起来。这些有序化的相互联系不仅仅在种内发生,而且在不同种的成员之间发生——不同类型的物质相互关联,通过历时性的血统传递,以及同时性的竞争和相互依赖关系,遵循着

---

① James Lennox,《亚里士多德的生物哲学》(*Aristotle's Philosophy of Biology*),Cambridge:Cambridge University Press,2001,页 128;更为一般的论述,页 127—130。
② 应当补充,笔者无意证明进化过程从整体来看昭示着一个内在指向,它对准着具体物质类型的产物——即,我们人类。麦克马林认为整个进化过程方向中的偶然性程度对于神学家来说是一个不成问题的问题,对此笔者表示赞同。参见他的《宇宙目的与人类进化的偶然性》("Cosmic Purpose and the Contingency of Human Evolution"),见 *Theology Today* 55(1998):389—414。相似地,Ruse 证明进化理论暗示着进化过程的实际结果是偶然的,但他补充说这个结论未必与基督教义不相容(尽管笔者会以与他稍微不同的方式得出这一结论);参见《达尔文主义者可以成为基督徒吗?科学与宗教之间的关系》,页 82—93。

它们的类型所特有的能力和限制。果真如此,那么不同的生物种类就不仅仅是随机划分的集合——它们构成着一个有序化的自然种类。而且,很难明白这种有序化如何可能是完全随机因素的结果。这个结论也不一定意味着该过程是"自上而下"指导的,即是说由上帝或者某种外在的力量指导的。相反,它意味着在生物之中所反映出来的秩序也反映着生物本身所固有的因果力量,这些力量以定向的和可理智理解的方式运作。这个结论不会排除纯粹偶然的作用,它也不一定使得我们接受以下观点:我们可以事先预测过程走向——它只是排除了一种解释,根据这种解释,在生命进程当中唯一起作用的因果力量是那些在基本层面上起作用的力量,它们只能以随机的方式相互关联。

无可否认,物种的这种划分,如果在生物学的意义上被界定为[94]杂种交配群体,在繁殖上与其他这种群体隔离,那么它看起来似乎确实反映出相当程度的偶然性。可以把物种通过任何区分两个群体的偶然事件相互分离。但是,我们在生物群类上走得越远,我们似乎就越难发现这种偶然因素。生物种类似乎反映着生物组织的必然阶段或者层次,据此进化发展的过程本身是指定的——它们在整个世界被复制着,不管多么相互隔离的不同地区,而且,它们似乎以相同的方式相互联系。哺乳动物似乎不是从鱼类直接进化而来的,它们也确然不会生出鸟来。一种有序的进步在整个过程当中似乎都得到了贯彻。笔者想要强调的是,这并不要求在进化过程的任何一点上都存在上帝的直接干预,但它也确实表明了,特定生物种类所独有的那些属性是以一种把限制置于进化过程之上的方式发挥作用的,是以一种赋予它们一个通过纯粹的偶然无法解释的指向和连贯的方式发挥作用的。

这就把我们带到了前文所提到的一点内容上。说进化是一个随机的过程,这个主张暗含着另一个主张,它涉及在进化当中起作用的因果过程应当得以分析的层面。那些为该过程的随机性进行辩护的人是按照一种解释实现这一点的,它根据遗传物质的相互作用分析进化变化,或者甚至在分子和原子相互作用的更加细致的层面上。① 这个主张反过来又预设了一个针对生物进程的更为一般的解释,据此这些可以在遗传活动的层面上得到彻底的分析,或者甚至可能在更为基础的纯粹原子相互作用的层面上。按照这种观点,实际上是没有像经院主义的形式因概念这样的东西的存在余地的。如果我们能够在遗传作用的层面上解释生物活动,那么我们永远无须在谈论生物种类时为它的活动设计一种因果解释。

然而,针对生物进程能否仅仅在这个层面上得到中肯的分析,还存在着相当大的争论。许多生物学家最近已经指出,基因本身甚至没有确定它们在个体生物之中的表达(换言之,基因型不足以确定显型),而且它们更无法解释生物种类据以发展和进化的过程。正如勒万庭(Richard Lewontin)所[95]评述的,不可能在时间的框架之内解释进化改变,它仅仅是通过随机的基因突变发挥作用的:

> 基因突变取决于突变的过程,而且突变是罕见的事件。任何特定的新型 DNA 突变在大约 1 亿配子当中只会发生一次。还有,当一个突变在一个新生儿之中发生时,即使它是一个有利的突变,也存在相当大的可能性,它不会在下一代中表现出来,因为它的单个载体可能由于偶然不会把它传递给自己的很少的后代。在一个物种起源与一种真正类型的突变发生并且达到足够高的频率从而在选择过程当中变得显著的时

---

① Lenny Moss 简要总结了这里的关键问题,为生物的不可化约的复杂性进行辩护,《基因不能做什么?》(*What Genes Can't Do*),Cambridge:MIT Press,2003,页51—73。无独有偶,Marjorie Grene 辩称,进化理论本身需要根据原因的等级进行分析,这种等级过于复杂从而无法通过一种"生物学等级"中的简化分析实现,见 *American Scientist* 75(1987):504—509。

间点之间，这段时间差不多与该物种的整个生命过程相当，大约在1千万年左右。因此，大多数如果已经发生将会被选择的突变从来都没有被看到过。一个物种必须设法对付它实际具有的那些变异。①

当然，勒万庭无意否认物种可以通过一系列的历时性变化诞生、发展和消失。然而，他的重点在于，应当把相应的过程理解为，通过早已存在于基因型之中的潜能的表达和发展最为频繁地发生，而不是通过随机的变化，它们以某种稳定的方式改变显型——尽管这些变化确实发生，纵然是罕见的，而且据推测，确实在进化过程之中发挥着某种作用。相应地，笔者的重点是，这个过程意味着特定种类的生物之间在一个变化的环境之中持续不断地相互作用，其中该种类的生物的潜能最为直接地通过它的显型表现出来，给它提供了一系列的反应，通过这些反应它能够适应变化的环境。基于这个原因，对于特定种类的生物的适应性发展的解释就无法脱离所讨论的生物类型而进行。

应当补充的是，勒万庭本人可能会对笔者对他的评述的定位感到不安。他在《三螺旋：基因、组织与环境》开端即对一种柏拉图主义的物种观提出了质疑，根据这种观点，生物的种类是按照一种内在的计划发展的，它的方式可能会受到限制，但从根本上来说不是被外部条件塑造的。② 然而，对于笔者所致力于的形式因的解释，无须诉诸勒万庭所反对的那种发展决定论。它无疑不包括这种观点——笔者认为它是勒万庭的主要标靶——根据这种观点，[96]个体生物的发展反映着一个确定的计划的展开，这个计划被完整地编入了基因密码之中。恰恰相反，基因型不足以确定显型，

① Lewontin,《三螺旋：基因、组织与环境》，前揭，页91—92。
② 特别参见 Lewontin,《三螺旋：基因、组织与环境》，前揭，页3—22页。

这为形式因在生物学解释当中的正当性提供了进一步的支持。话虽如此,笔者所要支持的是对发展的某种解释,据此生物结合它们的环境的方式,以及它们所展示的发展路线,都与它们所是的那些生物类型紧密地联系在一起。这种观点会给生物类型发展过程中所存在的大量的不确定性和变异留下余地,但它当然不会赞同这个方面的完全的不确定性。笔者也不认为这就是勒万庭的意思——否则就很难理解他怎么会说个体生物与生物类型都是不同于它们环境的现实。①

其他人则更加直截了当辩称,生物进程无法根据遗传物质的活动进行彻底的解释。例如,莫斯(Lenny Moss)证明,这些方向上的努力反映了一个根本的混淆,混淆了基因是什么与它在生物体的生命之内能够实现什么。最为根本的,基因只是一个生成特定种类的蛋白的模版。为了使得一种生物的基因结构能够以某种特定的方式表达出来,它的基因必须被激活从而得到表达,而且它们的表达必须以某种特有的方式得到引导。这种激活和表达的过程是无法在纯粹的基因活动的层面上加以解释的:

> 分子生物学、细胞生物学和发育生物学数十年研究的经验成果业已揭示:把一种生物形式与另一种生物形式区分开来的东西如果有的话,也很少是特定基因模版的存在与否,而是基因何时、何处得到表达,它们如何被修改,以及它们的"产物"在何种结构的和动态的关系之中得到体现。如果基因既要成为分子,起到其他分子合成的物质模版的作用,又要成为生物体征和显型的决定因素,那么它们实际上就必须以某种方式提供自身使用上的说明。②

---

① Lewontin,《三螺旋:基因、组织与环境》,前揭,页 41—68。
② Moss,《基因不能做什么?》,xvii,强调为原文所有。

但是，正如他接着证明的，基因是不能以这种方式用作它们自身的模版的。相反，基因的激活和表达是被细胞层次上的相互作用决定的："在'组织结构'的标题之下，我已经在为以下观念收集证据了：细胞环境整个来说对于生物来说是基本的，[97]而且不能还原为它的任何构成部分。"①

正如莫斯所表明的，略为详细地描述必要的细胞过程是可能的。然而，即便是这种层次的解释，也不足以说明基因模版的可理智理解的显型表达。癌细胞同样反映着基因信息的激活，方式是通过一种旺盛的——过于旺盛的——细胞发育。在这种情况下，出问题的是畸变细胞与机体整体之间的关系；就癌症而言，"病理学的标志是一种分化上的受阻或者畸变路径，在这两种情况下，细胞潜能的表达都已经与整个机体的原则脱离了。"②换言之，基因信息的表达和细胞生命的程序在它们的恰当的——也就是说非病理学的——发展上，都依赖于一种结构的和功能的背景，这种背景是由通盘考虑的机体生命所设定的。在其他地方，莫斯则直接把生物类型的内在潜能与进化过程联系在了一起：

> 即使我们专门关注达尔文主义独具的原理（去解释进化改变），结果也没有太多不同……在相关的意义上，随机的变异却可以通过一个表面上有目的的"掷骰子"的系统产生。免疫系统以对从未见过的抗原的结合力产生可变抗体区域的能

---

① Moss，《基因不能做什么？》，页 95，强调为原文所有。相似地，Marjorie Grene 证明，"传递信息的系统……必定是按等级划分的，因为它们的要素的那种安排限制、因而控制着那些要素的举动，只要这样构成的系统持续存在。""生物学上的等级"，页 506。
② Moss，《基因不能做什么？》，页 125，强调为原文所有。Moss 在此处总结了 Johannes Müller 的研究成果，但显然是持赞同态度的。

力,就是这个方面的一个很好的例子。有机体所具有的既调整自然变异的数目"通过"校正的能力,又增强重压之下的稳定性的能力,甚至更为切题。如果大多数或者所有变异的表象都被复杂的、组织严密的酶系统所调解,正如通常所表现的那样,那么达尔文主义的进化就可以被看成是建立在与此相反的有机体的表面上有目的的潜能基础之上的。①

[98]这又把我们带回到了起点,因为它意味着对这些过程的解释,必然涉及那种正在考虑的生物类型,据此我们才能有意义地谈论"整个有机体的原则"(principle of the whole organism)——即是说,它的形式因,按照那些可以理解的、目标定位的活动加以理解,而这些活动则表达着它作为特定种类的生物的性质。

需要再次强调,笔者的重点不是说,具体的进化过程,或者更为一般的生物进程,要求专门的上帝干预或者其他种类的外部原因。恰恰相反,前面提出的分析与一种观点完全一致,根据这种观点,生物进程能够通过自然原因得到完整和全面的解释。然而,笔者想要质疑的是对什么算作自然原因的一种广泛流传但却贫乏的理解。②

---

① Lenny Moss,《朝世界敞开的表观形成的代表性先成论?对一种新有机体理论形式的反思》("Representational Preformationism to the Epigenesis of Openness to the World? Reflections on a New Vision of the Organism"),*Annals of the New York Academy of Sciences* 981(题名为"From Epigenesis to Epigenetics")(December 2002):21—230。再次是与 Grene 比较,他评述说,当前进化原理上的争论预设了一个背景,其中"不仅是基因和有机体,而且包括物种,都被认真地视为历史实体,并且因此被视为可能的因果力量。""生物学上的等级",第 508 页。
② 正如 Stephen Clark 在《生物学与基督教伦理学》(页 24—29)当中所指出的,对形式因的否定不仅意味着对目的因的相应否定(参见下文),还意味着对传统上所理解的动力因的否定,那是把它理解为一种与一种生物的恰当的生存模式相一致的可以理解的动力运用。按照这种观点,"主导性的解释模式是斯多亚学派对质料因的重新加工:一件事物只有通过可以计量的方式进行推拉才能在另一件事物上产生效果。只有质料性的、广延的物体才能是原因"(页 26)。

前面所讨论的因素都是重要的，因为它们统统表明，生物的进化发展是无法通过纯粹的机缘巧合的累积加以解释的。它们也要求我们在某些地方诉诸那些因素，它们根源于我们正在处理的生物类型。加拉帕戈斯群岛上的著名雀类有能力随着食物供应模式的变化迅速发展，这是因为它们就是那种生物类型；而且基于相同的原因，它们没有直接进化为猕猴或者蘑菇的潜质。如果不诉诸那些根源于我们正在处理的生物类型的因素，我们就无法完整地理解任何类型的生物的进化史。那就意味着在某些地方我们必须诉诸形式因，即是说，那些必然涉及正在讨论的生物类型的解释。

然而，即使承认前面所有论证的效力，我们似乎也只做了本节打算去做的工作的一个部分。也就是说，我们已经看到，形式因，按照一种亚里士多德主义方式理解的形式因，是与当代生物科学相容的。但是，关于提出目的论主张的可能性，把它建立在我们对生物的反思性观察的基础之上，我们又该说什么呢？这一点被当代生物学理所当然地排除了吗？

[99]正如莫斯所评论的，目的论主张与当代进化论之间的不合已经成为了一个教条，被广为接受，甚至很难再提出相关的议题。① 或者至少可以说，直到最近情况都仍然如此。然而，在过去的几年中，有两种不同的思潮已经汇聚在了一起，它们正破坏着这种假设。第一种思潮采用历史和哲学的重估，重估亚里士多德的目的论理解及其在后来科学思想当中的重现。第二种思潮利用的是生物学家自身的努力，弄清他们的领域的恰当主题。正如鲁斯（Michael Ruse）所指出的，"设计语言成功地统治着进化生物学"，尽管没有任何严肃的生物学家按照外部施加的设计来解释这种语言，显然它确实带来了目标和功能的含义。②

---

① Moss，《基因不能做什么？》，前揭，页4。
② Ruse，《生物学哲学》，前揭，页16；然而，Ruse并没有提供他自己在相关（转下页注）

但是,是谁的目标,又是何种功能呢? 这里我们就逼近了问题的症结。在现代早期阶段,无论是在生物学家当中还是在神学家当中,都存在着一种广泛的趋势,按照外部强加的力量和目的,大部分是上帝的,当然还有次级的,我们自身的,来解释生物的设计。因此,生物被视为仿佛是上帝的制品,是以这种方式设计的:生物的每个器官,每项功能都被安排去服务于一个具体的、可以识别的目标。佩利的设计论证干净利落地说明了这些假设。而且,生物被认为服务于外在于它们的目标,正是为着这些目的上帝才设计了它们——它们按理说要以不同的方式服务于人类需要,而且或许还要互惠地服务于其他种类的生物的需要。

[100]但是,这并非思考生物身上的目的论的唯一方法。正如许多学者最近所指出的,亚里士多德对目的论的理解,在一些重要的方面上不同于人们较为熟悉的现代早期的观点。① 对于亚里士

(接上页注)主题上的观点。通常公认,生物至少会呈现出设计的表象,但是,进化生物学家却明显地试图通过证明生物的相应特征现在就能够得到解释,通过诉诸过去获得的这些特征的适应性利益,来说明这一点。这种历史解释的优势在于,它不会强迫我们说相应的特征服务于任何现在的目标——或者说它就是这么断定的。最近,这种论证路线已经受到了来自各个方向上的攻击。在《事件发生是因为它们应当发生:行为的目的论路径》(*Things That Happen Because They Should: A Teleological Approach to Action*),Oxford:Clarendon,1996,页 99—112,Rowland Stout 简要总结了相关的论证,辩称生物功能和器官的解释聚焦于特征的类型是正确的。最近,Paul Davies 在其《自然的规范:自然主义与功能的自然》(*Norms of Nature: Naturalism and the Nature of Functions*, Cambridge: MIT Press, 2001)当中业已证明:对似乎真实的设计的"历史"解释与彻底的自然主义是不一致的,而且我们必须分析生物的属性,通过它们在整个生物功能之中的位置,不要涉及目标,过去的或者当前的;特别参见 107—156。尽管它否认这种分析路线是目的论的,它确实也表明了各种不同的生物特征只能在它们与整个有机体的等级化的、结构严密的功能之间的关系上才能得到正确理解——按照亚里士多德主义的观点这就等同于形式因。

① 除了前面援引的 Lennox 和 Clark 之外,还可以参见 James Wallace,《德性与恶习》(*Virtues and Vices*), Ithaca, N. Y.: Cornell University Press, 1978,页 15—38,其中包括对亚里士多德路径的独特之处的清晰解释。

多德来说,目标和功能这样的语言在谈论生物的器官、结构和反复出现的活动时是正当的,实际上也是必要的,它们处于生物本身的福祉所设定的背景之中。换言之,对于他来说,目的论语言由于涉及作为生物本身特征的福祉类型,找到了它的恰当背景,相应地涉及预定的活动,据此生物追求自身的福祉;即是说,涉及生物自身的目标,广义解释的目标。如果这样理解的话,目的论语言没有隐含任何外在施加的目标,不管是我们的,某个造物主的,或者一般性质的,还是进化过程的。相反,在这个背景下,目标语言是以这种方式发挥作用的,它使得一个生物的不同的组成部分变得可以理解,根据的是它们对该生物生命过程的贡献。正如伦诺克斯对它的解释,"构成一个独特的鸟的形式的'包装',使它适应于自己的生活方式——对'琵鹭是什么'的详细说明即是在解释它的种差如何就是像它现在那样生活所需的。"① 如果按照这种方式解释的话,眼睛是用来看的,这个观察结果并没有预设一种关于眼睛的物理机制反映着全能设计者的发明的方式的叙述(按照现代的设计理解,它可能是这样的)。相反,它预设着一个更为直接的解释,眼睛通过提供一个视觉器官在促进生物的总体福祉上具有何种地位,这又包括一个进一步的解释:何种视觉是好的,鉴于所有生物(以某种方式)都具有的趋向生命、生长和繁衍的总体方向。

按照这种解释,一种亚里士多德主义的目的论方法似乎是毫无价值的——难道我们不知道一个人是通过眼睛看的吗?难道我们不是都认为有视力是件好事吗?而且毋庸置疑的是,这种解释方式一般不是按照那种提供新信息的方式发展出来的。然而,它确实提供了一种解释,据此生物的不同组成部分——其中包括器官和活动——可以根据它们与功能和活动的整体类型的关系变得可以理解,那些都指向所有[101]生物所共有的目的。尽管当这种

---

① Lennox,《亚里士多德的生物哲学》,前揭,页129。

解释方式用于人们熟悉的生物类型时似乎毫无价值,但当它用于人们不那么熟悉的生物类型,或者用于人们熟悉的类型的身体结构和活动的那些令人费解的方面时,却远非如此。出于同样的原因,目的论解释为生物科学提供了丰富的研究议题——与其说是提供了新的信息,毋宁说暗示着材料解释和产生着假设。[①]

逐渐清晰的是,目的论解释与前文所讨论的对形式因的诉诸共享着许多相同的特征。这丝毫都不令人感到奇怪。对于亚里士多德本人以及那些在这些问题上追随他的人来说,形式因和目的论解释,或者换言之,按照目的论进行的解释,是不可分割地联系在一起的。特定种类的生物的恰当形式,只能通过借助该形式的一个典型范例的观念才能得到充分的理解,那就是说这个种类的一个健康而又成熟的个体。只有通过这个范例,我们才能确定该种类的不成熟的、病态的或者有缺陷的个体,也就是说作为这个种类的(不那么完美的)代表。[②] 基于同样的原因,诉诸形式因和目

[①] 这一点在 Wallace 那里被以一般的方式提出了,《德性与恶习》,前揭,页 18—25。Michael Tkacz 讨论了大阿尔伯特对亚里士多德主义目的论分析的使用解释生物的形态学,《新达尔文主义、亚里士多德主义与最佳设计》("Neo-Darwinians, Aristotelians, and Optimal Design"),见 *The Thomist* 62(1998):355—372,以及阿奎那利用目的论分析解释感觉的区分,正如 Pasnau 所指出的,《托马斯·阿奎那论人性:对〈神学大全〉第一集第 75 到 89 个问题的哲学研究》,页 172—180。举一个较近的例子,Lennox 讨论了目的论假设在 Harvey 关于血液循环的研究中的地位,《亚里士多德的生物哲学》,页 218—220。相似地,可以争辩,当代癌症研究已经被一种不愿意认真对待广义的目的论因素的态度削弱了;至少 Moss 的著作暗示了这一点,《基因不能做什么?》,前揭,页 117—182。

[②] Davies 否认这一点,而且正是根据这个理由他否认按照功能进行的解释在任何意义上是目的论的。参见《自然的规范:自然主义与功能的自然》,前揭,页 157—158。然而,在笔者看来,这种举动将会彻底切断对目的论解释的任何诉诸,确定生物类型或者解释特定环境之中的特定种类的生物的恰当的生活方式——这将会消除大量的生物实验。参见 Wallace,《德性与恶习》,前揭,页 18—25;Stout,《事件发生是因为它们应当发生:行为的目的论路径》,页 99—112;以及 Pasnau,《托马斯·阿奎那论人性:对〈神学大全〉第一集第 75 到 89 个问题的哲学研究》,前揭,页 21—22,可以看到这种论证路线的进一步发展(当然,不是特别针对 Davies 的发展)。

的因提供了一个框架,从中可以发展和测试关于特定种类的生物的典型器官和活动的功能,并且根据它们对通盘考虑的该有机体的功能的贡献解释它们。

按照这种意义来理解目的论,它很适合我们关于周遭生物的许多直觉和看法。尽管这种考虑本身[102]不是证明性的,但它确实使得笔者正在进行的解释变得可信。从最基本的要点出发,生物和非生物的某些区别似乎对于人类(实际上也包括动物)活动来说是基本的。反过来,这种粗略的划分总是通过一系列的观念充实起来的,这些观念涉及到什么才是特定种类的健康的、运行正常的、繁盛的生物。我们倒是能够区分瘦骨嶙峋的小狗与体格健壮的小狗,病怏怏的马与健康的马,僵死的榕树与茂盛的榕树。这些种类的划分对于世界的运行来说都是基本性的,即使在我们都市的、后现代的社会当中依然如此,而且认为它们只是恣意的或者完全是文化建构的产物也是荒谬的。

而且,这些划分在很多不同的方面都作为规范判断的一个基础发挥作用。在某一点上,这些是一种直截了当的非规范的判断,例如,我们作出判断:如果有人想要一棵健康的榕树,她就应当给它浇水。但是,我们关于生物福祉的划分也能够延伸到规范判断之上,可以认为它们具有道德内涵。这提出了复杂的问题,因为我们关于动物道德地位的感觉目前正处于不断的变动之中。然而,正如有人最近所争辩的,(至少)非理性动物的必要繁荣确实施加了限制,尽管我们通常没有注意到这些限制,但我们应当在处置这些动物时承认它们。① 把牛养得膘肥肉满直到它们无法行走,把鸡禁锢起来让它们无法刨食,把狗弄得过于紧张从而无法亲近任

---

① Bernice Bovenkerk、Frans W. A. Brom 和 Babs J. Van den Bergh 在《勇敢的新鸟:"动物伦理学的动物完整性"的使用》("Brave New Birds: The Use of 'Animal Integrity in Animal Ethics'")之中,见 *Hastings Center Report*, January-February 2002,页 16—22,总结了这些论证,其中没有太多的同情。

何其他动物、人类，从这些角度来看，这不仅令人悲哀，甚至有悖常情。如果说在这些情况下动物被错误地对待了，这或许不太准确，但我们至少可以说，它们已经错失了那些专属于它们所是的动物类型的那些幸福形式——而且，这至少是令人遗憾的事情，甚至是应当改正的错误。

这里正在展开的托马斯主义的自然法阐释预设：我们能够针对什么算作一个繁盛的人生，什么才是尊重和塑造这种生活，作出相似的判断。当然，当适用于人类时这些判断总是更加复杂，仅仅是因为人生能够占据比我们在任何非理性物种身上所发现的远为多样的形式。然而，这些并非完全毫无限制。人类的繁荣存在着一些限制，而且或许[103]更为重要的是，存在着反复出现的人类生存的组成部分，它们将为几乎是所有人的福祉和幸福奠定基础。

行文至此，简要总结一下我们目前的结论或有裨益。当代生物科学，其中包括但不限于进化理论，业已被广泛视为与经院主义自然法理论方法所预设的那些种类的目的论主张不合。但是，正如我们刚才看到的，情况并非如此。无法否认，有些科学家和哲学家确实主张，我们无法按照自然目的论来讨论问题，但是，也有很多人在质疑这种主张。而且，他们这么做所根据的东西与神学的或者道德的关注无关，而是源于对把生物学研究的主题和模式解释为一种科学的特定方式的根本忠诚。这些忠诚代表着一种针对生物的立场，它根据自身即是合理的，而且为我们捍卫一种自然目的论提供了一个坚实的基础。与此同时，我们必须清楚正在讨论的是何种目的论判断——它不是一种植根于功能或者器官目标的东西，而是一个源于一种按照某种繁荣理想对整个有机体进行评价的判断。按照这种理解方式，一种目的论评价是与一个关于正在讨论的生物类型密不可分的。我们无法形成一个关于某种生物类型的概念，除非我们同时也形成一个判断，这个判断涉及该种生物成熟和完全发展所特有的生活方式。

这把我们带到了一个基本的问题之上。这里正在展开的托马斯主义自然法理论预设:刚才关于生物所说的一切东西都能够更为一般地适用于人类。我们也是一种生物,形成一种我们所是的那种生物类型的概念是可能的。而且,这个概念从本质上来说是目的论的,其方式如前所述。我们将在下一章更为清晰地看到,关于人性的这种目的论概念没有直接地、明显地导致道德结论。尽管如此,它还是提供了一个必要的连接点,这个连接点连接着人类的自然的和在某种程度上动物的生命,与根源于更为综合考虑的人性的真正的道德规范。

四、趋向一个人性概念

但是,我们真的能够假定我们可以像形成鹦鹉和榕树的概念那样,形成一种目的论的人性观吗?鉴于前面一节所得出的结论,这个[104]问题似乎显得过于直白,但实际上却很难回答。正如我们形成了其他种类的生物的概念,它们通过经验、科学研究和不断的系统反思去粗取精,那么我们形成一个自然种类的概念,智人(Homo sapiens),这也应当是可能的。事实上这就是笔者所要捍卫的观点。但是,这个结论得出的似乎快了点。即使承认顺着前文所勾勒的路线的一种广义的实在论立场的有效性,也可以明显看出,人本身过于复杂或者过于独特从而难以通过一个人性概念澄清,无法像我们形成其他种类的生物的概念那样采取相同的方式。

这个反对意见是可以从很多不同的方向提出来的。我们经常被提醒:我们没有直通人性的坦途,我们对它的理解注定要受到自身的文化、甚至个人臆测的限制,它们常常决定着我们对什么才算作自然的感觉。我们怎样才能把自身从这些臆测之中解脱出来,从而开发出必要类型的人性概念呢?这个反对意见提出了很多疑问:我们是否能够获得必要的路径达到人性?其他的反对意见甚至质疑人是否真的具有一种自然,那种能够通过类比其他种类的生物的自然加以理解的自然。自从上个世纪开头的几十年以来,许多杰出的神学家已经争论,人类的理性反思的官能、自决和历史变迁把人类主体(human agent)置于了更为一般考虑的自然的限制之外——即便是完全的话,那么至少在这个程度上不能说人像其他的生物那样具有一个明确的自然目的。[1] 最近,很多哲学家和文化批评家都论证,固定人性的观念是存疑的,因为它没有说明一切公共活动和道德规范的社会建构、实属偶然的性质。[2] 把该主张转换为传统术语表达即是,我们无法按照它们的自然起源[105]分析我们的社会习俗,因为根本就没有这样的自然起源(或者至少我们没有任何接近这些起源的系统方法)——就我们而言,

---

[1] 这种观点可以追溯到 Henri de Lubac 的影响广泛的著作;参见《超自然的奥秘》(*The Mystery of the Supernatural*),Rosemary Sheed 英译(New York:Herder and Herder,1967),页 131—153。对这种观点的清晰的详解,参见 Anton Pegis,《自然与灵性:对人之目的难题的思考》("Nature and Spirit: Some Reflections on the Problem of the End of Man"),见 *Proceedings of the American Catholic Philosophical Association* 23(1949):62—79;对它的一个较近的辩护,参见 Denis Bradley,《阿奎那论双重人类善》(*Aquinas on the Twofold Human Good*),Washington,D. C.:Catholic University of America Press,1997。相反的立场得到了 Kevin Staley 的强有力的论证,《幸福:人之自然目的?》("Happiness: The Natural End of Man?"),见 *The Thomist* 53,no. 2(1989):215—234;Bonnie Kent,《意志的德性:13 世纪晚期伦理学的转变》(*Virtues of the Will: The Transformation of Ethics in the Late Thirteenth Century*),Washington,D. C.:Catholic University of America Press,1995,页 24—34;以及 Steven Long,《论一个纯粹自然的人的目的的可能性》("On the Possibility of a Purely Natural End for Man"),见 *The Thomist* 64(2000):211—237。

[2] 恐怕很少有学者会宣称我们根本无法谈论任何稳定意义上的人性。尽管如此,关于人性的怀疑论已经对学术研究和大众文化造成了深远的影响。Barbara Ehrenreich 和 Janet McIntosh 描述了一场讲座上的遭遇,当时他们试图以一种试探性的方式为维多利亚时代的科学进行辩护,评论说它已经带来了对 DNA 还是其他东西的发现时——许多听众的反应是,"你相信 DNA?",参见《新创世论》("The New Creationism"),见 *The Nature*,June 9,1997,页 1—16,从中可以获得更多的细节。

我们所有的只是习俗,仅此而已。

尽管这种一般观点的捍卫者们在很多问题上有着深刻的分歧,但他们还是广泛地对人及其与自然世界的关系的特殊性抱持大致相同的观点。也就是说,他们均赞同,人是独一无二的,凭借着她的理性或语言能力,或者她与历史具体的文化的纠葛,或者她的超自然的归宿,或者这些的任意组合,按照那些适用于非人类的自然世界的规律性(regularities)就无法以任何有意义的方式理解她。这种浪漫主义的视角深深扎根于后工业化社会的文化之中——甚至不逊于它常常反对的尊重自然和自然理想。因此毫不奇怪,我们的社会,把我们与自然世界的连贯性置于如此重要地位的社会,也应当反映着对这些连贯性的深深的不安,特别是在知识分子之间——例如,在解构和批判理论的学术群体之中,以及在对任何种类的科学人生观都发动了激烈批判的福音宗教的学术和大众形式之中。

最近出现了一些反映刚才所描述的二分法的另一半的尝试,它们试图按照进化论起源分析文化活动,其中包括道德和宗教。[①]生物社会学或者进化心理学被视为一个研究项目,它试图按照进化适应的过程解释人类实践当中的规律性。因此,例如,它可能争辩说,男人往往比较随意,而女性则往往比较慎重,因为男性繁殖成功的几率随着他的伴侣的增多而提高,而女性在辅助持续进行的育儿过程当中利益攸关。作为道德的基础,进化心理学通常扮演着一个接受某些社会实践无可避免性的几乎直截了当的论证,[106]例如,某些安排两性关系的方式。在每种情况下,进化心理

---

① 事实上,此类近期尝试有着漫长的历史,可以追溯到达尔文本人,更多细节可以参见,Paul Lawrence Farber,《进化论伦理学的诱惑》(*The Temptations of Evolutionary Ethics*),Berkeley:University of California Press,1998。对于这个领域最新发展的精心总结,其中也包括 Farber 自己的评价(正如我们所料,很大一部分是批判性的),页 148—175。

学都从它的严格科学性的外观那里获得自身的文化力量,通过这些它似乎要表明某些社会安排的不可避免性。由此,它代表着一个实现现代早期自然法理论家夙愿的当代努力:追求一种真正科学的自然法理论。

有些读者或许会感到惊诧:笔者在写作过程中为何如此少地利用进化心理学?对于任何对道德的自然之根感兴趣的人来说,这种工作都是充满乐趣的。而且,正如波普(Stephen Pope)业已详加表明的,一种托马斯主义的道德神学可以富有成效地汲取该研究的有益部分,同时也为批判它的较成问题的运用奠定基础。① 尽管如此,笔者还是认为这种方法具有科学的疑点,至少它的更加完整、更具野心的形式如此,因为它往往预设着一个关于适应及其在自然选择当中的地位的过于简单化的解释。② 稍加注意的话,进化心理学家的较为谨慎和节制的论证,还是可以为人性的规律性带来有价值的见解的,但笔者仍然确信其他的研究路数,特别是人类学研究和其他灵长目动物的比较研究,在这个方面更具价值。

无论如何,两种人性理想的二分法,浪漫主义的和(严格)科学的,都已深深地扎下根来,并且弥散开去,既很难忽视,也不易解

---

① 参见 Stephen Pope,《利他主义的进化与爱的命令》(*The Evolution of Altruism and the Ordering of Love*),Washington, D. C.:Georgetown University Press, 1994,以及较近的,《神学视角下道德的进化论之根》,*Zygon* 33, no. 4(December 1998):545—556。

② 除了前文所引的 Farber,还可以参见 Francisco J. Ayala,《道德的生物学之根》("The Biological Roots of Morality"),见 *Biology and Philosophy* 2(1987):235—252,以及 Hilary Rose 和 Steven Rose 主编的论文集,《悲哉!达尔文:反进化论心理学的证据》(*Alas, Poor Darwin: Arguments against Evolutionary Psychology*),New York:Random House, 2000;Stephen Gould 的论文,"More Things in Heaven and Earth",页 101—126,尤其值得注意,因为它很好地总结了他对生物社会学的有影响力的批判。Pope 同样在他的《利他主义的进化与爱的命令》的第 99 到 127 页警示了不要毫无批判地接受生物社会学的结论。郑重声明,笔者过去比现在更热衷于进化心理学,参见拙著《自然法与神圣法:重回基督教伦理学传统》,前揭,页100。

决。尽管如此，仍然可以对这两个理想保持一种批判性的态度，仅仅因为它们每个都对另一个提出了有说服力的修正。当然，可以证明，近来那些按照它们的进化起源或者基因基础解释人类行为的每个方面（其中包括非常具体的文化实践）的尝试，都在科学术语上误入歧途了，对它们或许会提出的任何哲学或神学问题都未置一词。而且，按照任何合理的说法，人性的规律性[107]破坏了它们得以表达的社会实践——这也是我们为何无法从一种规范的人性观直接过渡到一组实质规范的一个原因。尽管如此，仍然很难提出一个合理的理由说明，说我们拥有共同的自然，或者按照它与更为一般地理解的自然世界之间的连贯性无论如何也无法理解这种自然，这是毫无意义的。针对我们或许可以称之为人类动物的自然史、它的生存和繁荣所需的环境条件以及它的典型的行为方式和生活方式，我们实际上所知甚多。平克（Steven Pinker）在其近期著作《白板：对人性的现代否定》一书当中列举了超过两百个行为常量，它们是人种学者在所有社会当中识别出来的，从"语言和思维的预期"，经过"性兴趣作为兴趣的焦点"，最后以"白"和"世界观"作结——或者"玩具"，如果我们考虑后来的添加的话。①

然而，即使我们承认平克列举的精确性，我们仍然可以询问这种关于人类普遍命题的知识是否增添了任何类似一种系统的人性概念的东西。毕竟我们所需要的，并非仅仅是一些关于人类的信息，甚至也不是那种关于人类普遍再现的特征的信息。相反，如果一种以人性为基础的自然法的发展要脱离这个基础的话，那么我

---

① 这个列举——它可真的是一个列举！——实际上来自 Donald E. Brown 的 *Human Universals*（1991）。参见 Steven Pinker，《白板：对人性的现代否定》（*The Blank Slate: The Modern Denial of Human Nature*），New York: Viking Press, 2002, 页 435—439。Pinker 因其对人性的有些粗疏的说明而遭到了相当多的批判，笔者也并不试图捍卫他的所有结论。尽管如此，他至少为人类能力和运行形式的当前研究提供了一个珍贵的大纲，它们就体现在政治交往（页 283—305）、暴力倾向（页 306—336）、性别差异（页 337—371）和养育后代（页 372—379）之中。

们所需的就是某种框架，可以把这些表现为片段的信息汇聚为一种连贯的形式，置于这个框架之中。这些信息是从我们对人性本身的形式的最佳评价当中所获得的——属于我们所是的那种生物，通过对成熟的和充分发展的人类运行加以理解。

这就把我们带到了一个更远的问题之上。即使我们能够提出并捍卫那种必要类型的人性观，值得这么去做吗？对于此类并非纯粹科学也并非纯粹哲学的计划有着广泛的担忧——它同时也反映着对这种趋势的道德含义的严重忧虑。毕竟，如果我们都认为已经确定了一个"真正的"人的那些定义性的特征了，那么这难道不意味着那些缺少这些特征的人，例如，极为年幼的者或者有严重生理缺陷者，都不能算作是人吗？而且，难道这不意味着他们将被拒绝给予那些人所正常应得的保护，包括最为根本的生命权吗？这样的话，针对人性概念的[108]理论问题的讨论很快就会与堕胎、杀婴和安乐死等痛苦而又艰难的争论交织在一起。正因如此，道德神学家最为明智的做法似乎是把这些问题统统搁置一旁。

尽管如此，如果我们试图重新找回经院主义的自然法见解的话，就不应逃避对这些理论问题的整理。笔者将在本节论证，谈论一种人性概念是说得通的，尽管我们没有，而且也不应期待获得，这个概念上的一种充分发展和全面的形式。笔者也会论证，这个主张绝不意味着未成熟者或者有严重生理缺陷者不是完整的人——就像说一只雏鸡或者一只病鸡不是禽一样。这个对比具有重要意义，因为正如笔者将要指出的，认为一个基础概念提供了纳入一个范畴的充要条件，这是一个根本性的误解。恰恰相反，一个这样的概念的意义却在于可以让我们识别这个种类当中的不那么完美的例子——就生物的情形而言，包括未成熟、病态或者受伤、或者其他的在一个适当的环境之中受到阻碍、无法达到最佳运行状态的个体。那么，我们这就回到了那个问题：一个任何种类的生物的概念究竟意味着什么。

笔者在上一节曾援引迈尔说,在最为基本的物种等级之外,较高的生物种群是按照内在特征定义的:"鸟类是有羽毛的脊椎动物。任何满足定义项'有羽毛的脊椎动物'的都属于鸟类。一个本质主义者的定义在高等类群的层面是充分的和令人满意的。"果真如此的话,我们似乎已经直接回答了那个问题:我们是否能够形成生物种类的概念,因为我们这里已经有了这个概念的一个例子。那就是说,如果迈尔是正确的,那么我们就具有了一个以经典的亚里士多德主义的定义表达的什么是鸟的概念:一只鸟是一个有羽毛(指定特征)的脊椎动物(一般种类)。而且事实上,笔者将会证明迈尔的定义确实为我们提供了某种关于什么是一只鸟的真知——进一步来说,我们能够、而且事实上也确实具有关于一个人意指什么的一种类似的知识。

然而,想当然地认为迈尔关于"鸟"的定义应当算作一个完整的定义,表达了鸟是什么的完全充分的概念,这是一个错误。实际上,鉴于目前和可以预见的生物科学的状态,这种事情是否可能也未可知。我们需要进一步地研究这一点,因为为了理解这种知识的属性和范围,那是我们可以真正拥有的[109]生物种类的知识——包括我们自身的——我们首先要清楚这种知识的限度。

笔者在第一节援引麦金泰尔的合理性理论作为基于传统的研究,以便证明一个论点:实在论与那种认为一切研究都是由它形成其中的社会背景加以塑造的观点相容。为了做到这一点,有必要去解释那种受制于文化的研究过程如何才能对出现于对抗背景之中的主张产生真正的、非独断的评价和批判。麦金泰尔自己的理论代表着这样一种解释,虽然不是唯一可能的一个,但却是笔者认为有说服力的一个。笔者这就回到麦金泰尔的理论,因为它提示了一种解释,触及我们能够接近获得生物种类的充分概念的方式,尽管我们走近这些生物的路径总是通过一个在社会上具体的视角和观念的框架调和的。1990年,他在马奎特大学的阿奎那讲座当中提到了这个回答的主要思路,讲座的名称是《首要原则、终极目的与当代哲学议题》。① 麦金泰尔在这个讲座中瞄准了阿奎那的主张:一切推理都把无须证立的首要原则作为它的起点,因为它们是不证自明的(per se nota)。鉴于麦金泰尔自己对"启蒙基础主义"(Enlightenment foundationalism)的批判,我们或许会认为他要把这种主张赶出领地。正好相反,他为它进行辩护,论证即使阿奎那的不证自明的原则在某种意义上是一切反思的起点,它们仍然没有在一个令人反感的意义上用作基础性的首要原则。②

[110]他辩称,理解阿奎那的阐释的钥匙就在亚里士多德主义的一种完美科学观之中,那是阿奎那获得并且加以扩展的。③ 按照这种观点,完美的科学将由一系列清楚地得之于首要原则的命

---

① Alasdair MacIntyre,《首要原则、终极目的与当代哲学议题》(*First Principles, Final Ends, and Contemporary Philosophical Issues*),Milwaukee:Marquette University Press,1990。可以对比一下他在《谁之正义?何种合理性?》第 172 到 173 页对亚里士多德和阿奎那所说的演绎、辩证以及一种科学的理念的更加简洁、但却在根本上相似的分析。关于亚里士多德的科学理想及其在中世纪的接受的更多细节,参见 Eileen Serene,《对亚里士多德的物理学和运动科学的解释》("The Interpretation of Aristotle's Physics and the Science of Motion"),收录于《剑桥中世纪晚期哲学史》,前揭,页 521—536,特别是页 479—480。Coleman 同样强调亚里士多德对阿奎那的形而上学实在论的奠基作用,笔者猜测她现在与 MacIntyre 在这一点上比她写作的时候更为接近,参见《麦金泰尔与阿奎那》,随处可见。最后,Lisska 利用 Saul Kripke 和 Hilary Putnam 的成果,为一种关于定义的相似的实在论辩护,参见《阿奎那的自然法理论:分析性重构》,前揭,页 82—115。然而,笔者被 David Charles 说服了,Kripke/Putnam 的指称理论最终与亚里士多德主义——笔者还要添上,托马斯主义——意义理论和科学探索理论是不一致的。参见他的《亚里士多德论含义与本质》(*Aristotle on Meaning and Essence*),Oxford:Oxford University Press,2000,页 4—22,从中可以看到对论证的简要总结。

② 如果谓词以某种方式蕴含在主词的含义之中,一条原则就是不证自明的("通过它自身得到认识");然而,这些原则不一定对于我们来说是不证自明的,因为相关术语的含义可能只有在深入的反思之后才是明显的。MacIntyre 否认我们总是能够先验地察觉这些原则的真理,或者说相应地,他否认对这些原则的正确理解为深入探究相应主词提供了必要的起点;参见《首要原则、终极目的与当代哲学议题》,前揭,页 30—31。

③ MacIntyre,《首要原则、终极目的与当代哲学议题》,前揭,页 25,页 28—29。

题构成，它们是首要的，因为它们无法按照相关科学的原则加以证明，尽管它们或许可以根据某种较高的科学证明。① 就此而论，这似乎完全不同于麦金泰尔的较为令人熟悉的"合理性作为传统导向的探究的理论"（theory of rationality as tradition-guided inquiry），甚至与之相对立。但是，他为这一解释增加了一个批判性限制——即，首要原则在一个完整的科学当中所发挥的作用是概念的或者逻辑的，而不是认识论的。真正科学的那些主张确实是根据它的首要原则得出的，但直到该科学实际上已经被完成时这一点才会显露出来，这样才能使得原则与结论之间的关系有力地表达出来。② 当我们处理一个仍然正在发展当中的科学时情况完全不同，而且这也当然适用于我们必须处理的几乎所有实际的探究形式。③

在这一点上，麦金泰尔对阿奎那知识论的解释与他自己把合理性作为传统导向的探究的解释之间的不一致消失了。尽管他在

---

① MacIntyre，《首要原则、终极目的与当代哲学议题》，前揭，页25，页36—37。
② 关于首要原则所具有的逻辑的而非认识论的优先性，参见 MacIntyre，《首要原则、终极目的与当代哲学议题》，页10；对比页34—35。MacIntyre 在《谁之正义？何种合理性？》的第172到173页也强调了这一点。MacIntyre 接着说，首要原则与该科学的那些主张之间的关系是一个结果，而不是研究的一个起点，《首要原则、终极目的与当代哲学议题》，页30。
③ 在笔者看来，可以提出一个合理的例证：物理学正在变成一门理想的科学，而且可以相信，某些其他的自然科学（如天文学、地质学）以及数学的某些分支同样也可以获得这样的地位。然而，鉴于 MacIntyre 的极强的评判：任何智力都没有能力知道它已经获得了某个主题上的终极的、确定的知识，那么他很可能也认为没有任何科学可以被视为是理想的，尽管我们或许可以达到某种水平，那时我们无法想象对该科学的成功挑战会是什么样子。如果笔者对 Lennox 的理解正确的话，他把亚里士多德解释为正在沿着后来麦金泰尔所阐发的那种思路发展一种生物学，尽管他没有特别提到 MacIntyre；参见《亚里士多德的生物学哲学》，前揭，页1—109。无独有偶，Tkacz 在《新达尔文主义、亚里士多德主义与最佳设计》一文中对 Albert 生物学著作的分析表明，Albert 也把生物学理解为这种意义上的科学。尽管如此，如果进化发展的过程真是无可化约地偶然的话，那么它理所当然地会限制生物学变成一种完全理想的科学，即使是在原则上。

《首要原则、终极目的与当代哲学议题》当中没有把一种正在发展的科学解释为传统,他对一门处于形成之中的科学的描述在若干关键的方面都与他在《谁之正义?何种合理性?》之中对一个正在发展的传统的解释相似。它从偶然的起点开始,通过一个[111]自我修正和扩展的过程发展起来,最后达到一个复杂的水平,遇到对相同现象的不同解释是富有成效的。而且,它通过与自己对手不断地短兵相接证明着自己,表明它的解释按照对抗观点的支持者也承认的方式更为成功。①

在这个背景下,思考一下麦金泰尔对于定义在一门理想的科学当中的角色会说些什么:

> 理想的科学是使得我们能够理解那些现象的科学,它把它们当作必然是它们之所是、将是和已是,因为产生它的不同的力量,那种具体类型的形式已经以一种实现某些具体的最后状态的方式贯穿于相关的事情之中。**因此,一切理解都是按照具体种类的根本属性**。那些种类是什么,它们是如何划分出来的,那些例示它们的个体趋向或者被推动到达的最后状态是什么,对于这些问题——从亚里士多德自身的科学著作以及现代科学研究来看,这些似乎都是明白无误的——在研究过程中存在着各种不同的观点,甚至极为不同的观点。在一门理想科学当中对这些问题的最终界定或许是若干公式和重新分类的产物,它们都是研究过程中出现的。②

---

① 可以分别参见麦金泰尔,《首要原则、终极目的与当代哲学议题》,页 31,页 34—35,页 37—38 和页 32。
② MacIntyre,《首要原则、终极目的与当代哲学议题》,页 27—28,强调为笔者添加。在笔者看来,MacIntyre 的解释似乎得到了 Charles 对亚里士多德的相关文本的详细分析的支持,至少在它的大纲上如此,参见《亚里士多德论含义与本质》,页 274—304。

我们当中有些人对亚里士多德的范畴感到亲切,对于他们来说很容易假定,充分的定义是有效研究的前提。但是,正如麦金泰尔表明的,这个假定至多也只是过分简化的。当然,为了启动研究过程,我们必须给出某些关键概念的定义,哪怕是粗略的定义。但是,在这种意义上,充分的定义不一定在那种完全代表"具体种类的根本属性"的意义上是充分的。实际上,我们不能寄期望于以这些类型的定义开启研究,因为像这种成功的定义将被包含在一项成功的研究的结果之中。直到我们知道了它是什么种类的东西时我们才能定义它,而我们只有通过把它按照它的具体种类置于与大量的其他种类的东西关联之中,我们才能认识到这一点。而且,这里所提到的这些类型的关系将是因果性的——它们是以首要原则为基础的生成(generation)和导出(derivation)关系——因此它们将是等级式的,[112]从基本的和简单的过渡到遥远的和复杂的。因此,对完全充分的定义的这种解释预设了一个完全发展起来的因果理论,而且只能在与那种理论的关系当中才能得到阐明。

对于任何实际的研究领域是否应当算作一门理想的科学,麦金泰尔却语焉未详。情况很可能是,鉴于实践研究的限制,一门理想科学的理念总是保持为一种调整性的理想状态,实际的研究领域或多或少地接近它,某些研究类型或许无法达到,甚至在原则上即无法达到。尽管如此,一门理想科学的观念仍然提供着一个有说服力的有用的调整性理想,据此解释的充分性观念才能得到分析,我们定义的努力才能得到评价。①

---

① 即使承认亚里士多德的关于一门科学的理想的"理想"性质,这个立场实际上也潜藏着一个很强的实在论。尤其是,它意味着通过(成功的)科学探索所系统阐述的自然法则至少有些涉及各种事物之间的逻辑必然的联系。这在科学哲学家当中是一种少数派观点;它在 Martin Tweedale 那里获得了很好的辩护,《一般概念与自然法》("Universals and Laws of Nature"),见 Philosophical Topics 13(1982):25—44。这又把我们带回到了第一节的要点,即,承认一切探索的偶然起点(正如 MacIntyre 所做的)与捍卫一种很强形式的实在论(正如他所做的)。这二者之间并非不一致。

如果这么来思考的话，把一门理想科学的理想视为一个调整性理想而非一个现实，那么它就可以很好地适应于现代进化生物学。正如他名著的标题所暗示的，达尔文本人把他对物种起源的解释视为自己的确信无疑的成就："我有两个预定的目标"，他曾经评论说，"一个是表明，物种是被孤立地创造出来的；另一个是表明，自然选择是变化的主要动力。"[1]换言之，达尔文宣布要提供的是对需要解释的东西的一个分析——生物物种——按照对它们从首要原则的起源和发展的一种因果解释——最为突出的是，自然选择。从这个角度来看的话，使得达尔文的解释变得这么有说服力和强大的是，它确实把生物学置于了通向一门理想科学的位置上，据此该科学的基本术语与首要原则因果性地联系在了一起。不管达尔文是否真的提供了这种解释，不管某种替代解释是否更好，不管这种解释怎样全面——这些都是贯穿于进化生物学的问题，而且是适当的问题，因为这些都是必须加以澄清的问题，如果生物学还尊重一门理想科学的理想所设定的那种调整性理想的话。

[113]假如对一个生物种类的一个完全充分的定义，要求生物学业已具备一门完整科学的地位，那么不用说迈尔关于鸟的定义就不是一个完全充分的定义。与此同时，针对大多数目标来说，它既不是错误的，甚至也不是不充分的。这个定义所做的何止是根据明显特征的组合把"鸟"与其他种群区分开来，而且所根据的那些特征是可以与生物科学的基本原则相当直接地联系起来的特征。当然，迈尔的定义过于浓缩了，无法传递出必要的联系（这是它无法构成一个完整定义的一个原因），但是，这些是可以清楚阐

---

[1] Charles Darwin,《人之由来》(*The Descent of Man*),第 2 版,London: Murray, 1889,页 61；被 Stephen J. Gould 所援引,《达尔文主义与进化论的扩展》("Darwinism and the Expansion of Evolutionary Theory")(1982),收录于 *Philosophy of Biology*,页 100—117,此处位于第 100 页。

明的,根据羽毛所赋有的进化优势,以及这些与特定环境生态之中的特殊生命形式联系起来的方式。

假设我们能够按照暗示的方式发展迈尔的定义,我们确实具有(或者潜在地能够具有)某种关于鸟的自然的知识,它真正实现了什么才是一只鸟,尽管它不是完整的和全面的。然而,这一知识并没有要求我们直接通向鸟之存在的本质。相反,我们通过探索和反思的过程获得它,这个过程处于特定的社会背景之中,从来都不会把我们带到某种这样的背景的框架之外,尽管它不一定是我们开启的那个。

对生物种类的自然的反思,构成了最为古老、最为发达和最具文化多样性的探索传统之一,而且我们可能指望发现我们对这些生物知道的很多。我们也确实是这么做的。除了其他的事情,我们对许多不同的生物已经知道得足够多了,可以识别它们,把它们与其他种类的生物联系起来,预测它们在各种不同的环境之中将会如何反应和行为。这里所提到的这种信念是广泛的,复杂的,而且因为它们贯穿着我们与其他生物相互作用的背景假设,它们几乎总是至少在部分上显露出来。尽管如此,通过反思,我们能够至少把这些信念中的一些提取出来,按照固定的陈述把它们表述出来,绘制出事物种类的典型属性(例如,"所有鸟都有羽毛","有些蘑菇有毒",或者"没有猫叫普鲁斯特")。一旦我们完成了这些,我们就可以评价它们的真实性,而且蹊跷之处在于它们许多都确实是真的。(否则就很难明白我们为何能存活这么久去进行这种训练了。)

反过来,这些已经得到证实的命题又构成了因果和预测理论的基础,涉及生物种类和这些种类之中的个体的起源、预期发展和可能的变更。[114]在相当大的程度上,相应的信念和理论涉及行为类型(patterns of behavior)而非形态特征(morphological characteristics)。它们也包括对于特征种类的生物来说,什么算作成熟和福祉的判断，而这些在很大程度上又是通过可以在生物之中观察到的最为理想的生活方式和行为类型，这些生物按照它们具体的生存理想是繁荣的。这些信念、理论和判断对于以一个简要的定义表达出来没有帮助，而这又提供了第二个理由——除了生物科学的不完整性之外——为何这些定义是不完整的。尽管如此，它们确实起到了一个有用的简要提示的作用，提醒我们确实知道其他种类的生物的自然，而且只要记得它们的限度，它们就可以通常被视为那些自然的准确表达。

另一个一般的要点已经呼之欲出了。根据那些把一个自然种类从其他种类那里划分出来的鲜明特征（distinctive characteristics），而不断定该自然种类的每个成员都具有全部那些鲜明特征，提出它的充分定义是可能的。这似乎是悖论性的，但是果真如此，也只是因为我们假定一个充分的定义所界定的那些特征都肯定出现在该定义所界定的那个类的每个成员身上。但是我们无须假定这一点。按照这里所采纳的亚里士多德主义/托马斯主义的解释，定义总是在某种程度上（甚至是隐式）关联的——那就是说，它们通过把事物置于因果关系的框架之内，按照该科学的首要原则加以分析，从而界定它们。这种因果分析考虑到了那种可能性：一个种类的某些成员实际上可能缺少该种类的定义性特征，在这种情况下，它们被认为是该种类的不完整的、不成熟的或者有缺陷的成员。然而，这种分析思路的确假定了可以讲述更远的因果故事，涉及界定那个正在讨论的种类的形式原则局部发挥作用的方式——否则，所提到的那个个体就根本不是相关种类的一个成员——但不是完全发挥作用——因此，该个体缺少该种类所特有的某些基本特征。正当地，这种阐述可以通过以下两种方式之一展开：通过一种正确发展的叙述，据此该个体被划定为不完整的或者不成熟的；或者通过一种缺乏、不足或干扰叙述，据此该个体被划定为有缺陷的。

正是通过这一点,我们可以看到对上节结论的更进一步的强化。即,按照这种阐释,针对一种甚至接近充分的生物的任何观念也都必然是目的论的。也就是说,[115]它必然把对完整、成熟或者理想状态的某种阐释纳入进去,从而可以界定不完整、不成熟或者有缺陷的个体。相应地,一种充分的观念将合理地假定某种因果阐释,据此不完整的发展和缺陷可以通过形式原则的未完成的或者受阻的表达加以解释。我们再次看到,形式原则和目的原则相互牵扯,二者都必须通过把它们与相应的动力因联系起来方得理解——这正如我们前文所指出的。①

　　这最终把笔者带到了本节的要点之上。我们大家也是一种生物,因此我们也具有关于我们自身自然的相同类型的信念、理论和判断,就像我们具有对其他种类的生物的那样,这一点儿都不奇怪。平克的文化普遍原则的列举只代表着我们认识自己的一小部分内容。实际上,毋庸置疑,我们拥有大量的这类信念、理论和判断——这是民间传言、谚语、医术、性别手册、教育实践、谈判策略和那些构成部分人类遗产的整个系列的心理和社会信念的素材。无疑其中的许多——或者说大部分——都是不准确的,或者在范围和意义上受到限制,但是说这里面没有构成着人性的真正知识,或者甚至成为它的一个基础的东西,这却令人难以置信。当我们考虑哲学思辨和科学研究和理论化的累积结果时,其中既包括社会科学也包括"硬"科学著作,我们似乎能够自信地宣布知道很多:"人"意味着什么,以及含蓄地,对于人来说,好的生活是什么样子的。

　　近年来,一些哲学家和不少科学家都在跃跃欲试,准备宣称我

---

① 这意味着生物学上的解释在两个层面上是目的论的——除了内在于所有解释形式之中的根本目的论成分,涉及到生物它尤其重要,还有第二种不同的层面,它与内在于适应解释之中的目的论相连。

们确实知道人性的典型构成(characteristic constitution),而且隐含地,我们确实知道享有一种独特的人类繁荣形式意味着什么。如果不是因为存在着普遍的假定:除非我们关于人性的知识是全面的、完整的、遵守彻底的公式化,否则我们就无法拥有任何这类知识——也就是说,我们关于什么是人的暂时的、不完整的和部分隐含的知识都不能算作人性的知识,那么这种声音或许还要更加猛烈一些。但是,正如我们已经[116]看到的,我们关于每一种生物本性的知识必然是暂时的、不完整的和部分隐含的。那么就没有理由期待,我们关于自己的知识能够逃脱这些局限——而且基于同样的原因,也没有理由否定我们关于自己的信念,尽管它们是部分的和有限的,仍然至少奠定了真正人性知识的基础。

我们在本节开始的时候提到过,有一种断言已经引起了相当多人的不安,它认为一种反映着我们与更为广泛的自然秩序的连续性的明确的人性这种东西是存在的。经院主义者可能会同情这些忧虑——毕竟正如我们将在后面看到的,他们也坚持人与其余造化之间的断裂,这种断裂在上帝形象的丰富而又普遍的主题之中呈现出来了。但是对于他们来说,这种断裂只有置于人与其余造化之间的众多的连续性的背景之中才能得到理解。事实上,人所特有的尊严有很大一部分应当归功于这种相互影响:一方面是自然的,广义地理解,包括人作为动物性的和受造的存在者;另一方面是理性的,它本身即是一种独特自然的标志,却以这种方式发挥作用:超出那些划定其他种类的自然的界限。

对于阿奎那而言,人在连续上的独特性(distinctiveness-in-continuity)是通过自然法与永恒法之间的关系表现出来的。[①] 永

[①] 阿奎那是为数不多的诉诸奥古斯丁的永恒法概念阐释自然法的经院主义者之一,而且他是以一种强调永恒法的智慧而非权威特征的方式实现这一点。参见拙著《自然法与神圣法:重回基督教伦理学传统》,页160—164,可以获得更为详细的信息。

第二章　自然作为本性：自然法之根

恒法无外乎是被视为一种法的、上帝智慧在受造秩序之智性滋养当中的彰显(《神学大全》第二集第一部分第 91 个问题第 1 节；第 93 个问题第 1 节)；一切造物皆被认为受制于永恒法，因为它们是根据智性原则(intelligible principles)存在和运行的，这些原则是它们作为特定种类的受造自然所特有的(第 93 个问题第 4、5 节)。人以一种独特的方式分有着永恒法，因为她能够通过自己的行为自由判断和自我引导："因此，自然法即是理性造物对永恒法的分有"(第 91 个问题第 2 节)。但是，同样明显的是，人的独特活动代表着一个普遍现象的一种形式，也就是说，一切造物通过它们特有的活动分有着上帝的智慧，这些活动根源于它们的自然倾向。这就是为何阿奎那同时也能够说，"那些缺乏理性的事物的自然倾向[117]暗示着属于一种智性自然的意志的自然倾向"(第一集第 60 个问题第 5 节)。这种评论并没有非难人性的独特性(更不用说那种天使般的自然，这是他在这一点上讨论的)，但是，它确实提醒我们，人性以其自身特有的方式确信无疑地表达着那些可理智理解的一般的原则，它们是上帝创造性智慧的标记。①

因此，人的独特性没有预先排除一种人性的知识，也没有避免以一种自然主义的术语反思人类福祉的需要。毕竟，无论我们对人的自我超越能力和神圣的命运可以说些什么，不管是男人还是女人，都首先是自然秩序的构成部分，而且是最为明显的部分，是动物之中的动物，造化之中的造化。没有理由否定我们在这些题目之下知道很多关于自己的东西，或者肯定这种知识的大部分内

---

① 正如 Bastit 可能会提醒我们的，这并不意味着在理性的和智性的本性与它们所表达的可理智理解的宽泛原则之间存在任何直接的联系，遵循着上帝和造物之间的一种柏拉图主义的等级思路；相反，我们能够通过与非理性本性的类比在一定程度上理解理性的和智性的本性，因为所有这些造物都根源于一个原因，即上帝，而且都表达着该原因所特有的可以理智理解的原则——尽管是以我们无法把握的方式。我们又可以参照《托马斯主义是一种亚里士多德主义吗？》，有多处相关内容。

容的规范和最终的道德意义。

当然,我们对自己的认识将比对其他种类的造物的认识更为复杂,而且正因如此也更为暂时、更易出错——因为我们几乎不是自己的客观公正的观察者,甚至更多是因为我们比那些最为发达的低于理性的动物复杂得多。尤其是,我们关于什么才算作人类繁荣的观念,将比关于其他种类的动物的相同观念更为复杂,只是因为似乎存在着很多不同的人类繁荣的方式,而且没有判断它们的立竿见影的标准。再回到我们先前提到的那个要点上。我们共享的本性不足以说明它借以表达的具体的道德理想和实践,原因在于,我们的本性不足以说明它据以表达的具体的社会形式。我们关于人性的知识将总是具有某种程度的推论性。我们没有直接通达人性的方法,只能假某种文化形式或者其他形式的中介,而且正因如此,我们对什么是人的认识将必然依赖于,即使不是全部也是在相当大的程度上依赖于,一个对人类生活可能采取和相应地从特定社会表达抽离出来的各种不同形式的比较评价的过程。我们总是需要特别谨慎,不要把我们自己特定的习俗和偏好[118]概括进一般的人性特征之中。但是,这些也都不应当让我们得出结论,认为我们根本就不具有人性的知识,或者我们所具有的那些知识不重要或与道德无关。

然而事实却是,我们知道很多关于人这种存在物的东西,这本身并不意味着我们就抓住了"人"的概念,甚至连以本节所勾勒的那种暂时的和试探性的方式抓住它都没有做到。正如科尔曼(Janet Coleman)提醒我们的,人性涉及"按照一个关于人的定义究竟什么是人",即使我们无法获得一个这样的完全清楚的和充分的定义,我们所需要的也不仅仅是对反复出现的人类生存特征的一个叙述。① 我们同时还需要一种关于人类生存的不同成分完全

---

① Coleman,《麦金泰尔与阿奎那》,前揭,页 71,强调为原文所有。

适合一个"目标导向的潜能组合"(unified set of goal-ordered capacities)的叙述。我们尤其需要某种整体目标的观念,这种目标是人的基本能力或者倾向所定位的,而且根据这个目标,人的能力或倾向变得可以理智理解——正如我们已经指出的,这个目标不外乎整个造化的整体繁荣,它与人性所特有的具体理想是一致的。显然,道德理论家对这个观念特别感兴趣,但是更为基本的是,除非我们具有某种关于作为一个人什么算作好的观念,否则甚至无法抓住一个人意味着什么的问题。形式因,那种被视为造物的不同能力的可以理智理解的相互关系的形式因,以及目的因,那种具体种类的造物的完全发展和运行的理想的目的因,其实是一回事,尽管它们按照我们理解的术语的不同而有所不同。① 照此,对人类繁荣的含义的某种思考,就被证明是我们对什么算作人进行理解的努力所不可或缺的,而不是一个更远的、另外的探究,表面上看它只与道德学家相关,但实际上也适合其他任何人。

从这个背景来看,我们关于自己的知识的多样性倒成了一个幸福的烦恼。我们怎样才能把我们所知道的关于自己的内容有序而又连贯地安排在一起呢? 正如我们前面所指出的,阿奎那提出我们能够通过对人这种造物的倾向的分析,与其他种类的造物的典型倾向进行类比解释,获得对什么算作人的某种程度的理解(第一集第 60 个问题第 5 节)。还有,在他的被频繁援引的关于自然法贯通性的分析当中,他以一种有序的进步方式分析了特殊的人类倾向,从最为一般的、最为普遍例示的倾向,到生物和动物[119]所特有的那些倾向,最后到那些理性造化所独有的倾向(第二集第一部分第 94 个问题第 2 节)。这一分析为我们提供了人性观的大纲,据此人生的典型倾向能够被追溯到人性所特有的有序的目标

---

① 正如 Pasnau 所评述的,参见《托马斯·阿奎那论人性:对〈神学大全〉第一集第 75 到 89 个问题的哲学研究》,前揭,页 8,更为一般地,前揭,页 88—95。

导向的能力。

　　鉴于前面的讨论，这个框架对于表述一个暂时性的人性概念的优势应当业已显露无遗。阿奎那明确地把各种不同的人类倾向置于一个框架之中，这个框架通过对受造的存在的等级的一个分析得以设定，它从最为基本的单纯存在的等级，前进到更高的与其环境和世界结合的等级，即，生命、感知和理性。人结合了所有这些等级，并且展现了每个等级所特有的倾向，尽管是以一种特别人类的方式。人显示了预定理性的倾向，它们是人性的典型特征。尽管如此，人类生存和繁荣是无法单独通过这些典型的人类倾向理解的，一个充分的概念将同时考虑我们与其他种类的造物所共享的那些倾向被整合进一种典型人类的生活方式之中的方式。

　　在这个框架之中，我们至少能以一种初步的方式表明人类生存和运行的各个不同的方面是如何完全适合构成这种人类生存所特有的"目标导向的能力的有序组合"的。如果我们遵从阿奎那在《神学大全》第二集第一部分第 94 个问题第 2 节所提出的关于基本倾向的分析，那么对于人来说首要的也是最为根本的事情就是，她存在，是各种造物种类当中的一种，并且由此自然地欲求继续存在。这种最为基本的倾向奠定了接近那种善的趋向并贯穿其中，按照阿奎那的观点，那种善代表着每种造化的根本的、能动的机制。对于人来说，与其他的每种造化一样，这种趋向采取了那样的一种形式：一种接近其自身的善之具体形式的趋向——因此，对于人来说，它采取了一种趋向形式，作为一个人类存在者存在，而且享受它可以获得的最为完满和最为完整的人类生存形式。这种趋向在一种自然欲求那里得到了最为根本的表达：按照其基本的行动能力继续活着、保持健康和畅通无阻地运行。相应地，如果这些即是人性的根本倾向，那么我们就会期待找到它们在一切（或者近乎一切）人类社会的各种不同但却可以识别的形式之中的表达——事实也似乎确实如此。

与此同时，也不能把接近善性的自然趋向简单地等同于存在和按照[120]其具体种类获得完美的欲望，甚至对于非理性造物也是如此。相反，阿奎那断定，每一造化自然地欲求那种完美——那就是说，完满和完整至极的发展——那属于作为整体考虑的宇宙，而不是它欲求它自身的生存和完美。即使我们拥护这种形而上学的主张，彰明较著的是，非理性造化的特有倾向有时也必须参照比该个体更为综合的现实的生存和福祉来加以解释——例如，个体的同类或者后代、牧群或者甚至整体物种。不然的话，雄性黑寡妇毒蜘蛛交配的倾向就是难以理解的，还有雌鸟把自己作为猎物诱惑捕食者远离鸟巢的倾向。

对于人来说，接近善的自然趋向可能甚至更为广泛，因为它通过理性智力加以调和，能够形成关于什么算作善的判断，并且相应地指引行动。这种能力为独特的道德判断和评价创造了一个概念空间，因为它开启了一种可能性：以行动追求较少的、局部的或者似乎真实的善，尽管存在着较大的、更为综合的或者真实的善。当然，这种主张提出了我们将要回到的问题。在当前的语境下，笔者仅仅试图指出，人类对善进行理性反思的独特能力也开启了这种可能性：把自己与更为综合或抽象的善联系起来，同时相应地为个人欲求生存的欲望标定方向。实际上，对死亡的不可避免性的认知，为所有善于思考的男男女女都提供了一个长期有效的邀请，请他们把自己与某种更为综合的现实联系起来，因为最终这么做的唯一选择是忽略或者绝望。这就是为何男男女女能够让人理解地选择把自己与社群、事业和理想联系起来，他们为之牺牲自己，这就是为何人们如此强烈地关注他们的家庭、社群、他们的光荣和死后的声名。对于理性的造化而言，这些较大的善等同于生命本身，自然的不朽形式，为了它们一个人可以牺牲自己的生存。这些选择也并非有悖常情——尽管它们可能如此。

现在我们转向分析的第二个层面。我们可以看到，人不仅仅是一个造物，而是一个特定种类的造物——即是说，一个活生生的造物，更为具体地说一个动物。这就意味着对于人来说，按照其具体的完美理想而去存在和发展的倾向同时也是一个继续活着的倾向——对于生物来说，生存即是生命——并且以一种适合于[121]动物的方式去这么做，通过与自己的环境的一种能动的结合获得营养和安全。因此，对于人来说，存在的倾向将通过自然欲求得到表达，吃、喝、取暖，等等，这些都是我们与其他动物，在某种程度上也包括植物，共有的欲求。此外，我们也与那些高等动物共享着一个更进一步的欲求，这可以被分析为，存在和运用自身特殊因果形式的根本欲求的更进一步的表达。当然这就是繁衍自己种类的倾向，对于我们人类与对于许多其他动物一样，表现为一种求偶和有性繁殖的形式。再次提示，我们必须谨记，对于人来说，这些倾向是通过理性调和的，它们能够相应地以多少脱离它们的字面和基本含义的方式加以表达。对于繁衍的倾向来说情况尤其如此，它可以通过个体对一个社群或者一个实际的物质繁殖之外的理想的贡献加以解释和表达。以近乎相同的方式，继续生存的基本倾向能够根据为较大的整体而牺牲个体生命的方式加以表达和阐释。进一步来说，即使在它最为字面的含义上，人类繁衍也超出了物质繁殖，从而把后代的教育和社会化也囊括在内——正如我们前面所指出的，这是经院主义者所承认的一点。

阿奎那还增添了第三层的分析，即，那些表现我们作为理性的动物所具有的独特特征的倾向，其中包括生活于社会之中的倾向、追求真理的倾向和崇拜上帝的倾向。然而，在这一点上，当前对人性的科学反思提出了对阿奎那分析的一个扩充和发展。越来越明显的是，生活于社会之中的倾向不像阿奎那及其同时代的人所假设的那样理性。相反，许多种类的动物都表现出结构化的社会生活，而且在其他的更高级的灵长类动物之中，这些在许多方面都具有类似于人类社会存在的共同性的形式——例如，配偶的形成，父母亲缘,多少结构化等级的存在,以及通过奖惩强化界限的社会单元。① 笔者把这一点描述为对阿奎那分析的一种修正,因为对社会倾向的理性调和确实对这些倾向得以体验和表达的方式具有重要的影响。然而,为了完整地理解这种影响,必须把它置于它所表达的更为[122]根本的自然倾向的背景之下,即,一种对我们与其他高等动物所共有的典型的社会生活形式的倾向。

阿奎那根据人的根本倾向与其他种类的造物的倾向之间的(可以公认是部分的)类比分析了它们,这种分析为我们提供了一个框架,从而使得各种不同的人类活动和功能变得可以理解。笔者强调活动和功能,而不是(例如)需要、能力或者反复出现的特征,这是有意为之的。为的是再次强调,任何关于一种生物的充分的概念,都将反映对那种造物所特有的行为类型的把握,或者换言之,那些构成它的恰当形式的"有序功能"。形态学和重复出现的物质特征在这个背景下也是相关的,但不是根本性的,仅仅在于,这些只根据它们在造物的特有运行之中所发挥的作用即是可以理解的。

附带提及,这指出了一个更深的理由:为何生物的概念并非受到属于一个类的充要条件的约束。如果具有利害关系的是一种特定的有序的生活方式,其中不同的个体以各种方式联系起来,那么不需要一个个体展示以这种生活方式所出现的所有特征,我们也无须发现每个个体都具有某一特征。然而,我们应当希望发现的是,每一个体都具有鲜明特征的某种结合,据此它可以令人理解地参与到整个种类所共有的有序功能和生活方式之中。

就我们目前正在讨论的情况来说,一个关于人的充分概念将是一个关于该物种特有的生活方式的概念。而且,尽管独特的人类生

---

① 对群体性灵长类的近期研究的吸引人和有说服力的解释,同时也是对这种一般结论的辩护,参见 Frans de Waal,《善良本性:人与动物中的对错起源》(*Good Natured: The Origins of Right and Wrong in Humans and Other Animals*), Cambridge: Harvard University Press, 1996。

活方式可以理所当然地以无数方式表达出来,我们还是能够识别出广泛的、种特异性的行为类型,它们是我们作为高度复杂的群体灵长类的生存所特有的。我们前面已经提到这种类型的主要思路:我们与自己的配偶形成相对持久的关系,两性行为在某种程度上受到约束从而尊重这些关系;我们在相当长的时间内照料自己的孩子;我们在不同的性别和年龄所适合的社会角色之间进行划分,尽管这些划分的确切内容变化多端;我们按照等级组织自己的社会团体,尽管它所采取的准确形式以及相应关系的强度和耐力灵活多变;还有,我们通过一种复杂的奖惩网络维持社会角色。到目前为止,所有这些都反映着我们与其他动物所共有的行为类型,至少是某些动物。正如前面列举的最后一条所提示的,甚至道德也可以——在某种程度上——以一种自然主义的术语加以理解,把它理解为是对我们作为一种生物所特有的独特的运行形式的表达。

[123]我们将在后面的章节转而思考那些似乎是特别人类的倾向和活动形式,届时会以我们进行社会活动的特别人类的方式开始。正如我们将要看到的,人类社会生活,还有更多的人类道德,是无法仅仅根据对其他动物的分析加以理解的。然而与此同时,我们也无法理解人类社会行为,甚至人类道德,除非我们承认,它是对一种更为一般的现象的独特表达,即,一种所有高等灵长类特有的生活方式。我们再次被带回到一种经院主义的见解。人的独特性并没有割裂我们与其余造化世界的连续性。

这些思考给我们提供了一个背景,从而可以评价那个长久以来与休谟和摩尔联系在一起的人所皆知的论点,大意是:我们不能从事实性的前提得出道德结论。[1] 这个论点在其最为强有力的形

---

[1] 相关的文献是 David Hume,《人性论》(*A Treatise of Human Nature*),L. A. Selby-Bigge 编订(Oxford:Oxford University Press, 1888),以及 G. E. Moore,《伦理学原理》(*Principia Ethica*),Cambridge:Cambridge University Press,1903;重印于1948,页46—58。

式上依赖以下观察(它本身几乎无可置疑):三段论的结论不能包括任何前提所不具有的东西,因此,我们不能从事实性前提推导出道德结论。然而,当这个论点被视为任何类型的自然主义伦理的一个整体反驳时,它在事实和规范主张之间预设了一个严格的划分,这是一种无法经得起严格检验的划分。正如福特(Philippa Foot)四十多年前所论证的,评价性术语具有一种无法摆脱的描述性内容,它无法独立于它们所表达的态度,而又不带着令人无法忍受的含义扭曲。① (例如,说一个终身都处于不断的焦虑状态之中的人是一个勇敢的人似乎是荒谬的——或者至少这是一个[124]需要进行很多解释的主张。)如果我们承认一种目的论的人性观的正当性,那么在一个更加基本的层面上也可以得出同样的结论。也就是说,按照这种观点,关于人性的陈述在这种反驳所预设的那种意义上未必就是"纯粹"事实的。无疑有些是的,但许多其他的当它们适应于生物时,将会反映描述性术语与评价性术语之间的无法摆脱的相互关联性。

这把笔者带到了一个更为一般的观察之上。休谟和摩尔的论点是在启蒙基础主义的背景之下提出的,正因如此它是被一个预

---

① 特别是,《道德论证》("Moral Arguments"),首次发表于 1958 年,以及《道德信念》("Moral Beliefs"),发表于 1958—1959 年,重印于 Philippa Foot,《德性与恶习及其他道德哲学论文集》(*Virtues and Vices and Other Essays in Moral Philosophy*), Berkeley: University of California Press,1978,分别位于页 96—109 和页 110—131。当然,Foot 后来多次回到这些争议。她在自己的《道德困境与其他道德哲学论题》(*Moral Dilemmas and Other Topics in Moral Philosophy*), Oxford: Clarendon, 2002,导论部分第 1 到 3 页简要总结了自己思想的后来轨迹。最近,Hilary Putnam 业已证明,休谟的论点不应被理解为一个关于特定推论形式效力的主张,休谟自己也不是以那种方式理解它的。相反,它依赖于休谟关于事实和价值之间恰当划分的更加广泛的命题,这是一个依赖他的整体形而上学的命题。在笔者看来,这似乎完全正确,尽管笔者不同意 Putnam 的更进一步的观点(如果笔者对他的理解正确的话):我们应当整个驱散形而上学。参见 Hilary Putnam,《事实/价值二分法的崩溃与其他论文集》(*The Collapse of the Fact/Value Dichotomy and Other Essays*), Cambridge: Harvard University Press,2002,页 7—45。

设所塑造的,麦克道威尔(John McDowell)很好地描述这个预设:
"现代哲学主动要求去填补主词与谓词、思维与世界之间的二元论的裂口。"①就目前讨论的问题来说,诉诸自然主义的谬误,预设在事实的和规范的之间存在着裂口,并且坚持这种裂口是无法填补的,结果道德论点在某种程度上必然是自立的,建立在情感(如休谟所主张的),或者与事态相连的非自然的属性(按照摩尔说法),或者其他的特殊的、非事实的基础之上,它们仍然在某种程度上折射着事实的客观性。从过去的一个世纪至今,这种裂口究竟是否存在一直遭到质疑,理由有多个(并非都与前面所提出的理论一致),而且"自然主义的谬误"这个论点的说服力也相应受到了削弱。②

然而,顺着这些思路的论点被持续不断地提出,尽管并非总是以休谟和摩尔所提出的那些清晰的术语。这些论点的韧劲表明,它们终究要实现一些东西,至少是在以下意义上:它们反映了一个广泛的不安,对太快地从人性的假定事实过渡到道德结论的前景表示忧虑。而且,我们必须正视这种不安,因为即使我们得出结论认为"自然作为本性"具有重要的道德意义,那也不意味着我们所

---

① McDowell,《心灵与世界》,前揭,页 93。
② 除了以上援引的作者之外,参见 A. N. Prior,《逻辑与伦理学的基础》(*Logic and the Basis of Ethics*), Oxford: Oxford University Press, 1949, 以及 Julius Kovesi,《道德观念》(*Moral Notions*), London: Routlege and Kegan Paul, 1967, 特别是页 37—65。Foot 尤其受到 Prior 的影响,但是正如 Charles Pigden 所指出的, Prior 实际上在他的 1949 年的专著当中是捍卫休谟的,尽管他后来开始改变了自己的想法;参见《逻辑与伦理学的自治》("Logic and Autonomy of Ethics"),见 *Australian Journal of Philosophy* 67, no. 2(1989):127—151。他自己的思路是:休谟/摩尔的论点是有效的,但要限制范围;尤其参见页 127—128。他在自己的论文《自然主义》("Naturalism")当中,收录于《伦理学指南》(*A Companion to Ethics*), Peter Singer 主编(Oxford: Blackwell Press, 1993),页 421—431,提供了一个对近期成果的有用的综述。最后, Lisska 在《阿奎那的自然法理论:分析性重构》当中,页 195—201,针对自然主义的谬误的指控为阿奎那进行了辩护。

知道的关于自己的一切事情都具有明晰的道德意义,或者[125]我们能够或应当把我们现有的风俗习惯和社会安排视为一个道德负载的自然的不可避免的表达。我们在上一章就已经注意到,经院主义者们拒斥了亚里士多德的自然法理论方法,这种方法认为社会规范是人性的直接的和有机的表达,他们转而支持一种西塞罗式的方法,它把理性反思和社会建构置于了核心位置。一种以进化心理学为基础的决定论的"进化伦理学"有其捍卫者,他们或许在这个方面(而且仅仅在这个方面)被视为亚里士多德的继承人,然而笔者在这个方面打算采纳的自然法理论却是一种西塞罗式的而非亚里士多德主义的方法。按照这种方法,一种目的论的人性观代表着发展一种自然法阐释的必需的第一步,但是还需要迈出更远的步伐。我们现在就转向对这一点的更加细致的考察。

五、伦理自然主义、理性与自然法

假如前文所勾勒的目的论的人性观是可信的,那么关于道德判断之基础问题我们似乎已经道尽所有,剩下的任务只是填补细节。福特所支持的正是这种观点,她说,"我相信,对人类意志和行为的评价,与对其他生物的特征和活动的评价,共享着一个概念结构,而且只能以这些术语加以理解。我想用'一种自然缺陷'表示道德的恶。生命将是我的讨论的核心,而且一种人类行为或者性格在它的种类上是好的,这个事实仅仅被视为一个关于某个种类的生物的特定特征的事实。"①在下一章论述当中,笔者显然应当感谢福特以及其他人所提出的伦理自然主义。尽管如此,笔者仍然认为她在这一点上走得太快了!

笔者在其他地方已经提出,经院主义的自然法理论方法预设

---

① Foot,《自然之善》,前揭,页5,强调为原文所有。

了一种伦理自然主义,而且这里正在提出的神学方法当然也是如此。① "伦理自然主义"不止一种理解方式。更为具体地说,笔者所预设的是,人类道德在其所有的文化多样性的形式之中都是一种表达:对人这种动物所具有的独特倾向和行为的表达,尤其是(但不仅仅是)[126]人类社会行为的独特形式。因此,道德应当首先被理解为一种自然现象,是与"超越根基"(transcendentally grounded)或者"隐式神圣"(implicitly divine)相对立的"自然的"。而且,人类道德在其所有的各种形式之中都反映着人的善,并且由此是上帝意志的一个表达:造物应当存在而且繁荣——不管我们如何更为具体地评论特定道德的实质。

但是,无疑大多数人期待从对道德的阐释当中获得更多,即,某种据以评判和修正(或拒绝)异质的道德主张和体系的准则或方法。正是在这一点上,我们看到了一种关于道德的自然主义理论方法的局限。因为即使承认:我们可以阐明一个关于什么是人的概念,把对我们作为一种生物所特有的典型行为的阐释作为核心内容囊括在内,我们仍然可以清楚地看到:这些典型的行为是可以通过无穷无尽的方式加以表达的。诉诸这个层面的人性无助于我们在这些选项之间作出决定,因为它们的共同之处恰恰在于它们作为我们的共有自然的表达的地位。因此,正如凯克斯(John Kekes)所论证的,人性不足以说明道德规范,至少没有达到一个具体到足以付诸实践的层面。② 最好的结果,我们也只能设想表达这些自然的行为类型的一般原则,但是,倘若这些作为普遍趋势

---

① 《自然法与神圣法:重回基督教伦理学传统》,页 98—120。当然,正如 Pasnau 所评述的(《托马斯·阿奎那论人性:对〈神学大全〉第一集第 75 到 89 个问题的哲学研究》,前揭,页 202),"自然主义"不止一种理解方式,而且不用说,笔者并不打算采取任何这种形式的自然主义:它隐含上帝不存在,或者将要排除这里所捍卫的亚里士多德主义的实在论(essentialism)。

② John Kekes,《人性与道德理论》("Human Nature and Moral Theories"), Inquiry 28 (1985):231—245,此处位于第 244 页。

的表达是合理的,那么它们必定过于宽泛而无法作为道德原则发挥作用,有待更进一步的细化,那肯定是具体的和有争议的。当我们思考这些原则的备选方案时,这会变得非常明显,例如:"无充分理由不得取人性命",或者"在性关系上保持节制"。正因如此,任何试图从道德的自然基础前进到一种充分发展的自然法解释的尝试,都需要深入的理论论述。这正是后面章节的任务。

然而,在这一点上,有人或许试图提出反对意见。具体来说,既然自然不足以这样说明道德,那么为何还要诉诸自然?至少20世纪中期已降的天主教道德神学的发展动向暗示了一个显而易见的替代方案。为何不提出一种仅仅以实践理性的应用为基础的自然法伦理呢?毕竟,理性对于人而言是自然的,可以证明是人类特有的定义性特征,那么一种理性的道德可以被无可争议地被视为一种自然法道德。

然而,如果我们仔细揣摩的话,诉诸理性作为道德的一个基础,也是会[127]遇到相似的困难的。与"自然"一样,"理性"是一个变化多端的术语,别的不说,仅仅是理性的应用或正确运用是什么意思,就绝非自明。即使我们承认(正如笔者将要做的),存在着某些基本的逻辑法则,如果特定的论述想要算作推理,则必须遵守它们,那么,单靠这些原则本身显然是无法产生实质的结论的。相似地,即使我们接受(正如笔者所做的)阿奎那的主张:实践理性也从首要原则出发,其中包括那项最为根本的原则"善要被追求和实施、恶要被避免",这些原则也过于概括而无法通过本身产生实际结论。理性就像自然一样,是不足以说明那些假定会产生于它的道德结论的。

真的如此的吗?后一主张就受到了"新自然法理论"的挑战,它是过去的三十余年时间由格里塞、菲尼斯以及他们的合作者共同发展起来的。正如我们在上一章看到的,这种理论理所当然地认为,基本善是些不证自明的善,它们为所有行动都提供着根本性的理由,而且无法通过直接行动合乎理性地拒绝。尽管没有一个人可以追求所有的基本善,我们在实践当中必须迫不得已而选择某些放弃其他,但没有客观的基础选择一个而放弃另一个,结果,我们或许应当牺牲某种善的一个例示,而去保护或者保存另一种善的某种例示。因此,为了使得一个行为算作是完全有理由的,也就是说在道德上是正当的,那么必须反映出一种对所有基本善开放的立场,只有这样才能不涉及对它们任何一个的直接违反。如果要精确地说明什么是违反或者直接拒绝一项基本善,这或许会让我们现在离题太远,但基本的观念再简单不过了。那些包含破坏一项基本善的某种例示的行为(例如,杀害某人),或者直接事先阻止这项善的例示的行为(例如,使用避孕工具),都是这些行为的范例。

经院主义的自然法理论方法在某个方面是与这种理论相似的。即是说,经院主义者们一般会同意,人是自然地——在这个语境当中意味着自发地,不假反思地——趋向生命和繁衍这样的根本的善。我们趋向这类善的自然导向为人类欲望、实践反思和选择提供了起点,在这个意义上,它们可以被描述为基本善。基于同样的原因,我们无须为了把这些基本善视为可欲的而进行广泛的理论分析,我们也未必需要为了正当地追求它们而想太多。正是因为我们自然地趋向这些善,我们自发地发现它们是可欲的,并且追求它们——至少直到冲突或环境迫使我们反思之前。

[128]但是,说我们自然地趋向某些迫切需要得到之物(desiderata),而且这种趋向为实践反思和道德行动提供了一个起点,这是一回事。说我们对某些基本善具有一种理性的理解,它们基本到足以被合理地视为对所有人都是不证自明的,而且还具有足够的内容为实践反思提供一个直接的基础,这是另外一回事。那是一个不那么合理的主张。根据格里塞和菲尼斯的观点,存在着八种基本善,即,生命(包括健康和繁衍),知识和审美体验,各种娴

熟的技能,自我整合,真实性或者实践理性化,正义和友谊,婚姻,以及宗教或者神圣。① 认为这些善只要它们被体验到就会不证自明地彰显出来,这个主张对于其中的某些善来说是有道理的,例如,生命或者知识。即使对于这些善,格里塞和菲尼斯也发现,必须限定这些善包含什么从而表明某些道德结论是怎样产生于它们的。例如,为了证明使用避孕工具包含着"违反"生命的善这一主张,生命被扩大到包括繁衍在内。尽管可以提出一个理由认为,繁衍的倾向确实是生存和繁荣这种更为根本的倾向的一个表达,很难说这个结论是不证自明地包含在对生命本身的善的理解之中的。相反,它需要一个沿着前一节所勾勒的思路的形而上学论证——这恰恰是格里塞和菲尼斯拒绝以之作为道德结论基础的那种论证。

无论如何,对于大多数其他的基本善来说,认为只要它们得到理解,就会被不证自明地承认是善的并且值得追求,这种主张是更为可疑的。人格完整是一项基本善,这是不证自明的吗？实践理性化呢？似乎也有不关心这些善的人。尽管我们可能认为他们的态度是应予谴责的,但很难提出证据证明它是怎样地不连贯的。更有甚者,很难说明究竟什么才算体验到这些善是完整和实践理性化,更不用说正义了。毕竟,这些术语涉及对一个人的品质、选择和行为的评价。这些评价只有通过先验判断的框架才能进行,其中包括道德和更为广泛的规范判断,[129]涉及品质和行为得以评价的标准。由于这个原因,难以看出这些善如何才能算作所需意义的那种基本的——当然,它们甚至不是被体验到的,在采用广

---

① 这个目录(除了婚姻之外)摘自 Germain Grisez,《主耶稣之路：基督教道德原则》(*The Way of the Lord Jesus 1：Christian Moral Principles*),Chicago：Franciscan Herald Press,1983,页 124。"婚姻"是后来的一个添加,参见《主耶稣之路：过基督徒的生活》(*The Way of the Lord Jesus 2：Living a Christian Life*),Chicago：Franciscan Herald Press,1993,页 568。

泛的规范承诺之前，更无法纳入道德反思之内。还有，像友谊这样的似乎更为直白的善也会带来相似的难题——毕竟什么算是友谊，脱离一种规范负载的相互合作的社会背景，我们怎么能体验到它呢？婚姻带来的是一个更加模糊的善的例证，它在脱离社会结构的情况下甚至不存在，更不用说把自己显现给一种理性的理解了。

即使格里塞和菲尼斯能够为所需意义上的不证自明的基本善提出一个合理的解释，他们仍然需要证明，无须诉诸实践理性应用之外的任何东西，以及提供着人类行为的主题的事实，就能够产生具体的道德结论。这需要对实践理性被假定需要应用的东西进行进一步的细化。基本善被认为不仅是不证自明地可欲的和可以产生行动的，而且是行为的唯一完全正当的理由。如果还承认其他理由的话，这就意味着道德主张可能依靠的是某种纯粹的实践理性化要求之外的东西。基于同样的原因，这些善不能被划到或者置于某种首要的目标或者生活意义的框架之内，因为任何划分这些善和把它们置于语境之中的标准，都是从科学或者形而上学的主张推导出来的，因此是不正当的。最终，为了把我们关于基本善的直觉转换为道德规范，还需要诉诸格里塞所描述的八种"责任类型"(modes of responsibility)，同样，对于任何理性的人来说都是不证自明的，其中包括最为显著的，排除任何阻碍一项基本善产生、或者破坏、损毁这项善的一个例示的行为的类型。①

为了使得他们的理论奏效，格里塞和菲尼斯不仅必须表明，当实践理性正确运行时，这些原则抓住了它奏效的方式，而且也必须表明，当实践理性良序运行时，这些原则表现了它必然奏效的方式。很难看出这种情况是如何得到证明的，因为我们不是按照菲

---

① 参见《主耶稣之路：基督教道德原则》，前揭，页205—228；这八种类型是在页225—226概括出来的。

尼斯和格里塞暗示我们的那种方式去推出实践问题的。我们欲求和追寻对象或者事态,它们对于我们来说是可欲的,因为它们符合不断发展的需要、欲望、规划和长期有效的[130]承诺,不管是我们自身的,还是那些民族的、共同体的,或者我们所致力的理想。即使这些迫切需要得到之物可以在不提及一组基本善的情况下得到分析(这并非显而易见),我们也不是把它们仅仅作为基本善的例示欲求的。我们欲求它们是因为它们促进了人们和其他与我们有所关联的其他东西的整体福祉,或者避免了它们的伤害。基于同样的原因,我们不可避免地发现自己根据我们的整体关注和承诺,在不同的迫切需要得到之物之间相互权衡,而且这个过程间或使得我们"违反"某些善,正是为了保存其他更为重要的东西或者更为急迫的需要得到之物。正如阿奎那所评论的,理性在实践活动之中恰当地从事着按照一个人的整体行动目标排列各种不同目标的任务:"这具有正当理由,一个人应当利用那些东西,它们根据一个与目的相称的衡量是为着一个目的"(第二集第二部分第152个问题第2节)。正如他接着解释的,这意味着外在的善是指向身体的福祉的,身体的善是趋向灵魂的福祉的,而且有活力的生活的善是指向沉思的生活的善的(第152个问题第2节)。次序、比较判断和目标选优,这些都是我们所体验的实践推理的完整方面。

当然,格里塞和菲尼斯或许可以反驳说,我们在实践理性包含着什么的问题上犯了错,而且是根本性的错误。但是,我们为何应当接受这个主张呢?他们是根据以下基础证明它的:只有按照他们的分析,实践理性才能避免从某些事态或者形而上学的主张不正当地推出道德判断。正因如此,他们为麦克道威尔的评论提供了一个很好的说明:

> 常见的现代哲学是以一种独特的方式解决其衍生性的二元论。它站在它试图填补的裂口的一边,毫无顾忌地接受它

的对象二元论看待被选一方的方式。于是它构想出某个东西,这个东西尽可能地接近出现在这些问题当中的另一方的观念,它所使用的材料无疑是它所处的立场可以获得的。当然,裂口似乎没有了,但结果注定是某种程度的修正主义。①

但是,如果我们同意麦克道威尔,根本就不存在这种裂口,那么格里塞和菲尼斯所提出的那种崭新的实践推理结构就不存在令人信服的理论根据了。

证明否定的东西是不可能的,但是,[131]格里塞/菲尼斯的自然法理论所带来的难题至少表明:"纯粹理性"不再是一个比"纯粹自然"更有希望的道德理论的基础。果真如此,那么无论一种自然主义伦理的前景和限度如何,我们都无法断定一种以理性为基础的道德理论可以为我们提供一个清晰的选择。除此之外,至少还有两个积极的理由,可以支持认真地对待自然主义伦理,把它作为发展一种自然法的神学阐述的起点。第一个是较为一般的,第二个是较为神学的。

可以先简述一下第一个。尽管道德的自然起源不足以说明它的具体表达,这是真实的情况,但是,这些仍然不能被表达它们的具体道德所直接取代。可以以一种正面的方式说明同一点内容,对于我们作为一个物种来说,自然的那些社会结构和交往类型似乎在近乎所有的道德体系之中都以某种形式重复着。因此,可以把某种特定的道德理解为一种在文化上和历史上具体的表达一般社会结构的方式,这种社会结构对于我们作为一个物种来说都是自然的。当然,我们没有直达这些一般结构的方法,但是我们可以

---

① McDowell,《心灵与世界》,前揭,页 94。"新自然法理论"的修正性最为明显地体现在以下事实之中:它的捍卫者不得不求助于关于自立理性的含义的愈发复杂的论证,从而证明那些主张的正当性,它们在传统上是通过诉诸广义本性的道德意义更加直接地证明的。

第二章 自然作为本性:自然法之根

通过跨文化的比较,以及对其他高等灵长目所展示出来的社会结构的研究,推断出它们的很多内容。而且,我们对这些结构的认识,尽管它们必定是推断性的和不完整的,仍然可以为我们提供一个框架,在这个框架之内可以确定特定的道德是什么——也就是说,一般行为类型的细化——并进行相应的比较。这个框架本身是不会给我们提供比较评价的充分基础的,但是它可以提供这些评价所需的必要的起点和框架。

进一步来说,对于我们作为一个物种而言,自然的基本社会结构确实提供了某些评价标准,与其说是针对那些例示它们的道德,毋宁说是针对那些试图理性化这些道德的二阶理论。换言之,充实着道德的自然的社会结构为合理性和道德理论的充分性提供着标准——不管是直接的还是(通常是)间接的。那些暗示人类社会存在的基本方面是无价值的,甚至更糟的,是极其败坏的——例如,"亲亲相护"(kin preferences)——的道德理论,让大多数理论家感到当然(prima facie)不合理。① 有时,这种反应是通过那种不可能性表达出来的,我们不可能把某些特定类型的理论付诸实践;有时,它采取了直接不愿意接受特定论证思路的更为简单的形式。但是(按照笔者的理解),这两种情况都[132]反映了更为深层的含义:道德理论已经变得游离于它所打算解释的根本现实之外了。

李耶理(Lee Yearley)对阿奎那和中国古代哲学家孟子(公元前4世纪)的"德"的论述进行了细致深入的对比,他认为可以把这些论述颇有助益地理解为占据着两层理论思辨的中间位置。通过利用人类学家霍尔顿(Robin Horton)所提出的一个划分,他观察到所有文化都预设着一组关于自然世界和人生的观测知识和粗略预测的理论。他把这视为与一种二阶理论反思相对的一阶理论层次,

---

① Pope 在《利他主义的进化与爱的命令》有几处通过援引一种托马斯主义自然法论证的方式为"亲亲相护"进行了辩护。

这种二阶理论试图通过哲学、宗教和科学理论讲清楚共同经历。可以想见,二阶理论因文化不同而判然有别,尽管在一阶层面存在着相当程度的跨文化共识——实际上,如果不是这样的话,我们甚至不能认为二阶理论是关于同一系列现实的相互冲突的理论。[①]

道德理论,或者按照李耶理的说法,实践理论,占据着这两个层面的中间位置,因为它们代表着解释人生经历的努力,通过在第二个层面上发展起来的理论建构解释第一个层面。正因如此,这些理论反映着一种广泛的跨文化共识,突出了某些重复出现的情形,例如,需要控制暴力,或者养育子女,弘扬某些反复出现的品质,诸如勇敢或者慷慨,而又要贬抑其他的,诸如懦弱或者自私。这些广泛的相似领域有助于解释为何在道德问题上存在着如此之多的跨文化共识,特别是涉及基本的善恶方面。这种广泛的共识甚至使得很多人设想事实上存在着一种实质性的普遍道德。但是,正如李耶理提醒我们的,尽管共识多多,它们却相对脆弱——也就是说,它掩盖了在广泛分享的承诺和理想的实质内容和实践含义上存在着深刻的分歧。而且正如他同时指出的,我们在道德理想和实践的理论解释上走得越远,文化上具体的二阶理论在个人整个的实践理论之中发挥的作用就越大,尽管当面对那种初步[133]探讨通常表现出来的道德问题的广泛共识时,这再次容易被忽视。李耶理没有提到伦理自然主义,但他的分析显然是与以下观点一致的:文化上具体的道德,以及基于同样的原因,反思性的道德理论,反映着我们作为一个物种所特有的社会类型。相应地,

---

① Lee Yearly,《孟子与阿奎那:美德理论与勇敢概念》(*Mencius and Aquinas: Theories of Virtue and Conceptions of Courage*), New York: SUNY Press, 1990,页175—182;然而,最后一点,笔者采之于 MacIntyre 而非 Lee Yearly。Robin Horton 的观点是在《再论传统与现代性》("Tradition and Modernity Revisited")之中提出的,收录于 Hollis and Lukes 主编,《理性化与相对主义》(*Rationlity and Relativism*),页201—260。

他的分析帮助我们解释了，为何道德体系和理论反映着共性和分歧的奇特混合——也就是说，它们反映着细化，还有，广泛的共同的行为类型的理论理性化。

关于"勇敢"的讨论表明，一种自然主义的伦理学方法除了可以提供一个框架，从而安置和比较不同的道德之外，甚至还可以提供实质性的内容。这种内容在这个层面上并非采取诫命的形式，那是传统上被视为与自然法道德相连的，而是采取理想的形式，可欲的或者值得称赞的性格状态（states of character）——也就是说，德性的理想。正如李耶理的分析所要表明的，这些理想占据着一个关于重复出现的人类行为类型的一般知识的一阶与反思性理论的二阶的中间位置。某些主要的德性在几乎所有社会都得到了确定并受到青睐，其中不仅包括勇敢，还包括节制、正义或公道以及实践判断，这的确是事实。我们可以在一个一般的层面上总结出这些以及相似的性格特征，一般到足以跨文化地辨识它们，而同时仍然保留实质性的内容，因为它们是从我们或许可以称之为反复出现的人生挑战那里获得其背景和要点的——我们必须都要学会克服恐惧，设法处理相互冲突和不恰当的欲望，基于共同的经历而彼此相处，在令人困惑或陌生的环境之中展开行动。这些理想就其本身而言太过不明确，无法产生一种成熟的普适道德，但是，它们仍然在一种自然法的神学伦理的发展当中具有核心地位。

德性作为勾连道德的自然主义之根及其文化和理论的具体公式的桥梁地位，有助于解释相反的困惑局面。也就是说，在神学的圈子之外，伦理自然主义的最热情的捍卫者往往都是德性伦理学的拥护者而非自然法的辩护者，其中包括福特、华莱士（James Wallace）以及最近的赫斯特豪斯（Rosalind Hursthouse）。[①] 正如

[①] 除了前文所引的 Foot 和 Wallace 的著作，参见 Rosalind Hursthouse,《德性伦理学》(*On Virtue Ethics*), Oxford: Oxford Unviersity Press, 1999。

赫斯特豪斯所表明的，[134]德性可以通过它们对整体福祉（不管是个人还是群体）的贡献而得到分析和推荐。这不一定会把我们带到一种狭隘的工具性的德性理论之上，那是赫斯特豪斯所拒绝的；相反，它帮助我们以它们对整体人类善的贡献的形式理解德性，那等于说她的分析有助于我们理解这些性格特征的自然价值。①

尽管如此，如果我们承认社会存在的独特人类形式的价值，我们只会拥护这些性格特征的价值，它们正是根源于它。而且值得重视的是，没有普遍有效的、逻辑充分的理由去这么做。我们再次在"自然主义的谬误"的论证之中发现了真理的成分——尽管目的论的评价潜藏在我们的人性的概念之中（正如我们关于其他生物的概念那样），这些评价本身并不强迫我们接纳一种独特的人类生活方式，以之作为促进和珍视的对象。这并不意味着珍视一种独特的人类生活方式，并且据此行为是不理性的——我们无需一种特别的理由，按照我们的自然倾向行动，就像我们无需一种特别的理由，形成那些以感觉的应用为基础的观念。尽管如此，不存在逻辑充分的论证反对对一种自然道德的彻底拒绝，就像不可能存在一种逻辑充分的论证反对彻底的怀疑论那样。

笔者前文指出，一种自然主义的道德方法有助于解释为何激进的道德理论——那些宣称人类社会生活的某种普遍特征没有正当根据的理论——通常被认为是不合理的。然而，这个评述不应被理解为，暗含了这种激进的理论必然是错误的。这个结论只能根据一个更深层的判断才能得出，大意是说，对于我们作为一个物种来说，自然的社会类型在某种程度上自身是好的或者值得追求的，那么，任何试图从根本上改变或者消除它们的企图都是应当被剔除的。在笔者看来，不一定非要得出这个判断——也就是说，如

---

① 尤其参见，《德性伦理学》，页163—191和页217—238。

果有人为某项原则或者理想的压倒性权威辩护,即使它与人类社会交往的根本方面相悖,从逻辑上来说也不存在什么阻止她这么做的东西。正如笔者前文所提示的,这就是格里塞和菲尼斯所做的事情,尽管他们没有以此方式解释他们的理论事业。这也是许多激进的理论家所采取的方法,他们更为自觉,其中最为著名的是辛格(Peter Singer),他试图采取严格结果论的原则得出逻辑的结论。我们在下一章会更为细致地思考他们的观点。此时此刻我们仅仅需要指出,尽管没有普遍的逻辑或理性原则排除这一方法,也不存在要求它的任何这类原则。

[135]这把我们带到了前文所提到的第二个理由,为何把伦理学的一种自然主义的解释视为发展一种自然法的神学解释的起点。这个理由与第一个不同,它是特别神学的。也就是说,我们有特别神学的理由珍视人,纯粹意义上的人——而且,这也意味着我们有神学理由珍视那些独特的社会生活形式,它们对于我们作为一个物种来说是特有的,甚至先于思考这些是如何根据我们整体的神学信念和承诺而得以细化的。这些理由既根本又单纯:我们相信上帝创造了世界,世界是上帝智慧和爱的可以理智理解的和善的反映;每种造物,其中也包括我们人类,都以有序的和有目标的存在彰显了上帝的智慧和爱;此外,人在一种更为独特的意义上是上帝的形象,以某种方式分享着自决和智慧照料的神圣能力。

如果我们真的无须根据我们作为人类来说特有的社会活动的具体形式,为生活和评价提供特别的证明,那么基于同样的原因,为支持人类存在的价值而使用的神学证明似乎也是不必要的。从某个视角来看,确实如此。也就是说,认为现代社会将要堕入虚无主义或者彻底的功利主义,除非它们采纳这种神学视角,这并非笔者论点的一个部分。然而,鉴于对我们日常道德假定的激进挑战的弥散性,当我们共同经历道德时反思采纳它的一组理由并非是不恰当的——即使承认这些理由并非逻辑充分。更为重要的,我们当中那些从一种基督教立场开启道德反思任务的人，在反思我们支持道德的独特理由上利害攸关，甚至在一种自然主义伦理的层面上也是如此。只有通过这种方式，我们才能把道德神学置于更为宏大的神学事业之中。而且，我们只能看到，我们如何肯定人类社会存在的基本类型——也就是说，我们只能开始接近关于具体道德的判断，那种道德是我们作为基督徒承诺所采用的——一旦我们考虑到了为何是那种道德对于我们特别作为基督徒是重要的。

远未清楚的是，为何应当如此——有待提出令人敬畏的神学论证，证明这种道德无关紧要，证明基督徒应当根据上帝的诫命和指引生活。当然，这些论证依赖塞进"这种道德"（morality as such）这个短语之中的东西。在它们的最为广泛传播的形式之中，它们对准了那些试图把道德提升至超越层面的企图，或者针对每种其他主张捍卫它的［136］普遍的和压倒一切的权威。神学家抗议那些试图把道德神圣化的做法，因为他们从中看到了我们试图神圣化自身的永恒诱惑的证据。这是正确的。但是，一旦我们承认人类道德，不管它采取何种形式，都是好的，恰恰是因为它根源于并且反映了我们的造物主的智慧和善，那么我们就会采取一个不同的道德视角，把它视为不多不少正是上帝想要我们生活并且繁荣的意志的表现。

下面笔者将从另一个方向上到达这一点。自然法传统的定义性主张之一，至少就其基督教表达来说，在于以下论点：自然，如果以总体的方式理解的话，反映着上帝对人类的意志。这个主张没有使得它的拥护者（其中包括笔者）必须持有以下观点：自然为我们提供了唯一的、综合的或者充分的这种指示。也就是说，它与另一个观点是相容的：自然的应用，无论怎样理解这些，都必须借助道德知识的其他渊源加以补充、完善或者重塑。进一步来说，它为相当程度的不确定性以及对什么算作自然，留下了空间。更为具体地,它容忍以下可能性:表面看起来自然的实践,实际上对于特定文化或者历史时期来说是特殊的,甚至更为糟糕地,被罪恶严重扭曲了的。尽管如此,无论添加什么样的限制,从根本上来说,自然法传统致力于自然的善,以及自然的道德含义,不论怎样更为准确地叙述它。

这有助于解释经院主义自然法推理的一个奇怪的方面。也就是说,对于经院主义者来说,自然法在相当大的程度上是以一种从根本上来说许可和建构的方式起作用的。① 从自然反映着它的造物主的智慧和仁慈这一预设出发,经院主义者把一种趋势或者实践的自然性视为它的道德正当性的当然证据。这种论证思路是有局限性的,恰恰是因为经院主义者也意识到了,前理性的本性并不以任何直接或者具体的方式产生具体的社会实践。基于这个原因,这个层面上的自然法证明,除了以概括的术语对人类实践的评价,不能要求太多。

然而,甚至这种大范围的分析也能具有重要的道德和神学含义。更为根本的,它提醒我们,任何根源于人性的东西都无法在毫无保留的情况下被视为有罪,无论它可能提供什么样的罪的诱惑。表面上看这似乎是显而易见的,[137]实则不然。基督教传统之中存在着追求苦修主义(asceticim)和完美主义(perfectionism)的深刻趋势,它们持续地把我们推向相反的方向,以其此世的和自指的关注拒绝世俗的人类生存。如果没有这些趋势,基督徒就会失去彻底的自我牺牲和中立于世人的锋芒,那是《新约》所描绘的使徒统绪的构成部分。尽管如此,除非这些趋势得到某种方式的平衡,基督徒就会轻易地滑入某种形式的二元论,那样的话,人类生存的根本方面就不仅被罪所扭曲,甚至不是可悲的,而且还是彻底罪恶的。难点在于,它意味着对以下根本教义的否定:上帝是世

---

① 更多细节,参见拙著《自然法与神圣法:重回基督教伦理学传统》,前揭,页76—85。

界的造物主,以及它的推论:上帝的智慧和善在某种程度上是与我们所期待的世界的善和可理智理解性贯通的。

当然,这不免让人仍然想问:自然之中有什么会被视为在道德上是规范性的。而且我们在这一点上要特别谨慎,不要混淆了经院主义的自然法理论方法与晚近的天主教理论形式。现代天主教自然法理论,至少在格里塞和菲尼斯的"新理论"出现之前,反映着自然神学的预设。这种神学形成于17世纪,并且支配着接下来两百年的科学和宗教思想。按照这种观念,世界以及更为具体的生物,反映着上帝的智性设计,正如一件工艺品的设计反映着工匠的设计一样。① 乍一看,这似乎不过是经院主义者以下观点的变种:造物通过它们的实体形式(essential forms)反映着可理智理解性和善。但是按照现代观念,造物的可理智理解性是借助外在于造物本身的推断的设计(inferred design)加以理解的。实际上,这点意味着设计是通过器官和物理过程的显功能得到分析的,那些被视为它们的目标,根本无须提及有机体的整体福祉。眼睛是用来看的,因为那就是双眼所做的,眼睛的可理智理解的设计就显现在该器官的物理构造之中,借助它就能运行起来。

有鉴于此,我们很容易理解,为何现代自然法思想家往往假定上帝的意志是通过人体器官和人类进程表现出来的,从而根本无须提及人的整体福祉——这是一个被前文所援引的神学家许尔特很好地表达了的观点。我们同样也可以看到,为何这种观点被谴责为一种"生物学主义"或者"物理主义",它以正当的人类利益为

---

① Livingstone 为相关问题提供了一个有用的分析,参见《设计的观念:普林斯顿答复达尔文中的一个核心概念的变迁》;除此之外,还可以参见 Ron Amundson,《重思类型学:进化生物学史的两个学说》("Typology Reconsidered: Two Doctrines on the History of Evolutionary Biology"),见 *Biology and Philosophy* 13(1998):153—177,以及 Gregory Peterson,"Whose Evolution? Which Theology?",见 *Zygon* 35 (2000):221—232。

第二章 自然作为本性:自然法之根

代价确保"纯粹"自然的完整性,以及为何它在20世纪被某种形式的人格主义所全面取代,根据这种人格主义,人的完整福祉(integral well-being)被视为道德评价的试金石。①

然而实际上,经院主义的自然法理论方法比许尔特所代表的现代自然法理论方法更接近人格主义,至少从这个方面来说如此。其中的原因是与前文所描述的经院主义的自然的理论方法相关的。按照这种观点,一个造物的善不可避免地与其可理智理解的形式联系在一起,也就是说与该造物的种类所特有的有序功能联系在一起。器官和功能按照它们对造物整个生命和繁荣,或者它家族的福祉,社会群落,或者种类的贡献,进行目的论式的解释。因此,按照这种分析,焦点不在于特定器官或功能的设计,而在于它们按照整个生活方式得以理智理解的方式。

从这个背景来看,通过人性表现出来的上帝意志不能借助具

---

① 因此,McCormick 在《人之性:迈向连贯的伦理方法》当中表明,"我是在一种极受限定的背景之下并以一种具体的含义使用(人格主义)这一术语的。这个背景即是对人类行为的道德正确和道德错误的确定。这种具体的含义在于,各个方面和各个维度的人才是道德正确和道德错误的标准。我打算用这种构想去对比另一种路径:它用一个孤立维度的人作为标准"(第191页)。他接着详细阐明了他认为后一路径即是 Hürth 所提出的自然法解释。他追随 John Courtney Murray,把它描述为"生物学主义",这是一种混淆自然之物与原始之物的路径。(对于 Murray 的援引来自《我们坚信这些真理:美国命题之天主教反思》,New York:Sheed and Ward, 1960,页296)。然而并行不悖的是,提出一种针对传统的天主教性伦理学的辩护也是可能的,证明所涉规范代表着一种完全真实的和个人的性爱得以表达的方式。例如,参见 German Martinez,《基督教婚姻的人类学视野》("An Anthropological Vision of Christian Marriage"),见 *The Thomist* 56, no. 3(July 1992):451—472。更为一般地,Janet E. Smith 主张,在《真理之光》当中,教皇的自然法解释应被视为一种人格主义的路径,因为它把自然法规范解释为一种真实的内在性要求的表达;参见《真理之光中的自然法与人格主义》("Natural Law and Personalism in Veritatis Splendor"),收录于《真理之光:美国反应》(*Veritatis Splendor:American Responses*),Michael E. Allsopp 和 J. O'Keefe 主编(Kansas City:Sheed and Ward, 1995),页194—207。最后,参见 Stephen Pope 在《利他主义的进化与爱的命令》当中对人格主义的有益的讨论和批判,前揭,页19—26。

体器官或官能的功能加以分析——它必须根据[139]人这种造物和人类的福祉的整体运行加以理解，造物的生存与繁荣首先被视为上帝意志的表达。果真如此，那么对自然法的一种神学解释就必须通过对人类繁荣的意义的反思才能进行。正如笔者在其他地方所论证的，经院主义者通常确实遵循着这个理论方法，不管是直接的还是间接的，但是它在阿奎那的神学当中得到了最为完整的阐释。笔者将在下一章尝试提出一个人类福祉和幸福的阐释，把阿奎那的论述作为自己的起点和讨论框架。

第三章　德性与幸福生活

[141]一个固定不变而又充分表达出来的概念，代表着一个可望而不可及的标准，但只要我们不死守这个标准，就不难提出一个连贯的人性概念。在生物科学和人文科学达到亚里士多德意义上的完美科学的发展水平之前，我们都无望实现这一理想。即使这些科学确实可以达到，目前也相距甚远。尽管如此，我们还是能够获得一个概念的，实际上已经获得了。这个概念有点不那么明确，而且也是暂时性的，但对于大多数目标来说却已经足够。这个概念是关联式的(relational)，把"人"(human being)置于一个框架之内，而且这个框架是由越来越具体的描述构成的：人是一个生物、一个动物、一个哺乳动物、一个灵长目动物。然后，它通过人与其他种类的动物之间的那些可见的类似之处和明显差异，进一步细化着那个种类。相应地，一个关于"人"的充分定义将会承认：人是一种高等灵长目动物，具有特定的社会交往类型的特征，并且通过理性区分出来，那是一种复杂的官能，既包括行动的杰出能力，也包括思维的杰出能力。而且，这个定义所反映出来的"人"的概念是规范性的，之所以如此恰恰是因为它在描述上是充分的，因为它将反映着对一个理想的把握，这是一个人类生存的理想，据此单个的人才得以被视为如此。这样，我们就可以简单地归纳上一章的

结论了。

　　如果这种理解人性的方式是正当的,那么我们似乎就已经讲完了一切内容,足以为一种自然法伦理奠基了。毕竟,如果人性的概念从本质上讲是规范性的,与其他各种生物概念是规范性的具有相同的形式和原因,那么人生的规范就成为了[142]概念本身的一部分。正如我们在上一章所指出的,许多哲学家都为这种理论方法进行了辩护。[①] 但是,正如笔者同时也指出的,这个层面上的规范判断并不足以说明特别道德的规范,至少不足以说明任何具体到足以作为社会内聚道德付诸实践的规范。如果前文所勾勒出来的人的概念具有一般的正确性,那么我们说人类繁荣不仅包括健康和身体安全这些东西,还包括参与某种形式的社会生活,也是正确的。当然,这里有一个相关的限定词"某种形式"(some kind)——有多少种人类文化就有多少种社会生活,每一种都典型地表现着人类社会交往的类型,提供着个人得以享受一种独特的社会生存的手段。然而,这些文化当中存在着相当大的差别,这些差别之大使人难以相信它们之间竟然不存在任何的道德差异。

　　因此,显然,如果不引入进一步的原则完成细化,那么,一个充分的人性概念所蕴含的繁荣理想就不能作为一种自然法的道德解释的基础。同时,如果上一章所提出的那些想法是有说服力的,那

---

① 从这一理论规划的立场来看,特别引人注目的是那些哲学家,他们试图捍卫一种自然主义的德性伦理,其中最为著名的有,Philippa Foot,她的目标是在最近的《自然之善》(Oxford: Oxford University Press, 2001)当中提出的,以及 Rosalind Hursthouse,《德性伦理学》(Oxford: Oxford University Press, 1999)。相似地,Alasdair MacIntyre 最近开始创作一部关于德性的作品,他说,"我现在认为,设想可能存在一种独立于生物学的伦理学,这是一个错误,"并且继续发展一种亚里士多德主义/托马斯主义的德性解释,面对"我们的动物条件,以及承认我们随之而来的弱点和依赖。"参见《依赖的理性动物:人类为何需要德性》(*Dependent Rational Animals: Why Human Beings Need the Virtues*), Peru, Ill.: Carus/ Open Court, 1999, x-xi。接下来的内容同样受惠于 James Wallace 的被不公平地忽视的著作,《德性与恶习》(*Virtues and Vices*), Ithaca, N. Y.: Cornell University Press, 1978。

么我们将会怀疑任何这样的企图：它们试图通过实际上使得我们作为具体种类的生物，所分享的自然在道德上变得无关紧要的方式，"细化"人类繁荣的概念。因此，目前的任务是要细化人类繁荣的一般观念，在赋予它以道德内容的同时，仍然以某种可以识别的方式坚持该观念的主要思路。

按照程序，首先必须进行术语上的澄清，以作为完成这项任务的准备。接下来，笔者将用"福祉"（well-being）指代一个一般的人类繁荣的规范性理想所要求的条件，用"幸福"（happiness）指代细化和限定它的特别道德的理想。① 因此，福祉[143]是按照与繁荣的规范性理想类比的方式加以理解的，那是任何其他种类的生物都具有的。这样的话，它就包括一种依靠人力值得拥有的生活所具有的全部内容，其中包括生命、健康、安全和参与一个家庭和社会关系网。幸福则被理解为，通过对人们能够实现和享受的活动的最佳或者最为恰当的方式的细化，限定着这一基本理想，而那些活动则构成着福祉。当然，这是一种古代的道德反思方式，它提出了许多经典的难题——解决这些难题占据着本章的大量篇幅。因此，我们或许可以把本章的任务描述为，以一种保留二者之间实质

---

① 接下来将变得清楚的是，笔者反思的直接背景是由经典的托马斯主义幸福观设定的，它把幸福视为个人的客观完美。正如 George Weiland 所观察到的，这种一般的幸福观被阿奎那的同时代人和直接后继者所广泛分享；参见《幸福：人的完美》（"Happiness: The Perfection of Man"），收录于《剑桥中世纪晚期哲学史》(*The Cambridge History of Later Medieval Philosophy from the Rediscovery of Aristotle to the Disintegration of Scholasticism*, 1100—1600)，Norman Kretzman、Anthony Kenny 和 Jan Pinborg 主编（Cambridge: Cambridge University Press, 1982），页 675—686，此处位于第 673 页。在"福祉"这个用语上笔者受惠于 Bernard Williams，《伦理学与哲学的限度》(*Ethics and the Limits of Philosophy*)，Cambridge: Harvard University Press, 1985，页 30—53，尽管如笔者在下面指出的，"福祉"在其他的语境中有着稍微不同的含义。显然，笔者并不赞同 Williams 对亚里士多德主义的道德理论的消极评价。简言之，笔者相信，他没有对基本福祉和幸福之间的区分给予适当的注意，并且错误地得出结论认为福祉与幸福之间的关系只能是工具性的。正如笔者在后文将要证明的，这是一个误解。

联系的方式，从对福祉的解释过渡到对幸福的解释。

幸福这个概念在阿奎那关于道德生活的系统解释当中具有核心地位。[①] 他的幸福概念含蓄地提供了一个基础，据此可以得出经院主义自然法概念的幸福论逻辑，顺着这个思路我们可以扩展阿奎那自己的目的论式的自然法解释，尽管它们超出了他在某些地方的说法。这就是笔者本章大概要证明的东西。幸福概念对于托马斯主义自然法理论具有核心地位，因为它提供了一个框架，这个框架融合了人类生存的两个维度，即，综合理解的人性，以及自然存在的专属于人类的特征，也就是人类理性。同时，这个概念[144]也提供了一种可以把两种道德反思的方法合二为一的方式，我们通常把它们视为截然不同、甚至是反题，即，一种德性的伦理与一种法的伦理。

然而，阿奎那的幸福概念抵制直截了当的分析。在他的最为广泛的人类幸福的讨论之中，他聚焦的是人类生活的超自然目的，他对人所固有的幸福形式的评论是简单的和未充分发展的，即使提出这个事实也于事无补。而且，即便在阿奎那的讨论所附带的难题之外，幸福概念也是一个需要认真拆解的概念，尽管它看起来貌似简单。我们业已指出，幸福作为一个道德理想，不能把它等同于福祉。更有甚者，按照有些观点，幸福不仅不同于福祉，而且完全独立于它。我们可以合理地说，某人是幸福的，即使她身患疾病，孤独无靠，或者被剥夺了有效行动的能力或机会。实际上，存

[①] 这不仅体现在《神学大全》第二集第一部分当中，该处以对人类生活的终极目的的分析开始，接着具体说明目的即是幸福（beatitudo，第二集第一部分第 2 个问题），而且也体现在《反异教大全》之中，第三卷，特别参见第三卷第 25、37 个问题。在当代道德神学家之中，Servais Pinckaers 几乎是唯一一位坚持幸福概念之于阿奎那道德思想重要性的学者，参见《基督教道德的起源：方法、内容与历史》，前揭，页 103—116。尽管笔者同意他的大部分说法，但我们的不同之处在于，笔者更看重一种把世俗的幸福视为德性之实践的观念；参见《福音与道德》（L'Evangile et la morale），页 108—109。

在着一个经典的和基督教的反思幸福的传统,它多少独立于自然法的反思传统,而阿奎那综合二者的尝试是否成功也未可知。

正如大家所预料的,笔者确实认为这个尝试是成功的,尽管它在某些方面仍然是不充分的。笔者将会在本章当中对阿奎那的幸福概念进行扩充和辩护,审视它与自然法之间的关系。这种理论方法将会把我们带到那种自然法上。这种方法乍看之下似乎是一条弯路,即,它采用的是对德性及其在一种自然主义的伦理之中的位置的分析。但是,笔者希望证明,这种理论方法并不像它乍看起来的那样曲折。阿奎那对德性的分析为他提供了一个起点,用于分析道德规范,这样就可以解释它们作为自然规范和一种自然法和神法的表达。为了完成这一任务,我们需要清楚地知道幸福概念本身所包含的复杂性,也需要挖掘这个概念与前一章所提出的自然的人类福祉的解释之间的关系。这些都是本章的任务。

波普在评论最近关于道德的生物学根基的著作的过程中,把伦理学的神律论(divine command)方法,与一些当代天主教道德神学家,其中也包括他自己,所提出的修正的自然法理论进行了对比。他认为后一理论方法"把道德主张的权威理解为,不是被神圣命令,而是被它们对人类繁荣的贡献所保证的。"① 这里所要扩充的托马斯主义[145]自然法理论与这种根本的方法具有共同之处,因为它把幸福视为道德行为的目标,相应地也是道德行为的终极标准。但是,"幸福"这个概念按照经典的理解方法和阿奎那的使用情况,比"繁荣"的观念更为具体,道德含义更为丰富,后者通常

---

① Stephen Pope,《神学视角下道德的进化论之根》,Zygon 33, no. 4(December 1998): 545—556,此处位于第 554 页。Pope 自己在这一领域的作品在他的著作《利他主义的进化与爱的命令》之中得到了最好的例示。相似地,Christine Traina 指出,正确理解的话,托马斯主义的自然法理论为女性主义提供了一个重要的渊源,因为它为解释和捍卫女性要求完整人类繁荣的主张提供了一个基础,《女性主义伦理学与自然法:厌恶的终结》(*Feminist Ethics and Natural Law: The End of the Anathemas*),Washington, D. C.: Georgetown University Press, 1999。

被等同于笔者所称的福祉。这样的话,幸福概念就为发展一种道德解释提供了材料,这种解释把建构人类生活的可理智理解性置于了核心位置——换言之,一种道德的自然法理论。

正如我们将会看到的,阿奎那把世俗幸福——也就是说,那种自然地或者通过恩典能在此生实现的幸福——等同于德性的实践。他这么做是利用和发展了关于幸福的经典争论当中的一个基础稳固的选择,一个他从亚里士多德那里借用的选择。笔者猜想这个主张将令当代读者感到困惑或者难以置信,但笔者却试图通过整章内容来为它辩护。本章的论证将把我们带到阿奎那言明的内容之外,但笔者并不认为自己在任何一点上与他有矛盾之处。无论如何,尽管笔者相信以下的分析都代表着阿奎那观点之中潜在的东西,但笔者并不试图把本章的论点辩为是对阿奎那的解释——毋宁说笔者的目标是把阿奎那的分析作为思考幸福、德性和自然法之间关系的理论起点。

一、自然福祉与幸福概念

我们业已指出,按照我们把福祉也适用于其他种类动物所得到的最佳解释的类比,提出一个扎实的人类福祉的解释并不困难。应当承认,这种解释是一般的,也是试探性的。但是即便如此,它也提供了一个对于什么算是人的既实质又合理的解释。它以简洁的形式表达了什么是我们所说的作为人类生存之根本的"有序的功能潜能"(ordered functional capabilities)。而且与之相应的是,它也表达了我们[146]对"人"作为一个生物学种类的含义的最佳判断。这样的话,它就为各种各样的判断提供了一个简洁的说明,当我们在成熟的和不成熟的人之间进行区分,或者把各种各样的无能视为疾病或者残疾时,就潜藏着或者预设着这些判断。它同时也有助于引起对那些基本标准的注意,我们根据它们能够把其他的外形和行为可能是奇怪的和令人困惑的东西,视为在根本上像我们一样的人——这在今天已经不再是一个真正的争议了,但在过去,正如我们在上一章所指出的,却是一个真正的难题。

几乎没有人会否认,按照这种理解,人类福祉在很多方面都与道德反思相关。首先,人类生存的广泛潜能和限制,提供了道德得以有意义的条件;其次,它们为形成实质性的不伤害和有益原则,提供了一个必要的语境。如果我们不能按照特定的方式行为,回应特定类型的原因或动机,那么道德将是不可能的事情。假如我们完全利他,或者不会受到伤害,或者免于任何匮乏,那么道德将是毫无意义的。出于同样的原因,我们显然易于遭受的伤害类型,以及我们显然感受到的需要和要求类型,为禁止伤害和行善指令提供了材料,而这些则是大多数道德体系的主要内容。对这种福祉的解释也会提供某种指导,尽管我们会说它不是完整的指导,但却可以用于确定何时人已经充分成熟和健康,足以承担道德责任,可以开始建构一切人类社会的相互负责的关系。

这些以及相似的考虑表明,基本的人类福祉观是与道德反思相关的。然而,同样清楚的是,我们可以在这些方面为福祉的意义留下空间,而不用赋予其独立的道德意义。按照这种观点,人类需要和欲求的基本方面,以及我们生活当中所充满的广泛规律性,都提供着原材料,从中几乎任何道德体系都可以构建起来。尽管如此,按照这个观点我们可以形成道德原则而无须参考这些规律性,或者它们所代表的构成人类生存的自然的可理智理解性。对于人类福祉的道德意义,我们还需要讨论更多吗?换一种问法,我们还需要从一个福祉概念前进到经典意义的幸福概念吗?

不管怎样,对于那些熟悉把幸福作为一个道德理想进行反思的经典传统的人来说,按照这些思路理解的福祉显然不能仅仅等同于一个具有道德意义的[147]幸福观。实际上,我们并不清楚古代的幸福反思和当代的福祉反思是否总是流露出相同的关注。刚才所勾勒的人类福祉的解释在一个关于什么是人的广义的科学研究中,迅速找到了它的直接背景。尽管它具有道德寓意,它是否是一个有意义的道德概念也未可知。与之相比,人类幸福的观念在古典意义上却被视为道德概念,实际上是尤为出众的道德概念。正如安娜斯(Julia Annas)所说的,"在古代伦理学中,'我的幸福是什么?'这是最为重要、最为核心的问题。"① 这个评述是紧接着以下观察的:在古代伦理学当中,一般的幸福概念是"一个极其无力和笼统的"概念,相当于个人视之为他的终极善的东西。从这个角度来看,古代幸福概念的"无力和笼统的"性质不是一个缺陷,恰恰是对主流的和哲学的幸福理想所具有的复杂性和矛盾性的一个精确反映。

必须克服这些复杂的难题,才能使用人类福祉是有道德意义的这一核心见解吗?对于那些深受基本人类福祉的道德卓越性影响的人来说,避免更为深入地诉诸幸福概念似乎有着诱人的理由。具有道德意义的幸福概念对于道德反思的目标来说是一个过分的想法——不仅难以克服,而且是有问题的,因为它给无限多样的人类欲求施加了有争议的以及可能是强制的理想。为什么不直接关注人类福祉的典型活动加诸我们身上的道德主张,以及源于这些的需要和欲求呢?

从某个方面来看,这种古典的和激进的形式描述了基本的、功利主义的规划;从另一个方面来看,它描述了最近的根据普遍的人类功能或者潜能捍卫人权的尝试。这两个规划已经产生了针对福祉本身的广泛的文献,其中需要和欲求这些基本概念通过它们与满足的概念,以及典型的或者恰当的人类活动的概念之间关系得

---

① Julia Annas,《幸福的道德性》(*The Morality of Happiness*),Oxford: Oxford University Press,1993,页46。

到分析。① 无论如何,这部分[148]文献都表明,我们确实拥有一个丰富和饱满的人性概念所需的资源,可以填充上一章结尾处所勾勒出来的轮廓。尽管如此,诉诸福祉概念,不管是功利主义形式的,还是基于权利形式的,能否在产生道德结论的同时避免一个具有道德意义的幸福概念所固有的难题,这尚不可知。笔者在下一章会更加详细地讨论功利主义,但是在这里只需要对潜能路径稍加评论。

把功能或者潜能作为国际人权的一个基础,这首先是由经济学家和哲学家阿玛蒂亚·森(Amartya Sen)提出来的,随后被联合国开发计划署采纳,用作其《人类发展报告》的基础。② 然而接下来,笔者将着重关注努斯鲍姆所发展出来的这种理论的有影响力的形式。她把它用作一个广具说服力的人权辩护的基础,特别是当它们适用于女性时。努斯鲍姆的理论与本项研究特别相关,因

---

① 对于这些文献当中所呈现的福祉观念的细致和富有启发的讨论,参见 James Griffin,《福祉:内涵、评估与道德意义》(*Well-Being: Its Meaning, Measurement, and Moral Importance*),Oxford:Clarendon,1986,特别是页 7—74。在笔者看来,Griffin 以自己首选的概念解释方式接近采纳某种类似于把幸福视为至善的古典理想的观点,即便他并不打算毫无限制地采纳古典至善主义,详细内容参见页 56—72。笔者的本项研究并不打算梳理在当前的伦理学和经济学理论当中针对"福利"含义的相关讨论。德沃金为这些主要的立场提供了一个颇有助益的概述,《至上的美德:平等的理论与实践》(*Sovereign Virtue: The Theory and Practice of Equality*),Cambridge:Harvard University Press,2000,页 11—64。应当指出,笔者赞同德沃金对于当前理解的那种福利观念的保留。

② Sen 已经通过系列论文和著作完成了自己的潜能路径理论形式。他有一个很好的近期陈述,参见《作为自由的发展》(*Development as Freedom*,New York:Random House,1999),特别是页 54—86。笔者对该理论后来接受的评论采自 Martha C. Nussbaum,《妇女与人类发展:潜能路径》(*Women and Human Development: The Capabilities Approach*),Cambridge:Cambridge University Press,2000,页 70。她列出了自己的主要思路,与潜能路径稍有不同,页 34—110。Griffin 首选的福祉概念同样也聚焦于"审慎的价值"(prudential values),不管一个人在生活中欲求什么,这些价值都是值得追求的。笔者相信这也是一个努斯鲍姆会采纳的路径。参见《福祉:内涵、评估与道德意义》,前揭,页 64—68。

为该理论把亚里士多德的人类功能(human functioning)的观念，以及马克思对这些观念的利用作为自己的起点。因此，可以把努斯鲍姆的理论视为亚里士多德主义目的论的一个当代使用，正如我们所看到的，它聚焦于特定种类的有机体所特有的"有序的功能潜能"。相似地，在发展她的人类福祉的叙述中，她也聚焦于潜能和功能——也就是说，动作和行为的潜能本身——而不是需要、欲求或者满足的体验。正如她所解释的：

> 本路径背后的直觉观念包含着两个方面：首先，某些功能对于人类生活特别重要，在某种程度上，它们的有无通常被视为人类生活存否的标志之一；其次——这是马克思在亚里士多德那里发现的——有些时候这些功能是以一种真正人类的方式，而不是以一种纯粹动物的方式发挥的……核心思想在于，人类[149]是一种高贵而又自由的存在者，他或者她在与他者合作和互惠当中塑造着自己的生活，而不是像一"群"或一"堆"动物那样被动地形成并由周遭的世界摆布。一种真正人类的生活是那种被实践理性和社会性的这些人类能力所彻底塑造的生活。①

正如我们将要看到的，努斯鲍姆的"直觉观念"对于笔者正在提出的托马斯主义自然法理论也是重要的，因为对于阿奎那来说（同样也包括亚里士多德，甚至更为一般地，古典世界），根据任何合理的解释的，幸福都必须存在于一个行为之中，在某个方面是人的特征。② 然而接着读下去我们会发现，努斯鲍姆在一个关键的方面与亚里士多德（也与阿奎那）分道扬镳了。那就是，亚里士多

---

① Nussbaum,《妇女与人类发展：潜能路径》，前揭，页71—72。
② 正如Annas所指出的，参见《幸福的道德性》，前揭，页36—38。

德对于构成幸福的那种专属于人类的行为,提出了一个他认为具有道德意义的分析,他把它等同于沉思和公民德性的实践。① 按照前文所提出的术语来说,亚里士多德没有直接把"福祉"与"幸福"等同起来,相反他根据对人类福祉构成的一个具体解释,发展出了一种幸福的道德理论,这种福祉是在一种更加根本的意义上理解的。与之相对,努斯鲍姆拒绝这种做法。相反,她认为基本功能和能力是经验和观察赋予的,是在许多不同的社会之中固定下来。它们的道德意义依赖于"自立的道德观念",这是努斯鲍姆希望广泛具有说服力的:

> 在政治领域,作为潜能路径起点的基本直觉在于,某些人类能力提出一个它们应当得到发展的道德诉求。再次,这必须被理解为一个自立的道德观念,不是一个依赖特定的形而上学或目的论观念的观念。不是所有实际的人类能力都提出一个道德主张,只有那些同一个伦理的角度被评价为有价值的能力才能提出。(例如,残忍的能力就不在考虑之列。)因此,论证从伦理前提出发,仅仅从这些前提,而不是从任何较远的形而上学前提,得到伦理结论。②

努斯鲍姆坚持认为,她的道德结论是"自立的",无需借助任何形而上学的基础。这会使人想起[150]格里塞和菲尼斯的主张:根据不证自明的价值直觉直接得出道德结论,而无须诉诸经验的或者形而上学的主张。笔者猜想,她与格里塞和菲尼斯至少分享着这种做法的一部分动机,也就是说,他们都希望发展出普遍有说服

---

① Annas 对亚里士多德的"自然"和"纯粹自然"之间的区分(并非总是被直接承认)的分析特别有益于这里的理解,参见《幸福的道德性》,前揭,页 142—158。
② Nussbaum,《妇女与人类发展:潜能路径》,页 83,强调为原文所有。

力的道德理论,也正是因为这个原因,他们试图把自己的形而上学和其他忠诚压至最低。假如是这样的话,努斯鲍姆的区分,在潜能本身与它们所具有的道德意义之间的区分,似乎暗含着我们能够达到一种关于潜能是什么的道德中立的解释。一旦我们完成了这个,那么这些能力所要求得到尊重的"自立观念"就会开始发挥道德的作用。按照这种解释,就不存在提出一个有争议的幸福概念的解释的必要,我们只需要把基本的道德直觉适用于我们关于人类福祉的条件及其成分所知道的东西之上。用我们的术语来说,她试图从一个中性的福祉解释得出自己的道德结论,根据关于那些与福祉考虑相连的主张的基本直觉解释福祉。

出于同样的原因,努斯鲍姆的理论方法遇到了一个与格里塞/菲尼斯的自然法理论相似的难题。也就是说,努斯鲍姆诉诸一个"自立的道德观念"的做法,能否完成她想要的工作,甚至对于最为基础的潜能,更不用说那些可能更有争议的潜能,这尚不可知。潜能不是孤立地发展和运用的,相反,它们是以一种有序而又互惠的受限的方式运用的,出现在对一种生活方式的追求之中,并且借助于它,而对这种生活方式的追求在某种程度上必然是文化上具体的。我们关于与这些潜能相连的道德直觉总是会在不同程度上受到我们关于整个生活方式的道德判断的限制。那并不意味着我们无法超出自己的初步判断,获得对人类福祉和幸福的一个更为普适的解释——但是,它确实意味着我们不能从我们关于基本人类潜能的道德意义的直觉开始,仿佛无须进一步的论证,这些潜能对所有赞同的人们都具有理性的说服力似的。[①] 而且,这些论证将

---

① Nussbaum 试图先发制人,预先阻止有人提出她对基本潜能的解释在文化上受到限制的异议,她的方法是在与印度女性的交流当中提出那种解释,这种交流是在她作为自己的项目研究的组成部分进行的两次访问过程中展开的(细节请参见《妇女与人类发展:潜能路径》,xvi-xviii)。但是,不清楚针对她所报道的基本价值共识能够得出什么。Nussbaum 与印度的接触似乎主要是涉及发展项目的(转下页注)

第三章　德性与幸福生活

会要求[151]努斯鲍姆希望避免的那些东西,即,对以一种人类特有的方式繁荣意味着什么的有争议的理论解释。

这个结论还会得到强化,因为我们稍加留意就会发现,努斯鲍姆的基本潜能清单是通过她先前的道德信念形成的——实际上,我们刚才已经看到,她略去了某些普遍的潜能,因为它们是有道德争议的。她的基本功能和潜能清单包含着明显反映道德判断的项目,例如,"拥有性满足以及与生育有关的选择的机会";接受教育以达到"识字和基础数学和科学训练";享有"与政治和艺术言论相关的表达自由,以及宗教活动的自由"。① 这些东西是值得追求的,在这一点上笔者是赞同努斯鲍姆的。但是,对于说它们与人类福祉是如此紧密地联系在一起,以致有人如若被剥夺了它们就可以被正当地视为病态的、痛苦的或者畸形的,却不敢苟同。努斯鲍姆似乎料到了这一异议,她评述说,在道德上真正重要的是个人有运用和发展基本能力的自由,如果他们这么选择的话。② 但是,这反映的是一个关于自治的优先价值的道德判断,至少可以争辩说,它本身具有文化的具体性——以及我们将会看到的,神学具体性。相比之下,努斯鲍姆不会为根源于人类的侵略潜能、统治潜能或者

（接上页注）女性构成的,这些项目都是西方发展和救援结构发起的,尽管这些可能包含着印度社会的重要部分,但它们能否代表整个印度社会也未可知。值得注意的是,在印度工作的人类学家和文化心理学家记录了一些印度女性当中的极为不同的道德信念——这些研究也不一定是有代表性的(也不能得出任何这样的结论),但是它们却表明情况比努斯鲍姆想象的更复杂。相关研究及其对于跨文化道德对话的含义的很好的讨论,参见 Richar Shweder,《人们为何烧烤？ 文化心理学的食谱》(*Why Do Men Barbecue? Recipes for Cultural Psychology*),Cambridge: Harvard University Press,2003;关于作者对印度女性文化态度的研究细节,特别参见"白人负担"的回归与印度妇女的家庭生活》("The Return of the 'White Man's Burden' and the Domestic Life of Hindu Women"),与 Usha Menon,页 217—275。

① Nussbaum,《妇女与人类发展:潜能路径》,前揭,页 78—79。
② 同上书,页 87—88。

诸如此类的道德诉求进行辩护，就笔者所知，几乎没有任何人会为这些道德诉求辩护。① 但是，这些也是普遍存在的人类潜能。[152]那么，为何不把它们也视为产生成就的要求？对于这个问题笔者看不到有任何明确的答案，能够仅仅通过福祉加以表达——毕竟，侵略和统治的潜能不仅是普遍存在的，它们似乎还服务于维持个人和社会生活的根本功能。这不可避免地要得出结论：某些人类潜能——或者称之为需要或欲求，这取决于具体的理论——会被视为比其他的更属于人类。

一旦我们开始作出这些类型的判断，我们就已经从对福祉的评价前进到发展一个传统的、道德负载的幸福概念了。这就把笔者带回到了前面已经提出的要点之上。最初，福祉的概念似乎提供了一个诱人的替代品，可以取代对人类生存的恰当形式或者理想的更为实质和有争议的解释，可以说那就是幸福。但是，福祉和幸福概念似乎无法如此干脆地区分。在从福祉解释转向道德理论的过程中，我们似乎不可避免地发现，我们正在作出种种我们希望避免的关于人类生活的恰当形式的判断。出于同样的原因，一个明确的、完全发展的幸福观要求我们清楚地表达人类生活的恰当外形，并且为它辩护。如果我们试图在任何情况下都不可避免地发现自己在作出这类判断，那么，当然最好是使用我们竭力辩护的术语直截了当地这么做，而不是含蓄地、没有论证地这么做。

---

① 可以推断，Nussbaum 会把这些纳入有道德争议的潜能，没有提出道德诉求，但是她为什么要这么做呢？残忍是一个比较简单的例子，因为根据定义，它在道德上就是有害的，但是却不能这样说侵略。John Case 是笔者所知的接近为侵略的积极价值进行辩护的学者，他巧妙地探讨了一个正当的自尊何以既预设愤怒的潜能，也预设对其他人提出要求的能力，参见《异教德性：伦理学论文》(*Pagan Virtue: An Essay in Ethics*)，Oxford：Clarondon，1990，页 10—28。相似地，他在第 67 到 83 页表明，至少某些形式的勇敢和高贵或许要求侵略行为的潜能，这不是每个人都拥有的——但不知道他想要把这条论证推至多远。

尽管如此,如果说被理解为一个道德理想的幸福,与福祉之间存在着一个不确定的、似是而非的关系,随便怎么理解这两个概念都行,这仍然是正确的。事实上,它们之间的关系对于幸福含义和意义的道德争论是至关重要的。正如安娜斯所指出的,

> 因为幸福确实具有这种对个人生活感到满足、对其采取积极态度的暗示,那么在我们反复思量之前,就很容易把它与那些东西联系起来,它们使得大多数人满足于自己的生活——财富、荣誉,以及笼统地说那些成功的结果。我们就会明白,把幸福与这种世俗的成功区分开来的理论是要付出代价的。但是,我们业已看到,幸福非常模糊,只能仅仅作为终极善的一个粗疏的说明,而且我们将会发现,有充分的理由发展以下观念:幸福针对的是人的整个生活,它要求行为,而且它与我们作为目标追求的其他善性质不同——即使当这些发展[153]威胁到了幸福一词通常所具有的正面含义也是如此。①

我们甚至无须探究关于幸福的古典讨论的那些细节,安娜斯详细地叙述它们,是为了弄清我们为何想要抵制直接把福祉等同于道德意义上的幸福的做法。首先,也是最为根本的,如果幸福是一个道德概念,那么我们似乎应当颂扬和钦慕那些人,他们在幸福所必要的意义上是幸福的,并且只须祝贺他们即可。出于同样的原因,未能达到真正的幸福似乎必然具有应受谴责和责难的含义。难以准确地说出这究竟意味着什么,例如,它是否意味着在相应的方面没有做到的人应当承担责任。我们通常假定,道德评价严格地限定于一个直接或者间接负责的行为和状态,但这却不是自明

---

① Annas,《幸福的道德性》,前揭,页46。

的。钦佩某人的勇敢，鄙视她的懦弱，即使我们知道这些特点都来自女性无法自控的先天性格，这也并不全然荒谬。当然，这个例子提出了它自身的一些问题，这些问题是我们无法探究的。笔者的观点是，即使我们赞成这种可能性：非自愿的特征可能正当地激发道德反应，这些仍然是性格特征，是直接通过特定类型的行为表现出来的性情和潜能。即使按照这个假定，把道德责任与体力、美貌或者（相反地）失明这些身体上的优良或缺失联系起来似乎也是荒谬的。然而，如果我们把人类的福祉，正如前面所描述的，置于与其他福祉形式类似的位置，那么显然身体的优良确实对一个人的福祉有所贡献，而身体的缺陷背离了它或者破坏着它。因此，无论我们怎样看待道德意义上的人类幸福，都无法把它等同于前文所理解的福祉。

笔者刚才指出，把道德内涵与失明这样的身体缺陷联系起来是荒谬的。但是实际上，"荒谬"似乎太弱了——许多人会发现，这种暗示是无礼的。而且基于相似的原因，甚至连暗示这个人缺乏某种实现人类繁荣所必需的东西，也会让很多人感到问题多多。毕竟，我们会说，一个盲人不一定缺少作为一个人所根本需要的任何东西，即使他有所缺失，这破坏了他的实践层面上的正常功能。他可能与他的不盲的妻子一样都是好人。实际上，他很可能[154]是一个更好的人，我们可能会钦佩或者妒忌他。我们甚至会得出结论：他的个人魅力（在部分上）正是通过他对失明的反应发展出来的，并且通过它显现出来。按照这种思路，我们可能会说他的失明已经成为了他的好运，因为它给了他开发真正人类魅力的机会——如果我们明智的话，我们会把这个留给他自己去说，假如他愿意的话。

这些反应折射出了一系列的直觉，我们可以把它们追溯到古代对真正幸福的本质的反思。那就是说，按照这种观点，真正的幸福或者（我们也可以说）真正的人类生存完全不是一件动物福祉的事情，相反，它是一个性格的问题，通过它个人表现出她作为一个道德存在者的特殊身份。相应地，按照这种观点，算作是人的内容仅仅在于作为一个道德存在者，具有特定类型的魅力。按照这种观点，如果一个人要实现和运用道德魅力的话，那么身体的存在和最低限度的健康是必需的，但是一旦这个最低标准达到了，一个人作为自然的和动物的存在物所遭受的那些缺陷和不幸与其真正的魅力就再也毫无关联。实际上，由于道德魅力可以被视为一个多少有些持久的实现，或者换言之，某种至为珍贵但却易于凋零的东西，那么一旦个人实现了道德魅力的话，即使那些阻碍或者破坏个人发挥道德魅力的持续能力的伤害也不应被视为真正的伤害。对于真正的好人来说，甚至死亡也不一定被视为一个伤害。实际上死得其所可以被视为德性的至高成就，是好运的神来之笔。

那些熟悉古代道德魅力和幸福反思的人都会承认以下图景——即，不可能被任何外在的因素所伤害的道德上善的人的形象，因为没有任何外在的力量能够迫使一个好人交出唯一值得拥有的东西，那就是道德德性。这就是我们在某些古代文献之中所找到的潜藏在关于幸福的悖论性的主张之后的图景——失去家庭、朋友、健康、家园的好人，他仍然是幸福的，幸福地痛苦着，甚至在死后他也是幸福的（这不仅仅是因为他躲过了那么多的不幸）。这些主张往往会遭到反对，被说成是道德热情离奇的过度，但是我们还是能够看出，它们为什么在特定的前提下是有说服力的。那就是说，如果我们定义了真正的人类生存，以及潜在的人类幸福，根据一个人作为道德主体的生存和魅力，那么就可能得出结论：肉体作为宿主所遭遇的各种疾病对于个人真正的生存和幸福来说都是毫不相干的。当然，这个理想也有现代回响，按照康德的主张，道德上的善良意志是[155]唯一无条件的善，还有默多克（Iris Murdoch）对无条件的德性价值的有力辩护。①

然而,这个结论却是一个悖论,而且有人认为在古代也是如此。正如亚里士多德所评论的,或许带着恼怒,没有人可以认真地说,包含着巨大痛苦和不幸的生活是幸福的。② 这个评论反映着另一组直觉,安娜斯把它简要地总结为:"因为幸福确有这种满足于个人生活和对生活抱持积极态度的含义,那么在我们进行太多的反思之前,它往往与那些事物相连,它们使得大多数的人对他们的生活感到满足"——即使不是财富和荣誉,至少也是一种健康的、成熟的(fulfilled)动物生存所具有的那种基本满足。如果我们应当认真地对待幸福与满足之间的古典联系,那么基于同样的原因,我们就不应过快地拒斥基本福祉对一种充分的幸福的道德理想的意义。尽管我们无法简单地把幸福等同于福祉,我们仍有可能为二者之间的某种积极关系进行辩护。当然,这里的难题在于,这种关系会是什么呢?以及我们如何提出一种解释,它既可以尽量利用那些区分福祉与幸福的意见,又可以公平对待那些极力主张二者联系的人?为了着手回答这些问题,我们现在需要转向阿奎那对古典幸福概念的解释。

阿奎那在《神学大全》第二集第一部分(prima secundae)首个问题的引论部分提出了他的近期计划,表明他将以思考人生的终极目的(final end)开始,然后转向对实现该目的的方式的思考。

---

① 因此,康德说,"唯一无限定或限制而是善的东西是善的意志。也就是说,唯独一个善的意志在任何情况下、在绝对的善和无条件的善的意义是善的。我们可以把它描述为在其本身即是善的东西,独立于它与其他事物的关系而是善的"(《道德形而上学奠基》,H. J. Paton 英译,1948,重印,New York:Harper,1964;3rd ed. 1956,页17),强调为原文所有。Iris Murdoch 同样捍卫了德性的无条件的价值,《善的至上性》(*The Sovereignty of Good*),London/ New York:Routledge and Paul/Methuen,1970,页 77—104;特别注意她的评价:善人看到了"德性的无目标性、它的独有价值以及它的要求的无止境"(页 104)。

② 特别是《尼各马可伦理学》,I. 4,1095b35—1096a1。

"因为人生的终极目的是幸福，"他补充说，"必须首先思考一般理解的终极目的，然后再思考幸福"（第二集第一部分第 1 个问题引论）。他在第二集第一部分的第 1 个问题和第 2 个问题陆续展开了这个计划。在确定了为一个目的而行为是人所特有的，并且引申出该主张的某些含义之后（第二集第一部分第 1 个问题第 1 到 3 节），他接着论证人生有一个最后目的（ultimate end），至少在一个将会排除一组无限序列的目的或者多个[156]目的的最低限度的意义上来说如此。显然，只有以一般的术语表述该目的这个主张才是合理的，因此我们可以不出意外地进一步读到，每个人都有一个最后目的，即，可以被理解为个人主动能力（active power）的最为完整的可能发展和运用的那种完美（第 1 个问题第 5 节）；更有甚者，每个人都欲求并做出基于这一最后目的的任何事情（第 1 个问题第 6 节）。所有人都分享着这同一最后目的，因为每个人都自然地欲求他或她自己的完美（第 1 个问题第 7 节）；实际上，我们在某种意义上与其他所有的造物一同分享着这一最后目的，因为每一造物都自然地趋向于追求和维持其按照自身具体形式的完整和完美发展的生存（第 1 个问题第 8 节）。然而与此同时，人是以一种独特的方式欲求和追求完美的，通过思虑行为，带着一个趋向保证或维持该目的的目标（第 1 个问题第 8 节）。

在这一点上，阿奎那融入了反思幸福的古典传统。正如他在另一个文本当中早已解释过的，幸福等同于一种理性的或者智性的造物所特有的完美："幸福被理解为一种理性的或者智性的自然所具有的最终完美；因此，它是某种自然欲求的东西，因为任何事物都自然地欲求它自身的最终完美"（第一集第 62 个问题第 1 节）。他由此从对一般认为的人生目的的分析直接过渡到了对幸福概念的更为集中的分析（第二集第一部分第 2 到 3 个问题）。他首先从赋予幸福的形式概念以实质含义出发，把它视为完美，然后拒斥各种不同的其他说法（第二集第一部分第 2 个问题第 1 到

7节),最后得出结论认为人生的最终目的只能是上帝,通过沉思实现——这是一个古代早已给出的答案,但以前没有进一步的限定:实现的模式最终超越于人(或者任何其他种类的造物)的自然能力(第二集第一部分第2个问题第8节;对比第一集第12个问题第4节;第二集第一部分第5个问题第5节)。①

阿奎那接着论证,荣福直观符合古典讨论之中所浮现的幸福标准,并且比任何传统的选项都更加符合(第二集第一部分第3个问题第8节)。它完全令人满足,因为它反映我们认识和欲求能力的最为完满的充分发展(fullest possible development),也就是完美;它是完整的和至高的;而且它能够被完全确定地享有,因为它永恒持续,绝无丧失的可能(第3个问题第8节;第5个问题第3、4节;对比第2个问题第4节;第3个问题第2节答复4)。② 显然,[157]荣福直观的幸福代表着阿奎那自己在第一部分(prima pars)所提供的幸福的形式定义,因为它构成着一种理性本性的最后完美。按照这一标准,幸福的任何争议备选都缺乏,只有荣福直观才能被毫无限定地说成是幸福(第二集第一部分第3个问题第8节)。

阿奎那对最后一点的论述异常坚决,以致一些评论者甚至得出结论说,他否认(或者至少没有触及)那种可能性:存在一种幸福形式,它是被视为特定种类的造物的人类(human being)所先天固有的。③ 然而,他在其他地方却明确地提到了一种幸福,它是人

---

① 这些要点在《反异教大全》当中得到了更为充分的展开,阿奎那在那里首先确认人生的最后目的只能是荣福直观之下的对上帝的直接沉思(III 37),然后接着论证我们在此生当中对上帝的种种沉思都不构成最后的幸福(III 38—40)。
② 同样这里的相关论证再次在《反异教大全》当中得到了更为充分的展开,特别参见 III。
③ Anton Pegis 清楚地阐述了这些选择,《自然与灵性:对人之目的难题的思考》,见 *Proceedings of the American Catholic Philosophical Association* 23(1949):62—79,以及 Kevin Staley,《幸福:人之自然目的?》("Happiness: The Natural End of Man?"),见 *The Thomist* 53, no. 2(1989):215—234;更多的文献参见第二章注释 70。

(human person)所先天固有的,也是与我们能够通过自己的未受恩典助佑的自然能力(natural powers)所获得的那些德性相称的(第二集第一部分第 5 个问题第 5、7 节;第 62 个问题第 1 节;第 63 个问题第 3 节)。此外,这些选择并没有穷尽阿奎那所面对的可能性。他还提到一种幸福,它不是我们先天固有的,因为它以恩典为前提预设,但还够不上最后的和完整的幸福(第 5 个问题第 3 节答复 1,以及更为清楚的是第 69 个问题第 1、2 节),而且他也把一个人的意志的实现描述为一种幸福(第 5 个问题第 8 节)。当他采用一种可以追溯到欧塞尔的威廉的划分时,他把世俗的幸福,无论是它的自然形式还是超自然形式,都视为一种与荣福直观的完美幸福形成对比的不完美的幸福。(例如,参见第 4 个问题第 6 到 8 节和第 5 个问题第 3 到 5 节)。①

由此可见,阿奎那对幸福的讨论是复杂的。他不仅区分了完美的和不完美的幸福,而且也确定了不止一种的不完美的幸福,相应地,他在这种背景下对"不完美"的理解也不止一种方式。那些得享恩典者的幸福从不受限定的意义上说是一种不完美的幸福期待,然而它却具有发展成为完满幸福(full happiness)的潜能(第二集第一部分第 69 个问题第 1、2 节);与之相对,我们所正常地先天固有的那种幸福不仅是相对有限和不完整的,而且也与完美的幸福有着质的不同(第 62 个问题第 1 节;第 63 个问题第 3 节)。至于第四种幸福,阿奎那只是顺便提及,把它等同于个人意志的实现。然而,从语境上来看,这种幸福似乎与其他种类不同,它不仅能够包括有限的和不完美的幸福,也能包括全然错误的幸福,因为男男女女实际上都在以种种扭曲的方式追求幸福(第二集第一部分第 5 个问题第 8 节;对比第二集第二部分第 23 个问题第 7 节)。

正因如此,假定阿奎那只承认[158]一种幸福,荣福直观的至

---

① 这正如 Weiland 所指出的,参见"Happiness",页 679。

高幸福,这其实是一个错误;同样错误的是,推断他设想了多重形式的幸福,它们相互之间没有任何内在的联系。我们已经指出,他几乎是在第二集第一部分的开端即论证,人生只存在唯一最后目的(第二集第一部分第1个问题第4节)。正如斯坦利(Kevin Staley)所言,"托马斯没有证明人有两个目的,一个是自然的,另一个是超自然的。相反,他探讨的是一个目的,它是双重的,既在自然层面上实现,也在超自然层面上实现,而且他在《神学大全》当中把它分别描述为完美的和不完美的至福。"①阿奎那从对一般的和形式的意义上所理解的人生的最后目的的思考入手,这是经过深思熟虑的,因为这可以为他提供一个框架,从中分析和串联各种不同意义的幸福,这些也被视为可以说是人实现终极目的的各种不同的方式。

我们应当记得,这种终极目的被阿奎那确定为完美,即,个人与其特定形式相符的潜能的最为完满的可能发展。这意味着,不同含义的幸福应按照不同层次或者模式的完美加以理解。诚然,他对完美形式和不完美形式的幸福的划分似乎意味着,我们必须按照完美的完美与完美的不完美的分类进行思考。这有点悖论的味道。然而,如果我们根据完美的不同阶段或者层次来阐释它,那么我们就可以搞清这种论证思路。因此,我们通过恩典得享的不完美的幸福在以下的意义上是不完美的:它是不完全的,未发展的,但潜在地能够被成全为完满。相反,我们作为特定种类的造物所先天固有的那种幸福,与启示给我们的较大可能相比却是不完美的,但按照它自身的层级来思考,它(至少从理想上说)代表着人

---

① Staley,"Happiness",页227;Weiland得出了相似的要点,"Happiness",页678—680。然而,笔者要补充一点,阿奎那事实上的确承认一种自然的幸福的存在,它可以作为一个有限但却不同的幸福被体验到和享受到,尽管我们没有被任何更远的目的召唤。笔者在一点上同意Steven Long,《论一个纯粹自然的人的目的的可能性》,见 The Tomist 64(2000):211—237。

这种造物根据其自然的运动原则所具有的完全的完美。①

[159]最后,阿奎那在第二集第一部分第 5 个问题第 8 节所提到的那种衍生的幸福(derivative kind of happiness)(存在于个人意志的实现之中),不一定等同于任何意义的真正完美的实现。它只能被视为一种幸福,因为人这种造物与非理性的造物不同,只能通过对最后目的的知的追求,才能达到幸福,这就是开启了误入歧途的截然不同的可能性。特别是,它打开了罪的可能性——而且,正如我们在别处读到的,罪人欲求他自己的善,但是,按照他真正是什么的一种错误的观念,他却错得离谱(第二集第二部分第 5 个问题第 8 节)。然而,每个人都必然欲求他或她的完美,不管是正确理解的,还是错误理解的,而且这就等同于幸福——因此,任何人作为一种至高的实现性的善加以欲求的东西都可以被视为一种幸福,尽管是一种衍生的意义(阿奎那没有直接以这些术语进行论证,但是可以参照第二集第二部分第 23 个问题第 7 节)。

当阿奎那直接转向"什么是幸福?"(第二集第一部分第 3 个问题)这个问题时,他引入了一个进一步的区分。他在思考这个问题的开端就指出,可以这样来描述幸福,(我们或许可以说)主观的或者客观的,也就是说,以什么被作为一个至高实现的善,或者以个人对那种善的实际获得和享用(第 3 个问题第 1 节)。这暗示了一种截然的划分,一个是完美的幸福,另一个是我们此生能够实现的不完美幸福的不同形式,因为正如阿奎那前面刚提到的,任何有限的善都无法实现人对幸福的欲求,只有上帝才能做到。然而如果

---

① 当然,这种幸福将是短暂的,充其量也是有限的,而且我们也清楚那些限制——然而,正如 Long 所表明的,这并不必然暗示着,如果我们实际上没有被召唤到更高的与上帝直接合一的幸福,那么我们就不会觉得自然的实现是令人满意的,或者我们就会被未完成的渴望所折磨。参见《论一个纯粹自然的人的目的的可能性》,前揭,页 226—229。应当补充,在笔者看来,不应把对幸福的自然欲求直接等同于直观上帝的自然欲求;然而,讨论这个复杂而又争议颇多的话题会把我们带得太远。

接着读下去，我们会发现，从另一个意义上说，这种分析思路开启了一个更进一步的方式，它把不同的、正确意义的幸福相互联系起来。也就是说，从一种人的状态或实现的视角来看，幸福在每种意义上都是某种受造的东西（第3个问题第1节），而且更为具体地说，它是某种活动："就人的幸福是某种存在于人之中的受造的东西而言，一定可以说人的幸福是一个活动。因为幸福是人的终极完美。那么任何事物就其处于实现之中而言都是完美的，因为一个没有实现的潜能是不完美的。因此，幸福应当存在于人的终极实现之中，这是必然的"（第3个问题第2节）。

为了弄清阿奎那在此处究竟得出了什么，我们需要回想，按照他的观点，每一种造物都自然地趋向对于其种类来说是自然的那种有序的运行模式的最为完满的可能发展。相应地，完美就被理解为，造物的意向（dispositions）和潜能（capacities）按照该物所是的具体种类所特有的那些倾向，最为完满的可能发展和表达。对于生物，包括我们人类来说，完美是以一种特定的生命形式表达出来的，通过运用那种构成着[160]造物形式的"有序的功能潜能"——换言之，完美存在于运行。而且，实现是任何种类的存在都具有的根本特点——每一种实际存在的事物都处于实现当中，从而就其完全处于实现之中而言可以被说成是完美的。① 因此，作为完美的幸福是与更为一般的作为完美的实现的观念相对应的——理性造物的幸福就是其处于实现之中的方式，按照其具体种类成为完美的方式。人这种造物的复杂性意味着，我们不像其他的动物，我们能够以不同的方式、在各个等级上获得完美，包括某些超出我们的自然能力之外的完美。但是，不管怎样理解完美，

---

① 更多细节内容参见 Robert Pasnau 对实现的形而上学的富有启发意义的讨论，《托马斯·阿奎那论人性：对〈神学大全〉第一集第75到89个问题的哲学研究》，前揭，页143—151。

它都必然包含对那些能力的某种程度的恰当发展和运用，这些能力是我们作为具体种类的造物所特有的——那就是完美。

这种分析路线打开一个思路，从而可以讲得通完美的不完美等级的观念，否则它就是似是而非的，因为正如阿奎那的评论所揭示的，一个存在物的可以在不同的层次上展开和发展。荣福直观代表着只属于人类的知识能力和理性充盈的爱的最大可能的运用和发展，并且也流向其他的官能（第二集第一部分第 3 个问题第 3 到 5 节）。任何有限的对象都无法以一种同样完整和令人满足的方式吸引人类能力。然而，我们特有的人类的知识和爱的能力理所当然地只能在此生具备和运用——尽管我们的知识和爱的有限对象被客观地说成构成着幸福，就它们是真正的善，以及由此真正是主体的完美而言。实际上，鉴于阿奎那所坚持的幸福与完美之间的那种联系，他几乎不能说别的了。

这就把我们带到了以下问题上，我们或许可以把它描述为世俗幸福的不同形式的实质性内容。阿奎那在第二集第一部分第 3 个问题第 5 节评述说，不完美的幸福首先是由思辨理性的运用构成的，其次才由实践理性的运用构成。这似乎表明，他只是简单地接过了亚里士多德的断定：思辨生活带来了幸福的真正的、唯一的形式，即便把一种超自然的成就可能性排除在外。在他的某些前期作品当中，他确实是这么说的，但他后来显然限制和修正了这种观点。① 正如魏兰德（Weiland）所指出的，他的[161]作为完美的幸福的分析逻辑意味着幸福必定是整个人的一种完美，而不仅仅是他的思辨理性的完美；而且，他对人性统一性的信守也排除了一种亚里士多德观念，根据这种观念存在着两种实质上不同的幸福，分别由思辨生活和实践生活所代表。② 这两种方式必须被视为一

---

① 例如，参见 De veritate 27. 2.
② 参见 Weiland, "Happiness"，页 678—680。笔者排除了这是否实际上就是亚里士多德的观点的难题。

个完整的人类善的两个方面的象征，必须由此而被带入某种完整的联系之中。

接着读下去我们会发现，他把此生可以实现的幸福种类等同于理性的运用，不管是思辨的还是实践的（第二集第一部分第 4 个问题第 5 节）——也就是说，等同于德性的运用，通过它们（正如我们在稍后读到的）人的潜能以这种正确运用的方式得到发展（第 4 个问题第 6 节；第 55 个问题第 4 节）。因此，他顺理成章地说，自然赋有的人类幸福（connatural human happiness）存在于德性的运用之中（第 5 个问题第 5 节；对比第 62 个问题第 1 节；第 109 个问题第 2 节），它是一种能够通过我们的自然力量的恰当发展加以实现的幸福。同样地，我们在此生通过恩典享受的那种幸福存在于神赋德性（infused virtues）的践行和与之相伴的圣神的恩赐之中（第 69 个问题第 1 节）。那么，它就被至福赋予了实质性的内容，这些至福既是恩典的生活特有的那种尘世幸福的条件，也是对它的享受（第 69 个问题第 1 到 2 节）。① 当然，德性的生活难以成为人生的最终目的。尽管如此，阿奎那把两种真正尘世幸福的形式（它们公认地达不到最终的幸福）等同于德性的实践，不管是修成的（acquired）还是神赋的。②

我们在这一点上似乎看不到福祉及其与幸福的联系。阿奎那事实上没有把任何类似于一种非道德福祉形式的东西包含在他所指明的各种不同意义的幸福之内，而且这是一个非常重要的事实。但是，这并不意味着这里所理解的福祉对于他来说不重要。相反，德性预设着福祉，不管是在概念上还是在实践意义上——也就是说，一种基本善的生活所特有的倾向和满足提供了起点，而且可以

---

① 至福在神学伦理学当中很少受到重视，Servais Pinckaers 的作品代表着一个相对显著的例外，例如，参见《福音与道德》，页 56—64。
② 因此，在《反异教大全》III 34—35，阿奎那说，终极幸福并不存在于道德德性或审慎的实践之中，而是相反，其他有争议的幸福选项被毫无限制地说成不算作幸福。

说提供了这些德性发展、实践和反思性理解的质料。事实上,人类特有的福祉[162]差不多就等同于德性的生活——之所以说是"差不多",是因为福祉的某些方面能够在没有德性的情况下实现,反过来,有可能在排除完全享受自然福祉的条件下实现和实践修成的德性(甚至神赋的德性)。正如我们在后面将要看到的,德性的理想不仅比福祉的理想更具包容性,它还可以采取一些似乎是放弃更为基本的理想的方面的形式,至少乍看起来如此——显见的例子如僧侣的理想:贫穷、独身和顺服,这是阿奎那及其同时代的人坚决捍卫的生活方式,它对基本人类善的放弃是值得称赞的。尽管如此,我们将会看到,人类福祉之于德性生活不仅仅是条件或基础,而且还是一个试金石,可以用于对以下东西的典型的例示的检验:它最终被证明是一个更为广泛、更为复杂的理想。

我们往往习惯于认为自然法与德性是道德推理的两条不同、甚至相互对立的路径,尽管最近几年来也出现了把它们二者放在一起的重要尝试。① 至于阿奎那自己的对话人,这里所提出的分析思路似乎并非特别令人奇怪或者具有原创性。按照这种分析思路,自然法是从德性那里获得自己的规范的。其他的经院主义神学家指出,自然法的诫命是公民德性或者政治德性的首要原则(first principles),欧塞尔的威廉和大阿尔伯特都是在德性的更为广泛的讨论的背景之下发展自己的自然法理论的。阿奎那的阐释

---

① 在哲学家中,这些人包括 Hursthouse,《德性伦理学》,特别是页 25—42,在神学家中包括 Servais Pinckaers,《我们永远无能为力之事:内在恶的行为问题、历史与探讨》(*Ce qu'on ne peut jamais faire : la question des actes intrinsèquement mauvais, Histoire et discussion*), Fribourg: Editions Universitaires Fribourg, 1986,页 131—136; Pamela Hall,《叙事与自然法:一种托马斯主义伦理的解释》, Notre Dame: University of Notre Dame Press, 1994; 以及 Martin Rhonheimer,《自然法与实践理性:一种托马斯主义的道德自律观》, Gerald Malsbary 英译, New York : Fordham University Press, 2000。Pinckaers 对这个主题的评论颇具启发,只是过于简略了;笔者在后文将更为详细地讨论 Rhonheimer 和 Hall。Annas 在《幸福的道德性》当中提出了对这个问题的古典反思的主要路线,页 84—108。

独特之处毋宁在于那种方式,他把尘世的幸福形式等同于德性的实践。在接下来的部分,笔者把这种联系作为一个起点,从而发展一种托马斯主义的自然法解释。

更为具体地说,笔者将要证明,幸福是自然法规范的近源(proximate origin)。这里所提到的幸福是尘世的幸福,无论是其自然的形式还是恩典的形式,都被理解为等同于德性的实践。反过来,这些德性又是使得我们的知识和爱的潜能完美的性情,这些潜能在维持人生所必需的那些广泛的活动之中都得到了运用。因此,它们被视为[163]规范性的理想,根源于自然倾向和人体组织的需要,并被这些倾向和需要所塑造,而且不可消除。因此,我们的德性行为的范例,以及基于这些范例的反思性理想,代表着福祉与自然法规范之间的连接点——在大阿尔伯特所说的自然作为本性,与自然作为理性之间。这种论证超出了阿奎那直接说出的内容。但是,他确实也说过,诫命根源于德性,而不是相反。这至少可以表明,一种从德性行为的理路过渡到自然法规范的论证思路并未脱离他的总体意图(《论恶》2.6)。不管怎么说,笔者希望在接下来的内容中更为详细地说明,这种分析思路利用并发展了他在以下方面的评论:一个是德性及其与人类福祉的关系,另一个是人类完美的理想。

二、福祉、幸福与德性的实践

阿奎那在《神学大全》之中分析了一个更为一般的概念——"习性"(habitus),从中发展出了一种德性的阐述。他解释说,这是人类知识或者欲求能力的一个稳定的性情,通过它该能力被赋予了充分的确定性,从而通过某种行为发挥出来(第二集第一部分第 49 个问题第 3、4 节)。更为具体地说,道德德性是习性(habitūs),或者说稳定的性情,它们是人类独特的智力方面的活动、判断和欲求的潜能所具有的,通过它们人愿意以好的、恰当的方式行为,同时避免恶的行为类型(第55个问题第1节)。① 这意味着德性是运行的习性(operative habits),趋于产生可以辨识的行为类型(第55个问题第2节);而且,为了算作一种德性,一种性情必须趋向一种好的行为类型,因为"德性"意味着一种完美,它总是这么地好(第55个问题第3节)。阿奎那接着说,伦巴德(Peter Lombard)在《语录》当中所提出的德性定义是可以获得的传统定义之中最好的:"德性是一种良好的精神品质,通过它我们正直地生活,没有人可以用坏它,它是上帝在我们之中、在我们之外创造的"(第55个问题第4节)。当然,他不得不对这个定义稍作调整,从而使它与自己的总体分析相协调。他这样来解释"一种良好的精神品质",使它等同于他的更为技术化的"习性"概念。更为重要的,他指出定义的最后一句只适用于那些天赋德性,它们是上帝赐予我们的,无需我们的行为。于是,他引入了一个区分,一方面是天赋德性,它们把与上帝合一作为自己的直接或间接目标,另一方面是修成德性,它们指向人类善的实现,这种善是理性所理解的,并且能够通过人类行为实现(正如它的名称所暗示的)。

在随后的问题中,我们发现阿奎那把修成的德性等同于传统的枢德(cardinal virtues),即,节制、勇敢、正义和智慧(第二集第一部分第61个问题第1节)。按照它们自身典型的表达形式,它们或者被理解为道德善的一般品质,或者被理解为具体的德性(第61个问题第2到第4节)。修成德性区别于信、望、爱等传统的神

---

① "在某种程度上是相同的",因为如果离开了德性的习性,一个人会出于欲求而行为——她简直无法做好。阿奎那可能会提出更强的主张:如果一个人离开了以一种方式而不是另一种方式行为的稳定倾向(即,德性或者恶习),他就无法在那种适合人类行为的意义上出于欲求而行为,也就是说,出于一种把恰当的和可以实现的善作为欲求的对象的有理由的观念(正当的或者失当的)而行为。但是无论如何,较弱的主张一定是适合该理论提出的目标的。

学德性,这些德性无法修成,只能靠上帝直接地赐予(第62个问题第1、2节)。然而,他接着说,爱德的赋予伴随着天赋的枢德,这些德性尤其不同于它们的那些修成的对应德性,因为它们指向一个不同的目的(第63个问题第3节)。

到此为止,笔者已经回顾了阿奎那德性理论的主要思路。这可以提供一个语境,在这个语境之中可以更为集中地回到前文所提出的问题。这么理解的话,这些德性与幸福的实现有什么相干呢(如果相干的话)？我们或许会认为,德性提供了一个实现幸福的手段——要么是在我们通过一种道德的生活挣得永恒幸福的意义上,要么是在作为实现当前幸福的工具性手段的意义上。阿奎那清楚地表明,只能在一种延伸的和严格限定的意义上才能说我们应得永生,因为他竭力坚持完整的恩典奖赏,那是天赋德性的根源所在。① 而且,没有任何迹象表明,他把尘世的幸福视为上帝分派给道德生活的一种奖赏。但是,这也为把德性与此生的幸福联系起来留下了其他可能性。一个明显的可能是,德性是实现福祉或者幸福,或者至少是福祉所必需的某些善的工具性手段。许多道德哲学家都力挺这种一般的观点,其中最引人注目的当属赫斯特豪斯,另外鲍林(John Bowlin)在他的[165]近期作品《阿奎那伦理论之中的机缘与命运》当中也论证说这是阿奎那的观点。②

在鲍林看来,如果按照阿奎那的方式理解德性,它们只能在与

---

① Joseph Wawrykow 在其《上帝的恩典与人类行为:托马斯·阿奎那神学的优点》(*God's Grace and Human Action : Merit in the Theology of Thomas Aquinas*), Notre Dame: University of Notre Dame Press, 1995, 当中对相关文本进行了一个全面而又深入的分析;他讨论了阿奎那的成熟时期的思想,特别涉及《神学大全》,页147—259。

② Hursthouse 在《德性伦理学》之中为这种观点进行了辩护,页170—174。然而,她接着主张我们不应期待说服坏人相信德性的可欲性,而且这似乎表明,最低限度地,德性对于道德上中性的急需之物并非纯然是工具性的,参见页178—187。Bowlin 的观点是在《阿奎那伦理论之中的机缘与命运》(*Contingency and Fortune in Aquinas' Ethic*), Cambridge: Cambridge University Press, 1999。

"命运的善"(goods of fortune)——健康、物质财富、友谊,等等——相关的意义上才能得到理解,它们是偶然的,因为可能获得它们,也可能无法获得它们,可能保持它们,也可能无法保持它们。鲍林没有把这些"偶然获得的善"看作是构成了全部的繁荣或者幸福状态,但是他的确试图把阿奎那的德性伦理置于古典关怀的框架之内,这些关怀涉及人类繁荣的永久或偶然,因为它依赖或者不依赖这些善。正因如此,他的分析为我们提供了一个有用的起点,从而可以思考阿奎那思想当中的德性与更为基本的福祉形式的关系。

正如鲍林所解释的,阿奎那的德性理论试图把两条完全不同的德性方法结合在一起:一个是亚里士多德主义的视角,据此德性指向在一个命运主宰的世界里实现幸福;另一个是斯多亚主义的视角,这是阿奎那从奥古斯丁那里继承下来的,据此道德的人是不会受到伤害的。① 鲍林接着证明,亚里士多德主义的观点主导着阿奎那的德性伦理学,因为他赞同亚里士多德的看法:德性具有保护一种不确定的、艰难的人类善的功能目标。然而,阿奎那也想表明,德性的运用及其保护人类善的功效几乎不会受到命运变幻莫测的伤害。正因如此,他才被斯多亚主义的视角所吸引,根据这种视角,德性的运用本身即是好的。鲍林在最后的分析中断定,阿奎那没有接受这种观点,但他确实试图通过一系列的复杂的论证表明,德性所保护的人类善仍然是相对稳定和安全的。因此,按照鲍林的观点,阿奎那把德性理解为工具性的,至少就此世的善来说如此。

这种解释思路有很多值得称赞之处。最为重要的地方在于,鲍林提醒我们,按照阿奎那的说法,德性通常是在对具体的善的追

---

① 对论证主要思路的概述,参见《阿奎那伦理论之中的机缘与命运》,页 12—18;Bowlin 为他所描述的道德德性的"功能品质"进行了辩护(第 138 页),页 138—166。

求之中体现出来的,并且通过这种追求体现,因此,如果不参照这些善它们就无法[166]得到理解。正如我们后面将要看到的,除非谨记这一基本要点,就无法理解德性与幸福之间的关系。然而,这并不意味着德性作为工具性手段而发挥作用,甚至对于那种我们能够在此生获得的幸福的实现来说——相反,正如我们已经看到的,阿奎那把尘世的幸福等同于了德性的实践。如果德性的实践是由尘世的幸福构成的,那么,说这些德性也是实现与一种更为基本意义上的福祉相连的那些具体的善的工具性手段,这简直就是不可理解的。如果在德性与这些类型的善之间存在着一个联系,这似乎走上了另外一条路——换句话说,我们或许会猜想,这些善是实践那些德性的手段,正如阿奎那似乎在某些地方所暗示的(例如,参见第二集第一部分第 2 个问题第 4 节;第 4 个问题第 5 到第 8 节)。

我们在这一点上应当想起,对于阿奎那来说,每个层次上的真正的幸福都是以完美来理解的,进一步又是通过运行所表现的实现来解释的。① 另外还有一个推论,这个推论也是阿奎那直接说出的:不能把幸福等同于对任何有限性的善的占有(第二集第一部分第 2 个问题第 8 节),尽管被创造出来的善(特别是身体本身)是那些构成幸福的运行的必要条件,至少在此生如此(例如,参见第 4 个问题第 6、7 节)。从客观上理解,唯一能够与幸福相连的善是

---

① Bowlin 断定,阿奎那在"德性、完美、本性和善"之间所建立起来的联系"在很大程度上是元语言的。它们规定着那些主宰我们关于完美(人类或者其他)的讨论的语法规则。它们限制着这类讨论发生的逻辑空间"(《阿奎那伦理论之中的机缘与命运》,页 144)。当然,对于任何理论来说,除了别的目标之外,尤其要有助于确定相应类型的讨论的恰当领域。康德的道德理论暗示,道德讨论的领域适用于上帝、天使和人类,但不适用于兔子(除非作为道德义务的对象);自然选择的进化论暗示,物种发展的讨论无法直接适用于习得特性的材料。但是,这并不意味着这些理论是"元语言的",因为它们不是关于语言用法的理论,毋宁只是关于用相应语言进行讨论的实在的理论。至于鲍林进一步的断定"阿奎那的完美概念不起道德作用"(页 144),笔者希望在后文表明并不是那么回事。

上帝(第2个问题第8节),而且甚至这种无限的善也是通过一种有福的运行实现的。鉴于阿奎那把幸福等同于完美,进而等同于德性的实践,那么按照他的理解方式,甚至天赋的幸福似乎也不能被等同于具体的善的实现,即使是部分等同也不行。这些善的实现顶多被等同于前面所说的第四层、也是最弱意义上的幸福——也就是说,是那个人的幸福,她确实把这些善视为她的幸福的构成部分,并且相应地追求它们,这些善的实现或许被[167]等同于那种满足她的意志的标题之下的幸福。但是,正如我们已经看到的,阿奎那把个人意志的完成,不管它具体是什么,视为一种弱化的幸福;从真正和完整幸福的视角来看,或者从不完整但却是我们此生可能的真正幸福的形式来看,在具体的善的实现中所追求的那种幸福会被视为一种错误的幸福形式。

当然,阿奎那也承认,我们在此生需要某些具体的善,从而得以运用德性,因为我们需要最低限度的生活必需品以便有所行为,同时也是因为我们对这些善的追求和运用构成着德性运行的领域(至少在部分上如此,参见第二集第一部分第4个问题第5到第8节)。尽管如此,这样的幸福无法存在于对这个层次的善的享受,因为它们可以被用得好,也可以被用得坏。正如阿奎那在解释幸福为何不在于能力时所评述的,"能力既与善关联,也与恶关联。然而,幸福却是人的恰当的和完美的善。因此,某种幸福可能在于能力的良好运用,它由德性而来,而不在能力本身"(第2个问题第4节)。

那么,似乎甚至也不能把世俗的幸福形式等同于对人类福祉特有的具体的善的享受。在这一点上,阿奎那似乎赞同那些古典哲学家,他们坚持善良的人不能受到伤害,因为他或她不能失去构成真正幸福的唯一的东西——即,德性本身。出于同样的原因,基本的人类福祉似乎也与幸福没有任何真正正面意义上的本质关联。果真如此,这对于阿奎那的自然法阐释,以及他的德性阐释,便具有借鉴意义。如果我们与其他动物共享的那些福祉的基本形式,以及我们不应遭受的相应的伤害类型,都是与道德的人不相干的事情,那么就难以理解,那些根源于这个层面上的福祉的那些思考,是如何在他的道德理论当中找到任何直接的位置的。我们或许可以从他经常重复的评述,"德性,至少在其天赋的形式中,植根于理性",为这种解释找到支撑。这一点或许也暗示了,对于阿奎那而言,自然法纯粹出于理性的理路,与更为广泛理解的人性所固有的可理智理解性,没有任何直接的关系。因此,在他的道德理论之中,"自然作为本性"的观念没有任何位置,那正是他同时代人所理解的方式。

然而,这也不可能是正确的。首先,阿奎那显然相信人性的前道德内容具有道德的意义。尽管他[168]在后期的著作中并没有使用"自然作为本性"的语言,但他确实分享着关于前理性的自然及其道德意义的广泛的经院主义预设。实际上,我们在阿奎那的著作中可以找到比他的许多同时代人更多的诉诸这种意义上的自然的例子。① 这个事实表明,阿奎那所理解的德性与追求和实现具体的善的关系比我们迄今所承认的更为复杂。出于同样的原因,这也给了我们理由去怀疑,对于他而言,福祉和幸福之间存在着比我们迄今承认的更为紧密的联系。

还有另外一个更为深刻的因素,它使得我们在这一点上必须谨慎前行。我们前文已经指出,那些把德性等同于幸福的古代哲学家得出结论说,善良的人不能受到伤害。然而,正如鲍林所正当地坚持的,阿奎那确实不止一次地说过,失去任何一种具体的善的人,例如,生命或者荣誉,都是受到了伤害(例如,参见第二集第一部分第 100 个问题第 5 节,还有更为清晰的,第二集第二部分第

---

① 笔者在拙著《自然法与神圣法:重回基督教伦理学传统》,Ottawa: Navalis; Grand Rapids: Eerdmans, 1999, 当中整理了相关文献,前揭,页 94—95。

123个问题第4节;第124个问题第3、4节)。考虑到我们到此为止所说的内容,我们或许期待他通过以下论证解释这些主张:失去(例如)生命的人,由此就失去了任何进一步运用德性的机会。而且,对他来说,这只是事情的一个部分,而非全部。更为根本的,他通过援引人类天赋的善的类型确认了这样的某些伤害——例如,生命是最为根本的人类善,因为它反映着更为根本的纯粹生存的善,那是每种造物都竭力维持的(例如,参见第二集第二部分第123个问题第8节)。果真如此,那么在阿奎那的道德思想之中,似乎确实存在着一个人类福祉的隐含观念在发挥着作用,即便只是一个否定的作用——即,它在他的关于什么算作一个伤害的评述之中是被预设的。

这个结论是否意味着幸福终究是应当被等同于福祉的,至少在部分上如此?得到这个结论或许过快了,因为正如我们已经看到的,阿奎那也说幸福在于德性的实践,而不在于对特定的善的享受。但是有一点,阿奎那关于伤害的评述表明,在他那里幸福和伤害的概念不是严格对应的。① 也就是说,他显然坚持认为一个人会因为失去或者被剥夺某种特定的善而受到真正的伤害,即使那种损失无法破坏个人的幸福。坦白地说,这听起来是个悖论。然而,当我们想到对于阿奎那来说,几乎每种意义上的幸福[169]都等同于完美,也就是说,等同于倾向和能力按照其具体种类的完满发展和表达时,这种悖论感就会减弱。

我们已经觉察到,完美的观念就像幸福的观念一样,是复杂的,特别是当它适用于一个理性的造物之时。它能够以各种不同的方式、在各种不同的层次上得到实现。而且,这些层面处于复杂的关联之中——有可能在某一层次实现完美,或者在某些方面,而

---

① Hursthouse 提到了一个相似的地方,尽管没有援引阿奎那,参见《德性伦理学》,前揭,页185—186。

在另一个层次却遭遇不完美。有可能实现某些方面或者形式的福祉，而只需要发展一种初步的德性。反过来，也有可能过一种具有杰出德性的生活，而遭受基本福祉层面上的明显匮乏。而且，为实现德性所必需的福祉层次未必是保持它所需的——我们甚至可以认为，放弃那些善，直到包括生命本身，这都算是一种至高德性的行为，它原本是使获得和实践个人的德性成为可能的。基于所有这些原因，存在某些形式的伤害，它们真实地破坏着个人的福祉，而同时仍然使得个人完美作为道德主体是未受损的——因为阿奎那把最为恰当意义上的幸福等同于这种类型的完美，他可以连贯地说，这些伤害尽管真的是伤害，却仍然没有夺走一个人的幸福（第二集第一部分第 5 个问题第 4 节）。

尽管如此，阿奎那确实承认，即使一个有德的人（virtuous person）也会真实地受到损失和损伤的伤害，而且这至少表明道德的性情未必包含一个对基本福祉以及构成它的善的中立立场。有德的人试图在福祉层面上避免伤害，这既是合理的，也是正当的，而且这至少表明他能够在这个层面上正当地追求善。我们可以进一步发挥这种思路。可以回想一下，对于阿奎那来说，幸福的生活，在每一个层面上，特别是最为基本的，是一种完美的生活，也就是说，是一种全面发展和恰当运用自己实现力量的生活。这就是为何说幸福（除了在最为基本的含义上）在于德性的实现——德性本身是人这种造物的实现力量的完美。与之相应，灵魂的每一专属于人的官能都有其对应的一种德性，或者多种德性。理智本身是通过德性完美的，这些德性（除了审慎之外）在道德上都是中立的，而且正因如此，阿奎那在是否毫无限定地把它们描述为德性上有所犹豫（第二集第一部分第 57 个问题第 1 节）。与之相反，意志和激情（passsions）的嗜欲能力是通过道德的德性完美的，这里是在使用该术语的全部含义（第 58 个问题第 1 节）。更为具体地说，审慎或者实践智慧，严格地讲，实践理智的一种德性，却与恰当称谓的道德德性同时考虑，使得主体可以把她的关于[170]道德的善的知识应用于具体的行为。正义把意志导向公平（fairness）和共同善（common good）；勇敢（courage）或刚毅（fortitude）塑造着暴躁的激情，使它克服实现真正善的障碍；节制塑造着欲求的激情，使得主体欲求着与她的总体的善真正一致的东西（第二集第一部分第 61 个问题）。

显著之处在于，这些潜能——实践运用中的理智，意志，以及激情，都被阿奎那划分为两个广泛的范畴，暴躁的和欲求的——能够按照它们在人类生活之中所发挥的非道德的作用进行目的论的分析。实际上，这些潜能的每一个都是人类生活所必备的，在超出一个很小的孩子所具有的那种纯粹的存活水平之外的任何事情上。这么说来，它们是被自己的导向所塑造的，这种导向指向人生的必要功能，甚至在这些功能被德性或者恶习限定之前。正是由于这个原因，它们导向福祉的某个方面，即使在它们通过德性导向幸福之前。实际上，正是这个一般的导向为潜能提供着活动领域，它是被德性或者恶习的习性的确定所预定的。相应地，德性的实现所带来的那种潜能的完美必须是一个可以识别的潜能的完美，这种完美导向主体的福祉——否则的话，它就不算是一个完美，也就是说，不算这种具体潜能的一个发展和完成。在这种情况下，正如阿奎那所评论的，它将意味着自然的毁坏，而不是完美。

如果这个结论是正确的，那么，鉴于阿奎那坚持尘世的幸福在于德性的实践，这就表明，阿奎那所理解的福祉与幸福之间的关系终究比我们可能想象的要更加紧密。笔者所要证实的实际上正是如此。也就是说，一方面，追求和实现福祉，按照其自身内在的理路，至少要求道德德性的雏形和外观；另一方面，恰当意义上的幸福，总是通过可以辨识出来的福祉形式加以表现，尽管从某些角度来看，它有时似乎是一个有缺陷的形式。开始似乎是这样的，那些由德性的在此生的运用构成的幸福完全关乎以某种形式追求和运用人类福祉。必须谨记"某种形式"这个限定,因为德性的反思性实践本身具有这样的效果,可以改变个人对福祉看起来是什么的观念。尽管如此,如果德性要真正成为人这种造物的实现力量的完美,它们就必须以某种方式导向某种福祉形式。果真如此,那么福祉的理想终究是与德性的生活相关的。这种理想根源于对[171]自然的可理智理解性的反思,甚至是在它的前道德的组成部分的意义上。正如笔者将要在下一节证明的,事实确实如此。

到目前为止清楚的是,我们需要限定前面的断定:幸福不能在于具体善的实现。到此为止所涉及的任何内容都没有表明,幸福能够通过具体善的实现加以保证,不能说对具体善的占有和享用本身,而不考虑它们被实现的方式,即构成幸福。然而,如果尘世幸福在于德性的实践,如果这些德性是在适合于人生的善的追求之中并通过这种追求运用的,那么就给人一种感觉:幸福与福祉的更为基本的形式追求和享用内在地联系在一起。因此,鲍林说阿奎那在德性的实践与人类福祉的恰当条件和伴随物之间建立起了完整的联系,这是正确的。然而,这种联系不是工具性的,而是概念性的——德性无非是追求、保持和享受人这种造物所特有的功能性能力的有序方式,而且除非在追求和使用具体的善之中,并通过这种追求和使用,否则它们就无法获得和运用。

首先,请思考一个简单的例子:有这么一个人,他的德性是在一种明确的、易于辨认的福祉生活的背景下获得和发展的。假设这个人的活动将被一种生活背景所塑造,并在这种背景下展开,这种生活的变数构成着每个社会的大多数人的生活——婚姻、生育和教育子女、分享家庭和更大的社会的生活、追求艺术和体育活动、宗教礼仪,等等。值得提出的一点是,这个人将在追求、享用和保护许多善之中,并通过追求、享用和保护这些善运用他的德性。这些善构成着最为明确意义上的福祉。他将在足够饮食的适当克制的享用之中并通过这种享用锻炼节制,以他必要的和恰当的活动维持自身；他将在与自己的配偶忠诚地享受性生活之中并通过这种享受锻炼性纯洁；他将在保卫家庭和家园之中并通过这种保卫锻炼勇敢，在教育自己子女之中锻炼耐心，通过忍受那些内在于追求他自己的占有之中的困难锻炼自保能力。还需要提出相同类型的要点，它与其他每一种德性都有关——在这种情况下我们设想，我们将会发现，有德的人将在过一种更为根本意义上的福祉生活中并通过这种生活实践那些德性。

这是否意味着尘世幸福终究依赖于[172]具体善的实现？不是。不是善本身，甚至也不是它们的实现，使得个人幸福。相反，幸福在于德性的实践，这又在于（至少在部分上）以一种被细化的方式（in a specified way）对人类福祉的基本组成部分的追求、实现和保护。"被细化的方式"，也就是说，一种被德性的理想所充实的方式，是由尘世幸福构成的。因此，对善的享用本身并不算作幸福，在这种享用之中并通过这种享用的个人的德性意向（virtuous dispositions）的运用才是幸福。这就是阿奎那为何否认幸福在于具体善的实现的原因，即便这些被包含在德性的实践的必要条件之中。尽管如此，一个必要条件的限定意味着一个比我们或许设想的更为密切的关系。正常地，德性的运用将会紧密地与人类福祉的追求和维护联系在一起，以至于适合于德性的幸福能够在某个层面上（刚才所提到的限定）等同于被有德行的男人或女人所实现的福祉。而且，由于阿奎那把享受（enjoyment）和高兴（delight）都包含在德性的反应（virtuous responses）之内，这意味着对他来说，德性的生活（virtuous life）通常将是一种享受的生活，通过对那些类型的事物的分有（participation）而满足：大多数人在大多数时间和地点都认为它们是可欲的和充实的——婚姻、孩子、安定的社会环境，等等。

正如安娜斯的评论所表明的，阿奎那的幸福在于德性的实践的断定只有在以下情况下才是合理的：德性的生活通常是一种享受的生活,大多数人自然地找寻快乐(pleasant)和合意(desirable)。因此具有重要意义的是,阿奎那(追随亚里士多德)坚持:真正的、不受阻碍的节制和刚毅的标志之一,是那种过一种享受的生活的能力,从完全欣赏那些我们自然觉得是令人愉悦的事物的视角来说是享受。对于刚毅,这一点并不是那么明显,因为它毕竟只是在危险或者争斗的背景之下才能找到自己的运行领域,但是阿奎那却坚持:即使是在这些情况下,具有真正德性的个人也会在他的德性的运用之中发现某种享受(第二集第二部分第 123 个问题第 8 节)。至于节制,德性与享受之间的联系是清楚的。真正节制的个人是无须同那些违反她自身的真正善的欲望作斗争的,因为她是没有这类欲望的,即使有的话也是稍纵即逝。换一种方式来说,真正节制的标志正是在于,这个人的欲望和享受与她的整体最佳利益相符,如果综合理解的话(第 65 个问题第 3 节答复 3;第 155 个问题第 1 节)。进一步来说,节制的个人不仅摆脱了不宜(inappropriate)欲望上的冲突,她还自然地欲求并且真正地享受那些与她的[173]整体的善相一致的满足。出于同样的原因,阿奎那把冷淡(insensibility)视为一种性格缺陷,它不关心愉快或者没有能力享受它(第二集第二部分第 142 第 1 节)。阿奎那并没有把任何层面的幸福,甚至它的最具缺陷的层面,等同于情感满足意义上的享受(第二集第一部分第 4 个问题第 1 节)。但是,回顾安娜斯的提醒:无论怎样理解幸福,它都暗含着对个人生活的某种程度上的满足。从这个角度来看,它应当支持阿奎那的总体的幸福观:对他来说,在通常情况下可以正确地说,幸福生活是一种享受的生活。这至少会引发这样的联想:幸福生活的欢乐和愉快与对那些适合于福祉生活的善紧密相关。①

当我们转而注意那些主要在人际关系领域运用的德性时,德

---

① Hursthouse 在《德性伦理学》当中再次提到了相似的内容,页 185—186。

性生活的享受特征就会变得更加清楚。赫斯特豪斯在解释德性何以被说成是对它们的拥有者好的语境之中说明了这一点。她在解释为何真诚(honesty)是一个值得追求的性格特征时假定了某个人的存在。她想象之中的对话者提供了关于善的理由,这也是可以被其他手段保护的:"它比不真诚(dishonest)更容易,无须时时刻刻把住自己的嘴,顾虑自己究竟应当说什么。"①但是,对话者接着说,"你们之间应当相互信任,这是良好关系的一个必要部分。正如培根所言,'友谊的一种主要效用是,它能使心中的饱胀抑郁之气得以宣泄……除了真正的朋友外,没有一种药是可以通心的,对他们你可以倾诉一切压抑于心中的事情。'而且,谁又想因为一个虚假的外表而不是真正的自己而获得爱戴和尊重呢?"②换言之,真诚这种德性是某些类型的人际关系的一个必要成分,例如,亲密无间的友谊。它不是一个实现这种友谊的手段,仿佛既可以通过诚实的手段也可以通过欺骗的手段实现(只是或许有点困难)实现培根所描述的那种友谊似的。相反,对这种友谊的享受在某种程度上即是真诚这种德性的实践。我们可以轻易地就想到其他的德性,它们同样是某些类型的人际关系的构成部分。一个明显的例子是忠诚,从与相互满足的婚姻的角度来看。我们也会提到亲子关系之中的温和和怜悯,公共关系之中的彼此尊重,等等。正如沃格勒(Candace Vogler)[174]所说的,"只有当我们支持道德者,我们与同伴的某些对话模式才是可能的,某些喜悦是恶人不可能获得的。"③

同时,德性的实践以及相应的幸福,并不取决于与福祉相连的任何一种善的实现或者拥有保证,或者必须是它们的充足。这就

---

① Hursthouse,《德性伦理学》,页168。
② 同上书。原文有所省略。
③ Candace Vogler,《合乎理性地恶》(*Reasonably Vicious*),Cambridge:Harvard University Press,2002,页203。

是为何阿奎那的说法是可能的：有人甚至在面临丧失和缺乏之时仍然能够实现和维持德性，只要是以合理的方式来理解，这些丧失和缺乏代表着对基本福祉的破坏。完美充实着那些德性，它的标准部分来自于福祉的必然要求，但是，如果福祉因为个人自身过错（wrongdoing）之外的某个原因而无法实现或维持，那么她仍然能够实现德性，通过对那些对于她来说是可能的德性理想的追求，并在这种追求之中。出于同样的原因，有人被剥夺了重要的福祉元素，他也未必就因此丧失了运用德性的潜能，除非他不幸到了丧失一切能力从而无法充当一个有责主体。最后，正如我们将会看到的，对那些德性进行反思的必然要求本身开启了这种可能性：德性所特有的幸福可能是与那些生活方式一致的，这些方式包含着对福祉的某些方面的有意放弃。

因此，对于幸福的实现来说，福祉的实现既非充分亦非必要。尽管如此，一种以特定的方式追求和度过的福祉的生活，仍然提供着德性生活的典型例证——之所以说是典型的，是因为这反映着德性生活对于大多数人来说将要实际地采取的方式，它是较为基础意义上的典型：人类福祉的要求将充实德性理想的标准。因此，尽管对于阿奎那来说，德性的实践以及由此而来的幸福并不依赖福祉的实现，但在他的整个道德德性的阐释之中，福祉的观念确实具有一种规范的功能。德性是人类潜能趋于福祉的意向，它们即使不是全部也在关键部分上从基本福祉的要求那里获得自身的形式（例如，参见第二集第二部分第 141 个问题第 6 节）。而且，由于福祉的观念形成了更为广泛意义上的自然与自然法规范之间的联系——"自然作为本性"与"自然作为理性"之间——这表明在阿奎那那里，人类福祉的观念通过德性理想的中介产生着自然法诫命，这些理想本身经过一个反思过程脱胎于反思性理想的一般范式，这个反思过程涉及过一种完整的、充实的——一言以蔽之，完美的——人类生活意味着什么。

[175]我们在这一点上需要谨防两个误解。在阿奎那的思想之中,德性与法的紧密联系有时被用来支持一种解释,根据这种解释,自然法没有道德内容,或者说只有极低的道德内容。① 但是,这种阅读阿奎那的方式又产生了那种按照我们自己对德性的预设来解释他的道德思想的错误。阿奎那清楚地表示,德性的理想确实具有规范性内容,通过它们与神法(也就是启示律法)的具体诫命之间的相互关系表达出来(还有其他方式)。然而,如果我们得出结论说,德性只在于遵循确定的、独立表述的行为规则的那些意向,这又陷入了相反的错误之中。② 这两种解释路线都曲解了阿奎那——而且使得他的理论没有真实的情况有趣——未能考虑他理解德性的法的诫命的方式,它们是互为条件的,无论是在道德知识的获得和实现层面,还是在理论表述的层面。

当我们审视阿奎那关于德性、自然法以及作为二者基础的基本原则必须说什么时,我们可以清楚地看到,他预设了一个它们之间关系的更为丰富和更具说服力的阐述,这是上面两种选择都没有提供的。我们在第一章看到,对于阿奎那来说,自然法代表着理性造物分有上帝智慧统治的独特模式。这意味着自然法内在地导向(以某种方式)该主体的最终目的的实现,因为上帝的智慧统治就是上帝活动的那个方面,通过它一切造物都以有序的方式指向它们的最终目的——首先是它们的个体完美,然后是整个宇宙的完美。而且,正如我们在前一章所指出的,上帝的智慧关怀在每种造物特有的倾向的运行之中并通过这种运行表达出来。正如阿奎

---

① 这是鲍林的观点,参见《阿奎那伦理论之中的机缘与命运》,页 93—137。对这种立场的更进一步、更具影响的陈述,参见 Daniel Mark Nelson,《审慎的优先性:阿奎那的德性与自然法理论及其对现代伦理学的意义》(*The Priority of Prudence: Virtue and Natural Law in Aquinas and Its Implications for Modern Ethics*), University Park: Pennsylvania State University Press, 1992。
② 这似乎是 John Finnis 在《阿奎那:道德、政治与法律理论》当中所采取的观点,前揭,页 167—170。

那在他的评伪狄奥尼修斯的《论神名》时所解释的,上帝是通过"自愿法则"(voluntary laws)统治宇宙的:

> 然而,可能碰巧出现这样的情况:有个君主,他为人尚可,却为自己的臣民课加了繁重的法律,他自己却不遵守,因此他的臣民实际上并不[176]臣服于他。但是,由于这是被上帝所排除了的,(伪狄奥尼修斯)补充说,他为所有人设定了自愿法则。因为上帝法是置于一切造物之内的去做适合于它的事情的正确倾向,符合自然。那么,由于一切事物都被上帝的欲望所把握,那么也就被他的法所把握。(《论神名》X, 1.1, 857)

这个一般性的评论既适合于我们,也适合于其他每种造物。正如阿奎那所解释的,这就是为何自然法的诫命既与人的自然倾向相关,也处于那些倾向所决定的序列之中(《神学大全》第二集第一部分第 94 个问题第 2 节)。然而同时,人的倾向的不确定性程度并不是非理性的造物的倾向的不确定性程度。它们既可以通过那些破坏主体实现她的善的方式表达出来,也可以通过促进它的方式表达出来。如果这些倾向要以这种促进主体的真正善的方式发挥作用,那么它们就必须被指向行为的恰当性情所指引——这恰恰是德性的内容。因此,正如阿奎那所评论的,每种自然倾向都对应着一种特定的德性,安排它以一种恰当的方式运行(第二集第二部分第 108 个问题第 2 节)。这暗示着阿奎那在其他地方直接说出来的东西,亦即,德性是行为的内在原则,主体的意向,他的行为由此产生。然而与此同时,自然法的诫命构成着一组互补的外在行为原则——外在的,是从它反映着行为得以评价的客观规范的意义上说的(参见第二集第一部分第 49 个问题的引论)。每一种德性都对应着一项或多项诫命,这是《神学大全》的具体德性的讨论将会证实的。然而,这些诫命本身并非"来自空无",相反,正如我们将会看到的,它们脱胎于自然的和理性的必然要求,这种要求形成于德性本身的运行。这就是阿奎那为何能够在不同的地方说,自然法诫命和德性都根源于实践理性的首要原则(第二集第一部分第 94 个问题第 2 节;第二集第二部分第 47 个问题第 6 节)。

这就把我们带到了关键的地方。按照阿奎那的观点,内在于德性理想的实质性内容,是不能脱离对德性作为主体的完美的考虑而得到理解的。因此,除非我们思考幸福和德性的实现之间的内在联系,否则就无法表述德性的理想。这并不意味着阿奎那从福祉或者幸福的一般观念推导出德性的规范。他在相当大的程度上从他的源头,古典的和基督教的,得出那些与特定的德性相连的规范性理想,而且他在一定范围内依赖这些源头,他没有从任何一般的原则推导德性的规范。① 然而,他同时也根据他的整体的幸福观来解释这些源头,这样就把特定的理想表现为完美的一般理想的例示(exemplifications)。尽管可以理所当然地质疑他对某个具体作家的解读,但从总体来说这种方法是有效的——它使得他能够把广泛的源头的不同视角整合进一个连贯的德性阐述之中,同时还能为他的具体源头提供可信的解释。他的理论方法的成功反过来又使人相信他的整个主张:此世的幸福在于德性的实践。

当然,阿奎那的理论方法与他所援引的大多数作家具有广泛的相似性,因为正如我们已经看到的,他在德性与幸福之间所建立起来的联系有着相当稳定的古典先驱。这个事实或许表明,阿奎那的方法之所以成功,原因在于,他加入到了一个关于德性的自指

---

① 阿奎那用"特定德性"(speciales virtutes)意指特定官能(例如意志或者激情)的习性意向,它们使得主体在某种限定的人生领域内按照明确的方式行为——与"一般"德性相对,也就是说,被视为一般意向的德性是在人类行为的整个范围内运行的。他承认两种说法的正当性,但是更倾向于前者。基本在区分是在第二集第一部分第 61 个问题第 3 节提出的,他在第二集第一部分第 61 个问题第 4 节暗示了自己对前一种说法的倾向。

的反思传统之中,它的前提是他广泛地分享的。但是,同样也有可能的是,这种方法的维持和明显成功告诉了我们一些关于德性及其在人生之中的地位的东西——更为具体地说,它反映着一个事实:可以相信德性生活是一种幸福生活,还有,传统的德性理想业已通过一个广泛的反思过程塑造出来,反思的对象是幸福及其与更为基本的福祉形式的关系。至少是有这种可能性的。我们将在下一节进行探究。

三、德性理想与自然规范

幸福,至少它的尘世的形式,在于德性的生活。相应地,具体德性的那些理想随着时间的变迁而成形,既通过共同的经历和内省,也通过理论的思辨,它们为我们提供了大量的道德规范。尽管这些规范是粗疏的、不成体系的,但它们都根源于人性的目的论式的理想。因此,德性通过指明,福祉的各种不同的元素应当如何得以追求和享受,提供了居间性的原则。这些原则处于[178]人性的基本的目的论观与自然法的完全道德的规范之间的位置。换一种方式来说,它们为我们提供了一个连接点,一边是人性的阐释,把它视为可以理智理解的和善的——"自然作为本性"——另一边是自然法诫命,它们被视为人的理智性的表达——"自然作为理性"。这些至少是上一节末尾所暗示的结论。

笔者将在本节为这些结论辩护,并且扩展它们,为的是表明,阿奎那对德性和幸福的阐述是如何指明一种自然幸福观发展的道路的,这种自然幸福观明显植根于一个更为基本的福祉观念,但是它也具有实质性的道德内容。这种论证思路的关键在于主张德性的典型理想脱胎于人生的根本的必然要求,反映着人的基本能力得以运用的合理条件。正如我们在上一节所看到的,这并不意味着德性应被视为实现福祉的工具性手段,或者各种在福祉的生活中被享受的善的手段。尘世幸福包含着运行和活动——德性的实践——通过它,生活的善被以具体的方式追求和享受,而不是占有善本身。出于同样的原因,把基本福祉的生活视为以下事物将是一个错误:它能够通过一组德性或者良好生活的理想离开某种具体规定而得到设想和追求——更不用说实际享受了。回到前面提到的一点,德性的生活是最为完美和最具恰当形式的福祉的生活,而且正是因为这个原因,德性的实践不可能被视为实现福祉的一个工具性手段。

然而,出于同样的原因,我们的德性观反映着这些理想与更为基本的福祉概念之间的概念联系。这个德性是完善知识和有理由的欲望(包括激情,因为这些是被理性所塑造的,还是完全理性化的嗜欲,意志)的能力的意向,它们自然地以各种不同的方式趋向福祉和个体和种族的永存。基于这个原因,完善着这些潜能的意向将格外地以这种方式塑造它们,使它们趋于以一种有效的和可信的方式追求个人和共同福祉——否则它们就不是所说的潜能的完美。相应地,我们一般的德性观将会被它们的与福祉追求的必要联系塑造。德性不是拥有它们的主体的目的的工具性手段,但它们却是一种类型的从趋向人类善的定位中获得自身意义的意向,因此可以期待它们提升个体或共同福祉。基于这个[179]原因,我们一般的德性行为的范式——我们关于什么才算是一个真诚的人的想象,行为可靠,诸如此类——反映着一个一般感觉:这些行为类型既是有用的,也是值得钦佩的。而且正如我们将要看到的,这为德性理想的反思性生成和使用提供了一个起点。

笔者在本章开端指出,获得一个关于人类福祉的基本观念是容易的,它形成于与其他类型的高级灵长类动物所具有的福祉形式的类比。一个发展良好和成熟的人将会受到恰当的养育,得到保护并且保持身体健康,而且将会被包含在种类广泛的社会行动领域之中,例如,参与家庭生活以及更大群体的生活。就其本身而言,这种人类福祉的阐述并没有具体到足以产生实在的规范(concrete norms),它们将使得我们能够在各种不同形式的家庭和社会生活之间进行选择。然而,它确实似乎为我们提供了一个基础,据此确认那些看起来值得追求,或者甚至以几乎任何形式追求福祉都必须具备的性格特征。或者说它至少暗示一条路线,以其对个体和共同福祉的贡献来解释广受钦佩的性格特征——换言之,它为我们提供了自然主义德性分析的一个起点,根据的是类似于福特、赫斯特豪斯等人所提出的思路。

我们已经看到了某些迹象,这些迹象涉及这种分析怎样通过饮食方面的适度而展开,它们在传统意义上都与更为综合的节制之德相连。饮食的根本需求产生了某些基本的欲望,鉴于它们在人生之中所发挥的重要功能,我们可以轻而易举地就把它视为自然的。同时它们也是被近乎所有的人都体验到的,但这并不是它们被视为自然的原因。毋宁说,我们把它们视为自然的是因为它们可以容纳一个根据总体人类福祉的目的论解释(事实上,这些欲望似乎没有被绝对意义上的所有人都体验到,否则的话就不会有冷淡的恶这回事了;参见第二集第二部分第 153 个问题第 3 节答复 3)。同时,这些欲望,以及与之类似的,我们自发产生的厌恶,绝非何为实际上是对我们好的东西的无误的向导。我喜欢甜食喜欢得邪乎,但是由于家族糖尿病史,我应当避免吃甜食。我丈夫不喜欢任何种类的健康食品,即使没有什么比这对他更好的了。甚至除了这类癖好,几乎所有的人都体验到了某些倾向,在某些场合吃喝比有益于她的量更多的东西。这些近乎普遍的体验提供了饮食方面的适度和适当节制的德性的运行领域。因为我们有关[180]饮食的倾向对于我们的生命和福祉来说极为重要,然而却不那么可靠,无法指导我们的总体利益。我们需要关于它们的意向——或者更好地,我们需要以这种方式训练和塑造它们,让它们充当更为可靠的向导,为我们指引什么才是真正的善。出于同样的原因,我们只需要一点经验和反思就可以明白,节制的这些品质是值得我们追求、别人钦慕的。

对于其他种类的德性,也可以轻易地提出相似类型的论证。性快感方面的节制之德——贞洁,忠于一个配偶或者伙伴,诸如此类——比根据该主体自身的福祉进行解释更加困难。有时性克制是出于一个人自身的自利,但是在更多情况下,贞洁的要求至少在表面上施加了一些与个人自身的福祉几乎无关或者根本无关的限制。但是,正如赫斯特豪斯所指出的,当性格特征有益于一个共同体,或者甚至有益于整个物种时,而不是当它们仅仅有益于该主体自身时,我们就可以认为它们是有德性的。正当的性关系的界限是无处不在的,这表明在性问题上某些类型的限制实际上是必要的,或者至少对于人生是合宜的。出于同样的原因,勇敢具有普遍令人艳羡的性格特征,这种特征会让个人冒险,甚至牺牲自己的福祉。然而,如果没有勇敢的人的存在,人类社会就无法运转。正义之德是出了名的复杂,然而可以合理地说它凭借着态度和性格特征——公平感、情感共鸣和关怀他人、尊重共同规范和协定——对于任何类型的社会生活而言,这些都是普遍存在和明显必要的。实际上,在人类社会之中带来正义的社会意向显然也被其他的高级灵长类动物所分享。[①] 这并不意味着其他灵长类动物也像我们一样遵守着正义规范,但它确实为我们提供了一个对照点,据此我们可以更好地理解社会意向的意义。正如我们或许期待的,相关研究业已表明,这些意向有助于维持社会集团的统一性和内聚性,

---

[①] 一般而言,参见 Frans de Waal,《善良本性:人与动物中的对错起源》,Cambridge: Harvard University Press,1996。Marc Bekoff 证明,最好根据一个过程来理解群体动物的玩耍行为,通过这个过程公平的规范和社会行为得到更为一般地内在化;参见《群体游戏行为:合作、公平、信任与道德的进化》("Social Play Behaviour: Cooperation, Fairness, Trust, and the Evolution of Morality"),见 *Journal of Consciousness Studies* 8(2001):81—90。

正如它们在人类社会之中所做的那样。最后,因为个体和群体活动都需要持续运用预见、慎重和良好的判断力,所以某种形式的实践智慧就普遍受到称赞。

[181]任何人,甚至是那些稍通德性伦理学的人,都会看出,笔者刚才已经勾勒出了一个解释和捍卫四枢德的自然主义框架。当然,也可以以一种相似的方式解释和捍卫其他的德性。① 然而,枢德仍然被广泛认为是最为重要的,首要的或者根本的,理由是很充分的。它们表现出了一些性格特征,这些特征以明确的、极为重要的方面作用于人类福祉,不管是在个体层面还是在集体层面,或者(通常)在两个层面。而且,它们似乎都在某种形式上被普遍承认和赞赏,这当然与它们以基本的方式作用于人类福祉不无关系。鉴于构建人类生活的必要要求和共同愿望,几乎所有人都知道克制、勇敢、公平和良好的判断力的意义。而且,正是对这种意义的理解,那是这些品质的目的,使得确认它们成为可能,即使它们有时呈现出不常见的形式。德性的语言供应着我们所具有的最接近一种普遍的道德语言的东西。

正是由于这个原因,需要对我们的德性观进行细致的分析。笔者想要证明,这些观念是植根于联系我们与具体德性的那些典型行为类型的概念之中的——要么例示它们,要么表现为与之相反的恶习。不管通过系统的分析,关于具体德性我们会得出什么样的结论,我们通常都会援用那些行为类型来思考和谈论它们,都会认为这些行为类型例示着它们。当我们思考饮食方面的节制时,我们想到的是某个人,他选择适当数量的饮食,在满足他的需要的同时避免过度。我们可以轻而易举地识别或者想象这些行为类型,因为人类在饮食方面的需要和欲望的范围是相对稳定的,而

---

① 例如,参见 James Keenan,《提议枢德》("Proposing Cardinal Virtues"),见 *Theological Studies* 56(1995):709—729。

且我们都不同程度地知道这个范围是什么。当然也存在一些例外情形,其中适度具有出人意料的形式,但是,典型情形的意义恰恰在于它是辨识和评价例外情形的试金石。而且,这些德性与具体的恶习是普遍对应的,我们因此可以确认典型的恶习行为,这些行为在几乎任何情况下似乎都是恶性的。认为吃到吐、饿到死或者渴到晕是节制的行为,这是不可能的。我们肯定会把这种类型的行为视为(正常地和典型地)非自愿的,因此不是道德上恶的,而且甚至还可能存在例外的情形,[182]其中我们会把一个这种类型的行为视为有正当理由的。但是,没有任何合理的方式把这些行为类型解释为节制之德的行为,因为它们非常明确地包含着违背人类在营养方面的基本福祉要求的行动。

阿奎那也承认,我们对具体德性的理解是与德性行为的具体理想紧密相连的。实际上,这一点不仅仅是他所承认的,而且也是他的德性作为习性的分析的核心,那也就是说,是一个内在于导向行动的智力或欲望能力的意向。这样的话,德性就调配着它所内在的潜能,使其按照一种具体的方式行动,那么相应地,它就按照它所典型地产生出来的行为类型得到界定(第二集第一部分第54个问题第2节)。因此,每一具体德性在概念上都连接着一个具体的行为类型,它代表着出于所涉德性而行为的一个典型例证(例如,参见第二集第二部分第23个问题第4节)。阿奎那把与一种德性相连的行为类型称为德性的对象,或者更为准确地说,一个根源于德性的行为的对象。这样的话,该对象就适合于以抽象的形式进行表述,但是这种层面的表述预设着我们熟悉具体的行为类型,这些类型为表达所涉德性的行为提供着范例。①

为了避免误解,笔者还要补充一点:当笔者提到典型的行为类

---

① 笔者这一点上追随 Julius Kovesi,参见《道德观念》(London: Routledge and Kegan Paul, 1967),页37—65。

型时,所说的是我们关于那些行为类型的映像,它们代表着,或者说适合于,一个趋向行动的特定意向(一种德性,一种恶习,或者一个应用具体行为规则的趋势)。那么,这些范式与阿奎那所理解的行为的对象是不同的,因为正如我们在下一章将会看到的,对象代表着主体的因果力量以某种具体方式的恰当运用。尽管如此,那些与一个意向相关联的典型的行为类型,都是与一个根源于那种意向的行为的对象联系在一起的,因为它们代表着那些例示该意向的恰当对象的行为类型的典型的和显著的例子。换言之,我们行为类型的范式提供着具体的例子和映像,可以据此表述那种根源于一个特定意向的行为类型对象的反思性概念。

阿奎那通常主张,充实具体德性的那些理想都在特别困难或者重要的情形之中,以一种极为清晰和在规范上重要的方式被例示出来了。因此,勇敢的理想在面临死亡危险的情况下尤其明显,相似地,节制的一般[183]理想在那种维持着人生的过程相连的强大快乐方面特别明显(第二集第二部分第 123 个问题第 2 节答复 2;第 123 个问题第 4 节;第 141 个问题第 4 节)。这种分析思路使得他能够确认德性的核心品质,而且也由于同样的原因,它为他提供了一种调和的方式,可以协调那些在具体德性上他的前辈们传递下来的不同的、看似不相容的判断。

我们在阿奎那对刚毅的分析当中找到了这种理论方法的一个很好的例子。这种德性有一个特别的难题,因为它往往被古典作家与一个典型的行为类型联系起来,即,战场上的勇敢,还被基督教作家与一种极为不同的范式联系起来,即,殉道(第二集第二部分第 123 个问题第 5 节;第 124 个问题第 1、2 节)。然而,正如阿奎那所评论的,这些范式至少具有一个共同的特征,二者都反映着一个意愿:为了某种更大的善而忍耐死亡。这个评论表明,我们或许可以把这种意愿视为刚毅的定指(definitive)。然而,人们可以指出其他背景下的勇敢,它们使得重大的善耽于风险,这些善尚未

达到生命本身——似乎是这样的。阿奎那于是问道,勇敢是否只是关于死亡的危险。他的回答是:

> 这是关于勇德的事:保持意志,使它不致为了畏惧肉体之恶,而离弃理性之善。可是,一个人应该坚持理性之善,抵抗一切之恶;因为没有一种肉体之善,能与理性之善相等的。为此,所谓心灵的勇敢,必须是说那使意志在对抗最大之恶时,能固执理性之善的勇敢。因为那对大事能坚定不移的,对较小的事自然也鉴定不移;反之则不然。再者,这也原是属于德性之本质的事,即注意那至甚者。在所有的肉体之恶中,最可畏惧的是死亡;因为死亡把肉体所有之善完全带走……所以,勇德是关于畏惧死亡的危险的。(第二集第二部分第123个问题第4节)

重要之处在于指出,阿奎那并没有说只有通过为着某种更大的善而甘冒死亡的危险才能展现勇敢。毋宁说他的要点似乎在于,这些行为类型代表着勇敢的典型例子。① 这种意愿反映着勇敢意指什么的最为完满可能的例示,相应地,只有通过细想那个愿意为着那种善而死的人的例子,我们才能完整地[184]理解真正的勇敢意指什么。这么说来,只有这样的一个人才能被说成是具有直接意义上的勇敢:"勇敢在忍受任何横逆时,都有良好的表现。可是,一个人之所以被人认为绝对或简直是一个勇者,不是因为他忍受任何横逆,而是因为他在忍受最大的祸事时,有良好的表现。至于忍受其他的祸患,一个人只能称得是一个相对的、或某一方面的勇者"(第二集第二部分第123个问题第4节答复1)。然而,正如稍后的评论所暗指的,那些甘冒较小的风险的人可以被正当地说成是一种有

---

① 这一点在 Lee Yearley 那里得到了强调,笔者深深受惠于他对阿奎那的勇敢观的精妙分析,参见他的《孟子与阿奎那:美德理论与勇敢概念》,前揭,页129—135。

限意义上的勇敢——因此,我们能够说明那种普遍的意义:有人为了一个事业而冒着损失一大笔钱的风险,这是真正的勇敢,尽管可能不像一个战士或者一位殉道者那样是全然英勇的。

阿奎那接着解释,勇敢的理想在战争时期的背景下会体现得淋漓尽致,这是因为,"有些死亡的危险,像来自疾病的,或海上风暴的,或匪徒的侵袭的等;它们之直接发生在一个人的身上,并不是由于他追求什么善。相反的,在战争中,人所遭遇的死亡危险,却直接是由于他追求某种的善;就是说,由于他为了保护大众的利益,而进行正义的战争"(第二集第二部分第 123 个问题第 5 节)。显然,这里好战的勇猛具有德性的一个范例的作用,因为它以一种特别清晰的方式表现了德性的截然不同的特征。然而正如阿奎那接着所解释的,这并不意味着勇敢只能在战争时期的背景下才会表现出来,它在其他背景下也能表现出来,当中有人为了某种善冒着死亡的危险。实际上,在勇敢的典型行为之中,正是殉道而非任何军事英雄才作为基督教德性的示范行为居于崇高地位(至少在某种意义上;第二集第二部分第 124 个问题第 2、3 节)。

正如这个例子所揭示的,德性与典型的行为类型之间的联系为我们提供了一个光明的路线,可以从关于那些有助于人类福祉的行为类型的一般知识过渡到实质性的道德理想。然而,当我们试图详细地推进这个计划时,马上就会发现自己面临着难以克服的困难。首先,我们认为,与具体德性相关联的典型的行为类型不可能总是像我们的例证所示的那样清晰和具体。直面反复出现的危险时,可以相对容易地想象典型的勇敢行为,或者在饮食方面可以相对容易地想象适度,因为这些德性的运行参数是由普遍存在的人类需要和经验所设定的。但是,并非每一种德性都可以用相同的方式通过易于辨识的典型行为对应起来。尤其突出的是,正义这种德性要想得到运用,似乎就要预设了一个公认的[185]关系和期望体系。而且,在某种程度上,甚至对于更为根本的社会意向,例如,公平、尊重和同情,似乎也是如此。诚然,当我们看到一个同情行为时,我们很可能就会认出它,但是即便如此,捕捉到我们在一个通常可以识别的描述之中看到的东西,例如,我们为一个节制或勇敢行为提出,这也并非易事。但是,对于一种意向,例如,公平或者尊重,我们很难明白,为何在没有知晓从文化上看属于具体的预期的情况下,还是能够辨识相关的行为。我们将在后文回到这个问题。

审慎或者说实践智慧代表着另一个不同的难题。很难想象有任何类型的具体行为是例示这种德性的,因为实践智慧的意义在于它在每一个人生的方面都指引选择。我们或许可以说,正如阿奎那所做的,任何行为只要真正是一个具体德性的行为,那么它同时也是一个审慎的行为(第二集第一部分第 58 个问题第 2 节答复 4;第二集第二部分第 33 个问题第 1 节答复 2)。但是,正如副词"真正"所表明的,这一方法又提出了进一步的问题。也就是说,通盘考虑的话,一个看起来例示具体德性的行为并非总是代表着最佳或者最为恰当的行为过程。通常情况下,直面危险的勇敢是值得称赞的,但有时看起来是勇敢的东西细想一下可能只是蛮干(foolhardiness)——例如,在一个乡村公路上斗牛(play chicken)以取悦自己的女朋友。还有,看起来是典型德性行为的东西有时是被邪恶的人用于追求明显邪恶的目的的——狂热的纳粹士兵的勇敢就是一个昭然的例证。说这些是实践智慧的行为,潜藏着值得称赞的省察力,这似乎有些离奇。

这就把我们带到了一个根本的难题之上。也就是说,德性的语言,根据它们的典型的行为类型表述出来,这似乎是模糊不清的。[①] 一个看似例示着某种德性的行为,例如,在战场上展示勇敢,经过仔细的审查可能被证明是邪恶的行为,例如,只是卫护一个彻底败

[①] 这是一个长久以来公认的难题。对相关问题的富有启发的讨论参见, Hursthouse,《德性伦理学》,页 25—42。

坏的事业的勇敢。如果德性是道德上好的品质,那么至少可以说,发现一种德性是在追求一个不道德的目的时被运用的,这似乎就是离奇的——然而,说邪恶的士兵不是真正的勇敢,因为他的邪恶的,这似乎也是离奇的。

阿奎那是根据德性与它们的外观之间的区分来表述这个难题的(例如,参见第二集第二部分第53个问题的引论)。恰当称谓的德性根源于对真善(the true good)的一个整体献身,[186]并且被相应地运用;它们的外观导致相似的行为类型,但却是在追求坏的目的之下实施的。因此,真正德性与它们的外观之间的区分是植根于以下主张之中的:德性是相连的,这样的话任何真正具有一种德性的人必然也同时具备所有基本德性。① 这个命题是否具有说服力,还存在着相当大的争论。但是,即便它是有说服力的(笔者将提出理由证明),我们仍然还有一个难题。那就是,如果典型的德性行为具有这样的道德模糊性,那么我们终究无法从对这些行为的一个思考中推导出道德规范。果真如此,那么我们似乎无法从人类福祉的一般参数那里推导出稳定的道德规范,那里是我们的这些典型行为的观念产生的地方。

这些难题以及与之有关的难题打消了许多哲学家的念头,他们曾试图发展出一种系统的德性伦理,把它植根于与德性相连的那些具体的行为类型之中。然而,还有第二种处理伦理问题的方法,它几乎同样古老,而且还具有提供分析的简明性和清晰性的优势。按照这种方法,通常与德性相连的行为类型至多对于解释性目标是有用的——实际上,按照这种方法几乎没有讨论具体德性的必要,除非是暂时性的。这种关于德性的理论方法是这样进行

---

① 有一个关于德性统一性的命题,关于激发该命题思考的进一步细节,参见 Annas,《幸福的道德性》,页73—84。Hursthouse 为她所描述的该命题的一个弱版进行了辩护,《德性伦理学》,页153—157。

的:确认关于任何我们发现值得称赞的德性行为的形式是什么,它通常与高贵、合乎理性或者爱的一般理想一致。我们在古典的和基督教的作家之中都发现了这后一理论方法的例证。根据斯多亚学派的观点,德性无外乎一个按照理性行为的意向。奥古斯丁重述了这一主张,但却以爱取代了理性,同时仍然保留了斯多亚学派观点的形式简明性。① 无独有偶,赫斯特豪斯证明,一种自然主义的伦理等同于一种理性的伦理:

> 有一个标准的主张,大意是说:有些东西是人类特有的,我们人类确实具有特有的行为方式,但却不是像对于其他动物那样的情况……我们的行为方式仅仅只有一个,它在整个我们生活的领域都保持同一。我们的典型的[187]行为方式即一种理性的方式,它把我们与所有其他种类的动物都区分开来。一种"理性的方式"是任何我们能够正确地视之为善的方式,是某种我们有理由去做的事情。与之相应,我们特有的享受是任何我们能正当地视之为我们的善的享受,某种我们实际享受并且理性能够正确地采纳的东西。②

---

① 这里无论是关于斯多亚学派的观点,还是奥古斯丁对它们的使用,笔者都追随 John Rist,《奥古斯丁:被洗礼的古代思想》(Augustine: Ancient Thought Baptized), Cambridge: Cambridge University Press, 1994, 页 148—202。正如 Annas 所指出的,斯多亚学派以判断力来解情感,从而在他们看来正确的判断、恰当的感情和趋向正确行动的意向是紧密相连的,参见《幸福的道德性》,前揭,页 61—66。
② Hursthouse,《德性伦理学》,前揭,页 222,强调为原文所有。相似地,Wallace 说,"我打算把人类的'ergon'(粗略地说是'功能')视为一种社会生活,它贯穿着习惯而非与 logos(理性)一致的活动";《德性与恶习》,页 37。在笔者看来,这并不是像 Wallace 所想象的那样是与亚里士多德的决裂。亚里士多德把世俗德性的实践视为与理性一致的活动,并且由此把它等同于第二类的幸福,那么 Wallace 的计划最好被描述为(在一种与笔者自己类似的方式上)亚里士多德伦理学的一个分支的发展和延伸。但是无论如何,Wallace 对把社会习俗守则视为人类善的试金石的强调把他导向了一个与 Hursthouse 相似的立场:人类善直接等同于理性化(rationality)。

需要说明的是,阿奎那同样以理性行为来解德性行为,把它理解为"我们有理由去做的事情"。他在许多地方似乎都采取了斯多亚学派的立场,尽管也辅之以一种奥古斯丁主义的爱的变革权(transformative power of charity)。正如他反复提醒我们的,德性是按照理性行为的意向(例如,参见第二集第一部分第57个问题第5节;第58个问题第4节;第65个问题第1节)。这事实上恰恰说明了它们为何被说成是人类潜能的完善——它们以这种方式调配主体的潜能和欲望,使它们与理性一致,这是独特的人类潜能,也是人类繁荣理想的试金石(例如,参见第二集第二部分第47个问题第6节;第123个问题第12节;第141个问题第6节)。因此,我们或许可以认为,阿奎那剪断了传统德性理想的复杂联系,把它们全部简化为理性地行为的指令。

然而,这种解释思路的困难在于:它没有具体说明出于理性的规范是什么。我们易于同意赫斯特豪斯的观点:"一种'理性的方式'是任何我们能够正确地视之为善的方式,是某种我们有理由去做的事情",但除非我们随时准备在"正确地"这个词中装进大量的内容,否则这显然就不是阿奎那想要表达的意思。然而,劳恩海默(Martin Rhonheimer)在他的《自然法与实践理性:阿奎那的行为理论在亚里士多德伦理学问题背景下的提出》当中,为同一种理论方法提供了一个更为精致和合理的解释,他在当时的语境中正在发展一种以自然法与德性之间相互联系为焦点的阐述。①

---

① 就笔者能够确定的,Rhonherimer 发展和提炼但并没有根本改变他的观点,《实践理性与实践理性化:托马斯·阿奎那的行为理论在亚里士多德伦理学问题背景下的提出》(*Praktische Vernunft und Vernünftigkeit der Praxis: Handlungstheorie bei Thomas von Aquin in ihrer Entstehung aus dem Problemkontext der aristotelischen Ethik*, Berlin: Akademie Verlag, 1994);除此之外,他的理论方法的主要思路在论文《自然法的认知结构与主观性的真》("The Cognitive Structure of Natural Law and the Truth of Subjectivity"),见 *The Thomist* 67, no. 1(January 2003):1—44 之中得到了有益的总结。最后,他在论文《阿奎那的前理性的自然的道德(转下页注)

[188]他在一开始就指出了他所认为的两种广为传播、但却犯下错误的阿奎那自然法理论的解释方法。① 一方面,他拒斥以下观点:对于阿奎那来说,自然法以某种方式植根于一种自然的秩序,完整地理解的话,这种自然的秩序既包括人性的前理性的方面,也包括更为一般的自然世界。另一方面,他也拒斥一种较近的解释,据此阿奎那对自然法的理解等同于一种"自律的道德"的理论。按照这种观点,自然法被理解为一种理性地和负责地行为的令式,这是使人联想到赫斯特豪斯的用语。而且,由于这种令式最好按照前道德的善恶权衡的方式加以理解,那么根据这种解读,阿奎那的道德理论至少与某种形式的结果论一致。劳恩海默拒斥了这一点(笔者相信这是正确的),认为无论是作为对阿奎那理论的一种解释,还是作为一个令人信服的道德理论,都是难以接受的。然而,怎么可能在不陷入相反的错误的情况下拒斥这种解释呢?正如劳恩海默所认为的,这种相反的错误在于试图证明阿奎那从前理性的自然推导出道德规范。

劳恩海默试图回答这个问题,他分析了他所描述的实践理性的根本的个人结构。按照他的观点,"自律的道德"方法的辩护者正确地坚持了,在阿奎那那里,自然法是植根于实践理性的运行而不是前理性的本性的可理智理解性之中的。(劳恩海默也肯定了

(接上页注)意义:答简·波特(和霍尔华斯)》("The Moral Significance of Pre-Rational Nature in Aquinas: A Reply to Jean Porter [and Stanley Hauerwas]"),见 *American Journal of Jurisprudence* 48(2003):253—280 之中回应了笔者早先对《自然法与实践理性:一种托马斯主义的道德自律观》的评论。遗憾的是,笔者没有及时看到这篇文章,把它纳入下面的讨论之中。然而,这与笔者所说的 Rhonheimer 为统一的德性理想辩护(参照第 269 页)并不矛盾。不管怎么说,我们之间的差别似乎在于,简要来说,Rhonheimer 否认,而笔者维护,思辨知识对实践知识的优先性,不管在阿奎那那里还是事实上都是如此。

① Rhonheimer,《自然法与实践理性:一种托马斯主义的道德自律观》,页 3—22。对"自律的道德"(不要与康德哲学的自律观混淆了,在康德那里与他律相对)的深入讨论和批判参见该书稍后的页 181—192。

按照那种方式理解的道德自律的理性。)①然而,他们得出以下结论却是错误的:实践理性毫无限制地运行,除了理性地和负责地行动这一非常一般的要求。相反,劳恩海默证明,实践理性通过它的个人结构的必然性生成着自身的规范:

> 人类智力反思着实践理性的这些自然的判断,这样就可以发现这种道德秩序和这种"人性",它可以作为思辨智力的一个[189]对象,一个充满规范理由的人类学的现实。但是,这里应费些周折:这种规范性不是从一种"立于"人前的自然那里读出或者推出的——相反,它是实践理性本身原生的规范性,由于它处于自然倾向的机制之中,它可以通过对人类善的自然的判断解释自身。这些最后就形成了一个原生的、不可还原的和根本的经验。正是在这种经验之中,人(主体的人类学的身份)和这种人类身份的规范层面展现着它们本身。②

因此,自然法的规范根源于人性,但却不是以这种方式:我们能够从自然的可理智理解性得出道德结论,这些是通过思辨理性被抓取的。相反,劳恩海默坚持,人性的相关知识取决于实践理性的在先行为。他在其他地方断定:实践理性构成了德性的秩序,以及相应地,构成了自然法的秩序。③ 因此,当阿奎那在第二集第一部分第 94 个问题第 2 节把自然法与人性的根本倾向联系起来时,

---

① 正如他在《自然法与实践理性:一种托马斯主义的道德自律观》之中所说的,前揭,页 181。
② Rhonheimer,《自然法的认知结构与主观性的真》,前揭,页 31;这个观点在《自然法与实践理性:一种托马斯主义的道德自律观》之中得到了详述,前揭,页 316—322。
③ Rhonheimer,《自然法与实践理性:一种托马斯主义的道德自律观》,前揭,页 1—58;关于德性与自然法的对等,进一步参见页 80—87;相似地,他在《实践理性与实践的理性化》(*Praktische Vernunft und Vernünftigkeit der Praxis*,页 117)之中断定理性把自己的对象视为一个实践的善。

我们不应认为这意味着,这些倾向凭借其对前理性的自然目的的导向从而在道德上是重要的,这些自然目的是人定然尊重的。①相反,它们来自我们作为一个完整的肉体——灵性现实的生存,并且被实践理性理解为这样,实践理性把它们视为可以理智理解的人类善,值得作为人类生存的方面加以尊重。更为具体地说,实践理性按照它们的独特的属人的意义理解这些善,正是这种把善理解为属人的善产生了道德规范。因此,有些作家,例如劳恩海默,证明:人类的性欲作为一个实践的善不外乎婚姻的爱,而且"不在这个范围之内的性行为都是与它相背的——也就是说,它们在客观意义上都是'不道德的'——不是因为它们是'不自然的',而是因为它们背离了自然的(实践的)真,当它出现在被理性理解和规制的水平上。"②

[190]劳恩海默提醒我们注意阿奎那的话语:倾向是被德性调整着的。他提出理由证明,这相当于行为时适当注意人或人类的这些倾向的定位。他由此为我们提供了一个重要的例外,通常我们同时代的人认为德性与法是分离的。他却反其道而行之,坚持"自然法被确认为不外乎实践理性的令式活动,它构成着德性的秩序(ordo virtutum),而且构成着这种秩序的内容——它本身是理性的秩序(ordo rationis)。"③他在讨论节育时更为详细地发展了这一点,那被视为违背安全期计划生育(natural family planning)。后者是父母责任的一个正当表达(当然,出于正当意图),因为它依赖于性冲动的调整和训练。前者在道德上是不正当的,至少在某

---

① Rhonheimer,《自然法与实践理性:一种托马斯主义的道德自律观》,前揭,页79—80;相似地,他在《实践理性与实践的理性化》之中证明,理性是人的正确的善,尽管他补充说,理性是在其他官能的运用之中并通过这些运行表现出来的,参见页124—125。
② Rhonheimer,《自然法与实践理性:一种托马斯主义的道德自律观》,前揭,强调为原文所有。相似地,参见《实践理性与实践的理性化》,前揭,页127—128。
③ Rhonheimer,《自然法与实践理性:一种托马斯主义的道德自律观》,前揭,页59。

种程度上如此,因为它摒弃了德性运用上的必要性,或者至少具体的性德性运用上的必要性。它使得人们实现了禁欲的效果,也就是说,逃避了节育,实际上却不必然规训和控制性冲动本身。①

劳恩海默为阿奎那的自然法理论提供了一个既有力而又迷人的解释,据此基本人类善——用笔者话来说就是人类福祉的成分——是根据它们的人类含义得以解释的。按照这种观点,德性以及根源于它们的自然法诫命都是一个根本的规范或理想的表达,也就是说,是根据基本人类冲动的一个理性化的整合和表达进行理解的理性化。即使当劳恩海默提到具体的禁欲的性德性时,德性的规范根源于理性的训练和自制的一个一般的理想,而不是性欲的必然要求,这也是清楚的。按照这种方式解读,阿奎那对德性和自然法的阐释将会非常接近斯多亚学派的根据理性行动的理想,受到一种奥古斯丁主义的总括的爱的理想的限定和制约。

然而,至少有一个因素是对这种观点不利的,它既可以被视为对阿奎那理论的解读,也可以被视为一种实质性的观点。即是说,针对德性的这种理论方法,即使不是与前文所描述的典型行为类型的焦点不相容的,似乎也是与之不一致的。如果我们根据一个理性化的理想(无论怎么解释)来理解德性,那么我们为何需要把具体德性与具体行为类型联系起来?这些行为类型诸如[191]避免性行为,或者冒着在战场上牺牲的危险。这种细化似乎不仅是不必要的,而且甚至是不恰当的。毕竟我们能够容易地想到一些情形,其中一个特定的行为,我们通常把它看作一个典型的德性行为,但在当时特定的局势之下却是不合理的或者邪恶的。阿奎那的确在用典型的行为类型来解具体的德性,而且这个事实至少表

---

① 然而,Rhonheimer 对节育的完整评价比这个总结要复杂得多,参见《自然法与实践理性:一种托马斯主义的道德自律观》,前揭,页 109—138,那里有更为详尽的细节。

明他没有把德性看作一个单义的理性化理想（或者爱）的众多表达。诚然，我们或许可以把这个视为他对自己的前辈们的让步，是对布道要求和告解实践的让步。但是，这样的一个结论太草率了！阿奎那明白无误地说，尽管可以把枢德理解为一个总括的理性化品质的表达，但最好把它们理解为在具体意义上不同的意向，每个都被自身的在一个特定生活领域展示出来的适当性的理想所充实（第二集第一部分第 61 个问题第 4 节；有一个相似的区分也贯穿着前面的问题）。这意味着甚至在理论分析的层面，一个具体的德性也是不能根据一般的德性理想简单理解的，它必须同时根据具体的行为类型加以理解，这些行为类型是与之相关联的。而且，阿奎那以这种方式把一般的和具体的德性拢在一起是有理论原因的。

再次回想一下，对于阿奎那来说，德性在概念上系于典型的行为类型，这是它调配主体所趋向的。因此，他的德性分析的逻辑要求他根据它们产生的行为类型分析它们。但是，这些行为是如何被表示出来的呢？把它们描述为理性的行为，或者（在天赋德性的情况下）描述为爱的行为，这都是不够的。正是因为这些描述适用于每一（相关的）德性行为，它们无法用于区分具体的德性。[①] 而且，阿奎那的德性作为主体的完美的阐释意味着，对一种具体德性的任何充分的说明都包含着对以下方式的某种说明：德性实际上是作为其主体的官能的一种完美。阿奎那确实坚持着这一点。具体德性本身是善的和值得追求的，即使不考虑主体通过它们所完成的任何东西，因为它们是主体的官能的完美（第二集第一部分第

---

① 正如我们后面将会看到的，每一德性行为自身（ipso facto）即是一个理性行为，因为每一德性行为都是充满着审慎的，不管是天赋的还是修成的德性都是如此，但不是每一德性行为都是爱的行为。严格来说，并非是说每一天赋习性的行为都是爱的行为，因为天赋的信和望的习性能够离开爱的存在。然而，严格来说它们无法离开爱而发挥德性的作用（第二集第一部分第 65 个问题第 4 节）。

55个问题第3节;第56个问题第1节)。相应地,调配着激情的德性——即,勇敢、节制以及与之相关的德性——都是[192]该激情的意向,使得该主体倾向于以某些特定的方式感觉和反应,而并非简单的在面临相反的激情时按照理性行为的意向(第二集第一部分第56个问题第4节)。如果不是这样的话,那么主体的行为就将缺乏完满的善性的标准(第二集第一部分第56个问题第4节);更有甚者,如果德性是纯粹的按照理性行为的意向,那么它们就会使得激情毫无用途(第60个问题第5节)。基于同样的原因,枢德的各不相同的形式是与爱一起被赐予的——否则恩典在其运行上就没有自然那么完美,因为它将会在没有通过把主体的能力导向她的终极目的完满成全它们的情况下运行(第65个问题第3节)。

因此,阿奎那有充分的理由尝试把德性语言的形式和具体的两极拢在一起,使得它们相互启明,而不是放任它们彼此分裂或者相互不容。他试图通过使用和扩大亚里士多德的德性的中道的学说实现这一点,他之所以使用这个学说是为了具体地说明,在人生的不同方面按照理性行为的意思是什么。"中道"不是指感情和行为上的适度,那样的话理想的生活似乎是一种情感温和、行动谦逊的生活。相反,阿奎那追随亚里士多德按照一种适当的规范来理解德性的中道,它在某些情况下可能暗含着强烈的情感和狂暴的行为。① 即便如此,如果不通过分析中道在具体德性下得到理解的方式进一步限定,这项规范仍然过于抽象。正如阿奎那所解释的,所有德性都被一种理性的中道所掌控,也就是说,它们被一个能够在不同背景之下以不同的方式加以表述的一般的理性化标准

---

① 正如 J. O. Urmson 所指出的,《亚里士多德的中道学说》("Aristotle's Doctrine of the Mean"),收录于 *Aristotle's Ethics*,Amélie Rorty 主编(Berkeley: University of California Press, 1980),页 157—170,此处位于页 160—161。

所掌控。除此之外,正义及其相关德性也是被真正的中道所掌控的,其中包含着人际的公平和平等的规范(第二集第一部分第 64 个问题第 2 节;第二集第二部分第 58 个问题第 10 节)。换一种方式来说,正义行为是理性的,根据的是它们与人际公平规范的相符,这些与其他道德的德性是相对的,它们形成于人生的各种领域之中。

与之相反,节制和勇敢以及与之相连的德性,都是仅仅被理性的中道所掌控的,因为在这些情况下中道是明确地关涉主体自身的需要、情况和意向的。我们的欲求和抵抗伤害的能力自然地趋向一切通过感官、[193]激情和想象力所知的值得追求或者不值得追求的东西(一般地,参见第二集第一部分第 60 个问题第 2 节,更为具体的,第二集第一部分第 56 个问题第 6 节答复 3;第二集第二部分第 59 个问题第 12 节),它们分别被节制和勇敢的德性所充实。这些潜能要想恰当运行,促进个体的总体善,它们就必须以这种方式塑造:人自发地欲求真正善的东西,并且厌恶真正恶的东西。因此,这些德性的中道是关联主体的,而正义的中道却不是(再次参见第二集第二部分第 58 个问题第 10 节)。进一步来说,这些德性的中道在更加深入的意义上是关联主体的:它是参考个体需求和意向而被确定的,理由前面已经说明。

对于节制和勇敢来说,中道的关联主体的特征不应模糊以下事实:这些德性的理性化标准不仅仅是形式的,那样的话就可以根据任何理性化的准则去解释它们了。后面的这些德性的中道也遵循着一个客观的标准,即,运用它们的主体的总体的善。阿奎那断定,当我们谈论道德语境下的理性运用时,"这与正确理性相关,一个人应当使用那些东西,它们按照适合于目的尺度导向它"(第二集第二部分第 152 个问题第 2 节)。我们在这里可以弄明白他用该主张指的是什么。在节制和勇敢范围内运行的理性给人类欲望和厌恶带来秩序,方式是把它们导向主体的总体的善,因此,掌控节制的规范是被人类生活的必需品所设定的（第 141 个问题第 6 节）。相应地,这些德性方面的中道的确具有实质性内容——它反映着欲望和厌恶的构造所最能反映主体的总体的善的一切东西,考虑到欲望和恐惧的对象在她的整个生活之中的恰当地位。①

尽管如此,即使承认节制和勇敢遵守着客观标准,还是难以明白它们何以能够对应于那些典型行为类型的描述,当阿奎那提到具体德性的正确行为时,他对这些类型似乎已然成竹于胸了。鉴于这些德性的关联主体的特点,怎么可能把它们与一般的范式对应起来呢？它们大概是适用于广泛人群的啊！只有当我们以实际上极为一般的术语描述相关范式时,这似乎才是可能的——例如,用"饮食上适度"来解关于餐桌乐趣的节制。这种方法[194]将再次把我们带回到某种程度上的形式性,它似乎与阿奎那的整个德性分析是不一致的。无论如何,正如我们业已看到的,阿奎那的确是在援引例示它们的典型行为类型去分析具体德性。因此,这里的难题是内在于阿奎那的德性分析的。同时,这也与本章的整体计划紧密相关。

我们在这一点上回顾一下紧要的问题是什么,这将是颇有助益的。本节一开始就表明了,对德性的反思可以架起一座桥梁,勾连起一个基本的人类福祉观和一个具有重大道德意义的幸福阐释。但是,为了完成这种勾连,我们必须找到一个途径,把两种不同的、表面上看似不相容的德性方法拢在一起。从一个视角来看,德性,特别是那些与节制和勇敢相连的德性,是被按照具体的行为类型加以理解的。这些行为类型在普遍存在的人类需求、欲望和

---

① 而且,实践理性把个体的善与更大的背景联系起来:正义所导向的,指向其他人和整个共同体的善;信和望所导向的,指向与上帝合一的至善,扩展到与其他实在的或者潜在的那种善的分有者的友谊。因此,正义和爱是顶层德性,因为它们把其他德性的行为导向更高的目的(第二集第二部分第 23 个问题第 8 节;第 58 个问题第 6 节)。

境遇的背景之下反映着克制、勇敢,等等。这么理解的话,德性当然反映着人类福祉的必然要求,但是它们不是明白无误的道德品质,至少就其能够被用于服务于坏的目的来说不是。另外一种方式,我们或许可以用较为形式的术语把德性理解为某种总括的理想的表达,例如,理性化或者爱。按照这种方式理解的话,德性行为按照规定即是道德行为,但是,它们却似乎与德性行为(virtuous behavior)的具体范式没有内在的联系或者只有微弱的联系。而且,正是由于这些范式反映着福祉的必然要求,似乎按照后一意义理解的德性与人类福祉也没有内在的联系。

因此,如果我们想要兑现这个提议的话,即,德性为福祉和恰当称谓的幸福提供了一个联系,那么我们必须表明在具体德性的范式和掌控一切德性的理性化理想之间存在着一个内在的联系。可以用阿奎那的术语来表述这一问题,我们必须解决以下关系:一方面是中道,当它在节制和勇敢的自指的(self-referential)德性方面确定时,另一方面是典型的行为类型,它们是与这些相对应的。(正义带来了特殊的难题,将在下一节单独考虑,并且在下一章进一步思考。)笔者这里先通过思考一个铺垫性的问题来解决这个问题,这个问题是阿奎那没有讨论的(除了附带性的之外),但是却可以从他确实讲到的内容出发加以解决。也就是说,德性被获得和发展(或者在天赋的枢德的情况下,只有发展)的过程是什么?这种提问方式似乎把我们带离了正在处理的问题,但是笔者希望尽快揭示它的相关性。切记我们此处正在对付的是节制和勇敢的问题。

[195]意志是通过一个过程接近一项具体的善的,阿奎那在分析该过程的语境中评述说,人类意志自然地指向某些基本的急需之物,它们为后面所有的思考提供着起点(第二集第一部分第 10 个问题第 1 节)。这些在某种程度上对应着第二集第一部分第 94 个问题第 2 节所勾勒的倾向,其中包括福祉的最为基础的成分,例

如，生命本身以及支撑着生命的诸善。因此，意志趋向这些善的自然定位代表着特殊的人类形式，这些形式属于那些维持和延伸在所有造物之中都可以发现的个体存在的倾向。① 阿奎那没有说这些善在它们可能都被追求的任意倾向之下都必然会得到追求（第10个问题第2节）。相反他的讨论表明，这些是直接意义上的起点，它们属于人这种造物所欲求的首要之物，而且这些基本的欲求发动着幼儿思考和选择的潜能的发展。

经验似乎也肯定着这副图景。婴儿自出生之日起即表达着欲望和厌恶，通常是以无误的方式——需要食物和温暖，抗拒寒冷或潮湿，或者身体上的不安。② 尽管孩子的欲望最初主要集中在最

---

① 相应地，意志是一个具有确定结构的自然潜能，而且能够被相应地分析，这是 Pinckaers 和 Pasnau 都强调的地方，分别参见《我们永远无能为力之事：内在恶的行为问题、历史与探讨》，页 125—126，以及《托马斯·阿奎那论人性：对〈神学大全〉第一集第 75 到 89 个问题的哲学研究》，页 200—209。

② 笔者对儿童时期发展的理解深受 George Herbert Mead 的影响，《基于社会行为主义者立场的心灵、自我与社会》(*Mind, Self, and Society from the Standpoint of a Social Behaviorist*), Chicago: University of Chicago Press, 1934, 但笔者并非在任何地方都追随着他。无论怎么说，下面的一般阐述的主要思路都是没有争议的。除了 Mead 之外，笔者在后面的内容中汲取了 Martin Hollis 的观点，《人之模型：社会行为的哲学思考》(*Models of Man: Philosophical Thoughts on Social Action*), Cambridge: Cambridge University Press, 1977, 页 87—142; Drew Westin,《自我与社会：自恋、集体主义与道德的发展》(*Self and Society: Narcissism, Collectivism, and the Development of Morals*), Cambridge: Cambridge University Press, 1985; Barbara Rogoff,《思维的学徒期：社会背景下的认知发展》(*Apprenticeship in Thinking: Cognitive Development in Social Context*), Oxford: Oxford University Press, 1990; MacIntyre,《依赖的理性动物：人类为何需要德性》，特别是页 81—118; 以及 Richard Shweder,《我们的后结构时代的文化和精神发展》("Culture and Mental Development in Our Poststructural Age")，收录于《人们为何烧烤？文化心理学的食谱》，前揭，页 276—290。笔者也深深受惠于两位作家的近期努力，他们为一个道德形成的阐述开发了亚里士多德主义德性理论的含义，M. F. Burnyeat,《亚里士多德论学习为善》("Aristotle on Learning to Be Good")，收录于《亚里士多德伦理学论文集》(*Essays in Aristotle's Ethics*), 页 69—92; Diana Cates,《选择感觉：德性、友谊与对朋友的热情》(*Choosing to Feel: Virtue, Friendship, and Compassion for Friends*), Notre Dame: Uinversity of Notre Dame Press, 1997, 页 154—207。

为基本的自然之善上，但随着孩子的成熟，这些基本的欲望以及孩子的表达它们的潜能都将会增强和发展。然而，即使在非常幼小的年龄，我们也会开始看到这些基本的欲望通过思考得到改变。孩子开始显示出思考怎样最好地实现其欲望，开始排列它们，发展偏爱和表达意志，为了追求其他的乐趣而放弃一些乐趣。当然，这些[196]基本的欲望是通过明显属于感觉引力的东西调解的——受到甜、亮、暖、绒的吸引——这既可以反映也可以不反映真正有利于孩子福祉的东西。但是，这恰恰是发展理论——或者就此而论，阿奎那对激情的分析——将要引导我们去期待的。

当然，如果没有一定量的来自孩子父母和守护者的指导，这个过程是无法展开的。再者，这种指导几乎是直接开始的，通过无穷无尽的选择，何时以及怎样去喂婴儿，何时去改变它，是否放任它哭，怎样促使它睡觉，如此等等。至少在某种程度上，守护者在这些方面的选择将会受到一些理论和判断的推动，它们关系到孩子自身的最佳利益，以及对从一个社会或道德的视角来看何谓恰当或者值得追求的理解。随着孩子的成熟，她的守护者将逐渐回应她欲望的表达，出于对这些类型的广泛判断。孩子在晚餐之前不被允许吃冰淇淋，因为那会破坏她的胃口；她会被逼迫去洗澡，即使她讨厌这个，因为其他人会对邋遢的女孩皱眉。而且，随着她的成熟，进行这些约束的理由会更为详细地对她讲明。

在这个过程的非常早的时期，孩子的守护者开始把她们自身的理想和期望传递给她，她们从基本的训练类型到完全人类意义上的教育过程。这样，孩子的训练和教育同时既是广义上的实践的，也是具体意义上的道德的。在很多情况下，呈现给孩子的理想和正当理由都是些简化了的德性的范例，有时也可能是它们对应的恶习。呈现的方式是表明，如果孩子按照这些范例体现她的行为，那么她将会得到表扬或称赞，或者对应地是淘气的，应受指责——以及健康的、舒服的、安全的，或者病态的、焦虑的或者受到威胁的。例如,如果一个孩子想在晚餐之前吃一个冰淇淋蛋卷,那么她会被迫使像一个可以等待她的快乐的成年女孩一样行为,与此同时她会被警告如果她吃太多甜食就会生病。这样的话,一个非常基本的节制理想就会被反复灌输,还有不要多吃的实际劝告。而且这是恰当的——因为节制的理想是一种在食物方面按照个人需求和整体福祉的判断和欲求能力,即使不是全然如此,在构成上也是如此。

在某些时刻,如果一切顺利,孩子将开始内化这些克制和勇敢的范式,并且相应地控制自己的行为。正是因为这些理想把广义的实践因素与道德因素结合了起来,所以那个把它们内在化的孩子才会逐渐把特定的[197]行为类型既视为实践上睿智的,也视为值得称赞的。他会意识到,如果他像头猪一样行为,那么他就会生病;如果他逃避屈辱,那么他就会终身生活在阴影之中;如果他自己表现得像个恶霸,那么他就会没有任何朋友。然而,与此同时,他会发现自制、勇敢和友善是值得称赞的品质,他想成为那种展现它们的男孩。当然,大多数孩子(而且在此种情况下,大多数成人)不会那么仔细地把这些品质的实践和道德方面区分开来。鉴于所涉德性趋向对福祉的理性追求,没有任何理由表明他们为何应当这么做,至少在常规情况下如此。相反,这些德性的这两个方面之间的紧密联系为进一步的道德反思提供了一个基础,那是一种正在成长中的孩子为了走向下一个成熟阶段必须承担的。

即使在青年之前,大多数孩子也都能在某种程度上反思他们的行为,透过那些呈现在他们面前的理想审视这些行为。他们这么做就会逐渐意识到,这些理想是值得追求的,这不仅是因为他们开始发觉它们是值得追求的,而且是因为他们形成了追求任何类型的目标所必要的前提(presuppositions)。如果没有实现自制、勇敢及其相关德性的初级潜能(rudimentary capacity),那么就无法去做超出对个人直接环境反应之外的事情;如果没有超过实现这些德性的初级潜能之上的东西，那么就无法自主地行动或者参考直接的诱惑或难题追求长远的目标。阿奎那追随亚里士多德把不节制描述为一种幼稚的恶习(childish vice)，而且没有任何孩子甘愿是幼稚的(第二集第二部分第142个问题第2节)，这并非没有道理。这种见解又为走向下一反思阶段奠定成了一个必要的基础。

青年时期的主要任务之一，是发展某种对待自己所在社会的理想的能力，把这些理想作为自己的理想，并且相应地塑造自己的行为。(或者不这么做——处处对抗自己的社会的理想的一生同样预设着一个成熟的过程)。除非该青年已经在某种程度上把这些理想内在化了，否则这个过程是无法顺利开始的——正如亚里士多德所说的，除非年轻人是被这样培养的，他称赞德性行为并且试图效仿它们，否则恰当的道德教育就无法开启。进一步而言，我们设定，年轻人已经理解了(至少以一种不完备的方式)，具体的节制和勇敢的德性对于她为自己所设定的任何其他的理想或者目标来说都是必需的。再次重申，德性的实践和道德因素是交织在一起的，但是这两个因素之间的联系特别关系到年轻人对自己作为理性主体的感觉，她能够透过她自己的最佳的[198]理性判断指引自己的行为。在这个时候，她开始把这些德性视为阿奎那意义上的完美(尽管未必以这些明白的术语)——也就是说，视为那些能力，它们根据她最为真实地和最为根本地作为一个理性主体，表达和培养她的发展和顺畅运行的能力。相应地，正处于成熟之中的孩子现在就处在了一个状态之中，超越单纯地内在化节制和勇敢的理想，修正它们以更好地契合自身的需求和处境。

此时此刻，我们就回到了前面所提出的具体理想与理性化的形式规范之间的关系问题。再次重申：节制和勇敢的理性理想是具体到主体的(agent-specific)，因为它们反映着那些植根于个体自身性格和境况的自制和勇敢的标准。然而，在孩子发展这些德性的过程之中,他的守护者不可避免地利用这些德性及其相连的恶习的范例的社会存货。只有贪吃的小男孩才会一次吃三个巨无霸,一个勇敢的小女孩是不会允许自己被班里的泼妇摆布的,诸如此类。这些老套的范式怎么能够帮助形成那种阿奎那使之与这些德性相连的个别性的理想呢?

然而到目前为止,我们可以看到,困难并不像我们起初看到的那么难以克服。节制,勇敢以及诸如此类的陈词滥调,都是有充分理由的陈词滥调——它们传递着行为类型,这些类型将例示着大多数情况下大多数人的德性,因为它们反映着我们所有人都共同具有的需求和境况。正如如果不形成自制、忍耐和勇敢的某些能力,那么一个人就无法正常运转,那么如果不形成一系列这些品质的理想,那么一个社会就无法正常运转,通过这些品质社会成员能够学会控制和训练自身,至少在大多数时间里。出于同样的原因,这些理想必然是有些概括和多形的,为了允许它们在各种不同的条件下的适用和改编。

年轻人为了把这些范式内在化为他自己的理想,鉴于大多数人生共同具有的需求和条件,他需要在某些时刻理解这些行为类型为何反映着宝贵的和值得称赞的克制和勇敢的品质。换言之,他需要抓住这些范式的要点,把它们准确地视为德性行为的范例。[①] 在这个例子中,抓住这一点意味着对这些行为类型作为合乎理性的行为的例示的某种承认,[199]这些例示是令人赞叹的和值得模仿的。但是与此同时,有的人抓住了这些具体范例的要点却把它们视为欲望、厌恶、好斗以及诸如此类的合乎理性的表达——不是把它们视为抽象意义上的理性化的表达,而是基本人类激情的合乎理性的表达,因为这些是在普遍存在的人类处境的

[①] 道德判断以及相应地道德发展主要依赖于抓住道德概念要点,这一主张在 Kovesi 那里得到了充分的发展,他概括了整个论证的过程,《道德观念》,前揭,页 1—36。

背景之下得到表达的。

我们现在已经开始看到，更为具体、更为形式的德性理想的成分是如何组合的了，至少就节制和勇敢而言。与这些以及相似德性相连的典型行为类型反映着关于行为和反应的集体判断，这些类型对于大多数人、大多数情况都是广泛合理的。应当指出，这里所讨论的规范不是纯粹抽象的理性化规范，而是理性的欲望、理性的厌恶、对伤害理性的抵抗以及诸如此类的规范。换言之，当这些典型的规范在那些具有特殊的人类生活的重复出现的处境之中发生和表现之际，它们传递着合乎理性的激情的理想。这样的话，它们就无法根据纯粹形式化的理性化理想简单地进行分析，以一种临时的、逐一的方式适用于每一涉及选择的情形。什么算作合乎理性的欲望、厌恶以及诸如此类的，这在某种程度上一方面是由基本人类需求和欲望决定的，另一方面是由人类主体的必然要求决定的，即使不是全部地也是主要地。正因如此，节制和勇敢的理想提供了一个链接，它正是我们在基本福祉与阿奎那所理解的作为一种德性生活的幸福之间所苦苦寻找的。

当然，如果这些范例要用于个体的节制和勇敢的规范，那么它们必须被改编，并且适用于个体自身的处境。但是，抓住了这些范例的要点的人将能够进行必要的改编，这恰恰是因为她已经抓住了为何克制、勇敢以及诸如此类的行为通常是令人称赞和值得追求的。抓住了一个理想要点的成熟的人，比如说食物方面的节制，将能够以较之其他人更大的确定性去适用它，后者只是简单地避免吃太多，因为害怕他会显得贪婪。出于同样的原因，她将能够使该理想与她自身的需求和情况变得适合，在保持阿奎那所说的德性的实体形式的特征（essential formal character）的同时去改变它。

同时，在这个反思性使用的过程当中，并通过这个过程，个人也会形成实践智慧的德性，它实际上是一个根据个人的整体目标进行判断、并且相应地选择一个具体行为过程的完备潜能。[200]从刚才已经说的内容来看,通过前文所描述的过程产生的判断能力似乎构成着节制和勇敢的实践智慧。这种直觉反映着一个重要的真理。实践智慧通常在其他枢德的行为当中并通过这些行为而运用,其他德性的每一真正行为必然同时也是一个实践智慧行为。但是,如果这就是我们所能说的一切内容,那么我们或许会问,怎样才能把实践智慧与其他德性区分开来呢?然而,事实上反思性使用形成了实践智慧的温床,必然超越于对任何一种德性的反思。为了探明原因,我们需要再次回到对什么算作抓住了一个德性要点的考虑。

在最为基本的层面上,即使相当年幼的孩子也能领会像食物上的节制这样的德性的要点——也就是说,她能领会到,为了避免生病,克制和改变她在食物方面的欲望是好的。换言之,她所领会到的是福祉与德性的理想之间的一个根本联系。但是,这个联系只能把她带到这么远,只要她保持对饥饿和满足动态变化的专注。为了进一步培养她对节制的领会,她需要扩大她的反思范围,思考通过饮食维持身体福祉的意义。常言道,我们吃饭是为了活着,但我们活着不是为了吃饭。应当把食品消费置于有助于总体福祉的地位,而不是直接地和专门地指向直接欲望(immediate appetites)的满足。这一原则或许可以称之为饮食方面基本的和根本的节制中道。但是,如果我们真的是应当为了活着而吃饭,那么活得好又是什么意思呢?那又如何影响吃得好(这一表达的每个含义)是什么意思的个人感觉呢?个人食品消费应当指向健康和长寿、体力或者丰满的理想吗?这些每个都反映着目前在我们社会当中流行的理想,但是它们却不能同时被追求——我们甚至还没有思考基督教理想转化这一极为基本的德性理想的方式。

饮食方面的节制德性是相对直白的,因为它们与身体的外在需求有着直接的联系。当我们转到那些关系到涉及其他人类欲望和厌恶形式的节制和勇敢的德性时,其中包括性欲、愤怒以及与恐惧和攻击紧密相关的冲动,我们看到这些理想是更为复杂的,需要对我们的基本欲望和厌恶在整个一生之中的地位进行更为准确的分析。首先,相关德性的实践必然会[201]把我们带入与其他人的互动之中,这些人的需求和主张必须以某种形式融入性节制、勇敢及其相连的德性的理想之中。进一步来说,性欲、恐惧和攻击的动态变化(dynamics),自然地引发对个人的性的整个发展、体力的自然的进步和衰退以及相应的脆弱的侵蚀。相应的德性必须把这些动态变化考虑进去,使得个人准备好去恰当地处理基本人类潜能的自然进步和衰退。同时,这些潜能必须在它们的相互联系之中得到审视,如果个人要求反思她的生命的整个形状,决定那些必备要素要被赋予优先性,哪些风险值得冒,哪些拒绝和剥夺要被忍耐。

笔者想要强调的重点在于,顺着这些思路进行反思,将不可避免地把个人引入把生命作为一个整体的某种思考之中,具体的善在这种生命之中的恰当位置,以及冒险和牺牲的类型在参考个人的整体目标和忠诚之下是可以理解的。笔者称之为"某种思考"是有所考虑的,因为这里所提到的思考的程度自然地随着个人能够作出关于他们生活的外观的程度的变化而变化。因为个人生活于其中的那些社会多少是根据既定的角色加以规定的,这种个人层面的反思可能只有相对较小的空间和需求。① 然而,在我们这样的社会之中,对整体意义和个人生活外观的某种思考对于大多数人来说实际上都是不可避免的。这样的社会不仅为个人提供了相对广泛的选择,还赋予了他自治和自决以崇高的正面价值。

---

① 正如 Richard Shweder 所指出的,即使那些与我们相比赋予共同团结以更高价值的社会也只为个人反思和自决留下了空间,参见《"白人负担"的回归与印度妇女的家庭生活》,页 272—275。

无论怎么说,对个人生活作为一个整体的反思可以采取许多形式,这取决于个人的需求和处境。但是,对于任何以一种彻底的方式参与这一过程的人来说,都必须在某一时刻反思实现一个满足的和完整的生活意味着什么——换言之,去实现某种尘世幸福。思考过程本身会引出这些反思,既来自于下面,也来自于上面。来自下面是因为,一个人对整个生命外观的反思将在相当大的程度上贯穿着他在实践节制和勇敢德性中的反思性体验,它们是植根于人类动物最为基本的欲望和需求的。来自上面是因为,在反思人类生活的整体外观时,[202]必然会在某一时刻试图把对这些基本欲望和需求的满足置于个人对一个值得追求的或者理想的生活的整体感觉的背景之下。

而且,对于大多数人来说,人生的主导理想(governing ideal)将把这些基本需求和欲望的满足置于核心地位,实现这一点的方式是毫不令人奇怪的,也是完全恰当的。这就把我们带回到了上一节的结论之中。也就是说,那种在于德性的实践的幸福无法与更为基本繁荣和满足形式分开,这些繁荣和满足构成着一个较为根本的福祉形式。这种联系是概念性的——即是说,为具体德性的理想赋予意义的行为典型将会得之于基本人类需求和欲望方面的恰当行为的理想,至少在相当大的程度上如此。在或大或小的程度上,这种联系也是实践的。如果我们想要过一种生活,那么每个人都必须为满足最为基本的人生需求作出某种规定——这个方面的忽视或失败都是无能力或者不正常的标志,而非德性。在这么做的过程中,每个人都将在某种程度上使用克制和勇敢的共同理想,这在实践上(至少)是不可避免的。进一步来说,对于我们之中的大多数人来说,我们最深刻、最持久的满足与追求和实现根本的倾向紧密地联系起来,这些倾向有繁衍、养育后代和生活于共同体之中。我们也不应感到这在人力上和神学上是成问题的。如果人类生存是一个善,那么它得以产生和维持的过程也是善的,是值得我们关注和全力以赴的,无论在生物学层面还是在社会层面都是如此。

实践智慧的德性脱胎于这个对个人生活的整体外观的反思过程之中,相应地,这种德性的运用受制于个人对这个问题的最佳判断。这把我们带到了前文已经触及到的另一个要点之上。也就是说,当实践理性通过实践智慧的德性得到了良好的配置时,它会以这样的方式运行,为各种不同的目标和思考带来秩序,即使是那些没有预定的对比标准的目标和思考。我们再次被提醒:根据阿奎那的观点,正确的实践理性是这样运行的,它把各种不同的急需之物置于一个主宰主体行动的总括目标的恰当关系之中(第二集第二部分第152个问题第2节)。正如他接着解释的,这意味着外在的善被命令实现身体的福祉,身体的善指向灵魂的福祉,有效寿命(active life)所适当具有的善被命令实现沉思生活的善(第152个问题第2节)。许多理论家反对这一主张,因为他们担心这会允许个人在追求所谓的更高的[203]善时不正当地伤害自己或者他人。[①] 这不是阿奎那的情况,不一定是我们的情况,但是为了弄清楚为什么不是,我们需要更为细致地审视我们到目前为止都在悬置的德性:正义的德性。

四、自爱、爱世人与正义规范

尽管阿奎那承认,根据一个通常的用法,可以把正义直接等同于道德正直(moral uprightness),但他更愿意称正义是一种具体的德性(第二集第二部分第58个问题第5到7节)。如果是这样的话,它就和其他德性一样,植根于特定的人类潜能,并且在一个

[①] 因此,Bowlin 证明这种论证思路必然导致对阿奎那的一种结果论的阅读,这是他坚信阿奎那将会拒绝的,参见《阿奎那伦理论之中的机缘与命运》,页107—115。

界限分明的领域之内运作。这意味着，如果我们想要完成对被视为德性实践的幸福的阐释，我们就必须更多地关注这般理解的正义。这样做的话，我们也可以为下一章将要讨论的自然法的诫命扫清道路。

那么，把正义视为一种德性，这究竟意味着什么呢？下面就让我们从对这个问题的更为细致的观察开始吧！正如我们前文已经指出的，当阿奎那在把正义视为四枢德之一时，他正追随着一个存在已久的传统。更为具体地说，他采取了古罗马法学家的正义定义，它就辑录在《查士丁尼学说汇纂》之中："正义就是分给每个人以其权利的稳定、永恒的意志"（第二集第二部分第58个问题第1节）。这个定义有助于确定具体的正义德性的首要的区分标志。它是意志的一种德性，这区别于节制和勇敢，它们都是激情的德性，还有审慎，准确来说那是一种理智德性（第56个问题第6节；第58个问题第4节）。它的确切的对象是"jus"，也就是说"应得"或者"权利"，由于自然或者人类习俗而亏欠另一个人的任何东西（第57个问题第1节）。

相应地，正义特有的运行领域涉及外在行为，由此我们维护（或者违反）与其他人的正当关系（第二集第一部分第60个问题第2、3节；第二集第二部分第58个问题第8节）。这是一个令人困惑的主张，因为阿奎那同样坚持，不仅只是正义德性，每一种德性在概念上都关系到它所产生的典型行为类型（第二集第一部分第60个问题第2节）。正如他接着所解释的，对于节制和勇敢及其相连的德性来说，外在行为是重要的，因为它们例示和表达着激情的正确意向。尽管如此，这些德性的意义仍然在于根据主体对善的理性理解调配激情。与之相反，正义不仅通过外在行为表现出来，它的意义还在于[204]修正外在行为。我们把它视为中道，据此我们维持与其他人的关系。因此，正义既是意志的特殊德性（及其相连的德性，它是意志的唯一无需恩典即可获得的德性），同时也是修正我们与其他人互动关系的德性。我们将会看到,正义的这两个方面实际上是相互关联的。

阿奎那有一个主张:正义是意志的一种德性。这个主张往往会被忽略,或者被一笔带过。笔者猜测,理解这个主张的困难有一部分在于,我们通常把德性视为感情和反应的意向或模式。正如我们刚才所看到的,这个猜测可以在节制和勇敢那里得到验证。然而,正如阿奎那所坚持的,具体的正义德性首先不是在激情之中并通过激情表现出来的,而且基于同样的原因,无法把它直接与贪婪或仇恨等激情的恶习相对比。如果我们把正义的德性想象为一个确定的忠诚,例如,等同于对婚姻的忠诚,那么就很容易明白阿奎那的要点。在大多数后工业化的社会当中,人们普遍期待两个人因为彼此爱慕而结婚。然而,不能简单地把一个人对他婚姻的忠诚等同于一种爱的感情或激情,即使它可能是被他对自己配偶的爱的感情所激发的。它蕴含着一个确定的政策,要以这种方式行为,促进婚姻关系,要避免那些可能会破坏这种关系的行为。这个政策之中包含着一个培养和巩固那些感情的忠诚,它原本就激发着那个婚姻。然而,对一个婚姻的忠诚是与对自己配偶的广泛的其他感情相容的,在原初的爱的情感消逝之后它仍然会持续。这些事实并不意味着一个人对婚姻的忠诚是或者应当是没有激情的。它们只是在强调:这个忠诚能够与广泛的激情相容,而且能够通过这些激情表现出来。同样的道理,正义作为意志的一个忠诚能够与广泛的人类激情共存,它们将会被以恰当的和值得称赞的方式整合进义人的行为之中。实际上,正如阿奎那所指出的,这种忠诚本身在正当的条件下会产生激情,例如,面对明显的社会不公时会表现出愤怒或悲痛(这是笔者的例子,不是阿奎那的)。然而,正因为正义是意志的一个德性,不能把它等同于这些激情的任何一个,它的运用也无需任何特定的感情组合。作为意志的一个德性的正义,未必是在没有任何激情的情况下得以运用的,而且很可能将来也不会在根本没有任何激情的情况进行运用。但是，正因为它是与广泛的激情相容的，我们才不能把它等同于它们中的任何一个。

[205]正义所牵涉的是一个致力于与他人维持某些特定类型关系的充满理性的献身的意向，而不是一个以特定的方式感受和反应的意向，因为除非我们把这种对比考虑在内，否则就会错失"正义是意志的一种德性"这一主张的含义。认识到以上这一点是非常重要的。笔者想要特别强调的一点是，正义与节制和勇敢之间的关系犹如意志与激情之间的关系。而且，我们必须理解这种关系，才能弄明白何以正义成全着主体，以及它何以在被视为德性之实践的幸福当中扮演着不可或缺的角色的。

正如我们在前文所看到的，各种激情所具有的那些德性使得主体倾向于依照理性去感受和反应，也就是说，依照主体对以下内容的最佳判断去感受和反应：在一个既定的活动领域之中，究竟什么才符合他的整体福祉和幸福。这些德性是必要的，因为即使当一些人类固有的善透过感觉被觉察时，那些激情会自发地趋向这些善，但这些自发的欲望和厌恶都没有可靠地反映主体的真善（genuine good）。正是因为这个原因，它们是需要被某种理性理解所填充的，即，通过节制和勇敢的德性对至善（overall good）的理解。相应地，无论是节制的根本规范，还是勇敢的根本规范，都是被主体自身的善所设定的，尽管对于勇敢来说，这一基本准则要受到勇敢与正义的紧密联系的限定。

相比之下，意志是不需要被一种特定的意向以这样的方式充实的，因为它已经按照主体对什么是至善的最佳理解自发地趋向它。而且，这种趋向本身是完全自然和恰当的。阿奎那对意志的分析在这一点上显然是与他的一个根本主张对应的：每个人都必然追求幸福。不仅要把这种意义上的自爱视为对形而上学必然性的一种人类特有的表现，而且要把正确的自爱视为一个道德责任（例如，参见

第二集第二部分第 64 个问题第 5 节;应当指出的是,这里所讨论的问题,以及对于仁爱的讨论,都是被视为意志的一个态度的爱,而不是爱的激情)。这在阿奎那对仁爱的秩序的分析之中体现得最为直接和清晰,他在那里说,仁爱使得个人比爱其他任何造物都更爱自己(第二集第二部分第 26 个问题第 4 节)。因此,按照阿奎那对仁爱的分析,对自己的爱仅次于对上帝的爱。当然,仁爱的爱不是一种自然的爱,它也没有表现我们的爱的潜能通过我们自身的固有力量的发展。它是超自然恩典的动态变化的表现。尽管如此,阿奎那还是明确表示,仁爱的爱在它的[206]一切形式当中都遵循着人类之爱的自然秩序。正如他在其他语境之中所说的,否则的话,仁爱将是对自然的扭曲,而非自然的成全(第一集第 60 个问题第 5 节;对比第二集第一部分第 109 个问题第 3 节)。

这些主张很可能令我们感到震惊,因为我们通常都把自爱看成罪的实质(essence),而把自我牺牲(self-abnegation)视为基督教德性的顶点。阿奎那是清楚地知道这些反对意见的。他在陈述它们的过程中为自己的自爱主张引入了一个重要的限定。他在第二集第二部分第 25 个问题第 7 节解答了一个问题:罪人是否爱自己。不出所料,他的答复依赖一个区分。罪人确实爱他们自己,因为他们欲求和追求任何他们认为会使他们真正幸福的东西。但是,他们在某种程度上弄错了这一点:他们犯了致命的错误,这在第二集第一部分第 1 个问题第 7 节被表示为一个可能性,他们把自己的幸福错误地置于了某种暂时的福祉之中。① 因此,从某个

---

① 这里所讨论的错误不是一个简单的误解,阿奎那把它等同于明确的恶意(malice)的罪。相反,它来源于对较小的善而不是较大的善的有意的偏爱。按照阿奎那的观点,这是可能的,因为尽管意志只能倾向于理智作为善呈现给它的东西,但是不存在迫使它选择一个较大的善而不是较小的善的逻辑必然性。Candace Vogler 在她对阿奎那实践理性理论的精彩分析之中主张:阿奎那的神学预设发挥着这样的作用,排除了否则就可以从他理论之中得出的东西,即,理性的必然要求之中不存在任何排除不道德选择的东西(参见《合乎理性的恶》,页 39—41)。(转下页注)

意义上来说,他们并不爱自己——他们不爱真正的自己,也就是说,他们并不欲求和追求真正幸福所在的那些目标。而且,正如我们已经看到的,真正幸福的生活在于德性的实践,只要是正确理解的幸福层面都是如此。那么,谁理解了她的本性,谁就会意识到她的幸福,也就是她作为某种特定造物的完美,那在于德性的生活,她就会据此而行为。这么说来,真正的自爱与道德正确之间没有冲突,因为——再次——德性的生活是真正幸福的生活。

然而,这并非事情的全部。为了瞄准真正的幸福,人类必须理解他真正是什么,正如早已指出的,这预设着思辨理智的正确判断(第二集第二部分第 25 个问题第 7 节)。① 但是,真正有德性的人的特点在于[207]意志的一个独特的意向。当然,这种意向以理智判断为前提,在这种情况下,涉及一个人与其他人以及与更为广泛的共同体之间的恰当关系。尽管如此,正义仍然是意志的一种德性,这既是它的特征,也是它区别于其他东西的地方,因为它使得主体倾向于具有关心和尊重其他人的长远忠诚。因此,正义是必要的,因为只有这样才能调整意志远离它的指向主体自身的善的自发定位,从而产生一个关心和追求其他人的善的长远意向。就我们到此为止的分析来说,这提出了根本的问题。这样理解的正义能被视为主体的成全吗?能作为她的作为德性的实践的幸福的部分吗?正义与阿奎那的正确的自爱的强断定相容吗?我们在这一点上似乎揭示了阿奎那思想之中的一个不连贯之处。笔者并不

(接上页注)但是,阿奎那并不认为恶的选择,严格来说,是非理性的,即使对于有的知道真正拯救可能性的人来说——确实,明确的恶意的罪恰恰在于选择较小的、暂时的善,而不是永恒拯救的较大的善(第二集第一部分第 78 个问题第 1 节;阿奎那解释了这如何是或不是一种无知的罪,第二集第一部分第 78 个问题第 1 节答复 1)。当然,这种恶意在以下意义上是与理性相背的:它与人类的真正的善不一致,但是对于每一个有罪的选择都可以这么说。

① 笔者在这一点上追随着 Ralph McInerny,参见《阿奎那论人类行为:一种实践理论》,前揭,页 184—206。

这样认为,但是为了弄清楚为什么是这样,我们需要深入他对正义和自爱的直接论述。

为了解决自爱与正义的关系问题,我们应当首先指出,这二者对于人来说都是自然的,但却不是以相同的方式。在某一方面,自爱是一种自然的必然性——也就是说,人类与其他的任何造物一样都必然爱自己的存在,从试图维持它的意义上来说。基于同样的原因,每个功能正常的人都必然欲求幸福,这等同于说,每个能够进行理性反思的人都追求生活和繁荣,这符合他的对他最为真实地是什么的最佳理解。然而同时,正确的自爱,按照真正是什么爱自己,在根源于和成全人性的意义上是自然的,但是这并不意味着人自发地在这种意义上爱自己。非理性造物通过它们的自然倾向的自发活动,按照它们的具体类型趋向完美,这是自然地被决定的,趋向与那种定位一致的行为类型。但是,恰恰是因为人类倾向不是被以这种方式决定的,人是可能在追求自身完美当中迷路的——不是说她会失于追求自身的完美,而是说她可能错误地追求它。

阿奎那不止一次地说过,无论是人类还是天使,实际上对于每一种造物来说,爱上帝超过爱自己,这都是自然的(再次参见第一集第 60 个问题第 5 节;第二集第一部分第 109 个问题第 3 节)。这是一个有点令人吃惊的主张,必须把它置于阿奎那的用法的语境之中进行理解,据此即使无生命造物的倾向也可以称之为一种爱或欲望,而同时无论如何都不意味着它们具有任何意识(consciousness)(再次参见第 109 个问题第 3 节)。[1] [208]即便如此,我们还是会错失阿奎那的要领,除非我们记得,这种自然的爱等同于造物的爱、倾向或者追求普遍的善的有序趋势,甚至优先于它自身个人的善。就理性造物而言,这种倾向或趋势将通

---

[1] 这种联系在《反异教大全》之中体现得更为清楚,页 16—17。

过某个概念表现出来,这个概念涉及一种超越于个体的善的形式。这样的话,这种趋势或许可以通过一种对上帝的自然的爱表现出来,作为哲学沉思的对象。当通过恩典改变时,它将会通过仁爱表现出来。尽管阿奎那没有直接这么说,认为意志趋向于普遍的善的定位同时也通过对其他类型的综合的善的爱,其中包括政治共同体(或许是它的理想形式),或者道德的和审美的观念,表现出来,这也是合理的。阿奎那确实说过,我们自然地倾向于爱政治共同体的共同善超过爱我们自己。他评述说,如果不是由于罪的结果,我们将自然地和自发地为着共同善而牺牲我们自己,正如我们会自发地为了保存整个身体而牺牲我们身体上的肢体(第一集第 60 个问题第 5 节;第二集第二部分第 26 个问题第 4 节答复 3)。

但是毫无疑问,我们没有自发地按照这种方式行动——只有这样的人才能接近这一理想:他实现了高度的正义和勇敢。爱上帝并且不言而喻地爱普遍的善,而不是爱自己,这才是自然的,因为这是对我们自然是什么的一个合适和恰当的表现。但是,鉴于人性被罪伤害的实际状态,这种态度没有"自然地降临"到我们身上(正如阿奎那在第二集第一部分第 109 个问题第 3 节所评述的)。假使人性没有被罪伤害,个人将会为了更大的善而牺牲自己——但是,鉴于我们真实的状况,这种自我牺牲只有通过痛苦的挣扎才是可能的,即使较小的牺牲也需要某种代价才能作出。这就是为何正义既被视为必要的——因为一方面,我们没有被指定按照它的令式去行动——又被视为自然的——因为它与一切德性一样根源于并成全着主体的自然潜能。

但是,当阿奎那也说每个人都必然地追寻他自己的幸福时,这般理解的正义怎么能被视为主体的一种成全呢?这里可以提供一个合理的答案。我们或许会像阿奎那一样说,每个人都自然地和必然地追寻他自己的幸福,同时补充说,个人幸福并非主体所追寻的一切。毕竟按照阿奎那的观点,意志是这样趋向善的,不是趋向这个或者那个具体的善,而且正因如此,它只能在理智判断的基础之上运作:这个或那个对象或局面是好的。我们当然能够想象比我们本身要大的好事情或好局面。那么似乎是这样的,除了有损我们自身的个人善(individual good),或者甚至有损我们自身的个人善,没有任何东西阻止我们爱和追求这些较大的善。[209]从这个方面来看,正义将为意志的自然趋向增添一些东西,不仅发展和完成着它,还取代着它。

这种解释思路的困难在于,至少作为阿奎那思想的一个延伸来思考,他不仅说人类必然追求她自身的幸福,而且还补充说,她的一切行为都以某种方式指向这个根本目的(第二集第一部分第1个问题第6节;第10个问题第2节)。每个人都必然把自己的一切行为引向一个最后的目的,这个主张乍一看似乎是不合理的,但是按照阿奎那的观点,这个主张是以下观念的必然含义:人自愿地行为,也就是说,在追求某种目的时自愿地行为。如果主体事先没有一个最后目的,那么她对中间目的的追求就没有了根据或者意义——这就等同于说,她的行为不是充分理性的,从而根本无法算作行为。这并不必然意味着主体总是追求她所认为的任何构成她的真正幸福的东西,按照她已经确定的反思性判断。① 但是,如果我们记得,阿奎那承认幸福是可以通过很多方式理解的,其中包括最为原始的含义,为所欲为,那么我们就能够轻易地看到以下主张的力量:每个人都总是为着幸福而行动。要点在于,人总是追求目标而行动,这些目标可以最终追溯到对它的终极善的某种观念,

---

① Scott MacDonald 在自己的论文中清楚地说明了这一点,《阿奎那论最后目的:答格里塞》("Aquinas' Ultimate Ends: A Reply to Grisez"),见 *American Journal of Jurisprudence* 46(2001):37—50。阅读这篇文章及其回应的那篇文章能够获得对相关问题的一个不错的概览,Germain Grisez,《自然法、上帝、宗教与人类成全》("Natural Law, God, Religion, and Human Fulfillment"),页 3—36。

无论这种观念多么短暂或低端。①

　　果真如此,那么我们就无法通过把自爱和正义视为两个具体目的从而解决它们之间的紧张关系。它们可以被彼此独立地追求,而且甚至有时相互冲突。然而,还有另外一种解释这种紧张关系的方式。在笔者看来,它不仅更接近阿奎那的原意,而且还提供了一个更为有效的方式,从而可以促进幸福作为德性实践的完整理想。也就是说,自爱与正义之间并没有冲突,因为为了使主体[210]实现她的真善,她必须处于与其他人以及她的共同体的正确关系之中——正确关系的理想恰恰是正义作为一种德性的定义性理想。阿奎那提示了这种论证思路(例如,参见第二集第一部分第92个问题第1节答复3;第二集第二部分第47个问题第10节),但是,如果没有进一步发展的话,它很容易使得我们进入一个对我们的问题的约定俗成的解决方案之中。有一种更为实质、也更有意思的方法可以说明自爱与正义的全等,笔者将在后面表明这一点。

　　正如阿奎那所述,正当的自爱只能来自对个人本性的正确评价(第二集第二部分第25个问题第7节)。联系到当前的主题,这将包括对以下事实的承认:我们自然是社会动物,我们独特的生命形式包含着参与一种复杂的社会关系网,从生到死。正如亚里士多德在很久之前所讨论的,我们是社会动物,而且在今天我们还经常被提醒注意人类生存所具有的亲属特征(relational character)。

---

① 正如 Vogler 所表明的(《合乎理性的恶》,页134),尤其是,阿奎那的终极目的观没有排除"为自身之故"实施行为的可能性。人类幸福只能通过时间的流逝才能实现,至少就其世俗形式而言如此。没有任何具体的选择或者行动完全表现幸福生活的整体的善,但是出于同样的原因,每个根据德性的意向作出的具体的选择或者行动都代表着幸福的一个组成部分,因此是它的部分完成。这甚至可以适用于"为自身之故"而选择的行为,我们可以说,为了消遣或者娱乐——如果这些被选择了,那么它们反映着某种信念:一个相关类型的行为此时此刻是适合的和恰当的,并且由此与主体的整个幸福是一致的(第二集第一部分第1个问题第6节答复1、2)。

尽管这个主张被以含糊不清的方式解释,但在一个意义上它确实是真的——这个意义是说,它指向一个根本的特征,我们作为特定种类的动物,即高级社会动物,所具有的独特的生活方式。因此,对我们的亲属特征的反思将再次带着我们审视那个方面,其中"自然作为本性",根源于我们自然的前理性层面,充实着"自然作为理性",也就是说,一种独特的人类自然法所具有的道德的必然要求。

这可能让有些读者感觉不合理,因为我们通常把正义视为一种典型的人类德性,反映着人类特有的理性和思考能力,如果真有人类生命的任何方面做这些的话。然而,通过对其他群体动物的若干代的细致研究清楚地表明,其中包括高级灵长类动物、狗、象和海豚等,我们人类以结构化的社会单位相互关联,这种方式并非独有,相反,我们自身的社会生活方式合乎一个大的类型,我们发现这种类型在许多不同类型的有丰富智力的动物当中都在重复出现。这些连续性在某种程度上甚至延伸到了道德生活的方面。用灵长类动物学家德瓦尔(Frans de Waal)的话来说,"动物是否具有道德的问题有点像它们是否具有文化、政治或语言的问题。如果我们拿完全成熟的人类现象作为一个标尺,那么它们肯定没有。然而,如果我们把相应的人类能力分成它们的组成部分,有些是可以在其他动物之中发现的。"①他接着列举出了这些,其中包括:依

---

① De Waal,《善良本性:人与动物中的对错起源》,页210。然而,并非每个人都像 De Waal 走得那么远。可以比较 Marc D. Hauser,《野性思维:动物真正在想什么》(*Wild Minds*:*What Animals Really Think*),New York:Henry Holt,2000:"我认为,尽管动物具有区分生物与非生物的思维工具,可以使用物体运动产生行为期待,可以具有关于它们与外在和心理世界的互动的情绪体验,但我的直觉是,它们缺少道德情绪或道德感。它们缺乏共鸣、同情、羞耻、愧疚和忠诚的能力。我相信,在它们的生命当中出现这种情感缺失的原因在于,它们缺少一个根本的思维工具——自我意识"(页224)。正如他接着解释的,他用这一点意指:具体意识到个人自身的信念和欲望,从不同于其他的那些来看——因此,它们无法体验必须意义上的共鸣,因为它们没有自身内在状态的清晰感觉。如果这么说的话,笔者认为 de Waal 和 Hauser 之间没有必然的矛盾。争论之处在于,人们把称某(转下页注)

恋、共鸣、[211]适应和特别关照残疾者、"规定性的社会规则"的内化、给予、贸易和复仇的概念、和平和社会维护的趋向以及协商实践。①

经院主义者并非不知道这些连续性。相反，正如我们在上一章所看到的，他们对人类行为与其他种类的动物的行为之间的相似性的强调已经到了一个令人惊叹的程度。尽管如此，我们无疑具有一个较为清晰和较为丰富的感觉，我们自身的社会行为例示了一种生活方式，它是除了我们之外的许多其他种类的动物也都共同具有的。在这个意义上，人类的社会互动不能被整齐划一地置于界限的一边，这条界限划分着我们与其他动物共有的那些倾向与预设着人类特有的理性的那些倾向。

但是，我们应当从这个观察当中得出什么教益呢？有时人们提出，一旦我们承认人类社会行为的前理性成分，我们将被迫——在实践上或者在道德上，抑或二者兼具——接受我们的社会的各种特征在它们实际存在时是自然的，在不可改变的非常具体的含义上。但是，这个结论不是简单地从社会行为的自然性之中得出的，而且按照它自身的特点来考虑，它是不合理的。我们必须再次提醒自己，无论我们怎样解释它，人性都不足以说明它的各种表现形式。人类社会生存的丰富多样的形式足以在这一语境中证明这一点。情况或许是，我们社会生存的某些广泛的特征在实际上无法改变的意义上是自然的，包括等级结构和性别和时代之间的某些种类的区分。但是，这些广泛的特征允许无限多样的现实表现，包括那些强调平等和个人主义而非等级和角色分配。我们当然能

（接上页注）事物为道德感情或本能的标准设定多高。如果这些仅仅是指对自己在一个群体网络之中所处位置的情感充实的感觉，其中包括对什么算作违背相同的感觉，那么显然群体的哺乳动物确实具有社会情感——即使它们缺乏共鸣，并且因此具有完全成熟的道德感的能力。笔者觉得 Hauser 似乎可以承认这么多。

① De Waal,《善良本性：人与动物中的对错起源》，前揭，页210。

够,而且往往应当,找出各种不同的方式,来安排我们的[212]社会生活,其中包括重新组合性别和代际关系,降低或者消灭社会成员日趋扩大的贫富差距,等等。我们作为社会动物的本性之中没有任何东西会排除这些类型的社会改革。

阿奎那有一个评论:理性造物的倾向要通过类比前理性造物之中所存在的那些倾向加以解释(第一集第 60 个问题第 5 节)。这个评论表明,我们应当从与其他类型的社会动物的对比当中汲取教益。我们通过反思其他种类的动物的群体生活,可以达到对我们自身社会倾向的要点的更好的感知,那就是说,我们要在自己的种类具体的生活方式的整个背景之下观察的它们的目标。实际上,当我们反思我们自身的社会行为,在其他群体动物的背景之下观察时,显然成型的社会互动是我们的种类具体的生活方式。我们在与同胞的结构化的互动之中并通过这种互动,追求、实现和享受动物福祉的基本成分——饮食、居所、安全、交配和繁殖、虚弱或疾病时的保护。可以想见,某人可以在完全离群索居的情况下存活下来,但这只是极为罕见的情况。而且,几乎不可能把这种生活视为一种福祉的生活,我们也不能把患病的人或者被剥夺了基本生活必需品的生活视为在享受福祉。

我们此时主要把精力放在我们生存的社会维度与其他基本福祉方面交织在一起的方式上。但是,我们不应无视以下事实:对于人类而言,即使基本福祉也预设着独特的理性潜能的发展和表现,而且这些同样预设着社会生存形式。最为根本地,语言几乎当然地要求某种类型的公共背景,而且社会生存的必然要求似乎充实着语言,为它提供着一个意义结构的背景。① 基于同样的原因,大

---

① 针对语言的起源及其存在和运行的必要条件,存在着许多理论,但是,除了某种社会互动的过程之外,笔者无法想见任何合理的解释,据此语言能够成为一个成熟的交往系统。同时也应当指出,其他动物同样进行着交往。然而,它们似乎不是使用与抽象观念相连的符号,它们可以脱离一个直接的指涉语境并予以模态(转下页注)

多数其他人类特有的活动,例如,艺术和宗教的实践,[213]似乎都需要某种是社会背景,因为除了语言的使用之外它们作为持续的实践是不可想象的。①

如果我们想要领会社会之中的生活既有利于个人也有利于社会的方式,就必须牢记人类社会生存的这些方面。在最根本的层面上,如果没有其他人的关心和照顾,不仅仅是个人直接的家庭的关系和照顾,任何人都无法生存和完全成熟。② 我们的整个生涯在数不清的方面都有赖其他人,基本食物、安全、保护和需要时的扶持。而且,除非某种公共的背景,我们就无法存在和繁荣,根据我们在语言和思考之中表现出来的最为特殊的理性潜能。基于同样的原因,大多数活动、志向和目标,或者说它们的全部,都是以某种公共实践为前提的,它们为我们的生活赋予着意义和结构。

还有,我们每个人都从自己在一个家庭或者一个大的社群网之中的位置那里获得自己个人身份的基本成分——作为儿子或女儿,作为一个大家庭或者共同体的一个成员,作为一个配偶,作为某个职业、艺术或者宗教等的实践者。笔者这里再次讨论延伸意义上的个人身份,这是麦金泰尔在讨论个人身份作为个人生活的

（接上页注）命题的形式表达出来——换句话说,它们的交往缺乏 Hauser 描述为"指涉的灵活性"的东西(《野性思维:动物真正在想什么》,页 175—210)。而且,即使动物确实像我们一样学习语言,也必须通过一个过程教它们,这个过程会把它们在某种程度上纳入我们自身的种特异性的生活方式——也就是说,语言使用不是它们的种特异性的生活方式的一个自发部分(页 201—208)。按照 McDowell 的说法,它们没有能力自发行为,参见《心灵与世界》,页 108—126,可以看到深入讨论。

① 当然,即使个人没有能力使用语言,他们也能被带进艺术或宗教的实践——否则小孩就不可能开始这些实践。笔者认为,我们在这些情况下所具有的是对一种实践的指引性嵌入,这种实践本质上是自我反思的和自我校正的,并且因此可以仅仅通过对话得到完全发展和表达。Shweder 在《文化与精神发展》("Culture and Mental Development")之中也提到了相似的地方,页 283—290。

② MacIntyre 特别强调了这一点,参见《依赖的理性动物:人类为何需要德性》,前揭,页 63—80。

叙事单元构成的路线。① 即使在这个意义上,一个人的身份也未全部纳入个人的社会角色和与他人的关系——但是,这些确实提供着我们独特的个人身份的起点和大部分内容,这些身份是我们通过自身经验和选择在一生之中形成的。我不仅仅是一个女儿、妻子、教师和朋友,而且,我可以设想一种生活,我从未结婚,也从未开启一个不同的职业,但它显然是我的生活。但是在某个地方,我必须说,一组与他人的关系所构成的生活不再只是想象,作为任何可以辨识意义或者有意义的我的生活。

[214]行文至此,我们业已确定了个人福祉依赖于对一个社会网的参与的某些方式。然而,我们可能仍有疑问:对于个人福祉和幸福来说,正义的德性是否必要,或者甚至总是与之相容。这都是些既古老而又常新的问题。人们甚至不打算遵守任何可以辨识的正义规范,而同时却还要攫取社会的益处和保护。这种情况太容易出现了。不管一个人是通过社会结构的弊端出现时利用它们,还是通过借助纯粹的暴力推翻社会结构,都有可能在不正义的同时为自己攫取诸多社会利益。而且基于同样的原因,信奉正义又会让个人以各种各样的方式牺牲自己的基本福祉,大到为自己的祖国献身,小到欣然接受纳税义务,履行自己的合同义务,等等。

作为答复,笔者的主张是:应当以对正义、对其他德性相同的方式来理解幸福与福祉之间的关系。我们在上一节得出结论说,德性,以及它们所构成的幸福,典型地与更为基本的福祉形式联系在一起。也就是说,德性与以特定的方式追求和享受福祉在概念上是相连的,尽管在放弃福祉的许多成分的同时追求和享受一种德性的生活是有可能的。对于正义来说亦是如此。这种德性从人这种动物的群体生活所特有的复杂的互动之中获得自己的活动领

---

① 参见《追寻美德:道德理论研究》,第 2 版,Notre Dame: University of Notre Dame Press,1984,前揭,页 217—218。

域。而且，这种德性所典型具有的行为类型表现了对个人的共同体和与之互动的其他个人的一种典型态度。不出我们所料，正义这种德性与它的典型行为类型之间的关系是复杂的。尽管如此，与其他德性的情况一样，一旦我们抓住了它们的要点，正义行为就立刻得以识别——也就是说，一旦我们把它们视为对人生的社会背景的一种特定态度的表现。

但是，这是什么态度呢？解决这个问题极为重要，也正因如此，解决它并不容易。即是说，正义作为一种德性要比节制或者勇敢更为复杂，尤其是当我们以阿奎那解释它的宽泛的方式理解它的话。它出现在人类互动的整个领域之内，这些是由广泛的道德因素塑造的，其中有些明显与正义相关，而另外一些却并非如此。而且，它对习俗的依赖要比其他德性的依赖大得多，即便是承认节制和勇敢也是由习俗所塑造的，或许比阿奎那或者其他经院主义者承认的程度更大。如果我们想把正义与典范的（paradigmatic）行为类型等同起来，[215]那么我们就需要了解这些行为类型的共同之处是什么。这里重提前文所提到的问题，说某人具有并运用"分给每个人以其权利的稳定、永恒的意志"，我们能够给出它看起来是什么的合理解释吗？

为了回答这个问题，我们再次简要地思考正义的德性被正在发育的孩子获得的过程不无裨益。德瓦尔的评论揭示了这个过程是如何开始的。也就是说，每个幼儿都分享着他描述为独特的社会情感的东西——当违反成规时感到羞耻或内疚，当自己的欲求受阻时感到愤怒，当觉得自己受到他人好评时感到骄傲。正如我们已经看到的，这些是我们与其他高级灵长类动物的共同基础。除此之外，人类的幼儿还具有其他的潜能，可以把握自己作为其他人态度的对象的观念，而且可以在这些社会情感与其他人的判断之间建立起适当的联系。这些潜能反过来又使得幼儿与其他人的感情产生共鸣成为可能——也就是说，幼儿能够把握其他人的感觉如何，同时意识到这些是另外一个人的感情，(或许)针对的是自己，而不是自己的感情。因此，他是有潜力的，按照米德(Mead)的话说，有潜力把自己视为"宾格的我"，其他人感情和评价的对象，并且把恰当的反应内化，一直保留着把自己视为"主格的我"的感觉，那是一个自决的主体。①

当然，把自己视为他人知觉(perceptions)的对象的能力是逐渐形成的。幼儿时期，感受社会情感并作出反应的整个过程在很大程度上停留在激情的层面——也就是说，我们这时所看到的是对自己的直觉(immediate perceptions)及他人对自己反应的情感回应。它们像其他的情感回应一样，包含着对以下内容的一个回应：什么被直接感受为他人对自己的可欲的或者可耻的反应，也就是说温和的与肯定或者否定的与拒绝的。即使当这些回应通过他人的记忆犹新的或者期待已久的反应中和时也是如此。在类似这些的情况下，孩子必须依赖与他人的想象的而非真实的遭遇，但这些仍然是对直觉到的善恶的情感反应——它们是被可以理智理解的基本人际关系的结构充实的——但是它们没有反映一个成熟的理性。也就是说，它们不依赖于一般的正当关系的概念，这是孩子能够以某些条件(甚至是不充分的)表达的，并且概括了广泛的[216]情形。到此，孩子的激情被调动起来，但他的深思的判断或者他的意志却还没有。

然而即使是在这个水平上，理性化也开始充实孩子的反应和早期思考。即便一个幼儿的激情也是人类的激情，预设着对她所面临的种种局面的某种水平的判断。②而且，这些局面本身也被人类关系体系塑造着，而这些关系则是根据正义的理想建构起来

---

① 这种区分在 Mead 的《基于社会行为主义者立场的心灵、自我与社会》之中得到了概括，前揭，页 173—175。
② 关于激情及其与理性之间的关系，细节之处参见 Pasnau，《托马斯·阿奎那论人性：对〈神学大全〉第一集第 75 到 89 个问题的哲学研究》，前揭，页 257—264。

的(无疑是不完美的,但却是真实的)。因此,甚至在一个非常早的阶段,孩子的激情就被共同分享的正义和正当关系的感觉塑造着,而且这些激情本身也反映着这种感觉。还有,孩子的守护者以同意或者不同意的语气,把孩子在这个框架之中是如何被看待的反馈给她,从而奠定、发展和培育着这种早期的感觉。一个自私的、强求的、跋扈的或者冷酷的孩子,在游戏中作弊,对父母撒谎,推搡自己的姐妹,将会被用这些描述以断然否定的语气呈现给她自己;当她努力纠正了自己的行为举止,不再自私,变得友善、友爱、诚实和公平,那么将会被以一个快乐的,而且更为重要,令人称赞的孩子呈现给她自己。

与其他的德性一样,要想孩子的发展过程得以延续,这些典范必须内化。这首先涉及把自己的不自私、友善、诚实等积极的形象视为可欲的,而把与之相反的视为不可欲的。但是除此之外,还要求成熟的孩子掌握统一这些典范的要点的感觉。除非她能获得某种感觉,例如,说明诚实为何是可欲的,她就无法概括一个诚实的理想,超出她的直接的关系圈把与陌生人的关系也包括进去。陌生人的反应没有她家人和朋友的反应重要。而且,她将无法把这些典范适用于不熟悉的局面——例如,意识到把别人的话当作自己的话是一种形式的不诚实,正如在卡片游戏中作弊一样。①

到目前为止,我们一直都是在沿着熟悉的思路前行。但是,为了抓住涉及正义的典范的要点,把它视为节制和勇敢的对比,孩子必须再前进一步。她必须整合一个非常宽泛的典型行为和反应,把它们拢到一个理想的标题之下,也就是说,一个正义的理想之下,或者如果你喜欢,可以称之为一个公平或正直的理想。她必须抓住要点:[217]一个非常宽泛的理想,其中既包括各种不同激情的光谱,也包括遵守不同类型规则的意向,都要参照一个总括的抽

---

① 笔者读到,儿童杂质的编辑必须对此保持警惕——小孩子通常抓不住剽窃的概念。

象理想进行理解,这样就无法整齐划一地对应于任何一组情感反应或它们的反面。她必须这么做,因为这些不同的理想通常产生冲突,这样就会迫使她调适它们。让自己的纠缠不休的同学抄自己的试卷,这好吗?或者它是一种不诚实,应当排除?加入修道院实现自己的宗教使命,还是置身家中伺候年迈的母亲,到底那个更为重要?与自己祖国的正当关系是要求在危机时刻支持政府,还是接着致力于批判的自我评价?这样的例子不胜枚举。要领在于,它们都要求个人超越对具体情感反应的一个评估,或者实际上是逐个思考的具体规则的要求,去思考在通盘考虑的情况下,什么才是对他人和对自己的共同体应当的。

那么,我们发现自己又回到了正义的经典定义:分给每个人以其应得的稳定的、永恒的意志。这个定义因其概括性而饱受批判。而且,它本身确实没有告诉我们太多怎么确定什么算是某人的应得。尽管如此,这个定义的确抓住了正义作为一种德性的必要性质,也就是说作为一种人类特有的完美。首先,它把正义置于尊重他人主张的宽广的持久信守之中,丝毫没有提及个人具体的欲望或者厌恶。这是"正义是意志的一种德性"这一主张的一个含义。信守分给他人应得之物,这并不取决于任何一组情感反应,而且甚至在违反自己的欲望和厌恶时也能有效运用。(这根本不同于说,正义的人的理想意味着情感超脱,仅仅是说,这一理想并非典型地与任何具体集合的情感反应联系在一起。)其次,这个定义把意志的相关态度与"应得"的抽象观念联系起来,揭示了正义是一种人类特有的完美的方式。也就是说,它依赖于某种反思的感觉:生活在一个共同体之中意味着什么,一个人在该共同体之中的位置是什么,什么类型的主张是他人可以对自己提出的。这种感觉无须详细说明或者理论发展,但它必定根源于对个人周遭环境的某种水平的抽象,在一个更大的社会背景之下解释自己的位置。最后,正义预设着,这种对个人在更大的共同体之中的反思的感觉将充实个人的自我认同感,这样个人就会在一个公共维持的生活方式的背景之下观察自己的个人生活。这就是为何从[218]一个真正正义的人的视角来看,个人幸福与正义要求之间的任何冲突最终都会被证明是虚幻的——因为个人的善是由与他人以及与她的共同体之间的正当关系构成的,至少部分如此,这就是正义的德性使她去追求和维持的。

在这一点上有人可能会提出反对意见:这只是在理论听起来极好,但实际上有很多人,他们享受着社会的保护和利益,却随心所欲地剥削着别人。我们现在明白了,即使这个反对意见是真实的,就现状而言,它仍然错失了要点。与正义德性相连的完美和幸福的特殊形式并不仅仅在于实现福祉的那些元素,它们涉及在社会之中的生存。相反,它们在于以特定的方式实现和享受这些元素,出于对人类善的许多形式的一种可以理智理解的评价,这种善只能在与他人的关系和对他们的充实的关心之中才能得到享受和维持,这些人既是同胞也是潜在的朋友。笔者的重点在于,对公共价值和他人个体生命的这种无私的关心本身就是一种善,也是实现例如真正友谊这样的其他的善的必要条件。而且,除了正义之外没有办法实现这种善,因为在某种意义上,正是正义——更为确切地说,正在讨论的那种态度是正义的必要成分,被视为分给每个人以其应得的稳定、永恒的意志。

正义的人是这样的正义,而不是仅仅为了自利的理由趋于遵守正义的规范,因为她真正致力于正义社会的理想,这是她在理智上抓住的,并且为其自身之故而爱它。基于同样的理由,她把自己主要地和根本地看作一个处于理想的或者现实的正义的共同体之中的人,至少从一个世俗的视角来看如此。请记住,每个人都按照她认为自己是什么而追求幸福,正义的人把自己视为一个正义的共同体的分享者——即使这个共同体只是作为一个理想存在于她的内心之中。因此,对她来说正义与幸福之间不可能存在冲突,因为如果为了即刻增益而以一种不正义的方式行为,她就会破坏和毁掉自己的身份,按照麦金泰尔的说法是个人连贯(personal coherence)和自我一致(self-consistency)。

可能这听起来过于理想化。然而,从一个纯粹世俗的视角来看,这种幸福的理想是有说服力和吸引力的——实际上,它从若干世纪以来都是令人信服的,笔者相信正是这个理想构成着今天许多人的生活。按照一个正义理想进行的生活可以合理地作为幸福生活的一个候选,甚至按照安娜斯的说法,作为一个既令人满足和吸引人也客观完美的生活,[219]鉴于相同的情况,它们使得某种形式的正义成为一种必要的人类德性。也就是说,我们所有的人在不可胜数的方面都是脆弱的,会失去我们在自己的个人生活之中最为享受和珍视的东西,甚至最为幸运的人也不免一死。再进一步来说,几乎所有成人都知道这些——这是心智健全和成熟的标志。这就是为何在理性即是自然的意义上把我们等同于公共体现出来的价值或理想是自然的,它们并不像我们一样脆弱,我们可以期待它们比我们长寿。正如罗尔斯顿(Holmes Rolston)所指出的,"几乎所有自己关心的东西都必须在与他人呼应之中得到关心,所有这些他人又有他们的无尽的联系。文化的本己逐渐超越生物的本己,甚至在部分上取代它。个人期待存续的是其观念、价值,或者更为准确地说,是那些观念和价值,个人受到教育和个人有意义地分享的。"①或许会把这个"文化本己"等同于一个特定的共同体,但是即便那时,忠于一个共同体也与那个共同体应当是什么、理想状态是什么的某种感觉形影不离。基于同样的原因,对公共忠诚的一个反思性信守开启了一个更为一般的正义理想,它本

---

① Holmes Rolston III,《基因、创世与上帝:价值及其在自然人类史中的起源》(*Genes, Genesis, and God : Values and Their Origins in Natural and Human History*),Cambridge:Cambridge Uinversity Press,1999,页 281。

身就能变成对个人忠诚和自我认同的一个焦点。但是不管怎么说,认为从世俗幸福的角度来看,例如,我们能够通过自身的力量实现,最为恰当理解的幸福生活是一种通过忠于正义理想变得有意义的生活,这并非谬论。

由此观之,忠于一个正义理想并非与自爱不相一致,即使当它要求某种形式的自我牺牲时也是如此。相反,忠于正义,忠于共同体及其得以维持所需的关系,这是个人通过自己因果力量的运用而生存和延续生命的自然欲望的表达。这是我们通过自身的自然力量变得可能的最高的表达。阿奎那看到,因为人类维持其生存的欲望是通过理智的判断调解的,我们能够抓住无限生存的可能性。而且由于我们自然地欲求我们自身的生存,对无限生命的欲望必然随之而来。这究竟意味着什么,它是否包含着一个不朽或者与上帝合一的自然欲望,对此存在着诸多的争议。解决这些争议并非我们的目标所需。[①] 无论如何,[220]笔者都觉得,如果我们把这个主张解释为,对一个无限生命的自然欲望,对一种超越个体极限的生命的自然欲望,那么就最为合理。这么理解的话,这种欲望就不一定通过对个人不朽的欲望表现自身,它也可以通过对一个比自身更大的事业或者理想的认同和忠诚表现自身。以这种方式理解,忠于一个正义理想或许要求自我牺牲,放弃个人福祉的某个方面,甚至是生命本身。然而,因为正义的个人把自己等同于更大的共同体及其主导的理想,她能够把这类牺牲视为爱自己的表现,她会被视为一个生命已经广延到某种超越她自己的东西之上的人。即使在世俗事务层面,希望拯救自己生命的人也必须准备着失去它。

[①] 话虽如此,笔者在这一点上还是同意 Steven Long——这种欲望不一定在像基督徒的与上帝合一的欲望之中表现出来,尽管那是一个一般人类现象的表现,参见 Long,《论一个纯粹自然的人的目的的可能性》,前揭,页 221—226。

当然，为了充分地说明正义，特别是把它理解为一组通过社会体现出来的正当关系，还必须说更多的内容。我们应当特别指出，个人幸福与忠于一个公共理想的联系，不一定意味着在每一种情况下公共利益都应当取代个人的福祉。忠于一种正义理想太容易堕入法西斯主义了，但是这种发展是一种扭曲，不是理想本身的恰当表达。几乎每一个合理的正义理想都保护着个人利益和自由的空间，尽管这是不同正义理想有所分歧的核心要点之一。

我们应当谨记：从基督教的立场来看，正义的理想是模棱两可的。上帝之城与世俗之城是两个彼此分离的王国，基督徒不得不在某个时刻选择她的最后忠诚。经院主义者，其中包括阿奎那，偏重于肯定世俗之城及其构成性的正义理想的善与价值，即使他们同时也会使它的要求相对化。不管怎么说，上帝之城与世俗之城的要求会在许多点上重合，特别是涉及"十诫"之中所规定的不得伤害的基本规范。这些被阿奎那及其同时代的人视为自然法的实践要求的总览。这样的话，它们就被看作同时也是神法的诫命和理性的要求。那么，它们就提供了典型的框架，可以解释说理性是法（像胡古齐奥那样）这意指什么。我们在下一章还会回到这一点上来。

五、再论幸福生活

[221]我们前面一直都在讨论德性提供着一个连接的方式，一边是人类福祉的基本理念，另一边是具有重要道德意义的幸福观，它被阿奎那解释为一种理性的或者智性的自然所特有的完美。在我们的讨论过程中，把幸福观解释为德性实践的大轮廓可能已经模糊了。因此，此刻有必要再次审视这一主张所包含的实质性的幸福观。当然，我们在这一计划的范围内最多只能勾勒出这种幸福观的主要思路，因为它容纳着多样化的实例。而且，直到我们更

为细致地审视正义与审慎，从而把它们与自然法诫命联系起来看待，对幸福作为德性实践的说明都是不完整的。尽管如此，希望接下来的这种即使不完整的勾勒也能足够详细，从而可以揭示：这种幸福观确实具有实质性内容，纵然它不可能（或者说可取）提供一个对（唯一的）幸福生活方式的完全确定的说明。

阿奎那有一个观点：尘世的幸福在于德性的实践。这个观点有着古老而又广为接受的传统，而且，他在解释这一观点时使其与他自己的形而上学和自然哲学对接起来。即便如此，把幸福与德性的生活等同起来可能还是会让当代读者感到离奇。充其量是这样的。然而，正如本章的论证所揭示的，这个观点并不像我们乍看之下那么牵强。德性实践是与那种大多数人确实觉得可取和可爱的生活方式联系在一起的——这是一种追求人类生存的基本满足的生活，其中包括物质充裕、安全有保障，特别是家庭稳固和养育子女。毋庸讳言，这些都是近乎所有人类福祉的阐述都需要的东西。然而正如我们所看到的，德性的生活典型地与以特定方式追求和享受这些善联系在一起，它本身是令人愉悦和令人满足的。换言之，德性的实践是幸福生活之中所享受到的那些满足的一个内在部分，而非善的实现的手段，这些善同样也能够以其他方式得以实现——或许，不是那么可靠。以其他手段实现表面相似的善也是当然有可能的，但是，德性生活所特有的享受在于以一个特定的方式享受人类善，也就是说，在德性实践自身之内，并通过这种实践自身享受人类善。

即使节制和勇敢这些基本德性也带来快乐，这与以特定的[222]方式享受基本人类善如影随形。那些充实着家庭生活的德性与幸福之间的联系更为明显。夫妻之间互爱的生活使得大多数人感到内在满足，那种充实着父母子女之间关系的爱与自豪的交织也是如此。然而，如果没有忠诚、信任、感恩以及诸多其他人际德性的某种量度，这些必需之物没有一个是可能的。我们业已指

第三章　德性与幸福生活

出,人类福祉,即使最为基本水平的人类福祉,都以融入大的共同体为前提,那是通过与自己的同胞的关系维持的。还有,我们大多数人都珍视这样的生活,它是由互易、友善、信任和对自身之外的东西的参与感构筑起来的。正如互爱互敬的家庭生活的满足是以某种水准的人际德性为前提的,共同体之内的生活所特有的互敬和分享价值的奖赏也是以某种水准的正义及其关联德性为前提的。这意味着德性生活不仅包括诸如节制、勇敢以及诸如此类的德性,还包括更为准确称谓的公民德性,亦即,正义及其关联德性。当然,更具个人化取向的德性对于共同体的福祉也有意义,而且正义在家庭生活之中也扮演着一个角色。笔者的要点仅仅在于,当我们集中关注更为准确称谓的公民德性时,我们可以看到,这些也具有它们自身恰当的享受和满足——作为一个受尊重的成员参与公共思考的乐趣,有序的公民合作之中的满足,公民自豪感。甚至在人际关系之中维持正义,不管在最为有利的情况下多么不完美和模糊,也为那些参与它的人带来着它自身特有的愉悦。

　　这时,一种典型的德性生活就开始变得可爱了,其中包括男男女女一般都确实欲求和追求着——一种与众不同的享受基本人类善的方式,婚姻和家庭生活的满足,参与共同体和公民事务的互补的满足。当然,德性的实践不因其是令人满足的和令人愉快的而等同于幸福——相反,德性的实践代表着人这种造物按照其具体形式所享有的最大可能的尘世完美。基于同样的原因,认为这种生活方式通常都是令人满足的和令人愉快的,这不一定使得我们得出每个人都会发现它是可取的。正如赫斯特豪斯所指出的,期待顺着这些思路为德性辩护可以说服那个人是不现实的,他早先并没有倾向于发现这种生活方式的可爱之处。[①] 人类欲望是自然地开放的,也是形式多样的。正因如此,正如阿奎那所指出的,人

---

① Hursthouse,《德性伦理学》,前揭,页178—191。

们特别能够欲求和追求[223]那些对象和局面，它们事实上将不会促进他们的真正福祉。正如我们所看到的，它在各个方面都是不完整的和不稳固的，这也并非不利于这种幸福图景。

但是，这里可能会出现另一个问题。即是说，即使承认前面所勾勒的幸福生活的典型图景的可爱之处，即使承认任何恰当形式的尘世幸福都在于德性的实践，认为这就是幸福生活能够呈现的唯一形式仍然是不合理的。毕竟，阿奎那自己，还有近乎所有的经院主义者，都认为还有其他的选项，实际上还有更高的实践德性的方式，比如围绕着共同体忠诚和禁欲宣誓构筑起来的生活。不难想象还有其他的例子，其中婚姻、家庭生活、甚至公共分享并没有在德性生活之中扮演核心角色——这是一种献身于一个职业或者审美成就的生活。

作为答复，我们应当想起：这里紧要的是一个幸福生活的典型观念，不能把它等同于幸福所能呈现的唯一可能的形式。幸福生活的典范与幸福之间的关系犹如具体德性的典范与这些相同的德性的理性理想之间的关系——不出所料，因为幸福生活的典范（在于德性的实践）脱胎于具体德性的典型行为，被看作是在整个生命的过程之中以一种有序的方式发生的。即是说，幸福生活的典范与它的理性理想之间的关系是概念的，但这并不意味着只能按照典型理想的特性过一种德性的生活。相反，典范代表着幸福生活通常或者典型地看起来是什么，而且通过对这个典范的反思，我们抓住了这种生活方式的总目标及其意义的某种感觉。一旦我们完成了这些，我们就能够识别其他的、更不明显的幸福形式，知道它们是什么，并且解释为何这些算作一生之中实践德性的方式。

假定对幸福生活典范的反思将产生一个综合的公式或理论，据此能够完整地、无误地评价那些非标准的选项，这是一个错误。我们在这个方面有望形成的最多也只是一种实践智慧，它能使我们对这些事项作出多少可靠的判断。但是这里所谈论的判断将是理性的判断,我们由此可以通过诉诸支撑性的因素支持它们,尽管这些通常不是结论性的。这些是什么类型的因素呢?

[224]笔者并没有断定,关于德性和幸福的判断将必然总是采取以下的形式,但却指出了解决这些问题的方式或许是这样的。为了更加完整或者更加稳妥地享受首选的目标,有时只是为了能够享受到它们,每种人生必将牵涉某些可比较的选择,这些选择针对的是有待追求的满足和善的类型,或者是那些被忽略、甚至被牺牲的类型。甚至在前文所勾勒的典型的幸福生活的情况下也是如此——这是一种献身于婚姻和家庭的生活,它包含着一系列的选择,其中包括(在许多社会之中)选择与谁结婚、选择在哪居住、选择何种生活方式、参加何种公民组织,等等。这个观察反过来又表明了以下可能性:这种典型的幸福生活的核心成分本身可以进行相似类型的比较评价。把婚姻和家庭与对特定类型的职业或者审美追求的全心全意的献身结合起来,这是非常艰难的,当然这些与某些诱人的生活方式也是不一致的,例如,誓言禁欲。然而,宣誓宗教的生活,或者献身于苛刻的艺术的生活,都有可能是一种德性的和幸福的生活——或者经验所示。为了证明这个结论,我们需要做的是表明,这种生活为人类倾向通过德性实践的发展留下了比较宽泛的范围,处于一个尊重自己的需求和他人正当要求的框架之内。这不是能说的或者需要说的全部内容,为非标准的选择进行辩护,但是它至少有助于集中关注对这种生活像什么的真实的比较评价。

如果我们思考一个不同类型的例证——一个或许可以合理地被认为失败的幸福典范,那么我们就可以更加清楚地看出这个研究思路的要点。例如请思考这样的一个人的一生,他一心一意地积聚财富,比如说,狄更斯笔下的斯克鲁奇(Ebenezer Scrooge)。[①]

---

① Charles Dickens,《圣诞颂歌》(*A Christmas Carol*)(1843),当下已有很多版本。

在他由超自然推动的回忆中，斯克鲁奇开始意识到，先前的损失是如何推动他在生意和财富的积聚之中追求自己的安全的，结果他牺牲了所有人生和家庭关系——他与未婚妻的关系、他与自己侄儿和家庭的联系，还有与雇员及群体之中的其他人的人际关系。这种生活方式的后果最终使他认识到——孤独的一生，凄凉的死亡，唯一的朋友是鬼魂，唯一的前景是无力的、孤独的来生。显然狄更斯认为这种生活绝非真正的幸福，我们也会同意他的看法。但是，我们为什么会如此呢？

[225]笔者认为这个例子描绘了一个规范性的标准，它来自对幸福及其提出的选择的典范的反思——可以肯定不是唯一的一个，但却是一个以清晰的方式关注相关议题的一个。即是说，对应于德性生活的理想，我们至少可以确定一个自然的恶习，堕落的恶习，可以把它描述为为了不值得的或者过于有限的目标而牺牲掉自己的人类潜能和倾向的恶习。笔者把这描述为自然的恶习，置于"理性作为自然"的标题之下，这是因为，任何对个人生命的总体外形的反思都会自然地产生一个堕落的观念（不一定叫这个名字），把它作为某种要放弃的东西，如果一个人想要实现一个可取的或者可以辩护的生活方式的话。要点在于，每种人生都包含着对潜能和善的某些牺牲——但是，我们至少可以避免不适当的牺牲，或者与德性理想相背的牺牲。

但是，这些是何种类型的牺牲呢？换一种问法，什么样的适度标准将主宰我们这里的反思呢？这仍然是一个较为根本的问题，也较为难以回答。实际上，笔者试图表明，只要我们仍然停留在那种被理解为德性实践的幸福理想所设定的术语之中，就不可能回答这个问题。我们必须额外地诉诸其他因素，使我们对以下内容的确信之中汲取养分：在缺少更好的术语的情况下，我们可以称为人生的更大的意义（wider significance of human life）。没有这类诉诸，我们就没有好的根据在幸福的理想之中区分正当的变化与堕落。阿奎那认为,誓言禁欲的一生不仅是潜在地幸福的,而且还是一种特别适合于实现人类完美的生活(第二集第二部分第186个问题第 4 节)。与之相反,休谟却嘲讽禁欲和其他"僧侣德性",他认为这些是无意义的,而且还可能是一个不真诚的表现,对此世欢愉的一个误入歧途的诋毁。① 哪个是正确的呢? 除非我们已经以某种方式准备好了在他们关于人生终极意义的深刻分歧上站在哪一边,否则我们怎么能说哪个正确呢?

关于其他方面的德性的理想,其中包括同情和仁慈以及正义本身,也能说相似的东西。这些德性似乎也是与自然的恶习对应的,包括无情和残忍,那些对他人的苦难无动于衷,甚至幸灾乐祸的恶习。无情的人不在意她是否[226]伤害到了别人,也不努力去避免或者降低她的行为可能带来的伤害(或许相反还要为此辩护)。残酷的人喜欢伤害他人的想法,这是一种他对自己描述为公正的热情的感觉,这样他就为自己的伤害行为搜出了想象的理由。相反,真正正义的人接受在特定时刻为了整个共同体之故或者为了保护第三方的利益而伤害他人的必要性。但是,就像奥古斯丁所言的善良法官,她不断地希望从她的必要性中解脱出来,而且,按照更为广泛地理解的对邻人的爱的要求,尽她可能地关注减小伤害。② 同时为了说明这在实践上意指什么,我们必须准备好说,那些类型的对邻人的爱的因素能够证明具体的伤害类型正当。正如堕落只能参考对那些类型的迫切需要之物的评价才能得到理解,这些迫切需要之物能够而且应当为了其他类型的善而被牺牲,那么无情和残忍也只能对照对那些类型的伤害的阐述才能得到理

---

① 参见 David Hume,《道德原则研究》(*An Enquiry Concerning the Principle of Morals*)(1751 年),Thomas Beauchamp 编(Oxford: Clarendon, 1998),9.1。感谢笔者的同事 Jennifer Herdt 放置了这个注释。
② 参见《上帝之城》,W. C. Greene 英译(Cambridge, MA: Loeb Classical Library, 1969),卷 6,页 142—146。

解，这些伤害在特定的情形之下是迫切需要的或者有正当理由的。

这些看起来是令人奇怪的让步。如果幸福生活在于德性的实践，那么我们为何无法通过对具体德性的实质理想的反思而得到一个充分实质的幸福阐释？这里的困难在于，具体德性的理想本身是不确定的，而且为了得到使用需要进一步地具体化。这并不意味我们的德性理想是纯粹"形式的"，如果我们用这个术语表示"缺少一切内容"的话。与具体德性相连的德性行为的典范为这些理想提供了一个丰富的、延伸的，即使是不系统的含义，这样它们就为更加内省的表述（reflective formulations）提供了起点和试金石。而且，如果前面章节的分析还有效，那么我们应当可以发现在不同的社会之间德性的理想具有相当多的重叠之处，因为我们的德性行为的典范根源于我们本性的倾向。

尽管如此，我们的德性理想仍将不可避免地是无限度的和不确定的，这甚至到了这种程度，我们在发展和运用它们的过程之中会发现必须详细说明它们具体意指什么。① 更有甚者，我们不能仅仅通过诉诸德性的中道去解决这个问题，因为经过仔细的检查我们发现，确定中道恰恰需要解决这个问题。正如我们前文所指出的，[227]我们只能通过某种反思发觉德性的中道，这种反思针对的是所涉德性的典范表现出来的意向。但是，除非我们这种反思的范围扩大到囊括从更大的人生背景之下观察的德性的总体意义，否则它本身就是不完整的。我们在某些时候必然发现，对具体德性的反思会把我们带入对德性的正确的相互关系的某种思考之中，这样如果我们在还没有开始阐释一种有德性地生活究竟意指什么——也就是说，幸福地生活究竟意指什么，就无法充分地说明

---

① 除了以下列举的作者之外，特别感谢 Richard Sorabji，《亚里士多德论智力之于德性的地位》("Aristotle on the Role of Intellect in Virtue")，收录于 *Essays in Aristotle's Ethics*，页 201—219，以及 Michael Stocker，《多元冲突价值》(*Plural and Conflicting Values*)，Oxford：Clarendon，1990，页 129—207。

具体德性的理想。

换种说法来说明这一点。几乎可以确定,至少节制和勇敢可以把人类需求和情况反映到这个程度,在近乎所有的人类社会之中,这些德性的某些典范都能够得到承认——甚至被称赞。尽管如此,当我们开始顺着"什么算作真正的克制、真正的适度、真正的勇敢?"这样的思路提问时——正如我们所看到的,这些都是德性语言促使我们提出的问题——我们会发现自己迟早被推向诉诸那些来自具体信念、信守和实践的因素。

这在饮食的节制上是最不明显的,因为这些德性是从相对不变的人类需求和欲求那里获得自己的规范——它们的中道。然而,即使在这些情况下,所涉德性也是被广泛的文化理想所塑造的。例如,支持美味佳肴的社会理想将产生一组饮食节制的典范,支持丰盛享受的理想将产生另一组。相形之下,不参考某个特定社会之中性行为的规范几乎无法表述性节制的规范。勇敢也提供着德性的可塑性的有效例证。在一个围绕着勇士的理想构筑的社会之中,对体魄的展示是深受钦慕的,但这在一个围绕着技术知识和信息交换构筑的社会之中却显得毫无意义,不明智,或者更糟,鲁莽。

甚至在一个社会的条件范围之内,关于什么算作真正的勇敢,也可以想像得到真正的、实质性的争论。设想有一个人,他大多数的成年时光都是在做职业的士兵,有很多的战场经验,也有很多机会展示身体上的勇猛。那么现在假设这个人经历了某种道德和宗教皈依,这使得他采取了一种严格的和平主义。这种皈依将使得他拒绝大多他之前视为重要的东西,而且还是在勇敢行为的标题之下——[228]凶猛地攻击敌人,抵抗战场上敌人的火力,等等。然而,他或许发现自己被呼召锻炼其他形式的勇敢,很可能还都比较艰难——面对羞辱时保持忍让,自愿服从逮捕和拘留(假设他拒绝作战命令),甚至赴死(假设他被军事法庭判处死刑)。这些忍让、克制和自愿赴死的品质都可以说是勇敢的形式，或者与之紧密相连——它们在风险和潜在的或实际的损失的情形之中找到了自己的运行领域，而且它们具有自愿承担风险或者为了更为重要的善放弃较小的善的特征。然而，这些不是把相同的凶猛的身体勇敢的品质转变为不同目的的例子，仿佛士兵在战争中间换边了。它们代表着按照其他人的行为作出行为和表现自己的不同方式，充满着对于身体凶猛及其恰当与否作为勇敢表现的总体价值的不同观点。

刚才关于具体德性所说的内容，也适用于那些构成着幸福生活的德性的实践。很可能是这样的，每个社会都促进着某种公认地像前文所勾勒的典型的幸福图景一样的东西，其中婚姻和家庭生活的满足发挥着核心的作用。即使是在这个基本的典范的边界之内，仍然有相当大的文化多样性的空间，因为那些细节之处将在很大的程度上取决于一些理想和实践，婚姻方面，性别和世代之间的恰当关系，大家庭和核心家庭的关系，诸如此类。而且，几乎每个人社会都珍视着更为具体的人类完美的理想，它们不仅是各不相同的，而且在某些情况下还是彻底相悖的。正如李耶理所评述的，"认为我们可以对人类繁荣的理想像在食品、酒水或衣服之中那样挑挑拣拣，这实在是错得离谱。"他接着说：

> 无法选购的最激动人心的例子，发生在那些令人痛苦的时刻，你对自己所知道的对于你来说是一个无法接受的选择深以为然，而且你希望它变成你最爱的那些人的一个选择。例子还有很多，尤其是当一个人学习其他文化或者西方历史时。有些说得太露骨：孟子为了尊礼而不欢迎一个刚刚失去亲人的人；阿奎那捍卫贞洁；庄子的强大的同情观，使得他忽视了明显的过错。其他的更远，但也很重要：孔子在虞人冒着生命危险拒绝不恰当的征召，从而保全正确的地位和关系之

中看到了勇;印度农民根据他们的社会、甚至[229]宇宙和谐感的反应,发现更要反对一个寡妇,她每周吃三次鱼,而不是一位医生,他拒绝耐心地对待一个病人,因为病人太穷。对于这些后面的、更远的选择我们进入了令人恼火的领域,特别是在跨文化的背景下,可以证明的善之间的冲突逐渐变成了可以证明的和不可证明的善之间的冲突。①

他在其他地方评述说,核心德性的价值在跨文化边界上确实存在着相当多的一致性(他自己的例证以及他深入研究的焦点是勇敢)。② 对于典型的幸福生活,正如笔者在此处所勾勒的,似乎也可以说相同的东西——也就是说,这是一种这样的生活,核心德性在一个普通家庭和共同生活的背景之下践行的生活。然而,即使承认这一点,事实仍然是,这种宽泛的一致性(如果它确实存在的话)并没有排除不同的、明显不相容的精神完美的理想的出现,这也是李耶理的评论所描绘的。而且,这些理想不可避免地以这种方式发展,塑造它们与之相连的普通的好生活的典范。正因如此,这种关系的条件,以及两个理想得以表述和追求的实践框架,都会随之发生相当大的改变。

当我们开始考虑这些因素时,变得愈发明显的是,对德性以及实践这些德性的典型形式的粗略共识,并不能被视为一种彻底普世的伦理。似乎可以保险地说,这种粗略的共识确实存在,而且它确实具有实质性的内容。人类生活的必然要求也为德性的理想提

---

① 两处引文都来自 Yearley,《人类繁荣的观念冲突》("Conflicts among Ideals of Human Flourshing"),收录于《普世道德的前景》(*Prospects for a Common Morality*),Gene Outka 和 John P. Reeder, Jr. 编(Princeton: Princeton University Press, 1993),页 233—253,此处位于第 246 页。
② 但是,这是被细致限定的,参见 Yearley,《孟子与阿奎那:美德理论与勇敢概念》,前揭,页 1—23。

供着充分的内容，使它们得以在广泛的文化表达之间受到承认。这些必然要求产生着德性，也赋予某种形式的家庭和公共生活以在所有社会之中都具有的核心位置。即使相应的公共或许只能用概括的术语加以表述，我们承认这些德性的潜能仍然反映着真正的、实质性的理解。尽管如此，这种理解顶多是不完整的，而且对德性的反思倾向于以自身的机制把我们推向一些问题，这些问题离开对具体信守和价值的参照是无法回答的。这就是为何一切德性伦理都要求某种具体说明，那是德性的典范理想无法提供的。而且基于同样的原因，这也解释了为何甚至最为基本的幸福生活的典范理想，从作为德性的[230]实践的视角来看，只能在人生目标和意义的更大的信念的框架之内发展。

对于基督徒来说，这些较为宽泛的信念来自《圣经》，来自它所产生的反思和实践传统。对于阿奎那和其他的经院主义者来说，人类生存和行动的理想更为具体地集中于以下主张：人是按照上帝的形象被造的。他们把这个主张解释为，最为根本地意味着人能够获得理性知识和自我引导。同时，上帝形象的主旨通过它与良心的联系与自然法直接联系起来，那被视为（由于良知一起）自然法的源头，甚至自然法的核心含义，而且更为一般地通过前文提到的"理性作为自然"的主题。

这个主旨暗示了一种方法，可以完成我们对幸福理想的勾勒，按照托马斯主义的术语来理解的话，那是德性的实践。如果人被理解为上帝的形象，也就是说，是一种能够获得知识和自我引导的造物，那么这种造物的完美和幸福就会赋予理智能力和理性自律的运用以核心位置。但是，为了解释清楚这意指什么，我们需要首先更为细致地审视理性本身在这个语境中应当被理解的方式，请记住阿奎那及其对话者不会把人类理性与自然的可理智理解性割裂开来，那是它的根源所在，也赋予其结构和意义。再次重申，我们需要考虑德性理想充实理性思考的方式，这种方式通过理性化的理想充实着它,这些理想是人类这种动物的各种不同的需求和能力所特有的。

同时,经院主义的理性观也带着法的含义——经院主义者坚持理性立法,尽管这是一种非康德哲学的意义上的理性立法。理性之法同时也被认为与神法(亦即启示之法)的根本诫命多少有些同形。当然,这里的"多少"需要谨慎地拆解。大多我们所认为的自然法的似法或者诫命主宰的东西,就根源于道德推理的这个方面。这也是自然法的最为直接地聚焦于行善和不伤害的义务的方面。我们接下来就转向对这些议题的更为细致的讨论。

第四章　自然作为理性：自然法的行为与诫命

[231]关于前理性自然的假定和信念，是在"自然作为本性"这个表达当中得到总结的，它们在我们与经院主义者之间划定了清晰的界限。正如笔者希望在前面两章已经说明了的，这个界限是可以跨越的。然而，为实现这一点所需付出的努力可以作为一个有益的提醒：经院主义的理论方法不是我们自己的，而且正因如此，它为当代的神学反思提供着独特的东西。相比之下，当我们开始思考经院主义者的"自然作为理性"的理论方法之时，我们似乎正处在较为熟悉的基础之上。这个表达以概括的方式提及一个观点：理性辨明或者生成道德规范，或者以某种方式发挥着一项道德规范的作用。胡古齐奥在一个早已为我们所熟知的段落中间精到地总结了经院主义者在这一点上的共识：

> 自然法被说成是理性，这是因为它是灵魂的一种自然力量，人类据以区分善恶、选择善拒绝恶的。理性被说成是法(jus)，因为它发布着命令(jubet)。还有，它被说成是法(lex)，因为它约束(ligat)，或者因为它强制人正当地(legitime)行为。它被说成是自然的，因为理性是自然的善之一，或者因为它极其与本性一致，而且不与其相左。关于这自然

法，使徒说，"我发觉在我的肢体内，另有一条法律，与我理智所赞同的法律交战"，也就是说，理性被称为法，正如刚才所说的。(洛特，页109)。

对于那些已经研究过最近自然法理论发展的人来说，这些话耳熟能详，因为正如我们业已看到的，大多数当代自然法理论形态赞同把自然法等同于实践的或者道德的[232]理性的应用。然而，我们在这一点上却要谨慎前行。除非我们记住，经院主义者们对"理性"的理解可能与我们的理解并不是同一回事，否则，经院主义者与我们的表述之间的相似性，就可能会导致在更为根本的差异上的模糊。正如我们在后文将要看到的，有些经院主义者确实提出了与当代理论形态有几分相似的实践理性解释。然而，他们始终把"自然作为本性"与"自然作为理性"联系起来的事实表明，他们并非按照与我们相同的方式理解理性。尽管他们在更为广泛理解的自然的与理性的之间进行了区分，他们同时也坚持理性与前理性的自然内在的可理智理解性之间的连续性。理性来自这些可理智理解性，它甚至决定着它们表达的恰当形式。然而基于同样的原因，理性从来不在孤立于充实着前理性的自然的可理智理解性时运作，理性的规范效力也不能脱离它在更为广泛的可理智理解性的形式之中的根基而得到理解。

在诸多可能的例证之中，胡古齐奥对这一点的解释最富教益。他在对婚姻意义所进行的一般性讨论的过程中指出，在他看来，圣保罗的论断"每个男人都应当有自己的妻子"所涉及的是婚姻的身体联合(与通过同伴的合意所带来的精神联合相对)。他接着说：

> 这后一联合既得之于被认为是自然之本能的自然法，也得之于被认为是理性的东西。因为一个男人是被自然肉欲(natural sensuality)的某种嗜欲所推动的，他应当与一个女人

在肉体上结合，那么理性立刻得出结论，指示着他不应当与妻子之外的任何结合，而且是以一种正当的方式，为了孩子，或者偿债。对于任何其他的联合，或者是与妻子，或者是与其他的女人，都不是得之于自然法，而是与之相反。（洛特，页110—111）

　　换言之，这种根源于前理性之自然、我们的"自然肉欲"的自然法，带来了一个趋向性联合的根本冲突，那是来自理性的自然法所规定和完成的。趋向性联合的基本驱动自身，并不足以生成与婚姻有关的道德规范，但它确实带来了一个导向行动的倾向，没有它的话，对婚姻的理性反思就没有含义或者意义。婚姻适合这种一般的理论方法是有明显理由的，但是，经院主义者把一种相似的分析适用于其他的具体诫命，其中包括黄金规则的基本规范（至少[233]有一位作者把它与我们自然的前理性的成分联系起来了），禁止杀人，以及继承。[①] 在每种情况下，禁令或命令都与一种根源于我们的前理性自然的倾向相关，这反过来又被描绘为是以某种方式通过理性的判断得到恰当的表现或完成的。

　　毫无疑问，我们要想让这个理论方法具有说服力，并且可以把它用作一个道德反思的起点，那么就需要对它进行限制和改造。不出我们所料，针对理性及其实践运行，经院主义神学家比教会法学家更有发言权，而且在这一点上神学家阵营内部也观点不一。笔者在本章还会继续仰仗阿奎那的理论，为自己的建构性理论提供起点和主体内容。阿奎那的实践理性观是颇为重要的，原因在于，他代表着经院主义者之中的一个独特选择，而且也与当代那些杰出的选项并不完全一致。但是，为了清楚地说明这一点，就必须

[①] 更多细节和例证参见拙著《自然法与神圣法：重回基督教伦理学传统》，前揭，页76—85。

把他置于双重背景之下,一方面是当前对实践理性的争论所设置的背景,另一方面是经院主义的"自然作为理性"的理论方法所确立的背景。这将是本章前两节的任务。笔者希望通过这种方式凸显阿奎那理性观的独特之处和魅力所在,并且为对它的建构性改造提供一个框架。

这种改造又会把我们带回前一章所提出的问题之上,同时还会促使我们思考一个更为关键的因素:作为一种法律的"自然作为理性"。我们在前一章的末尾业已指出,按照托马斯主义的术语理解的话,对幸福的一种充分阐释只能参照对人生的意义和目的的一种规范性阐释才能得到理解。阿奎那分享着一个广泛的共识:理性化是人类的划界标志(defining mark)。但是,如果不澄清他所理解的理性所指,那么就难以评判这种观点对于他的整个道德阐释的意义。这种分析又把我们带到了前面援引的胡古齐奥的评述的第一部分所暗示的见解之上,即,理性是一种法律,它生成着约束我们服从的权威诫命。为了妥善地处理自然法的似法性,有必要在第三节更为细致地探讨一点:理性在何种意义上能被说成是在命令或禁止着行为类型,它们根据自身与自然的行为模式之间的复杂但却可以理解的关系而得到理解,这些行为模式是人类这个物种所特有的。我们这么做就可以扩充上一章开始的对正义的阐释,并且为进一步审视审慎的[234]德性奠定基础——这样就可以完成上一章开始的对德性作为幸福生活组成部分的勾勒。

一、实践理性的当代和中世纪方法

笔者刚才提到,我们往往假定:当经院主义在一个实践的或道德的背景之下谈论理论时,他们是在以与我们相同的方式理解理性。然而,这个观察有待限定,因为实践理性的特征、尤其是它的道德意义在当代英语哲学之中属于最具争议的主题。因此,那些支配着经院主义当代解释的假定本身,是由解释者对当前争议的观点塑造着的。更为具体地说,对阿奎那自然法理论的种种解释往往不是把他置于实践理性当代争论的一方,就是把他置于另一方。① 为了更加清晰地理解经院主义理性方法的概要,可以从一个对实践理性的当前争论开始,看看我们能否把经院主义者置于这些参量之中。

泛泛而论,这个争论涉及两个相对的理论方法,它们解释着理性在道德和实践背景之下所发挥的作用。其中一个可以称之为康德主义的方法,按照这种理解,大多数当代道德哲学家都是一种广义上的康德主义者。另一个通常称之为工具论者,因为它把理性视为其他东西的一个工具,这取决于对"其他东西"是什么的解释。这种方法显著地通过某种形式的结果论、休谟的情感论或者这二者的某种结合得到发展。当然,在[235]当代道德哲学之中还存在着其他选择,包括对道德的实用主义解释和各种形式的德性伦理学。尽管如此,这些选择为当代大多针对实践理性属性和范围的讨论设定了参量。对于我们的目标而言更为重要的是,它们代表着解释阿奎那理性观的两个重要选择,他们把他视为自然法反思的起点。

笼统的康德主义道德理性的方法有一个特点,无论怎么说,它

---

① 对于许多卷入对阿奎那道德行为分析的近期争论的人来说大概如此。笔者赞同 Servais Pinckaers 的看法:任何认为行为的对象与它的其他组成部分(即,它的情境和主体的意图)被取消掉的解释至少暗含着说他是一位结果论者;参见《我们永远无能为力之事:内在恶的行为问题、历史与探讨》(Fribourg: Editions Universitaires Fribourg,1986),页 41—42;Martin Rhonheimer 在《自然法与实践理性:一种托马斯主义的道德自律观》之中表达了一种相似的忧虑,Gerald Malsbary 英译(New York: Fordham University Press, 2000),页 351—381。他们一直反对一种影响广泛的解释路线,它根源于 Peter Knauer 的具有高度影响的文章,《通过双重效果原则对善恶之确定》("La détermination du bien et du mal par le principe du double effect"),见 *Nouvelle Revue Théologique* 87(1965):356—376。但是,公平地说,很少有阿奎那的解释者直接把他的理论视为某种形式的结果论。

都表现为对康德本人所说的道德自律的一个根本的信守。也就是说，那些捍卫这个方法的人认为，道德规范是植根于实践理性本身的应用的，无须过多地诉诸那些可能被经院主义者视为思辨理性范围的东西，其中既包括形而上学或神学的真理，也包括关于自然世界的事实，除非当这些设定了道德规范适用的条件和语境。①基于同样的理由，实践理性被说成是独立于主体的情感和欲望而运行的，尽管它可能被认为产生着一个遵守道德法则的要求的独特欲望或动机。因此顺着康德的思路，道德规范是绝对命令（categorical），这就是说，它们对于每个理性主体都是强制的（obligatory），不管她的具体欲望或者条件可能是什么。如果是这样的话，它们就与那些预设某种非规范的欲望或者目标的假定规范相对照，例如，一项审慎的规范表明：如果你想要健康（或许你并不健康），那么你就不要吸烟（但是如果你不在意这些，请便！）。或许可以说，绝对命令规范反映着一个独特的、压到一起的目标，即，成为理性的或者尊重理性化的目标，或者换一种方式，绝对命令规范可以被视为具有一种独立于任何目标的强制力。道德规范的绝对理性通常是与那些被视为它们的独特标志的东西联系在一起的，也就是说，它们的普遍性，它们的绝对性，以及它们的与其他类型的实践考虑相比的压倒一切的力量。

那么，实践理性是如何形成这些特殊的规范类型的呢？在康德看来，这样来解释道德推理，把它与自然因果律的必然的、关联的[236]力量区分开来，这是特别重要的。他证明实践理性是通过对它自身的必然要求的一种自我反思的和推论式的揭示从而形成道

---

① 这一点需要限定，因为许多康德主义者或许承认，人生的非常一般的事实，或者与之相对，具体情形的事实，提供着一个必要的语境，只有在其中道德规范才变得相关，或者提供着一个框架，只有在其中才能在一个特定的情形之下适用一项规范。例如，如果我们没有伤害的攻击，那么我们就不需要不得伤害的规范。尽管如此，要点在于，基本的义务原则并非从这些类型的因素之中推导出来。

德规范的。从某种意义上来说,他似乎是以理性的自我一致的要求的揭示来理解这一过程的。因此,绝对命令的前两项公式要求以与她希望其他的每个主体将会行为的方式行为,也就是说与普遍法则的要求相一致地行为。① 同时,自我一贯本身似乎还没有完全抓住康德以实践理性的必然要求所理解的一切东西。绝对命令的第三个公式要求一个人按照尊重理性本身的方式行为,不管是本人还是别人,尊重都被理解为以下著名的公式:要把一个理性主体作为一个目的对待,而绝不能作为另一个目的的手段。尽管确实有理论家在分析这一公式时把它理解为自我一贯,其他人却通过一种推论解释发展着它:它意味着把他人(或者在某些语境中是自己)作为一个目的,而非一个手段,通常理解为尊重他人的理性自律。

如果泛泛而论的话,大多数有影响力的当代自然法理论都落入了康德主义阐释的窠臼之内。正如我们在第二章所指出的,格里塞和菲尼斯及其追随者所提出的"新自然法理论",是以对基本善的理性追求的必然要求来分析道德规范的,这些基本善为一切实践思考都提供了不证自明的起点。② 乍一看,这似乎是对道德的一个以欲求为基础的(desire-based),因此是工具主义的解释,但格里塞和菲尼斯却谨慎地指出:理性反思的起点并非我们的欲

---

① 这三个公式分别是,第一,"要依照能使自己同时成为普遍法则的那种准则而行动"(康德,《道德形而上学的奠基》,H. J. Paton 英译,New York:Harper and Row,1956,页 88);第二,"必须这样来选择准则,就好像它们应当像普遍的自然法则而有效似的"(页 89);第三,遵守一条法则,根据它一个对自己和他人"永远不单是作为一个手段,而总是同时作为一个目的",这等于说为一个目的王国立法(页 101)。值得注意的是,康德说得很清楚:这是对同一原则的三种表述,参见页 88,页 103。

② Martin Rhoneimer 和 Wolfgang Kluxen 所提出的自然法理论解释也是颇具影响力的,尽管他们的理论在许多方面都不同于"新自然法理论",但他们同样试图把自然法植根于实践理性的判断之上,从康德哲学的术语来看,作为道德规范的一个自治源头。参见 Rhonheimer,《自然法与实践理性:一种托马斯主义的道德自律观》,页 58—178;Kluxen,《托马斯•阿奎那论自然法》(*Lex naturalis bei Thomas von Aquin*),Wiesbaden:Westdeutscher,2001,页 29—38。

求本身所提供的。① 相反,对于把特定的急需之物视为基本善的理性理解来说,这些欲求提供着[237]必要的场合,而且正是这些理性理解,而不是伴随着它们的那些欲求,充当着实践考虑的起点。实际上按照菲尼斯的说法,"允许个人的情感控制行动的理由,这确实是行错和做错的典型方式。"② 正如东纳根(Alan Donagan)所指出的,这种把道德规范植根于对人生之中所例示出来的基本善予以尊重的道德解释,非常类似于康德哲学观点:道德规范是植根于对理性主体的尊重之中的。③

当然,当代自然法学家并非捍卫广义的康德主义道德哲学方法的唯一群体。④ 罗尔斯在大约四十多年以前就抱怨说,当代道德哲学已经被结果论者接管了,他试图通过对康德的尊重理性主体的绝对命令的一种契约论发展提出一个替代方案。⑤ 结果就出现了《正

---

① Robert George 在这一点上特别有研究;参见《为自然法辩护》,Oxford:Oxford University Press,1999,页 17—30。
② John Finnis,《阿奎那:道德、政治与法律理论》,Oxford:Oxford University Press,1998,页 73。
③ Alan Donagan,《道德理论》(*The Theory of Morality*),Chicago:University of Chicago Press,1977,页 60—66。但是,从后文可以看出,他错误地把这种观点与阿奎那联系在了一起。Daniel Westberg 同样在格里塞/菲尼斯的理论之中发现了康德哲学的纹理,但是他正确地把这种路径与阿奎那的审慎概念割断了,参见《正确的实践理性:阿奎那理论中的亚里士多德、行为与审慎》(*Right Practical Reason:Aristotle,Action,and Prudence in Aquinas*),Oxford:Clarendon,1994,页 10—11。
④ 参见 John Rwals,《正义论》,第 2 版,Oxford:Oxford University Press,1999;第 1 版,Cambridge:Havard University Press,1971;Donagan,《道德理论》;Alan Gewirth,《理性与道德》(Reason and Morality),Chicago:University of Chicago Press,1978;以及 Onora O'Neill,《迈向德性与正义:对实践理性的建构性解释》(*Towards Justice and Virtue:A Constructive Account of Practical Reasoning*),Cambridge:Cambridge University Press,1996。在欧陆学者之中,哈贝马斯很可能是康德建构主义的最有影响力的拥护者,参见《道德意识与交往行为》(*Moral Consciousness and Communicative Action*),Christian Lenhardt 和 Shierry Weber Nicholsen 英译(Cambridge:MIT Press,1990),附有 Thomas McCarthy 的一篇精到的导读文章(页 1—20),为他的这部著作提供了一个可以理解的导论。
⑤ Rawls,《正义论》(第 2 版),xvii。

义论》一书。它被作为 20 世纪最为重要的哲学著作之一加以铭记,这几乎是毋庸置疑的。正是由于它的出版,广义的康德主义的道德哲学方法激增,以至于过去四十多年的大多数英语道德哲学都可以或多或少地直接追溯到康德的影响。这样的例子不胜枚举。典型的如东纳根的作品,他从所谓的"道德理论"之中提出了一个植根于尊重人的原则之中的三段论公式;还有格沃斯(Alan Gewirth)的权利理论,它植根于他所认为的自洽的要求,这种自洽反映着理性行动的必要性;奥尼尔(Onora O'Neill)[238]也进行了颇具影响力的尝试,他试图通过与德性定位的理论方法的对话发展一种康德主义的实践理性理论。除了这些之外,康德主义的理论方法在欧洲大陆也有很好的体现。哈贝马斯在其交往行为的理性之需理论中提供了最为著名和最富影响的例证。正如这些例证所证明的,康德主义的伦理学方法已经采取了多种形式,它们至少在某些方面呈现出了与康德自己观点的显著分离。尽管如此,这些理论方法都共担同一任务:按照实践理性的恰当运作去分析道德规范在这种情况下把实践理性视为独立于任何思辨因素。明显地,这些观点的辩护者们证明道德理由是这样起作用的,它通过逻辑自洽的准则生成道德规范。参照主体自身对他或她为了作为一个理性主体需要什么的感觉相伴形成,或者说更为一般地,参照尊重理性主体的基本规范形成。

　　普特南(Hilary Putnan)最近评论说,尽管存在着若干杰出的例外,"当下大多数道德哲学家发现康德的道德哲学过分地依赖他的形而上学,那是极少有哲学家还能接受的东西。"① 我想普特南过于强调当代道德哲学家偏离康德主义方法的程度了,但是康德的道德理论似乎确实植根于他的整个哲学,那在当下几乎已经没有支持

---

① Hilary Putnam,《事实/价值二分法的崩溃与其他论文集》(*The Collapse of the Fact/Value Dichotomy and Other Essays*), Cambridge: Harvard University Press, 2002,页 17。

者了。为了在不使用康德的工具的情况下还能够为他的道德理论方法进行辩护,就必须证明他所理解的道德是对发挥着实践作用的理性之需——而那正如我们目前所料恰恰是许多现代康德主义者所采取的理论方法。① [239]但是,正如许多其他的哲学业已证明的(这也是笔者所赞同的),目前没有任何人说明自洽的规范仅仅凭借它们自身能够产生足以细化到实际指导行动的实践原则。② 表面上看是实践理性之需的东西,仔细来看却是一些信念的表达,对于它们我们可以按照其他方式阐述,通常是通过对暗含在哲学家社会处境之中的价值的细致观察——至少这些论证说得过去。

但是,替代方案是什么呢? 如果实践理性没有产生它自己的目标(或者根本没有参考任何目标),那么明显的替代方案是说,它

---

① Alan Gewirth 提供了或许是最为彻底的尝试,从理性自洽的准则推导出道德结论。他的论据在于把自己视为主体的逻辑含义。他指出,他将只借助演绎和归纳的逻辑准则构建该论据,因为这些"实现了逻辑必然性,并且反映着从经验的角度来说不可避免的东西,那么演绎和归纳就是避免恣意和获得客观性的唯一一确定的方式"(《理性与道德》,页22)。根据这个基础,他希望通过纯粹的理性分析建立一条根本的道德原则:"假如一条至高的道德原则能够被证明在逻辑上是必然的,对它的否定是自相矛盾,那么这个答案就是可以获得的"(页23)。他接着又思考了行动的逻辑前提本身:"到目前为止还没有说明行动的本质进入了至高的道德原则的内容和根据"(页26)。具体来说,他论证,任何主体,当他被视为一个为着某些目标而行动的理性主体时,从逻辑层面来看,都致力于把自己视为对必要条件的特定权利的享有者;而且自洽性要求他把这些权利也授予他人(页48—103)。Gewirth 的理论方法广受批判,但是他从自洽准则之中形成伦理规范的一般方法对于很多人来说仍然具有说服力。O'Neill 提供了一个近期的例子:"我应当勾勒的更为谨慎的建构主义追随着罗尔斯,它没有在形而上学论据或者关于世界的发现之中寻找伦理原则的确证……它只是一个对主体和行动条件的抽象的、因此是非理想化和寻常的阐述。其次,它旨在说明和确证一种实践理性观,而不用诉诸未经确证的理想或者未经确证的细节"(《迈向德性与正义:对实践理性的建构性解释》,页48)。正如 O'Neill 的评述所表明的,Rawls 试图通过一个建构性的重构工作建立一种在形而上学上中立的实践理性陈述,这已经具有了深远的影响。

② 对于这种批判路线的最近的、也是(笔者认为)最具说服力的发展,参见 Simon Blackburn,《支配激情:一种实践理性理论》(*Ruling Passions: A Theory of Practical Reason*),Oxford:Clarendon,1998,页214—224;Candace Vogler 在《合乎理性的恶》之中发展了一个相似的论证,前揭,页223—229。

从其他地方找到自己的起点——主体自身的欲望,或者特定社会共享的信念和价值。换言之,如果实践理性不是自主的,那么对于产生于它之外的那些目标来说,它就是工具性的。① 这种替代方案还可以按照它的两个最为著名的捍卫者的各自方法进一步地细分:一个是休谟,另一个是边沁。②

按照休谟的方式理解,理性之于欲望只是手段,但是这些欲望本身却包含着赞成的情感,它们(在大多数人中)是以具有重要的道德意义的方式呈现的。这些情感当它们以一种相互的语境表达出来时就产生了人们所熟悉的德性,其中既包括感恩和友爱这样的自然德性,也包括正义这样的人为德性。我们权且称之为道德的情感论方法。③ 按照边沁的方式理解,理性帮助实现欲望,可以这么来分析它,把它还原为一个公分母,不管是一个快乐的欲望(如边沁自己所持有的),或者欲望的最大化,还是避免痛苦。就一个孤立的个人来说,理性是这样发挥作用的,它带来一种理性的利

---

① 正如 Putnam 所评述的,康德理论工程的失信滋生了逻辑实证主义者,他们在上世纪初主宰了英语哲学,"回到了休谟观念的一个广泛膨胀的形式:伦理判断不是事实陈述,而是情感表达或者伪装的绝对命令"(《事实/价值二分法的崩溃与其他论文集》,前揭,页17)。在这个方面当前流行的实践理性的情感论的陈述可以视为逻辑实证主义者的继承人。工具论的其他分支,也就是说功利主义和结果论的形式,没有必须复兴,因为它从来都没有消歇。因此,罗尔斯在1971年才说,"现代道德哲学之中主导性系统理论一直是某种形式的功利主义"(《正义论》,vii)。

② 相关的文本包括 David Hume 的《人性论》,L. A. SelbyBigge 编订(Oxford: Oxford University Press, 1888),以及 Jeremy Bentam 的《道德与立法原理导论》(New York: Macmillan, 1948;初版于1789)。

③ 除了 Blackburn 之外,当前广义的情感论路径的最具影响力的支持者还包括 Annette Baier,《心灵的姿势:心灵与道德论文集》(*Postures of the Mind: Essays on Mind and Morals*), Minneapolis: University of Minnesota Press, 1985,和《道德偏见:伦理学论文集》(*Moral Prejudices: Essays on Ethics*), Cambridge: Harvard University Press, 1994,以及 Alan Gibard,《明智选择,合宜感情:一种规范判断理论》,Cambridge: Harvard University Press, 1990。Baier 业已表明,Judith Shklar 也隶属于这个阵营,尽管这有点不那么清晰。笔者也是赞成这一点的。参见 Judith Shklar,《平庸之恶》(*Ordinary Vices*), Cambridge: Harvard University Press, Belknap Press, 1984。

己主义。但是,从共同体的背景来看,理性促进那些行为过程,它们产生着最大多数人最大可能的欲望实现。边沁把自己的理论称为功利主义,但是他总的理论方法或许可以称之为结果论。①

---

① 最近和当前的功利主义或者说某种形式的结果论的捍卫者包括,J. J. C. Smart,《功利主义伦理学体系大纲》("An Outline of a System Utilitarian Ethics"),收录于Smart 和 Bernard Willilams,《功利主义:赞成与反对》(*Utilitarianism For and Against*),Cambridge:Cambridge University Press,1973,页 3—76;R. M. Hare,《道德思维:层次、方法与要点》(*Moral Thinking: Its Levels, Method, and Point*),Oxford:Clarendon,1981;James Griffin,《福祉:内涵、评估与道德意义》,Oxford:Clarendon,1986;Richard Brandt,《道德、功利主义与权利》(*Morality, Utilitarianism, and Rights*),Cambridge:Cambridge University Press,1992;以及 Robert Goodin,《作为公共哲学的功利主义》(*Utilitarianism as a Public Philosophy*),Cambridge:Cambridge University Press,1995。除了这些较为现代的结果论形式,最近许多哲学家要求通过一种严格的结果论分析对共同道德进行一种激进的批判或重建。这种路径的经典表述是 Peter Singer 的论文,《饥馑、丰足与道德》("Famine, Affluence, and Morality"),见 *Philosophy and Public Affairs* 1(1972):229—43;对他的观点的更近的陈述参见,《生与死的再思:我们传统伦理学的崩溃》(*Rethinking Life and Death: The Collapse of Our Traditional Ethics*),New York:St. Martin's Press,1994。其他的有影响力的例证包括,Derek Parfit,《理与人》(*Reasons and Persons*),Oxford:Oxford University Press,984,以及 Shelly Kagan,《道德的限度》(*The Limits of Morality*),Oxford:Oxford University Press,1989。Peter Unger 提出了一个相似的批判,但却不是基于严格的结果论根据,《活的高贵,死的平凡:无辜的幻象》(*Living High and Letting Die: Our Illusion of Innocence*),Oxford:Oxford University Press,1996。最后,在过去的四十年里,在天主教道德神学家内部针对道德分析和/或判断的比例论路径是否应被视为结果论一直有较多的争论。这个路径的许多不同的变种也已形成,但是在笔者看来,它们大多确实是结果论的形式。对这种路径的一个近期辩护,直接建立在他所称的价值最大化的原则之上,参见 Garth L. Hallet,《更大的善:比例论的理由》(*Greater Good: The Case for Proportionalism*),Washington, D. C.:Georgetown University Press,1995:"在一个客观的、未来的范围内,以及在这么细化的意义上,一个行为是正当的,当且仅当它承诺完全地或者接近完全地最大化价值,作为任何替代行为,而不限制相关价值种类,不管是人类的还是非人类的,结果的还是非结果的"(2,省略了强调)。他接下来指出(2):这是一个正当的标准,而不是一个判断的程序,这似乎使他的观点相当接近规则功利主义。与之相反,Josef Fuchs 直接拒绝应当把比例论等同于功利主义,根据在于道德判断根本无法系统化。参见 Josef Fuchs,《自然法抑或自然主义的谬误?》("Natural Law or Naturalistic Fallacy?"),收录于他的《道德要求与个人义务》(Washington, D. C.:Georgetown University Press,1993;原版于 1988),页 30—51,此处位于页 42—43。

[241]尽管情感论者(sentimentalists)和结果论者(consequentilists)可能会在拒斥康德的理性本身即具有道德意义和权威这一主张上达成一致,但他们未必会赞成涉及道德规范基础和逻辑地位的相关问题。与之相连的争论使得康德主义和工具论者在实践理性方法上的二分法变得更为复杂了,因为针对道德规范地位的划分路线并没有以任何干净的方式追溯到康德主义/工具论者的划分。而且正如我们可以预见的,相关的选项本身代表着具体而微的观点家族,而不是泾渭分明的选择。尽管如此,我们仍然能够根据认知论与非认知论之间的人们熟悉的划分——这只是一个粗略的划分,但是对于我们当前的目标来说业已足够——来确定和详述道德规范地位上的相关选择。

有两种主要形式的工具论,它们的支持者往往在这个问题上互不相让,即,道德命题的认知地位问题。大多数的结果论者都是认知论者——也就是说,他们认为道德陈述(至少在某种形式上)是有意义的命题,要么为真要么为假。这种理论方法的早期支持者著名的有约翰·斯图亚特·密尔(John Stuart Mill)。他走得太远了,以至于要按照非道德的善或者价值的最大化实现来定义道德术语。这种理论方法激起了摩尔的指责:这些理论使得道德主张变得如此多余。① 后来的结果论者不再试图按照非道德的事态来定义道德术语,但是他们仍然坚持认为道德主张在其真假上依赖经验性的事态,原则上对经验观察开放。这当然与康德主义的理论方法截然不同,但结果论者和康德主义者都对一个观点持基本信任态度:道德陈述是有意义的命题,根据客观的标准可以判断它们的真假。

在这一方面,康德主义者和大多数的结果论者都站在了情感

---

① G. E. Moore,《伦理学原理》,Cambridge:Cambridge University Press,1903,页46—58。

论者的[242]对立面,后者主张道德规范是情感、态度或者信念的表达。一般来说,当代结果论者可能会同意摩尔对结果论者的理论的批判——不应对此感到奇怪,因为它使人回想起了休谟的主张:某些类型的道德理论包含着一个从"是"到"应当"的错误推论。基于同样的理由,他们明显信奉非认知论,这是一种据此道德陈述不应被解释为承载着真理价值、从而按照对某种客观事态的"契合"的详述的命题的观点。① 在 20 世纪早期,艾耶尔(Ayer)和斯蒂文森(Stevenson)提出了一个理论,即情感论(emotivism),据此道德主张只是言说者的感情的表达。然而,这个理论被广泛视为是不充分的,因为它无法解释那些看起来是道德主张之间的逻辑联系的东西。于是它就被黑尔的规定论取代了,根据后者,道德陈述反映着经验判断和普遍态度的复杂结合。更近的,我们看到了一种广义的休谟主义的道德情操论的复兴,根据它基本的、非分析的赞同或不赞同情感为一切道德判断都提供了一个基础。

我们还应当注意结果论与情感论理论方法之间的另一个广泛的对比。最近,结果论的伦理学方法已经被自我标榜为激进的道德理论主宰了——激进是因为他们试图攻克以下主张的含义:道德判断仅仅植根于利益最大化(或者损害最小化)的原则之上。当然,结果论使得在传统上被视为道德绝对论的东西相对化了,例如,禁止

---

① Blackburn 会赞同认知论者:道德陈述可以被说成是为真——但仅仅是基于对真理的一种极为随意的融贯论解释(参见《支配激情:一种实践理性理论》,前揭,页48—83)。还提及了其他的作者和作品,A. J. Ayer,《语言、真理与逻辑》(*Language, Truth, and Logic*),New York: Dover Books, 1952;原版于 1946 年;Charles Stevenson,《伦理学与语言》(*Ethics and Language*),New Haven: Yale University Press, 1944;以及 R. M. Hare,《道德语言》(*The Language of Morals*),Oxford: Oxford University Press, 1952/1964,和《自由与理性》(*Freedom and Reason*),Oxford: Oxford University Press, 1963/1965。正如前引文献所表明的,Hare 在《道德思维:层次、方法与要点》之中接着发展了一种广义的结果论道德解释,但同时却没有放弃他的早期的规定论分析的主要思路。因此,他是为数不多的捍卫结果论的非认知论形式的论者之一。

杀人。尽管如此,许多结果论者坚持认为传统的道德观点与结果论之间的区别在实践中并不是全然对立,他们辩称,传统的道德规则本身也可以根据结果论的理由证成,或者限制结果论者分析的范围。但是,正如我们将在后文之中看到的,还有更为激进的结果论形式,它们的捍卫者却没有这些。[243]相反,他们辩称,真正彻底和连贯的结果论会破坏大部分、甚至全部的传统道德,包括那些特殊关系和义务的主张、动机和意图的道德意义,以及做某事与默许某事发生的差别。如果我们打算否认这些因素的道德意义的话,那么我们对道德义务的评价就极为不同。实际上,这种理论方法意味着我们没有一个人是按照道德的要求生活的,而且如果我们试图最大化这些要求,我们就应当在自己的生活方式上做彻底的调整。

情感论者却截然相反,他们对共同道德的评价更加保守。在他们看来,人们实际具有和表现出来的道德态度和情感更为根本,至少在一个特定的共同体之内总的来看如此。这并不意味着就无法质疑或者修正某些判断,甚至也不意味着集体判断就无法发展和变迁,但是它确实意味着情感论者不可能轻易地允许这种可能性:我们的道德态度和反应或许在根本上、整个地错了。在这个背景下,不应把"保守"看作是贬义的,因为正如我们可以预料的,一种托马斯主义的自然法理论在这个方面也是保守的,大多数康德主义理论也是如此。实际上,一种连贯的结果论的激进含义被许多批判者视为是一个致命缺陷,但却是它的辩护者所拥护的。在这些批判者看来,激进结果论的含义太反直觉了以至于不应被重视。① 毕竟,假

---

① 这种批判思路特别归功于 Bernard Williams,尽管他本人用它反对一般意义上的结果论,参见《人、性格与道德》("Persons, Character and Morality"),收录于《道德运气:哲学论文集(1973—1980)》(*Moral Luck: Philosophical Papers*, 1973—1980), Cambridge: Cambridge University Press, 1981, 和《伦理学与哲学的限度》(*Ethics and the Limits of Philosophy*), Cambridge: Cambridge University Press, 1985, 页71—119。正如我们将在后文看到的,甚至有些基本同情激进功利主义者的根本主张的人也发现他们的结论难以接受。

如一种道德理论把大部分我们视为道德实质的东西都打掉了,那么还有什么标准去评价和捍卫理论本身呢?然而,激进结果论者确实诉诸某些道德直觉,通常是那些与连贯相关的直觉。就此而论,激进结果论类似于一种彻底净化的康德主义。

正如这份简要的总结所表明的,康德主义和工具论的伦理学理论之间的划分尽管大体正确,但也需要加以限定,把这些理论方法各种变种之间的具有相似特点的不同思路考虑进去。大多数的康德主义理论试图尽可能地保留共同道德,就此而论它们往往是与情感论者的理论相似的,至少就它们的大体结论来说如此。然而,如果有人强调一种净化的道德推理的[244]形式要求,那么就可以把康德主义的更为彻底的形式与激进的结果论看成是相通的。两种理论方法都强调理性的形式要求,当然还存在其他的一些我们通常认为具有重要实践意义的因素。在捍卫反直觉的信念上,激进的结果论者通常比康德主义的形式走得更远,但是这些信念也是康德主义的某些理论形式的应有之义。为了防范结果论,格里塞/菲尼斯的自然法解释坚持基本善的不可通约性,这具有重要意义。如果没有这一规定,他们的观点的内在逻辑将使得他们走到卡根(Kagan)和辛格同样的方向上。①

这些对比带来一个令人不安的思考。也就是说,就目前的情形来看,两种相互对抗的实践理性理论,康德主义的和结果论的,似乎都是不稳定的——每个都容易陷入它的对手之中,缺乏关于实践理性本身的恰当目标和范围的规定。如果是这样的话,我们必须探讨实践理性观念本身在这些理论之中究竟发挥着多大作

---

① "不可通约性命题"是一堵防范结果论的防火墙,它的重要意义已经由 Robert George 在"Does the 'Incommensurability Thesis' Imperil Common Sense Moral Judgements?"一文中清楚说明了,收录于《为自然法辩护》,页 92—101;然而,笔者并不想据此假定,George 赞同笔者的观点;没有这个规定话,Grisez/Finnis 的基本善解释将沦为彻底的结果论。

用。或者换种说法,实践理性本身能在尊重人或者基本人类善与对其他东西的某种形式的最大化之间作出决定,从而作为道德反思的起点吗?或者说,这个问题必须根据其他基础作出决定,例如,人的形而上学地位的论证,或者对人类行为的一种分析——简言之,通过诉诸思辨的考虑?

目前看起来实践理性本身终究不足以产生一个道德理论。当然,彻底的康德主义者是无法接受这个结论的,但是结果论者似乎无须毫无节制地拒斥它——实际上,笔者的潜在的思辨论证的例子都来自持结果论的论者,首先是帕菲特(Derek Parfit),其次是卡根和辛格。① 然而,结果论[245]易于遭受一个进一步的批判路线,它首先(据笔者所知)是由西季威克(Henry Sidgwick)提出的,他在自己的经典著作《伦理学方法》之中试图根据纯粹理性根据为结果论进行辩护。② 这会带来一个批判,似乎有点奇怪。然而,西季威克所得出的结论是,结果论代表着发展和使用自己的实践理性的两种可能的选择之一;另一个是伦理自利主义(ethical egoism),对个人自身的利益的连贯的追逐和最大化。因此,即使我们认为实践理性存在于某种形式的价值最大化,主体仍然必须决

---

① Parfit 把自己的道德理论建立在对个人身份的一种分析之上,这在根本上否定了人与人之间的界限的道德意义,或者甚至否定了早期与晚期人的状态之间的关系的道德意义:"按照这种还原论的观点,人确实存在。但是他们只在民族存在的意义上存在。人不像我们错误地认为的那样是根本的"(《理与人》,页 445,强调为原文所有)。对于 Singer 的行为和责任分析,参见《饥馑、丰足与道德》;Kagan 的相似观点是在《道德的限度》之中提出的,页 83—127。

② 一般地参见 Henry Sidgwick,《伦理学的方法》,第 7 版(New York:Macmillan,1907),再版时增添了罗尔斯的导读(Indianapolis:Hackett,1981)。Sidgwick 在整部著作之中都在构建对伦理学的一种规则功利主义理论方法的辩护,他采取的是对他所认为的常识道德的核心观念的一种分析。然而,在最后他却承认理性本身无法在个人享乐主义和功利主义之间作出决定:"但是,在公认自利与义务存在冲突的极少数场合,由于实践理性自身出现了分裂,它可能不再是任何一方的一个动机。那么,冲突也将不得不听凭这两组非理性冲动的这个或那个的相对优势加以裁决。"(页 508)。

定是否最大化整个价值,还是仅限于自身;不偏不倚(impartiality)本身是一个不在理性上具有强制力的道德立场。而且,不论一个人对个人身份的形而上学、对人类行为的恰当分析以及诸如此类的东西的观点是什么,似乎都是如此——无论怎么说,对于致力于价值最大化的人为何必须以一种一般的或者不偏不倚的方式,而不是以一种自指的方式来解释这一原则,这是不存在理性上有说服力的理由的。把这个论证建立在公平或者尊重人的基础之上,把它作为独立道德原则的但是这些只是那种独立的、基础的——实际上是康德主义的——原则,一个彻底的结果论者是不重视这些原则的。如果西季威克的论证是有说服力的(笔者相信是这样的),那么显然我们就无法把结果论辩护为实践理性化的必然含义。

到此为止,我们似乎已经偏离本节的目标了。这个目标是把阿奎那对理性的理解置于它的当代和经院主义的背景之中。当然,不管我们对当代的结果论形式的评价怎样,显然经院主义者无暇顾及这种理论方法。然而,这并不像乍看之下的那样明显。正如路易斯(Ewart Lewis)在六十多年前所指出的,中世纪的自然法思想比通常被认为的更受权宜的因素所主宰。① 而且,经院主义者的言说方式[246]有时确实使得这种解释变得更为可信。例如,大阿尔伯特对第三种含义的自然法的解释,自然同时被理解为自然和理性:

> 在第三种含义上,自然理性同时既是理性也是自然。相应地,那种来自正当理性为人的便宜和有用而规定的东西与自然法相关(总是表现为一般的原则,符合普遍的法的种子,

---

① Ewart Lewis,《中世纪政治理论当中的自然法与权宜》("Natural Law and Expediency in Medieval Political Theory"),见 Ethics 50(1940):144—163。

而不符合一个例子或者一个具体的限定),例如,规定一个家庭,规制一个家庭,选择惩罚犯错者的教士,赞扬好的,关心自己所有的东西,以及其他诸如此类的事情(《论善》,V 1.2)

尽管如此,把经院主义者当作结果论者的提议通常会遭到怀疑的对待,而且理所当然地这么对待。经院主义者是在他们所处理的文本的范围之内反思道德推理的。这些文本首先是《圣经》,明显表明道德是被按照一种具有约束力和权威力量的法的方式加以理解的。经院主义者主要把法理解为一种有序原则(ordering principle),但是在这一语境下它也被视为具体规范的一个源头。毕竟,他们思考法的范式既包括金规则的不同表述——那是极为一般的规范——也包括"十诫"的诫命,它们是相当具体的。尤其是,这后一种范式使得他们这样来思考道德推理,强调它与具体规范的关系,认为它们在效力上是多少不可协商的。阿尔伯特再次说明了这一点,就在刚才援引的文本的紧跟着的一段。他在那里解释了"自然作为理性"这一短语的含义:

> 如果(自然)被更多地理解为理性,那么它就与那些东西相关,它们涉及宗教、正义和人的尊严,自己本身和与他人之间的关系。然而,它却是以这样的方式,它应当有某些来自自然的东西,不应当认为它全是来自理性。但是,自然被理解为处于好的秩序之中,因为当它与生活相关时它是善的苗床。这些苗床是自然法,因此,"十诫"的诫命当它们被一般地和非确定地理解时,它们就属于自然法。而且更为简明地,按照它的风格可以接受的即属于自然法。(《论善》,V 1.2)

尽管各个论者的分析细节各不相同,但阿尔伯特表达了一般的经院主义共识:[247]"十诫"的诫命被认识在某种意义上是道德推理的试金石。如果是这样的话,那么对道德推理的一种纯粹结果论的解释就会被排除。

但是,从积极的方面来说,对于经院主义的实践推理观,这意味着什么呢?大阿尔伯特的评论暗示了一个尚未被思考的选择。也就是说,经院主义者看起来没怎么形成一个实践推理观,他们似乎也不需要它。相反(或许可以这么说),他们采取了一种神圣命令方法的强烈形式,据此道德规范在它们的实质和权威上都依赖上帝的命令,通过《圣经》作为中介。但是,这是一个错误。经院主义者清楚,《圣经》的基本规范反映着理性的应用,无论怎么理解这一点都是如此。圣经规范同时也有助于校正和扩展理性的释放,而且鉴于罪的约束效果,它们在某种程度上是必要的,如果我们达到了像一个充分的道德知识这样的东西的话。尽管如此,经院主义者相信理性与《圣经》的道德规范是根本和谐的,而且他们在发展自己的道德推理的解释同时也具有证明为什么是这样的目的。

当然,我们发现了不止一个这样的解释,它们具有不同程度的细节和精致。① 大阿尔伯特自己也辩称,与"十诫"的诫命相连的那些基本道德术语,例如"谋杀"和"盗窃",都是包含在灵魂的"通观"(common conceptions)之中的。因此,这些都是被即刻理解的,无须提及错误的行为类型的在先教导,尽管我们确实需要从对什么算作谋杀、盗窃等的教导和观察中加以学习。大阿尔伯特似乎受到了一种传统观点的影响,根据这种观点,自然法是天生的,因此是无法教导的。结果,他的理论与格里塞和菲尼斯所发展的康德主义的自然法观,具有某种程度的相似性,尽管对于大阿尔伯特来说,是基本的道德术语,而不是基本善,才提供着实践思考的起点。然而无论如何,大阿尔伯特的方法并不是大家普遍接受的。

---

① 更多的细节参见拙著《自然法与神圣法:重回基督教伦理学传统》,前揭,页85—98。

正如一位匿名的神学家所说的，

> 摩西或者埃斯库罗斯（Aeschylus）的法，是不关注灵魂的通感的。因为并不是说只要有人听到，"不去盗窃"，他就会理解他不去盗窃，就去尊重其他的诫命。因此，许多人怀疑通奸是否是一项死罪。但是，自然法关涉灵魂的通感，例如，"不要对他人做你不希望对自己做的事情"；那么，正是借助自然法，我们理解并明白，只要我们理解了某事，我们就懂得了它必须被做，因为良知即是"以之知"（conscire）。（洛特，页125）①

这个作者代表着那种似乎是更为寻常的经院主义立场，根据这种立场，理性产生了非常一般的不伤害的首要原则，它们然后通过对主体自身的厌恶和欲求的移情反思而被赋予内容。我们会再次发现，它与一种广义的康德主义的实践理性解释是相似的。我们在经院主义者当中还会发现其他的道德推理方法。例如，世俗神学家欧塞尔的威廉宣称我们通过一种内在的上帝视角，上帝被视为正义之源，从而直觉到"十诫"诫命的实质。威廉相信这对于每个人都是天生的。② 这是一种彻底的新柏拉图主义的观点，但它似乎不是人们普遍具有的。

二、实践理性、意志与首要原则

那么，阿奎那在这个选择的范围内处于什么位置呢？他显然

---

① 这里提到的埃斯库罗斯（Aeschylus）是古希腊悲剧作家（d. ca. 456 B. C. E），有点令人疑惑，但是西塞罗确实提到过他，经院主义者或许因此知道他的戏剧处理的是普遍的正义要求。非常感谢笔者的同事 Brian Daley，是他确定了引注并且指出了它的根据所在。

② 参见《黄金大全》（*Summa aurea*）III 18.4；深入的讨论可以参见拙著《自然法与神圣法：重回基督教伦理学传统》，前揭，页89。

没有采纳威廉的新柏拉图主义的理论方法，因为他坚信，我们不能自然地洞悉上帝之本质，或者说根本无法在此生洞悉它。他确实坚持，像"谋杀"这样的道德术语就其含义来说包含着一个道德判断，但是他没有追随大阿尔伯特宣布这些就包含在灵魂的通感之中，因此就没有把它们当作道德知识的起点（《神学大全》第二集第一部分第 100 个问题第 8 节答复 3）。他也没有把黄金规则当作一个不证自明的首要原则，至少他在《神学大全》之中没有这么做。这有点令人感到奇怪。具有重要意义的是，他说"十诫"的诫命只能通过某种反思才能被认识，尽管它的一小部分是人所共知的（第 100 个问题第 1、3 节）。他确实说过爱上帝和爱邻人的诫命是不证自明的，但是他没有通过[249]诉诸形式的自洽阐明这些诫命与"十诫"的那些诫命之间的联系（第 100 个问题第 3 节答复 3）。相反，爱的诫命与"十诫"的更为具体的规范之间的桥梁似乎是由不伤害的一般规范和对他人的特殊义务架设的（第 100 个问题第 5 节）。我们在下一节将更为仔细地研究这对于他来说意味着什么。

甚至更为惊人的，阿奎那否认理性通过自身的运行能够导致行动。恰恰相反，他坚持认为实践反思和行动总是从某种欲求那里获得它们的起点的（第二集第一部分第 9 个问题第 1 节，特别是答复 2；第二集第二部分第 47 个问题第 4 节）。发挥着实践作用的理性从首要原则那里获得其起点，包括前文所提到的那些原则，甚至更为宽泛的，经常被大家援引的原则："善要被追求和实行，恶要被避免"（第二集第一部分第 94 个问题第 2 节）。但是，这些原则本身并不导致行动，也不会为行动带来规范，直到它们被促进实践反思和行动的欲求所激发。正如韦斯特伯格（Daniel Westberg）所观察到的，这排除了按照康德主义术语所理解的自我立法的理性对正当的实践理性的任何解释："趋向一个存在者的自然所属的完美或圆满的运动，被托马斯描画为善的引力。道德的善是在关于行动的判断之中被确立的，但是动力是引力，而不是责任感。因此,审慎这个词代表着对康德主义观念的一个拒绝:道德建立在责任的基础之上,并且与倾向相对。"①

与之相应,实践理性的运作是通过它们所服务的欲求得到分析和评判的(这里使用"实践理性"只是为了简明之故,阿奎那没有把实践理性作为一种独特的能力。相反,他坚持认为只有同一种潜能,智力,它发挥着思辨的作用,或者发挥实践的作用;参见第一集第 79 个问题第 11 节)。这就是为何审慎的智力德性(它是修正实践理性运作的德性)无法脱离准确称谓的道德德性运作的原因——后者修正欲求,这些欲求为实践思考提供着起点和目标(第二集第一部分第 58 个问题第 2、5 节;第二集第二部分第 47 个问题第 6 节;请注意审慎被归入道德德性之内,尽管严格来说它是一种智力德性,第二集第二部分第 47 个问题第 4 节)。基于同样的理由,我们说一个人在道德上是善的,或者不是善的,这是出于她的欲求的意向。这就等同于说,一个人的品质是按照她对恰当称谓的道德德性的拥有而得到评判的,它们是欲求的意向,而不是智力的意向(第二集第一部分第 56 个问题第 3 节)。

所有这些都意味着,无论阿奎那把实践理性理解成什么,他都没有把它视为一种自主的道德规范原则。只要我们更为仔细地观察他对审慎的德性所特有的运作[250]领域所说的内容,这种猜测就可以得到证实。他把审慎的运作限制为在具体的行为层面上对选择的指引(第二集第二部分第 47 个问题第 1 到 3 节)。而且,这种限制还具有重要的意义,因为具体行为是参考某种更进一步的目的而被选择的,而这个目的是主体预知的——不管是作为一个目的的手段之一,还是作为更为复杂的善的一个组成部分,抑或作为一个以特定行为表达或享受个人目的方式(第 47 个问题第 1 节

---

① Westberg,《正确的实践理性:阿奎那理论中的亚里士多德、行为与审慎》,前揭,页 4。

答复 2)。沃格勒在其有启发性的分析之中指出,阿奎那把实践理性理解为计算性的(calculative);它具有确定一个具体的行为过程的形式,代表着一个实现、保障或者享受某种进一步的目的的恰当的、良好的方式。① 与之相应,审慎并没有决定德性的目的(第 47 个问题第 6 节)。相反,它决定着在具体的选择之中,什么算是德性的一个连贯的或者恰当的表达——也就是说,按照他所使用的亚里士多德主义的分析,审慎决定着在具体情况下什么算作实现了特定选择情形下德性的中道(第 47 个问题第 7 节)。因此,审慎并没有产生道德规范,至少没有直接地产生。②

针对阿奎那对审慎的分析,我们或许可以得出结论:如果我们打算把他列入理解实践理性的主要的当代选择之一,他最接近情感论的立场。毕竟,他坚持我们的行动根源于欲求,这样的话,人及其行为从他们所具有的欲求那里获得它们的道德属性(moral character),或者表达(第二集第一部分第 56 个问题第 3 节;第二集第二部分第 47 个问题第 4 节;对比第一集第 82 个问题第 4 节)。而且,正如我们刚才所指出的,他限制了实践理性实现欲求所设定的目的的手段的范围,要在前面所提及的综合意义上理解"手段"。他对实践理性的分析使人不约而同地想起了休谟,尽管难以想象他会宣布理性是激情的奴隶。③ 似乎可以提出一个理

---

① Vogler,《合乎理性的恶》,相关内容随处可见。某种"进一步的目的"的提法是笔者的修改,参见后文。Westberg 发展了一个相似的论证思路,《正确的实践理性:阿奎那理论中的亚里士多德、行为与审慎》,页 26—39;此外,在页 119—183,他还对思考和行为过程提出了一个详尽的、有启发性的分析,表明理性判断和欲求是如何互为条件并且贯穿这些过程的。
② 正如后文将要呈现的,笔者同意 Pamela Hall 的说法:阿奎那对审慎的解释意味着审慎的反思间接有助于道德规范的形成;参见《叙事与自然法:一种托马斯主义伦理的解释》,Notre Dame: University of Notre Dame Press, 1994。尽管如此,任何这类主张都超出了阿奎那针对审慎的运行直接说出的内容。
③ John Bowlin 同样提请我们注意阿奎那与休谟之间的相似性,尽管他是根据稍显不同的理由,参见《阿奎那伦理论之中机缘与命运》,前揭,页 17—18。

由,从而把阿奎那解释为休谟的先驱,至少就他的道德理论来说如此。这种解释路线不是通过他对"十诫"作为上帝律法的[251]表达的信念取得的,因为正如布莱克本(Simon Blackburn)业已表明的,一种情感论的道德理论是可以与对道德规则的一种信奉相容的——它只是与对这些规则的认知论解释不相容而已。① 确实,休谟自己辩称,正义的德性取决于对一个复杂的规则体系的遵守,当这些被社会生活的必然要求所塑造时,它们是通过对自然的道德情感的反思构建的。②

同样真实的是,阿奎那说德性的目的也是被理性设定的(第二集第二部分第 47 个问题第 6 节)。但是,这里所说的理性指的是理解,而不是指在它的言辞活动(discursive operations)之中的实践理性——也就是说,它指的是一种官能(faculty),我们通过这种官能抓住了理性的任何运用都必需的首要原则,不管是思辨理性还是实践理性(第二集第一部分第 58 个问题第 4 节)。因此,当阿奎那说德性的目的是由理性设定的时候,他特指的是实践理性的首要原则,它们被视为既是德性的原则,也是自然法的原则。这些不是脱离通过欲求的某种启发而运作的,可以说通过这些它们被运用于行为而发动(参照第二集第一部分第 9 个问题第 1、4 节)。而且,正如我们在上一章所看到的,这些首要原则是在对什么算作各种合乎理性的欲求的反思之中并且通过这种反思呈现出规范力量的。因此,无论我们如何理解首要原则的规范力量,我们都无法把它们理解为产生着康德意义上的自主的规范。相反,这些原则是由不同欲求形式的运作引起的,而且它们只有在欲求和行为的合乎理性的模型的形成之中并通过这种形成才被赋予了规范的细化。

---

① Blackburn 在《支配激情:一种实践理性理论》中给出了主要的论证思路,前揭,页 48—83。
② 参见 Hume,《人性论》(1739—1740),L. A. Selby-Bigge(Oxford:Clarendon, 1888;重印于 1973),页 484—513。感谢 Jennifer Herdt 确定了这份文献的位置。

然而，如果对实践理性首要原则的这种解释不符合康德主义的道德理性自治的观念，那么它似乎也不特别地休谟主义。那么，按照休谟的说法，我们怎么理解激情是被理性充实、塑造或者主宰的呢？乍看起来，阿奎那完全不是一位情感论者。当我们读到，实践理性的恰当运作是把各种目标和考虑置于某种正确的序列之中时，这种猜测就更加强化了（第二集第二部分第 152 个问题第 2 节）。诚然，这个主张是如何与以下主张保持一致的：实践理性是以这样的方式发挥作用的，它决定着实现个人目的的恰当方式，这个问题并非直接明了。我们还将在后面回到这个问题。无论怎么说，阿奎那关于实践理性的有序功能的主张并不是完全契合对他的[252]道德理论的一种情感论解释，这至少是清楚的。这里提到了一种恰当的有序化，它意指存在某种标准，根据这种标准，欲求可以在脱离我们碰巧遇到的欲求关联（concatenation of desires）的情况下得到评判，甚至被更为广泛地理解为涉及欲求的相应强度、它们的相容性，以及诸如此类的东西。显然，这就是阿奎那的观点。他声称，理性按照某种考虑，使得我们的不同目标变得有序化：综合来看，什么算作我们的真正的善。从一种康德主义的视角来看，这疑似假设推理（hypothetical reasoning），然而与此同时，任何彻底的休谟主义者都无法接受这种观点，根据它，欲求的对象可以被有序化，要么是恰当的有序化，要么是不恰当的有序化，判断的根据是某种并非推导自这些欲求本身的标准。

事实上，既不能把阿奎那作为康德主义者对待，也不能把他视为情感论者。相反，他提供了一个不同于前面两种实践理性解释的选择。为了体会在阿奎那对理性的理解与这些当代选择之间的真正差别，我们需要更为细致地观察与这些对理性的解释相连的欲求概念。

布莱克本在他的《支配激情：一种实践理性理论》之中阐明了他的休谟主义的审慎模式与康德主义模式之间的差别，他采取的是一种把人比作船的柏拉图主义的形象:"对于休谟或者斯密来说,船是由船员操控的,每位船员都代表着一种激情、倾向或者情感。那么船要驶向何方就是由对船员之间相互冲突的压力的解决决定的。在一种声音起来之后,失势者就会遇到各种不同的事情:他们可能会被从甲板上扔出去,集体消失;或者他们宣布造反;或者他们继续对船的航行具有一点影响。"① 对于康德来说则相反:

> 还是有休谟意义上的船员。但是在他们之上,在上层后甲板区还有另外一个声音——一个带着终极权威和终极权力的声音。这就是船长,意志,他本身是纯粹实践理性的体现,脱离了任何欲求。船长本身是自由的。但是他总是随时准备着制止船员在操控船只当中的错误。有时看起来最幸福的船是没有任何船员的,只有一位船长,因为康德坚信只有完全独立于倾向和欲求,极乐才是可能的。这与斯多亚学派和佛教思想有着惊人的相似之处。②

因此,布莱克本给出了两个选择:我们要么把自我视为一堆由理性控制的欲望,要么把它[253]视为一堆自发聚合为多少有些稳定和谐的欲望——这是布莱克本自己所偏向的选择。他所强调的对比点是理性在这两种模式当中所扮演的角色。但是,这个分歧是与一个重要的、暗含的共识点紧密联系在一起的。也就是说,这两种模式在根本上都假定着相同的欲求观,把欲求作为一种把人推向行动的无分别的趋向或倾向。尽管欲求在强度和范围上是不同的,但它们从根本上来说都是同种的,而且可以说它们是在同一层面上运作的。因此,它们必定或者被欲求之外的东西控制(按照康德的模式),或者

---

① Blackburn,《支配激情:一种实践理性理论》,前揭,页245—246。
② 同上书,页246。

由一个导向平衡的偶然的互动过程聚合到一起(按照休谟的模式)。

任何对阿奎那的心理学有所了解的人,都将承认他的人的模式不符合这两个选择的任何一个。毫无疑问,他不相信人类行为(更不用说人类身份)能够通过杂乱欲望的偶然平衡得到解释。但是,他也不会接受一种认为人是由意志主宰的观点,把它理解为"纯粹的实践理性,脱离了所有的欲望"。我们已经看到,阿奎那在行动过程之中赋予了欲求以某种优先性,因为他断言理性在实践事项上查明怎样去实现欲望设定的目的。更有甚者,阿奎那毫不含糊地说,意志是一种欲望,或者按照他的说法,是一种嗜欲(appetite)。意志是一个理性造物所特有的那种嗜欲形式,因为它依赖理性的判断去细化自身的具体对象。这样的话,它就与其他类型的欲望区分开来,比如说激情(passions),那是理性的人类与其他动物所共有的。然而,它与这些共享着重要的元素,也与在所有造物之中存在的嗜欲的一般形式共享着重要的元素。与之相应,当激情在理性造物之中存在时,它们具有一种认知的成分。基于这些原因,对于阿奎那来说,不能把欲望简单地视为杂乱的力量。它们按照自身独特的条理结构有所区分,并且彼此作用。因此,如果我们想要理解阿奎那的实践理性的方法的独特之处,就必须首先需要说明他对欲望的解释的独特之处。①

阿奎那分析意志和激情的主要思路是广为人知的,鉴于我们的目标,这里只需要简要总结一下他的分析。② [254]根据阿奎

---

① 感谢 Elizabeth Agnew 助笔者发现了这一点的重要性。
② 主要的解释思路可以参见 Robert Pasnau,《托马斯·阿奎那论人性:对〈神学大全〉第一集第 75 到 89 个问题的哲学研究》,前揭,页 209—264。此外,Westberg 也提出了一个流畅的分析,针对他所谓的"主体形而上学"(metaphysics of agency),其中包括意志的善之定位的重要性,在《正确的实践理性:阿奎那理论中的亚里士多德、行为与审慎》,页 43—61。然后他分析了意志和理智的相互关系,页 61—115。Bonnie Kent 对阿奎那的意志和理智理论提出了一个有益的分析,他是从中世纪对亚里士多德的使用的背景下审视的,《意志的德性:13 世纪晚期伦理学的转变》,前揭,页 94—49。

那的观点,意志和激情都是嗜欲的形式,而且这样的话,每个都以趋向某种可以察觉的善。它们之间的区别在于理解善的方式。意志导向善,这善是被理性所理解的;也就是说,它是从一种理性的判断那里获得自己的对象的,根据这种判断,这个或者那个在某个方面是善的,因此是一个适合追求或享受的恰当对象(第二集第一部分第 8 个问题第 1 节;第 9 个问题第 1、2 节)。与之相对,激情趋向阿奎那所称的可欲的或者有害的对象,以感性和想象的理解作为中介(第二集第一部分第 22 个问题第 2、3 节)。与此同时,人类激情同样也具有一种认知的成分,因为它们的对象是通过对情况和事件的一种理性转化呈现给它们的,至少在部分上如此。对此某些激情比其他的体现得更为明显。阿奎那似乎认为至少某些感性欲望有着极低、甚至没有理性成分,而在另一个极端上,有些激情,例如愤怒,只有作为某种理性判断的结果时才能产生。① 不管怎么说,激情的认知成分给了它们某种对于意志的理性判断的独立性。换种说法,它们能够被主宰,但只能以一种对于那些人来说恰当的方式:他们在自身的事务中具有独立的声音,合乎政治地而不是专制地(第二集第一部分第 58 个

---

① 阿奎那在第二集第二部分第 156 个问题第 4 节说,欲望官能的运动是完全符合肉欲(sensuality)的,而且绝对不是根据理性,这与愤怒的激情完全相反,后者在部分上是由理性的判断所决定的。但是这似乎并非他的完整观点,因为他在其他地方也说过,激情既明确包括那些根源于灵魂的欲求官能(concupiscence)的,也包括那些根源于易怒官能的,它们都有自身恰当的运动,据此它们得以被理性塑造和指导。这就是为何理性被说成是合乎政治地主宰激情,而不是专制地(第二集第一部分第 56 个问题第 4 节;关于最后一点,参见第 56 个问题第 4 节答复 3)。而且,阿奎那似乎认为肉欲本身也具有一个认知的成分;参见 Pasnau,《托马斯·阿奎那论人性:对〈神学大全〉第一集第 75 到 89 个问题的哲学研究》,页 277,更为一般地在页 267—268。无论如何,笔者都会争辩说,阿奎那应当承认即使是我们的最为基本的感知(perceptions)和激情也具有一个认知成分,即使他没有这么做。否则正如 John McDowell 所表明的(没有特别提到阿奎那),他就无法维持感知、判断恶语言的强烈的实在论立场,而那是他明显信奉的。参见 McDowell,《心灵与世界》,前揭,页 3—45,可以看到主要的论证思路。

问题第 2 节)。

正如许多评论者所指出的,这种分析意志和欲望的方式提供了一个理由,可以说明在确定[255]一个人的生活和品质的总体定位当中为何存在着某种至上性。① 由于意志在细化其行为上依赖理性所作出的判断,那么它的总体定位就像理智呈现给它自己的对象一样健全(第二集第一部分第 8 个问题第 1 节)。这就是为何对于某个人来说,正确评估她幸福在于什么,是如此的重要,因为否则的话,她就不会把自己的意志导向真正的完美,也不会相应地指导自己的行为(第二集第二部分第 4 个问题第 7 节;对比第二集第一部分第 5 个问题第 8 节;第二集第二部分第 25 个问题第 7 节)。这也是为何阿奎那坚持根本的神学德性是信仰,在他看来,它必然是与启示问题上的正确信念联系在一起的(尽管不是归之于它)(第二集第一部分第 62 个问题第 4 节;第二集第二部分第 2 个问题第 5、6 节)。即便如此,也不能把这个意义上的理性的至上性等同于当代意义上的实践理性的至上性。在阿奎那看来,信仰是一种思辨理性(speculative intellect)的德性,因为它是一种趋向正确信念的意向,这样的话,它就与行动没有必然的联系(第二集第二部分第 4 个问题第 2 节答复 3)。基于同样的理由,自然的幸福预设着关于完美模式的正确知识,这种完美的模式是人类生活所特有的。然而,正如麦金纳尼(Ralph McInerny)相当细致地论证的,相关的知识本身是思辨的,而不是实践的。② 它是在我们关于人的一般观念上形成的,它本身并没有产生关于具体行为的判断。而且,除了自然的幸福欲望所提供的动力,它与行动也没有必

---

① 与之相关的主题在 Westberg 和 Pasnau 那里都得到了清晰而又有益的阐述,参见 Westberg,《正确的实践理性:阿奎那理论中的亚里士多德、行为与审慎》,页 95—115,以及 Pasnau,《托马斯·阿奎那论人性:对〈神学大全〉第一集第 75 到 89 个问题的哲学研究》,前揭,页 234—241。
② Ralph McInerny,《阿奎那论人类行为:一种实践理论》,前揭,页 184—206。

然的联系。①

然而,意志和激情还有另一个方面,它更容易被人们所忽视,但对于理解阿奎那的实践理性[256]解释却同等重要。也就是说,意志和激情都是自然嗜欲的形式。② 这就意味着意志和激情各自按照它们自身的不同运行模式自然地趋向善,因为在阿奎那看来,嗜欲不过是任何类别的趋向某个目的的有序倾向,按照定义它是一种可见的或者现实的(perceived or actual)善(第二集第一部分第 8 个问题第 1 节)。更为具体地说,嗜欲是一种趋向目的的倾向,这种目的对于特定种类的造物的生存和繁荣来说是必需的,或者至少是适当的。每一种造物,不管是否有感觉,都欲求生存和完美,也就是说,按照它的具体种类的最为完整的可能发展。这并不是说无生命的物体(inanimate objects)具有一种微弱的良知,只是说一切造物都在其具体形式所赋予的秩序和方向之中并通过它们维持其生存。有感觉的造物的嗜欲是对一个更为一般的形而上学

---

① 按照 Kluxen 的观点,在实践理性和思辨理性之间存在着一个鲜明的区分,前者导向究竟能做什么,而后者导向独立于行动之外的世界的知识。正如他在《托马斯·阿奎那论自然法》中所解释的,这就是实践理性自主于思辨理性的原因,页 29—32。但是,这并不是阿奎那所作出的区分。智力的这两种功能区别在反思所指向的目标,而不在反思的对象。正如他在 De veritate 3.3 所解释的,当智力的运行趋向行动,那么就说它在发挥实践的功能(直接或者遥远)。当它脱离任何指向行动的方向思考事情时,它就在发挥思辨的功能,即使它的反思的对象是某种实践科学。因此,如果有人本着实施的目标研究医学,不管是在当下还是在未来,她都是在从事实践反思。相反,如果有人研究医院只是出于兴趣,根本没有把自己的知识付诸实施的意图,她就是在运用思辨理性。相似地,他在 I 79.11 说,"思辨理性即是不是指向某种行为而只是指向真理的思考的理解,而实践理性则是指向某种行为的理解"——而且,这只是一个偶然的差别,不能说它把智力分成了两种不同的潜能。

② 无论是 Westberg 还是 Pasnau 都坚持这一点,参见 Westberg,《正确的实践理性:阿奎那理论中的亚里士多德、行为与审慎》,页 54,以及 Pasnau,《托马斯·阿奎那论人性:对〈神学大全〉第一集第 75 到 89 个问题的哲学研究》,前揭,页 200—209。相似地,Pinckaers 也按照其自然结构分析意志的自由,《我们永远无能为力之事:内在恶的行为问题、历史与探讨》,前揭,页 117—137。

现象的表达,这是它们独特的生存模式所具有的,而且这样的话,就必须按照那种一般现象所设定参数去理解它们。①

那么,这些参数是什么呢? 首先,正如我们已经指出的,无论是意志还是激情,都必然趋向善,每个都按照自己理解其恰当对象的典型方式(第一集第 81 个问题第 2 节;第二集第一部分第 23 个问题第 1、2 节;第二集第一部分第 8 个问题第 1 节)。其次,无论是激情还是意志都根源于人的具体本性。阿奎那的确在非理性造物的志愿欲望(voluntary desires)和自然欲望(natural desires)之间作出了区分。然而,正如他所解释,这一区分依赖于以下事实:非理性造物的自然欲望必定在一个特定类型的对象上是明确的,而意志在特定类型的对象上是不明确的(第二集第一部分第 8 个问题第 1 节)。这种区分并不意味着,意志能够在脱离对人性的某种思考的情况下得到理解,因为正如阿奎那接着所解释的,意志本身可以被视作一个自然的嗜欲,因为它是那种欲望类型,这种欲望对于我们这个类的造物来说是自然的和典型的,也就是说,是一种理性的欲望或嗜欲(第二集第一部分第 10 个问题第 1 节)。阿奎那理论的这个方面并不那么显见,然而对于他的整个实践理性及其与意志之间的关系的解释来说却是极为重要的。

笔者想要强调的正是这一点。因为按照刚才所讲的,意志是一种自然的嗜欲,它根源于一种具体的自然,而且从那种自然所特有的生存模式上获得其定位和秩序。[257]阿奎那关于意志的未定性(indeterminacy)的陈述必须在这个背景之下才能得到理解。意志趋向那种善,当这种善被理性所审视(perceived)时,但是这并不意味着理性能够连贯地把任何东西呈现给意志作为欲望和享受的一个对象。阿奎那可能不会同意黑尔的说法:我们

---

① 这在《反异教大全》之中也说得很清楚,特别参见 III 3;III 25 n. 3。

可以合乎逻辑地欲望泥盘（没有某些使得这个欲望恰当的规定）。① 相反，他清楚地表明，意志趋向善性，当它以某种方式对于人这种造物来说是自然的和恰当的时候（第二集第一部分第 10 个问题第 1、2 节）。基于同样的理由，实践理性的首要原则，"善要被追求和实行，恶要被避免"，就在追求和保护人类所特有的善性和完美的形式之中，找到了自己的恰当的运行领域。

基于同样的理由，阿奎那所理解的意志的未定性是与以下主张相一致的，这也是阿奎那所肯定的主张：意志自然地向某些对象运动（同样参见第二集第一部分第 10 个问题第 1、2 节）。正如帕斯纳奥（Pasnau）所评述的，人类意志是一个人（a human individual）的统一和分化的嗜欲，也就是说，她按照自身的恰当的完美形式生存和繁荣的总体欲望。② 这样的话，它就自然地趋向她的完美的繁荣——正如每个造物的每个嗜欲都趋向某种完美，造物本身的，或者它的生存的某个方面的（第 10 个问题第 1 节）。就一个人来说，这无异于是说，意志自然地趋向幸福，那不过是一个理性的或者智性的造物的完美。这种定位不仅是自然的，而且也是必然的，因为意志必然导向人所理解的幸福为何，如果真正思考它的话（第 10 个问题第 2 节）。除此之外，由于意志把人的所有其他的官能都推至行动，它也自然地趋向这些官能的各种对象，其中包括知识、生命，还有其他相似的必需之物（第 10 个问题第 1 节；第 10 个问题第 2 节答复 3）。如果这些被理解为幸福实现的必要条件或者伴随之物，那么它们将必然会被欲求，就像幸福本身必然会被欲求。无论如何，阿奎那都明确坚持意志自然和自发地趋向我们在上一章描述为福祉成分的那些东西，其中包括生命本身、健康、繁衍，等等。

---

① 笔者无法确定这个评论的位置。
② Pasnau,《托马斯·阿奎那论人性：对〈神学大全〉第一集第 75 到 89 个问题的哲学研究》，前揭，页 240。

意志自然地趋向某些对象，而且（在某些条件下）必然地趋向它们，这个主张为托马斯主义意义上的"自然作为本性"和"自然作为理性"提供了一个关键的连接。但是，[258]为了弄清这个连接，我们首先需要更多地讨论意志成为必须的那种意义，以及相应地它成为自由的那种意义。阿奎那坚持意志自由，但是他显然没有像许多当代人那样去理解它。① 在他看来，要对比充实着其他类型的嗜欲的自然必然性来分析意志自由。那些类型的嗜欲是作为那种动态表达的一个伴随之物趋向它们的对象的，这种表达涉及架构着造物生存（或者说一个复杂造物的某个成分）的恰当形式。盐的结晶体具有成为盐的结晶体的自然欲望，这是因为那是它的存在所特有的可以理智理解的性质——那是它所是的东西，因此那是它必然欲望着成为的东西（当然，在这个语境中"欲望"没有任何意识的含义，只是一个受到导向趋于一个目的的运行所具有的）。生物和动物所特有的较为复杂的形式有时允许不止一个的具体对象，但是在一个具体的对象范畴上它们仍然是确定的，按照相关的生存和活动类型。例如，动物的眼睛趋于看见（这是眼睛所是的东西），这样的话，那些恰当地趋向的对象就落入了一个确定的范畴之中，亦即"可视的"，尽管当然还存在着无限多样的可视对象。

当阿奎那在意志自由和自然必然性之间进行对比时，他的意思并不是说，意志在这个方面必然受制于具体的对象或者甚至明确的对象范畴。相反，意志是趋于那种善的，亦即，理性所理解的善，它包含着任何理性能够可理解地视之为善的东西，鉴于刚才所说的意志的自然定位。换言之，意志的那些对象总是通过理性的判断间接呈现给它的，结果这种或那种整体事态，或者说这种或那种具体的

---

① 笔者在后文会特别借助 Westberg，《正确的实践理性：阿奎那理论中的亚里士多德、行为与审慎》，前揭，页 81—115，以及 Pasnau，《托马斯·阿奎那论人性：对〈神学大全〉第一集第 75 到 89 个问题的哲学研究》，前揭，页 214—233。

对象，是好的，从而是值得追求的。理性的中介功能在两个方面保证了意志自由。首先，它在存在方面让意志自由，因为除非意志得到积极的考虑，否则它就无法趋向任何对象（第二集第一部分第10个问题第2节）。其次，即使意志积极地考虑某种意志作为善呈现给理智的具体对象，意志也不是被迫的，因为没有任何确定的对象在每个方面都是善的，并且因此能够被理性视为在某个方面是有害的，或者至少是有缺陷的（第10个问题第2节）。即使对于前面所提到的意志的自然对象这也是正确的。尽管这些当中[259]有些在属类上是幸福的实现所必需的（特别是生命本身），但是在具体的选择情形下，意志是可以偏离这些对象的，甚至把自己置于这些对象的对立位置上的，而且还是可以理智理解的。对于有的人来说，当他极端痛苦时，他会认为"活着"这个自然的目标毫无价值。或者说，这个目标会被特定主体对其他的某种善的献身取代，例如他的社群的福祉。与之相关的选择可能是不道德的，也可能不是不道德的——阿奎那坚持认为自杀总是一个恶的选择，而自我牺牲却是一种德性行为——但是要点在于，它们是不被意志趋向那些善的自然定位所阻碍的，这些善对于福祉和幸福来说在属类上是必需的（第二集第二部分第64个问题第5节，特别是答复5）。

在有些评论者看来，对意志的这种解释似乎是有问题的，因为它似乎把意志置于了理性的控制之下。① 这种看法在某种意义上是正确的。阿奎那确实认为意志从来都不是在某种理性判断的基础之外运行的。然而，我们必须谨记的是，意志和理性并非彼此分

---

① 对这种观点有一个强劲而又有影响力辩护，参见 James Keenan，《托马斯·阿奎那〈神学大全〉中的善与正当》(*Goodness and Rightness in Thomas Aquinas's "Summa Theologiae"*)，Washington, D. C.：Georgetown University Press, 1992；还有一个回应（笔者认为是有说服力的），参见 Westberg，《阿奎那改变了自己对意志的看法了吗？》("Did Aquinas Change His Mind about the Will?")，见 *The Thomis* 58(1994)：41—60。

离地活动。① 正如意志依赖理性为自己提供对象,那么理性(以及其他每种人力)只能通过意志激发,这把其他能力推至行动。从实践角度来说,这意味着理性和意志总是处于一种动态互动的过程之中。正如理性把可能的追求对象呈现给意志,并且提议趋向这些善的行动过程,因此意志促动理性思考这种或那种选择,思考实现这个或那个目的的最佳途径,如此等等。在这个意义上,正如阿奎那所说的,意志推动着自身,因为通过把某种东西作为一个目的意欲,它开启了对恰当手段的思考过程,这样就积极地引领着自身意欲那种趋向目的的手段,或者意欲某个具体的行动,作为一个更为综合的善的组成部分或表达(第二集第一部分第 10 个问题第 3 节)。②

而且,离开那种经由个人意向(personal dispostion)和行动者(acting person)历史所设定的大背景,理性与意志之间的互动将无法得到理解。理性与意志是以多少有些统一的[260]样子共同运作的,赋予其形状和方向的是主体关于什么构成着善的总信念,要么是一般意义上的,要么是特别针对他本身的,还有他的意志的总意向。这些总体定位接着受到他的激情的那种意向的制约,那些激情通过对他在具体情境之中如何察觉什么可欲或者什么有害的方式的影响,从而影响着理性,并且由此影响着意志(第二集第一部分第 9 个问题第 2 节)。主体的理智、意志和激情的持续意向——换言之,他的德性,或者他的恶习——以及他总的信念、欲

---

① 正如 Stephen Brock 所指出的,意志至少对其自身的形成具有某种作用力;参见《动作与行为:托马斯·阿奎那与行为理论》(*Action and Conduct: Thomas Aquinas and the Theory of Action*),Edinburgh:T. & T. Clark,1998,页 186—189。还有人也提到了相似的一点,Westberg,《正确的实践理性:阿奎那理论中的亚里士多德、行为与审慎》,前揭,页 50—60,以及 Pasnau,《托马斯·阿奎那论人性:对〈神学大全〉第一集第 75 到 89 个问题的哲学研究》,前揭,页 221—253。

② Westberg 在《正确的实践理性:阿奎那理论中的亚里士多德、行为与审慎》之中对意志和思考(deliberation)之间的关系进行了一个最有助益和详尽的分析,页 119—183。

望和操守,都是通过其具体的历史和条件塑造出来的,所有东西都充实着任何特定时间点上意志和理性的运用。

我们或许可以借用布莱克本的一个术语说,确实从某种意义上说,意志就是自我——尽管这不是在康德把意志等同于纯粹实践理性的意义上,也不是在任何直接符合阿奎那用法的意义上。在阿奎那看来,单个的人(human individual)是通过形式个体化的,一旦它开始存在就等同于实体性的魂(subtantial soul)。实际上,在阿奎那那里,被一个人之魂个体化就是作为一个个体的人的存在。① 笔者认为这是正确的。尽管如此,在一种次要意义上说,某人的身份是由她的总意向和性格构成的,并等同于它,这似乎也是正当的。窃以为,这就是麦金泰尔在论及生命的叙事统一(narrative unity)时所想到的:

> 我是别人在从我出生到我死亡这个故事的展开过程中,正当地对待我的东西;我是那个只属于我而不属于任何人的故事的主题,它有自身特有的意义……正如我前文所讲的,成为一个从个人出生到个人死亡的叙事的主题即是对构成一个叙事生活的行为和经历负责。那么,在任何早点的人生而不是问题提出的时刻,对个人做了什么,或者个人遇到了什么,或者个人见证了什么,进行某种解释,这是可以的。②

按照阿奎那的话来说,我们是负责的,因为我们的行动是自愿

---

① 这就是为何人在"怀孕时刻"没有产生,而只是在胚胎充分发展足以支撑一个独特的人的灵魂的运行时间点才产生的原因。参见 Pasnau,《托马斯·阿奎那论人性:对〈神学大全〉第一集第 75 到 89 个问题的哲学研究》,前揭,页 100—130,可以获得更多细节。
② Alasdair MacIntyre,《追寻美德:道德理论研究》,第 2 版,Notre Dame:University of Notre Dame Press,1984,页 217—218。

的,也就是说它们来自意志(第二集第一部分第 6 个问题第 1、2 节)。同时,意志通过它的[261]趋于幸福的定位,为我们的行动提供着最终统一的原则,那种幸福是按照主体认为构成着一个完整的和完成的——也就是说,成全的——生活东西来理解的。而且,就一个人的行动是完全理性的而言,它们将以某种方式趋向主体所理解的最终的幸福目的,不管是追求或保护它,还是单纯地享受幸福的任何方面,它在具体时间点上是个人可以获得的。就此而论,意志不仅是自由和对具体行为的负责的原则,它也是把主体的不断前进的行动的历史聚合在一起的统一性原则,通过追求幸福的总欲望塑造个人生活的每一方面,并赋予其目标。当然,这一欲望是被善的特定观念所贯通的,那是思考的产物——但是,思考的过程本身是受造意志的命令的,那时成熟的孩子开始认识到对他的生活的整个过程进行反思的需要。阿奎那相信这一点在孩提时代很早就到来了(第二集第一部分第 89 个问题第 6 节)。

我们在这一点上似乎正在逼近一种无限递归的令人眩晕的前景。意志为人生带来统一性,但只能奠定在先前的反思基础之上。这种反思又是被意志所命令的,建立在一种理解的基础之上,这种理解的结果是一个人需要弄清个人生活的总的方向。但是,这一理解只能来自某种由意志命令的理性反思,正如理智的每一运用;这又进一步预设着某种理解:命令相应的反思类型是好的……以此类推。显然这并非完全正确。这些过程必须有一个起点,而且基于事情的性质,起点不能是意志或者理智的一个行为,因为每个都以另一个为前提。

然而,这一困难比真实情况更为明显。正如阿奎那所指出的,欲望和反思的这一过程是通过意志趋向福祉的基本成分的自发定位自然地和正常地开始的。这些基本成分既包括生活必需品,也包括个人具体能力的恰当对象(第二集第一部分第 9 个问题第 4 节)。对于年幼的孩童来说,这些欲望类型是对激情的反应,而不是对意志的反应。但是,当孩童开始具备把这些必需之物概念化为善的能力之时,当他们开始据此指引自己的行为之时,把这些视为来自意志就是正当的,尽管它尚处于一种不成熟的和不完美的发展状态。正如我们在上一章所看到的,欲望和厌恶的持续过程在正在发育的孩子身上逐渐具有了连贯性。首先是通过她的照料者的训练,然后是通过她自己的反思。这个过程反过来又通过自身的动态导向对各种不同的欲望、理想和其他因素的相对重要性的反思,它们一起塑造着个人的[262]生活。孩童在特定阶段会实现理性的运用,它的理性反思的首个对象将是对她自身、对她生活的总目标和方向以及相应地对她的行为应当指向的目的的某种考虑(第二集第一部分第 89 个问题第 6 节)。笔者会补充说,这是首个思考的对象,因为只有在这一点上,人才能被说成是毫无限制地进行理性的行动,因此完整地运用意志。

这样意志和实践理性就一起脱胎于一个行动和反思的过程,它或许首先是纯粹本能的(因此不能真正地把它视为一个行动),而且在相当长的时间内都停留在阿奎那所称的不完美的自愿层面,因为这个过程尚未反映对个人自身的善的一个完全理性的抓取。尽管如此,即使是一个年幼的孩童的那些自愿行为从某个意义上来说也是被理性充实的,因为它们来自她的趋向与自然同构的善的自然倾向。而且,这些倾向本身也被某种理性所充实的——即是说,它们反映着那种可理智理解性,它是那种它们作为其倾向的造物的具体形式所特有的。我们在这里再次看到,"自然作为本性"充实和指导着"自然作为理性"。理性是从那些倾向处获得其起点的,这些倾向不是纯然盲目的欲望涌动,而是具有理智结构的向善定位,这些善与人这种造物是同构的,而且它贯穿着一个持续反思那些可理智理解性的过程。这样的话,阿奎那所理解的那种自然法就来自并且反映着可理智理解的自然秩序——这(主要)不是通过对一个自然的或者道德的秩序的追踪,这种秩序要在造物之外的关系或事态之中寻得,而是通过捋顺和尊重人这种造物本身所具有的可用理智理解的秩序。

阿奎那坚持,严格意义上的道德德性(moral virtues)只需要两种智力德性(intellectual virtues),亦即,对首要原则和审慎的理解(第二集第一部分第58个问题第4节)。我们现在处在可以更好地理解这个主张的力量的位置,而且基于同样的原因,我们可以开始清楚地讲解一种与众不同的托马斯主义的实践理性解释。笔者会在本节结尾部分更为细致地考察主张存在着实践理性首要原则的那种理论力量。本章的稍后部分,我们将近观审慎的德性。

正如阿奎那频繁指出的,实践理性的首要原则与行动反思之间的关系,就像思辨理性的首要原则与一般的思辨知识之间的关系(第二集第一部分第94个问题第2节)。也就是说,它们为一切实践推理提供着必要的起点,果真如此的话,它们本身就是无法证明的。而且,它们也无需证明,因为它们属于不证自明的原则范畴——任何真正抓住了命题主词的人都将承认[263]该主词所肯定的东西就包含在它的理据(ratio)、它的可理智理解的性质之中。这类首要原则最常见的是"善要被追求和实行,恶要被避免",而且阿奎那近乎绝对地把它视为最具包容性的实践理性的首要原则。但是,他也提到了其他的首要原则,虽然它们在范围上更受限制,但在它们的运行领域之内也同样基础,其中包括"不得伤害"和"承担自己的特定义务"。此外,他还把爱上帝和爱邻人这两项诫命视为是不证自明的(第二集第一部分第100个问题第3节,特别是答复1;第二集第二部分第122个问题第1节)。

人们很容易按照康德的术语来解释这些主张,仿佛阿奎那所说的是,理性通过自身的自主运作就产生了这些规范,可以假定是通过自洽的准则。如果这就是他的意思,那么我们不得不说他的主张充其量也是不太可靠的。从分析的角度来说,"要被追求"包含在"善"的含义之内,这不是不证自明的,而且鉴于"上帝"、"邻人"等的某种抽象含义,爱上帝和邻人,避免伤害,以及履行自己的义务在分析上是必然的,这更不是不证自明的。但是,这并非阿奎那所说的东西。首要原则并没有在分析的意义上被说成是不证自明的,而是在"通过它们自身得到认识"的意义上,任何把握了主词含义的人将会抓住谓词。由于这个原因,这些原则的知识预设着对它们相关的主词之理的熟稔把握——而且,这也要求反思性的思考,结果只能期待"智慧者"。这就是阿奎那为何说一项原则可能在其本身是不证自明的,在我们却不一定——它的术语的含义不一定是明显的,而且事实上可能对于我们从来都不是明显的(第二集第一部分第94个问题第2节)。这听起来似乎有点似是而非。

这种区分在实践上似乎没有太大意义,但对于弄懂阿奎那的实践理性解释与康德主义解释之间的差别来说却是关键性的。后者的观点认为,实践理性的自主性意味着道德推理是从那些原则获得自己的起点的,这些原则无论如何都不依赖事实的或者形而上学的真理。对于阿奎那来说,情况恰恰相反,实践理性的首要原则不过是理性造物对内在于受造的存在的那种可理智理解性的把握,简单地或者以受造存在物的某种具体形式表现出来。① 说实

---

① Janet Coleman 在一篇文章当中评论说:"在阿奎那看来,存在着一个实存(actual existence)概念,它比逻辑存在更基础……对于亚里士多德和阿奎那来说,实存是被作为不可证明的首要原则凭直觉感知的"(页 69),《麦金泰尔与阿奎那》,收录于《麦金泰尔之后:麦金泰尔作品的批判性视角》,John Horton 和 Susan Mendes 编(Notre Dame:University of Notre Dame Press,1994),前揭,页 65—90。对于实践理性的首要原则也应当这么认为。也就是说,它们反映着运作的必然要求,这些要求来自于人作为一种造物、一种动物以及一种特殊类型的动物的性质。换言之,它们来自并且反映着我们理性认知,人形作为我们的一切活动的直接动力和结构原则。可以与菲尼斯对这些首要原则的解释相对比:"它们不是从诸项思辨原则推论而来。它们也不是从诸种事实推论而来。它们不是从关于人性、关于善恶的性质或者关于'一个人的功能'的形而上学命题推论而来,它们也不是从自然的目的观或者任何其他的自然观推论而来。它们不是根据任何事情的推断,或者派生于任何事情"(《自然法与自然权利》,Oxford:Clarendon,1980,页 33—34)。如果该主张的分量是建立在"推论或者派生"之上的,那么笔者会同意这一点,但是,菲尼斯的总体理论发展表明,他试图断定,首要原则整个地独立于人性的可理智理解性,那也是通过形而上学和自然哲学把握的。如果是这样的话,那么该主张就站不住脚了。

践理性原则派生于形而上学和自然原则,仅仅是因为这些首要原则被理性造物把握时是形而上学的和自然的运动原则,这是不准确的。把它们表述出来不一定是为了把握。相反,至少这些当中最为基本的,"善要被追求和实行……",是被所有人都把握的。然而,只有通过某种程度的哲学和神学理解才能表述这些原则,而且只有通过更多的工作,才能把它们置于人性的一种透彻的形而上学观的恰当背景之下。

当我们把阿奎那自己对实践理性首要原则的表述置于他的形而上学和自然哲学的语境之中时,我们会发现这些原则实际上就是更为一般的形而上学的运动原则的表达,而且阿奎那也是这么解释它们的。这些原则最为根本的,"善要被追求和实行,恶要被避免",不过是人类理智之中的那种反思,它体现的是按照造物自身特有的完美形式去追求善的普遍趋势,一种对人这种造物来说通过普遍的幸福欲望表现出来的趋势(第二集第一部分第 93 个问题第 5、6 节)。同样地,爱上帝的命令,这被阿奎那描述为是不证自明的,也反映着那种普遍趋势,阿奎那明确把它视为对于每个人受造的存在物来说都是自然的,要爱上帝而不仅仅是爱自己,要在某种程度上以某种方式欲望普遍的善,而不是自身的善(第二集第一部分第 109 个问题第 3 节)。爱邻人、避免伤害和尊重自身特定义务的诫命(都是一般的爱的指令的细化),并没有以相同的方式反映一般的形而上学趋势(尽管爱自己的指令反映了)。然而,笔者相信我们能够从阿奎那的某些先驱的评论当中找到一条线索,[265]把这些解释为我们作为动物、更为具体地作为社会动物的本性的表达。①

我们在这一点上可以看出:为何阿奎那对实践理性的解释区别于康德主义和情感论者的解释,尽管它与这二者都有连接点。

---

① 更多细节参见拙著《自然法与神圣法:重回基督教伦理学传统》,前揭,页 76—85。

他对实践理性解释对应于对欲望的一种独特的解释，据此人的欲望来自并且反映着人性的恰当形式。这样的话，它们就不是纯粹盲目的情感涌动。它们反映着人类生存的可理智理解的结构，并且因此可以通过它们对主体的总体完美或者相反从而加以评判。这种定位被植了人类欲望之中，既包括激情也包括意志。这就是为何甚至前者，按照阿奎那的解释，也不同程度地分有着理性，并且按理受制于理性，适合于半独立的共同体成员（第二集第一部分第58个问题第2节）。激情和（更大程度上）意志都适度地服从理性评判，以说明它们自身的内在结构和它们在整个人生框架之中的完整地位，这也是阿奎那并非休谟主义者的原因所在。基于同样的理由，理性也不能在康德主义意义上自主地运行。在它的实践活动中，它从人类欲望那里获得自己的起点和结构，而且，它的首要原则代表着对人类生存的形而上学和生命结构的理性把握。实践理性并非独立于主体的形而上学结构，相反它是那些结构的即刻的和直接的表达，当它们在行动之中表现出来时。

这种解释实践理性的方式把我们带回到了第一章结尾处曾经提到的，阿奎那所偏向的那种自然法解释。正如我们看到的，阿奎那认为自然法是理性造物对上帝智慧统治的分有，这是一种对自己对他人都合宜的分有。正如他所解释的，上帝的智慧统治在自然倾向之中并通过自然倾向充实着所有造物，这些倾向是上帝置于造物之中的，通过它们造物追求自己的恰当的目的：

> 然而，可能碰巧出现这样的情况：有个君主，他为人尚可，却为自己的臣民课加了繁重的法律，他自己却不遵守，因此他的臣民实际上并不臣服于他。但是，由于这是被上帝所排除了的，（伪狄奥尼修斯）补充说，他为所有人设定了自愿法则。因为上帝法是置于一切造物之内的去做适合于它的事情的正确倾向，[266]符合自然。那么，由于一切事物都被上帝的欲

望所把握，那么也就被他的法所把握。(《论神名》X，1.1，857)

人的倾向同样提供着可理智理解的原则，她以此实现自己的完美，按照与她作为具体种类的造物所同构的方式与上帝合一。然而，恰恰是因为她是她现在这样的造物种类，不仅相似，而且就是上帝的形象，她以一种独特的方式追求和实现这个目的，通过理性地把握和遵照那些构成着她的恰当倾向的原则（对比第一集第93个问题第1、2节）。

然而，如果我们就此得出结论：社会惯例和道德规范直接来自这些自然倾向，无需某种理性反思的过程，这将是个错误。亚里士多德似乎认为家庭和公民组织的结构来自人的自然倾向。正如奈德曼（Cary Nederman）所表明的，经院主义者却与之相反，他们采取的是西塞罗的方法，据此，我们的自然倾向和趋势只有通过一个公共反思的过程才能转换为实践规范。① 这个方法在卢菲努斯（Rufin）那里得到了惊人的说明，他是格兰西教会法汇要（创作于1157年到1159年之间）的最早的评论者：

> 那么，由于人之中的自然潜能尚未被完全根除，他无疑开始抗争：他应当不同于野兽，这是他的生活法则使然，正如他不同于它们是知识的特权(prerogative)使然。人努力与他的邻居共处，正义的溯源，谦逊和羞耻的诫命浮现，这些教导他

---

① 参见 Cary Nederman,《自然、罪与社会的起源：中世纪政治思想中的西塞罗传统》("Nature, Sin and the Origins of Society: The Ciceronian Tradition in Medieaval Political Thought")，见 *Journal of the History of Ideas* 49(1988):3—26,以及《亚里士多德主义与12世纪"政治科学"的起源》("Aristotelianism and the Origins of 'Political Science' in Twelfth Century")，见 *Journal of the History of Ideas* 52(1991): 179—194。

把人类的粗野的方式转换为高贵的生活方式,并且把自己置身于协定的约束之下。这些就被称为万民法,因为在实践上所有民族都遵守着它们,例如,销售法、出租法和贸易法,以及其他相似的法律。但是实际上,由于我们的弱点几乎不能通过这种手段恢复善的完整权衡,仁慈的上帝,帮助我们设定生活的法则,这是他在时间开始时就铭刻在人心之上的,以书写的形式,包含着十条诫命。(魏甘德,nos. 238—240)

在本段文字的最后一句之前,它都是对西塞罗的《论发明》的释义。这样的话,它反映着卢菲努斯对一种特定的方法的使用:如何理解自然法的规范效力。① 也就是说,那些构成着自然法的可理智理解性的基本原则,必须通过一个公共反思的过程才能转化为社会规范,从而成为在实践上有效的。这种方法赋予了风俗、惯例和人类社会的法律以相当大的比重,但却不是以与亚里士多德的方法相同的方式。那么,按照这里所反映出来的西塞罗的观点,社会惯例代表着自然法的一个可能的表达,但同时它们也被视为是传统的表达,通过具体社会的理性反思的中介。这意味着在特定社会之中表现着自然法的具体规范,在某种程度上是那个社会偶然具有的,这就是为何不能把它们等同于严格意义上的自然法的原因。同时,经院主义者大体上对大多数人类社会的习俗和法律之效力和健全持相当乐观的态度。人类社会的惯例的多样性无须被解释为扭曲(尽管它们有时确实如此),这恰恰是因为自然法在其首要的意义上容纳了多样性的表达。无论如何,任何社会的惯例和法律都能够通过它们所反映的自然法的不同方面加以分析,而且这种反映反过来又奠定了规范批判的基础,不管是积极批判,还是消极批判。

---

① 参见《论发明》(*De inventione*) I. I—II,2。

但是，卢菲努斯的最后一句评论提醒我们，经院主义在这一点上的乐观只能到这个程度了。人类的社会生活已经被人类的原罪和弱点扭曲了，而且由于这个原因我们表述自然法的尝试需要修正和完整。这得到了上帝在《圣经》之中启示的神法的助力，首先是通过"十诫"当中的十条诫命，它总结了上帝对人类社会生存的意志。卢菲努斯的评论提醒我们，对于经院主义者来说，"十诫"的诫命既是神圣的——也就是说，是启示的——也是自然法，因为它们反映着道德推理的根本应用。这样的话，它们为修正道德推理提供了参数，它的方式同于许多当下的道德哲学家对共同道德的诉诸。因此，对于经院主义者来说，其中也包括阿奎那，对道德推理的任何充分的解释都必须以某种方式体现"十诫"的合理性，或者至少不能生硬地得出它们是不合理性的结论。

这项任务无疑集中体现并强化了经院主义者们的观点，其实它早已暗含在了自然法传统本身之内了：道德推理[268]以某种方式构成着法，它是能够被分析的，至少在某一点上可以通过与实在法的类比进行分析。在下面两节，笔者会为这种观点辩护，把它当作对道德推理的一种通常合理的解释。道德的似法性被证明是正义德性的独特性质的一个含义。这样的话，它既表达也保证了人类特有的幸福形式，那是由德性的实践所构成的——这至少是我们接下来所要论证的。

三、自然法与神法："十诫"作为道德法则

当卢菲努斯说"十诫"的那些诫命被启示出来是为了补充并校正道德反思时，他代表着一个长期存在的神学共识。经院主义者本来是可以像稍后的神学家那样解释这个共识的，强调这些诫命的神启地位，并在这个基础上证明道德本身从根本上来说是一个服从上帝命令的问题。但是，正如我们已经指出的，他们并没有采

取这样的路线。他们尽管没有否认上帝的至高权威,却赋予了上帝智慧以更大的分量,那么相应地,他们就承担着证明上帝启示道德法则的理性根据的任务。由于这个原因,对于他们来说,"十诫"既是一个难题,也是难题的解决方法——或者最好说,对"十诫"的反思迫使他们直面那些内在于道德推理本身的难题。

如果我们思考那些让人伤脑筋的问题,这些难题就会凸显出来。《圣经》当中所记载的古以色列的圣人们的那些似乎有罪的行为,例如,族长们的一夫多妻和亚伯拉罕牺牲以撒的企图,都带来了这样的问题。① 这些行为,还有类似的行为,从表面上看似乎是对经院主义者们所理解的自然法的违反,然而古以色列人却没有谴责它们——相反,至少在某些情况下,它们是在直接回应上帝明白的命令时所做出的。正是因为经院主义者没有接受关于伦理学的一种神圣命令模式,那会使得上帝的法令在理性上是不明朗的,这些段落就带来了一个严肃的神学难题。是上帝颁布了"十诫",他有时也会命令违反它们。这似乎意味着上帝是不一致的,或者更坏,是邪恶的,但是,显然这些都是无法让人忍受的结论。

通常认为,经院主义者在解决这个难题时争辩,上帝作为自然法和"十诫"的作者能够豁免于[269]它的诫命。这种论证思路并不等同于诉诸上帝作为立法者的纯粹权威,因为经院主义者们也明确了神圣豁免的条件和限制,一般把它限定在只包括自然法的具体表达的范围之内,而不是它的根本原则。然而对于阿奎那来说,"十诫"的权威不允许豁免,甚至上帝也不行:

> "十诫"的训令包含着作为立法者的上帝的目的。因为第一块石版上把我们引向上帝的训令之中包含着共同的和终极

---

① 更多的细节参见拙著《自然法与神圣法:重回基督教伦理学传统》,前揭,页146—164。

善的秩序,那就是上帝;而第二块石版上的训令之中包含着人与人之间所要遵守的正义的秩序,即,不对任何人行不正当之事,以及给予每人其所应得。这就是"十诫"训令的主旨。因此,这些训令绝对不允许豁免。(第二集第一部分第 100 个问题第 8 节)

然而对于阿奎那来说,诉诸"十诫"的规范,无法解决道德反思产生的所有问题。在回答"甚至人也可以给出对'十诫'某些规范的豁免"时,他继续解释:

> "十诫"之所以禁止杀人,这是因为杀人具有不正义的性质。这条训令包含着正义的观念。然而,人法不能使无正当理由的杀人变得合法。但是,杀掉作恶者或共同体的敌人并非不正当,这并不违背"十诫"的训令,正如奥古斯丁所评述的,这种杀害不是"十诫"的训令所禁止的杀人。同样,如果一个人的财产被拿走了,而他理当失去这些,那么,这就不算"十诫"所禁止的偷盗或抢劫。
> 因此,当以色列的子民根据上帝的命令带走埃及人的物品时(《出埃及记》第 12 章 35 节),这不算偷盗,这是上帝判给他们应得之物。同样,当亚伯拉罕同意杀死自己的儿子时(《创世记》第 22 章),他也未同意杀人,因为根据上帝的命令他的儿子被杀是正当的,上帝才是生死的主宰。因为上帝基于我们始祖的罪使所有人遭受死亡的惩罚,不管是公正的还是不公正的,如果一个人是这种神圣权威的判决的执行者,那么他与上帝一样不是杀人犯。还有,何西阿娶通奸或淫乱的女人为妻(《何西阿书》第 1 章 2 节),也未犯通奸或淫乱之罪,因为他是在依上帝之令行事,上帝才是婚姻制度的创制者。(第二集第一部分第 100 个问题第 8 节答复 3)

[270]阿奎那坚持,即使是上帝也无法豁免通过"十诫"表现出来的那些自然法训令,这似乎是在强调它们的至上权威地位和绝对性质。但是,正如这些评论所表明的,这并非他的要点。相反,阿奎那强调这些诫命的理性品格,以及相应地拒绝把豁免作为与上帝作为立法者的智慧不一致的诉求。基于同样的理由,阿奎那的分析也可以帮助我们更为清楚地看到,为何这些诫命,当它们被视为理性的道德法则的表述时,给阿奎那和他的对话者带来了困难。也就是说,这些诫命载于《圣经》之中,并被经院主义者们视为明文法律(apoditic laws),这些法律适用于每个可以设想到的情形之中,不允许有任何例外。然而,圣经的语境本身,并没有说出经院主义者们所处时代的生活的复杂性,他们常常面对着许多似乎是这些法律的正当的例外的情形。那么,我们应当如何理解这些呢?

阿奎那解答了这个难题。他辩称,当我们面对一条道德规则的似是而非的例外时,我们应当沿着这些思路寻找一个解释:这个行为并非所涉诫命的一个例外,因为当我们按照它的潜在根据分析该诫命时,显然这里的行为是在它的范围之外的。(如果我们无法沿着这些思路找到一个令人信服的解释,那么可疑的行为将被证明是对相关规则的一个违反。)因此,当我们遇到一条道德规则的似是而非的例外时,我们不应去寻找豁免的理由或借口;相反,我们应当更为仔细地思考我们对规则本身的理解,据此它才得以解释和应用。在笔者看来,这似乎是处理问题的正确方式。尽管如此,到此阿奎那也只是为道德规则的分析提出了一个起点。只有为解释和应用提出有说服力的标准,并根据这些标准详细阐述时,解释性应用的策略才能发挥作用。否则,有什么可以阻止我们根据拟议的行为过程处于相应诫命的范围或者根据之外来证成任何东西呢?对于托马斯主义自然法理论来说,这是一个核心问题。

事实上,笔者将证明,对实践理性和道德判断的任何充分的解释都只能通过对这个问题的解决得到发展。①

为了弄清阿奎那是怎样解决这个难题的,我们首先应当注意:对于他来说,"十诫"的规范不仅是对自然[271]法的直接表达,而且也是一种具体德性的诫命,这种德性即是正义(第二集第一部分第 100 个问题第 1 节;第二集第二部分第 122 个问题第 1 节)。这里的重点在于,不要被与其他德性相连的理想,跟与正义相连的诫命之间的假设的对比误导了。我们已经看到,与其他德性相连的行为类型事实上是与诫命相对应的,基于同样的原因,"十诫"的诫命同样也确认着某些行为类型,这些类型直接地或者对比地是作为一种德性的正义的典型特征。② 我们已经看出,他是以其总体意义或者根据分析每种德性的,它就体现在与之相连的典型的行为类型之中。当阿奎那提到"十诫"的诫命所潜藏着的正义的根据时,他所进行的正是这种分析。在这种情况下,相关的范式大多是消极的,而不是积极的,而且它们由此代表着一个消极的道德理想,与它们所呈现的不道德的行为的范式相对。尽管如此,适用于其他德性范式的解释性策略也能被用于"十诫"的诫命所确认的正义或不正义行为的范式。就此而论,阿奎那对"十诫"诫命的分析代表着一个尝试:通过对在互助和自制意义上,我们彼此之间亏欠对方什么的一个更为精细的分析,澄清和延伸基本的正义理想,即,各得其所(第二集第二部分第 122 个问题第 1 节)。

如果我们仔细阅读阿奎那直接处理他认为潜藏在"十诫"之中

---

① 笔者在《道德行为与基督教伦理学》(*Moral Action and Christian Ethics*),Cambridge:Cambridge University Press,1995,当中为这个主张进行了更为详细的辩护,页 8—40;然而,任何熟悉那部著作的人都会看出笔者在某些点上已经改变了自己的想法。

② 这种分析思路预设:在通常所说的道德规则跟与节制这样的德性相连的规范理想之间不存在根本的逻辑差异。笔者在《道德行为与基督教伦理学》之中为这个结论进行了更为详细的辩护,前揭,页 125—166。

的原则的那些段落,这种解释思路就可以获得支撑。我们可以在那里发现,他把爱上帝和爱邻人这双重命令视为正义的缩影,它们是通过"十诫"的全部诫命体现出来的(第二集第一部分第 100 个问题第 3 节,特别是答复 1)。他把这个命令视为不证自明的实践理性原则之一,从这里稍作反思就可以导出"十诫"的规范(第 100 个问题第 5 节)。在与邻人相关的诫命方面,正义的根据是通过不得伤害、遵守自己的特殊义务的命令归纳出来的(第 100 个问题第 5 节,特别是答复 4)。由于失于遵守自己的特定义务本身也可以被视为某种伤害,那么我们可以正当地得出结论:所有涉及邻人的诫命都可以被视为不得伤害这一根本命令的表达。正如我们在前文所见的,阿奎那不仅把这一命令视为是基本的,而且也把它纳入了不证自明的实践理性原则之中。

[272]鉴于我们对不证自明原则的惯常理解,爱上帝和爱邻人的命令,以及不得伤害的规范和细化后者的那些特定义务的守则,似乎都让我们感到不太可能作为根本的实践原则的候选。我们可能完全赞同这些都是一般规范,但却不同意任何否认它们的人都犯下了自相矛盾或者某种其他形式的明显的前后不一。然而,如果我们按照前文所示的思路解释它们,把它们当作在理性造物之中所表现出来的一般的形而上学或者自然原则,那么我们就可以更加轻易地看出阿奎那是如何把它们视为不证自明的。我们已经指出,对于阿奎那来说,对上帝的爱是爱上帝这个普遍趋向的表达,这是从以下意义上说:趋向自身的完美,趋向被视为一个整体的宇宙之善。同样地,对邻人之爱,以及它在不得伤害和特定义务上的细化,都应当被理解为我们作为社会动物的具体本性的表达。有些倾向充实着我们作为一种特定类型的造物的生活,其中我们可以体验到按照一种结构化的生活方式与我们的同类生活在一起的倾向——这不仅意味着我们要在同类之中寻找伴侣,而且意味着要以尊重使得一种共同生活成为可能的那些结构去作出行为。如果这些通过根本

的实践原则表现出来的话,那么它们就等同于阿奎那所说的,作为我们与他人生活方面的道德反思的不证自明的起点。

无论前述内容是否抓住了阿奎那的本来意图,在笔者看来,它都是理解不得伤害和特定义务作为道德反思起点的效力的正确途径。也就是说,这些规范都是自动地把自身作为理性的东西呈现给我们的,因为它们反映着我们的更为广泛考虑的本性的基本方面,而且基于同样的原因,我们个体和社会生活的类型是被这些规范构建起来的,甚至在它们有机会让我们反思它们之前。① 按照这种方式理解的话,爱邻人和履行自身特定义务的诫命都是我们作为某种类型的动物的本性的表达,也就是说,自然的社会动物。

然而,不得伤害他人的禁令带来进一步的困难。也就是说,如果阿奎那,还有这一时期的几乎其他的每个经院主义者,把"不得伤害"视为道德推理的一项根本原则,那么我们就可以顺理成章地期待他说,对另一个人[273]施以伤害,这在道德上是绝对不允许的。然而,这似乎并非他的观点。阿奎那以及他同时代的经院主义者们显然认为使另一个人遭受痛苦、伤害和损失,这种行为有时是正当的。更有甚者,鉴于人这种动物的社会本性,很难看出他们怎能不这么去做。为了在个体之间维持一种结构化的生活方式,这些个体并不那么乐于合作、友善和公正,而且他们面临的境况通常也不那么理想,似乎对武力的使用都具有不得已的必要性,这当中既包括真实的伤害,也包括潜在的伤害威胁。因此,我们本性的某些方面产生了对邻人之爱及其规范的指令,相同的方面似乎也产生了一条指令:我们可以违反这些规范的一个,即,那条不得伤害的规范本身。

---

① 值得回顾,在这一时期的经院主义者之中至少有些认为爱邻人和不得伤害是对我们与其他动物共享的那种本性的表达。参见拙著《自然法与神圣法:重回基督教伦理学传统》,页81—82,那里讲得更为详细。

这对于阿奎那及其对话者似乎意味着,不得伤害的禁令应当被理解为一个评判行为的试金石,但并非必然是一个反对伤害的在任何情况下都不得违反的禁令。当我们记起,"不得伤害"是作为"爱邻人"这项更加一般的命令的细化而提出来的时候,这种论证思路就赢得了合理性。① 在相当大的程度上,我们对不得伤害的解释,将转而依赖把它与这种更为一般的义务关联起来的方式。如果我们把不得伤害的规范视为应用对邻人之爱的规范时的唯一的或者至高的准则,那么它实际上就意味着我们无论基于什么理由施加伤害都是不正当的。但是,鉴于社会生活的要求,也是考虑到阿奎那自己的想法:对邻人之爱包含着对不得伤害和特殊义务的尊重,那么我们把对邻人之爱的义务解释为更为广泛的义务似乎就是正当的,如果更为广泛或者急迫的邻人之爱的那些要求需要的话,有时伤害某人是可以正当化的。

从表面上来看,这是一种诱人的解读。它提供了一个方面,可以把阿奎那及其他经院主义者的文本当中似乎不相一致的主张串联起来。更为重要的是,它暗示了一种解释方法,可以在认真地对待不得伤害的实质原则的同时,又承认该原则本身需要在某些情形下施加伤害(例如,保护无辜者)。尽管如此,对阿奎那的具体道德观点的更为细致的探究,却提出了一些把这种分析思路视为对他的观点的解释的问题。在阿奎那分析[274]"十诫"之前,他已经界定了"伤害",把它视为一个损害或损失的有罪的施加。② 这未

---

① James Childress 在一个具体的语境中提出了这一点,他从基督教立场反思了战争的正当性,《早期教会关于战争的道德讨论》("Moral Discourse about War in the Early Church"),见 *Journal of Religious Ethics* 12, no. 1(1984):2—18,特别是在页 4—11。

② 正如 Brock 在《动作与行为:托马斯·阿奎那与行为理论》当中所评论的,前揭,页 55。所涉文献在第二集第一部分第 73 个问题第 8 节答复 1,应当指出,阿奎那在这里和"不得实施任何伤害"的原则表述当中使用了相同的词"伤害"(nocumentum),第二集第一部分第 100 个问题第 5 节。

必能排除他在第二集第一部分第100个问题那里,是在一种更为广泛的意义上使用该词的可能性,但是它确实表明,对他来说,正当的伤害这个观念至少是悖论性的。更有甚者,阿奎那毫不含糊地排除了某些行为过程,它们想来是可以通过一个权衡伤害的准则正当化的,例如,他坚持,杀害无辜者从来都不是道德正当的,即便是缘于共同善之故也是如此(第二集第二部分第64个问题第6节)。

或许仍然可以说,阿奎那是允许在追求对邻人之爱的更为强制的义务时施加伤害的——如果我们以一种一般的和非道德的意义理解"伤害"的话,如果相关的准则不是以一种结果论的方式阐述的话。然而,我们是可以为阿奎那自己的观点提出一个更为准确的表述的,这会把我们引向解释和细化"十诫"基本道德诫命的更为令人满意的方式上来。笔者想说的是,理解阿奎那观点的关键在于以下事实:对于阿奎那来说,正义的德性恰当地和典型地指向从外部(ad extra)矫正人的行为,因为这些是中介,通过它们个体启动和维持,或者违反和扰乱,与他人和与整个共同体的正当关系(第二集第一部分第60个问题第2、3节;第二集第二部分第58个问题第7、8节)。① 这个观察反过来又表明,正义规范只能在他的人类行为理论所设定的语境之中才能得到分析和解释。本节的剩余部分将致力于拓展这种解释思路。在这个过程中,笔者也希望表明,这种分析道德规范的方式就其本身而言也是令人信服的。

---

① 应当把从外部(ad extra)的行为与外部行为区分开来,后者是由意志之外的其他某种官能直接引发(也就是说,"elicited")的行为,尽管也是处于意志的命令之下——它们"外在于"那些原则,根据这些原则它们是人类行为,也就是说,意志本身。与之相反,ad extra 的行为包含着我们通常想象为行为的东西,也就是说,通过身体运动实施的行为,对外在世界的(实际的或者预想的)结果。所有从外部的行为都是外在行为,但是反之则不对。例如,一个纯粹精神的思考行为是一个外在行为,因为它是被理智所诱发的,尽管也在意志命令之下。更多的细节参见 Brock,《动作与行为:托马斯·阿奎那与行为理论》,页173。

在第二集第一部分第 18 个问题之中,"论人类行为之善与恶,一般思考",阿奎那使用了一组传统区分,这些随后形成了天主教道德神学的标准词汇。他在讨论该问题时确定了人类行为的四个组成部分,即,传统的[275]"四根"(four fonts),据此人类行为得以评判。① 首先,直接思考的行为之善,不是作为一个变量进入道德分析之中的,因为每个行为都必然是善的,如果从它作为一个实际存在的事件的最基本的条件出发来考虑的话。尽管如此,这一点也是一个有用的提醒:人类行为是可理智理解的,并且因此需要道德评判,这恰恰因为它是一个确定的东西,一个事件,来自某个造物的因果力量。人类行为的另外三个组成部分确实也产生区分道德上善和道德上恶的行为的标准。那就是说,对一个行为的评判必须根据它的对象(第二集第一部分第 18 个问题第 2 节),行为得以实施的情况(第 18 个问题第 3 节),以及主体行为时的目标(第 18 个问题第 4 节)。为了使得一个行为在道德上是正当的,那么它就必须在每个方面都是善的,也就是说,在其对象上是善的或者至少是中性的,适当地考虑它的情况,并且指向一个善的或者至少是无辜的目标(第 18 个问题第 4 节答复 3)。因此,一个行为如果它对象方面坏的话,是无法通过一个善的目标救赎的,而且一个行为即使在种类上是善的,也会被一个坏的目标败坏,或者被主体未能做在她行为时的情况下应做的事情所败坏。

按照阿奎那的理解,行为的对象通过那种描述表现出来:它指示着它的种类,或者我们可以说,指示着它所是的行为类型,那是

---

① 阿奎那的分析的历史与语境在 Pinckaers 那里得到了有用的总结,《我们永远无能为力之事:内在恶的行为问题、历史与探讨》,页 20—33;更为细致的解释参见 Odon Lottin,《从阿伯拉尔到阿奎那的内在道德的问题》("Le problème de la moralité intrisèque d'Abélard à saint Thomas d'Aquin"),见 *Psychologie et morale aux XIIe et XIII e siècles*,卷 2(Louvain: Abbaye du Mont César, 1948),页 421—465。

从一种道德的视角来考虑的(第二集第一部分第 18 个问题第 2 节)。例如,我们可以把一个特定的行为描述为谋杀行为、盗窃行为或者通奸行为,或者换一个视角,执行极刑的行为、要求自己财产的行为或者婚内性行为。无论是主体行为时的目的,还是行为的情况都不能合并到对象之中。因此,用阿奎那自己的例子来说,如果有人为了实施通奸而盗窃,那么他就在一个行为之中犯下了双重的罪过,也就是说,他的盗窃行为的对象是不能在他行为时的目标之中略过的,即,具有实施通奸的手段(第 18 个问题第 7 节)。相似地,主体行为的情形也没有改变它的对象,除非它们与它有着某种内在的联系。因此,例如,某物被盗的地点通常属于情况,而非界定所涉行为类型的东西——这是与进一步研究相关的例子,我们后面还会看到(第 18 个问题第 10、11 节)。

按照阿奎那自己的说法,在评价行为时,主体的行为目标总是一个积极的因素,因为我们知道,每个主体在行为时必然追求一个实际的或者可以察觉的[276]善。然而,按照阿奎那的观点,主体的目标是被主体有意去做的东西所决定的,而且如果她所做的本身就是错的,那么她的目标理所当然(ipso facto)也是坏的(第二集第一部分第 19 个问题第 1 节,特别是答复 1)。因此,举个例子来说,有个人想睡一个女人,他知道她是别人的妻子,那么他就有了通奸的意图,即使他想要的不是通奸行为本身,而是他所期待的那个行为所带来的乐趣。因此,一个从道德的角度来说坏的意图,是无法仅仅通过以下事实完成救赎的:主体在行为时具有保护某种善的想法。乍一看,阿奎那借助传统的"四根"对行为的分析似乎为我们提供一个明确的道德分析体系。按照这种观点,一旦我们确定了行为对象,说明了主体行为时的目标,以及明确了行为对于它的情况来说是否适当,就能轻易地判断它在道德上正当与否,我们只需要运用以下公式:道德上善的行为必须在每个方面都是善的。但是,事情更为复杂。为了按照刚才所说的方式运用阿奎那的分析,我们必须首先能够做到对行为对象的正确描述,从一个道德的视角看待,但这并非总是一件容易的事情。当我们更为细致地观察对象和情况之间的区别时,这就变得非常直观:

> 理性的程序不是固定于一的——无论在何阶段仍能向前推展。因此,在一个行动中,被视为决定类别之对象上的附加情况者,可再被理性视为决定类别之对象的主要条件;例如,取他人的东西是因他人的东西定类别,为此构成偷窃之类。若在这事上谈到时间和地方,则时地乃情况;但理性也能安排时间和地方等等。有时间于对象的地方条件可被视为相反理性,例如:理性可设定不许有辱于神圣的地方。如此,则由神圣地方取走他人的东西,加一层违反理性的原因。故此,在前一行动中,地方当被视为情况,现在则被视为对象违反理性的主要原因。这样说来,则每当一情况关系到理性之特别秩序,无论相合或不相合,这情况必定赋给道德行动之善恶类别。(第二集第一部分第18个问题第10节)。

这些例子表明,在描述一个行为时,行为对象不是那么清楚给定的。当然不能把它等同于"什么被做",以一种假设中性和直接的方式来描述。任何行为都容纳了无限多的对"什么被做"的可能真实的描述,而且由于这个原因,任何描述只要它聚焦于[277]行为的某些方面,作为对象的限定,那么它必然是一个评判过程的结果,而不是它的起点。① 但是,需要什么类型的评判呢? 就某一点

---

① 这是行为哲学之中人们耳熟能详的一点。Brock 为相关主题提供了一个有益的分析,《动作与行为:托马斯·阿奎那与行为理论》,页 55—61。Elizabeth Anscombe 和 Donald Davidson 提出了这些主题当代讨论的主要思路,特别参见 Anscomble,《意图》(*Intention*),第 2 版,Ithaca, N. Y.:Cornell University Press,1963,页 34—47,"Under a Description"(1979),重印于《安斯孔哲学论文集》(*The*(转下页注)

而言,笔者相信,这里所需的评判只能是一种道德的判断。也就是说,我们必须首先从道德的观点对行为进行正确的描述,这样才能确定行为的对象,并把它与目标和情况区分开来。① 这种解释思路是有难点的,正如笔者现在开始弄懂的,它无法公平地对待阿奎那的说法,他是把行为的对象当作一个截然不同的和不可简化的分析部分。换一种说明方法,如果特定行为的对象只能通过对该行为的一个道德评判才能确立,那么它就依赖对特定情形之下什么被做(或者计划)的一个道德评判,考虑主体的意图以及她的行为情况。这将意味着对行为对象的确定——确定一个具体的行为是否算作一个谋杀行为,还是一个正当化的杀人行为——是以一种阿奎那所明确排除的方式依赖于对意图和情况的综合评判的。②

刚才所述的难题似乎只是理论上的吹毛求疵,毫无实践旨趣。

(接上页注)Collected Philosophy Papers of G. E. M. Anscombe),卷 2,Oxford:Basil Blackwell,1981,页 208—219;以及 Davidson,《行为、理由与原因》("Actions, Reasons, and Causes")(1963)和《事件的个体化》("The Individuation of Events")(1969),收录于《行为与事件论文集》(Essays on Actions and Events),第 2 版,Oxford:Clarendon,2001,分别在页 3—20 和页 163—180。

① 特别参见拙文《〈真理之光〉与阿奎那的〈神学大全〉之中的道德行为:比较分析》("The Moral Act in Veritatis Splendor and in Aquinas's Summa theologiae:A Comparative Analysis"),收录于《〈真理之光〉:美国反应》,Michael E. Allsopp 和 John J. O'Keefe 主编(Kansas City:Sheed and Ward,1995),页 278—295。然而,坦诚地说,笔者确实说,即使是在这里道德判断也包含着对行为对象的一个不可简化的诉诸,那是在一个准司法意义上的理解。

② 因此毫不奇怪,John Bowlin 指责笔者把阿奎那理解成了结果论者,《阿奎那伦理论之中的机缘与命运》,页 107—114。Charles Pinches 也提醒笔者,"我们一定不要越界,过于膨胀阿奎那的分析,把什么东西都当作可以成为行为的对象,从而当作它的限定种类的渊源",《神学与行动:基督教伦理学中的理论》(Theology and Action:After Theory in Christian Ethics),Grand Rapids:2002,页 130—131。(正如我们前文所指出的,Pinckaers 和 Rhonheimer 都表达了相同的忧虑,当然不是针对笔者的著作)。笔者并认为自己对阿奎那的早期解释必然包含着把他视为结果论者,但鲍林提出以下主张是正确的:为了准备这种解释,笔者需要说比已经说的更多。在笔者看来,Pinches 的忧虑是有道理的——那实际上就是需要解决的难题所在。

为了弄清楚这里什么才是最为紧要的，我们应当[278]谨记：行为的对象，按照阿奎那对它的解释，等同于我们以道德概念在行为被恰当描述的情况下所描述的东西。换言之，行为对象确认着所涉的行为类型，例如，谋杀行为，盗窃行为，渎圣行为，或者更为正面地说，救济行为，仁爱行为，勇敢行为。正如这些例证所示，对象对应着禁止或赞扬特定行为类型的道德诫命，或者对应着德性的理想（正如我们在上一章所看到的，德性是根据它们与行为类型之间的关系概念化的；因此，每种德性都对应着一个或者多个行为对象）。我们必须回到本节开端处所提到的难题。按照诫命禁止或者赞扬特定行为类型的通常方式理解，道德规则在道德推理之中具有不可化约的地位吗？或者说，它们应当被解释为无须提及对某种更为根本的道德原则或理想的表达吗？按照后一观点，我们或许可以把传统的道德规则解释为"拇指规则"（rules of thumb），从而表明：那些通常不符合我们整个理性判断的那些行为类型，将揭示出正确的行为类型。这样的话，它们将是暂时的，最终总是依赖对特定行为的某种总体评判，把它置于它的情况和意图的加以看待。

  我们在上一章曾经指出，德性的语言是模糊的，因为与特定德性相连的典型的行为类型在具体情形下可能是不适当的，或者可能是服务于恶的目的而被实施的。正如我们看到的，这种模糊性已经使得许多人力主，应当根据某种单一的原则或理想解释德性，而不是把它紧紧拴在特定德性的范式之上。现在愈发明白的是，相同的难题在与传统道德规则相对应的行为类型上也出现了。这些概念之于我们发挥着不道德的或者道德上值得称赞的行为范式的作用（情况可能如此）。然而，还是可以想象一些情形，某种在传统上受到谴责的行为类型似乎是值得称赞的，或者甚至是必需的——例如，面对着濒死的病人，他疼痛难耐，医生可能觉得是可以正当地执行安乐死的，甚至在道德上被强制去这么做。这样的例子是强有力的,而且它们所引发的争论,已经使得许多道德理论家力主:道德义务或者道德正确应当无须提及某个理想或原则加以分析。用平奇斯(Charles Pinches)的恰如其分的短语来说,他们捍卫的是某种形式的"原则单一论"(principle monism),据此一切道德判断只能这样来分析:它们派生于或者例示着一个至高原则。①

[279]通常,这种单一的道德规范被等同于理性化,而理性化又往往是按照本章的第一节所指出的两种思路之一加以解释的。(尽管那些被道德的情感论解释所说服的人,通常都强调道德交谈的独特性和异质性,并且因此不参与这种特殊的运用。)许多理论家力主,道德行为应当根据它的总体情况加以评判,其中特别包括它的结果,因此根据它所产生的好的和坏的结果的总体权衡来评判它——不管对这些进行多么具体的理解和评判。这个方法带来了某种形式的结果论,要么是它的适当形式的或者激进形式的功利主义,要么是梵二大公会议之后许多天主教道德神学家所捍卫的某种形式的比例论。其他人则通过主体的意图来分析道德,这是根据他对某种理性理解的理想、原则或者可理智理解的善的立场。这种方法将带来某种形式的康德主义理论,或者一种类似于格里塞和菲尼斯所捍卫"新自然法理论"的理论。这两种方法都聚焦于对特定行为的评判,而且它们通过某种单一的理性标准展开那种评价,根据这个标准,其他任何争议性的标准要么得到解证要么遭到抛弃。因此,按照这两种观点,对所涉行为类型的独立诉求

---

① Pinches,《神学与行为:基督教伦理学中的理论》,页40—41;笔者在接下来的内容上受惠于他的一个相似的批判的展开,页34—58,尽管笔者不想假设他同意我这里所说的东西。笔者也汲取了 Steven Long 对 Grisez 和 Finnis 的批判,《根据圣托马斯·阿奎那论道德行为对象的性质》("A Brief Disquisition regarding the Nature of the Object of the Moral Act according to St. Thomas Aquinas"),见 *The Thomist* 67(January 2003):45—71。相同的异议当然适用。

都没有任何地位。这在结果论方法方面是非常明确的,但对于康德主义理论方法来说却没有那么明确。然而,正如格里塞和他的合作者最近力主的,按照他们的观点,对一个行为的恰当描述完全决定于主体的意图,根据他的意志趋向可理智理解的善的立场加以理解,而不是经由那种客观特征的类型,传统上认为它们构成着行为的对象——这是一种没有为行为的对象留下任何空间的方法,没有把行为的对象视为道德评价的一个独立的组成部分。①

这种分析思路不论是它的结果论形式还是康德主义形式,都把道德性简单地等同于一个实践理性化的理想,无论这一理想能够得到何等确切地理解。因此,按照这种观点,我们的那些在道德上成问题的行为类型的概念,它们为我们提供了道德错行的范式,最多也只是[280]理性化理想的近似物(通过对比)。这样的话,一旦我们已经充分表述了该理想本身,那么它们就可以免除的。我们可以用阿奎那的话表述同一点,按照这种观点,行为对象在对行为的总体道德评价当中没有独立的分量,它要么被情况所吸纳,要么被意图所吸纳,它们当中的某一个会被视为在道德上是决定性的。如果根据这些术语构建的话,这显然不是阿奎那的观点。

还有,从它自己的性质来考虑的话,这种分析思路也并非合理。首先,它无法说明我们实际具有的那些道德概念,正是根据它们我们才形成了对"什么叫做过一种道德生活"或者"什么叫做错误的行为"的最佳理解。结果,这种方法就劝导我们摆脱那些我们据以进行道德反思的基本概念,它们是构思那些正在处理的难题所必然预设的术语。我们不能预先排除这种可能性。但是,这明显是一个导向绝望的劝告,如果有可能的话,我们有一万个理由避

---

① 参见 John Finnis, Germain Grisez 和 Joseph Boyle,《"直接"与"间接":对我们行为理论批判的一个答复》("'Direct' and 'Indirect': A Reply to Critics of Our Action Theory"),见 *The Thomist* 65(2001):1—44;前文援引的 Long 的文章是对这篇文章的一个回应。

开它。其次,也是更为根本的,这种分析思路会遇到与一般地分析德性的相似方法所遇到的相同的困难。也就是说,它无法供给特定倾向之中所体现的理性化规范,而且正因为这个原因,它没有为我们留下解释阿奎那的坚持道德是主体完美的方法,那意味着他的各种不同的潜能的完全和恰当的发展。相似的考虑使得我们在上一章曾经得出结论:理性化作为一项德性规范,不是以一般的连贯或者权宜的理想构思的,而是首先从那种德性所倾向的行为潜能的理智结构之中得出的。相同的分析思路也适用于正义,如果把它视为意志的一个德性,把我们推向正当行为的卓越德性——笔者希望在接下来的内容当中加以说明。

我们此刻重新回到托马斯主义对这个难题的构思将是颇有助益的。即是说,阿奎那坚持,对行为的道德评价必须考虑它的对象、目标和情况。如果我们不以某种方式对它进行评价,似乎就无法确定行为的对象,这种评价不能是一种道德评价。那么,行为对象得以评价的术语是什么呢？阿奎那回答了这一问题,他的话暗示:他终究打算以一个单一的理性理想的方式分析道德规范。也就是说,他断定行为对象是被理性决定的(第二集第一部分第18个问题第5节)。上一章我们曾指出,他针对德性提出了一个相似的主张,断定它们从与理性的相符上获得了它们的规范。这里我们需要再次提出,阿奎那用这个主张意指什么。

为了着手回答这个问题,我们转向[281]第二集第二部分是有帮助的。我们在那里发现了阿奎那对道德生活的细节的讨论。正是在那里他反复提出并解决形式的问题,"这是什么行为类型？"或者换言之,这种或那种行为的道德种类是什么？由于行为的对象决定着它的种类(第二集第一部分第18个问题第5节),那么赋予行为种类的属类描述也描述着它们的对象。当我们仔细研读相关文本时(尤其是论正义部分,第二集第二部分第57到122个问题,当然并不仅限于此),我们认定,阿奎那据以确定行为对象的那些属类概念通常对应着传统的道德规则：例如，谋杀（第二集第二部分第 64 个问题）、伤害（第 65 个问题）、盗窃和抢劫（第 66 个问题）、欺诈（第 77 个问题）、高利贷（第 78 个问题）和说谎（第 110 个问题）。在大多数情况下，这些行为类型也包含着某种伤害，对另一个人，或者对她本人（第二集第一部分第 100 个问题第 5 节；第二集第二部分第 72 个问题第 1 节）。

但是，这还不是事情的全部。当我们更为细致地审视这些属类概念时，我们可以清楚地发现，它们也是与特定的自然的行为类型（kinds）或种类（speices）明显联系在一起的（对比第二集第一部分第 1 个问题第 3 节答复 3）。在相当多的情况下，道德概念都是通过自然种类加以分析的，不过要加上某种限制。谋杀是一种杀人，但是也存在着正当形式的杀人；乱伦和通奸都是性交的形式，但是也存在着正当的性交类型；依此类推。并非每种具有重要道德意义的行为类型都如此明确地符合这种范例。一方面，有些并不是以明确的方式与一种自然的行为类型（例如，欺诈）相联系的；另一方面，还有少许似乎毫无保留地等同于一个自然的行为类型（尤其是不自然的性犯罪）。① 尽管如此，对"谋杀"这样的概念的分析暗含着对于阿奎那来说至少是一般方法的东西——我们确认了一个自然的行为类型（"杀人"），然后通过理性限定为两个或者更多的行为类型（"谋杀"、"极刑"）。

我们稍后会更为细致地研究阿奎那所考虑的那些限定类型。目前笔者想把主要精力放在该分析的其他元素上，即，自然的行为对象或种类与道德的行为对象或种类之间的区分。正如阿奎那所评述的，几乎是一笔带过，两个行为可能在落入两个不同的道德种

---

① 尽管如此，笔者相信每一道德行为类型事实上都能通过一个区分得到分析：自然的行为类型和从道德角度加以限定的行为；下面还会回到这一点。然而，在论证的这一点上，只需要表明，这一分析适用于许多道德概念，其中包括许多对于我们来说具有核心重要性的概念。

类的同时归入相同的自然种类(第二集第一部分第1个问题第3节答复3)。就其自身而言,这个评述似乎过于直白而显得乏味。但是稍作思考,它就会引发[282]诱人的问题。也就是说,我们怎样确定行为的自然种类呢?我们怎样确定这种特定的行为应当算作一起杀人行为,一起性交行为,一起救援行为,或者一起自卫行为呢?对这些类型的问题的回答似乎是明确的,而且在许多情况下它们都是明确的——把一起标准的性交行为与它之外的其他事情弄混,这是极为困难的。但是,在其他情况下,答案却并非这么明确——存在许多杀人方式,自卫、帮助,诸如此类。果真如此,那么至少在有些情况下,我们会发现既难以确定行为的自然对象,也难以确定它的道德对象。

我们再次回到了最初的难题——也就是说,如果没有某种评价我们就无法正确地描述一个行为。但是,目前我们开始更为清楚地看到究竟需要什么样的评价。为了确定行为的自然对象,我们需要从人(human person)的典型的生活方式的角度去评价它,这是把人视为生物的一种。关于这种评价没什么特别令人惊讶或者成问题之处。我们有一切我们所需的资源,我们可以运用我们的人性的暂定概念,并根据前面两章所设定的思路加以扩展。回顾前文,我们的人性概念主要是一个生活方式的概念,这种生活方式是我们作为一个特定类型的造物所特有的,据此我们能够通过对"有序的功能潜能"的解释来形成一个(尝试性的)定义。这种"有序的功能潜能"构成着人的生存形式。这种解释反过来又意味着——实际上在很大程度上在于——对行为类型的一个解释,通过这个行为类型,一种独特的人类生活得以典型地、显著地表达出来。行为类型的确定不是通过它们的质料性的描述,不管确切地说那些是什么,而是通过参照功能性能力,它是些做那样事情的能力,它们是我们这样的造物类型的个体或社会繁荣所必需的——通过饮食维持生命的能力、通过辅助照料幼崽的能力、自我防卫的能力,诸如此类。因此,这个层面上的评价将是规范的,但不是一种道德意义。相反,它们在广义的目的论意义上是规范性的,这是人这种动物的福祉所决定的,按照人这种动物的恰当的和规范的功能加以理解。

为了更加清晰地理解人类倾向,我们可以接受阿奎那的建议,把它们与非理性动物的倾向进行对比,这是颇有助益的。正如我们在第 2 章所看到的,我们关于任何生物类型的概念都集中在对那种生物典型的生活方式的某种把握上。明显地,这意味着[283]我们对特定造物典型地实施的活动类型有着很好的理解。一只黑寡妇蜘蛛典型地要织网,并且把它的交配对象当作性交后的点心。这些是这种蜘蛛典型的活动类型。对于这种原始的动物来说,我们尚且能够借助一些可以观察到的行为,辨认和描述典型的活动类型,而且正是由于这个原因,这些评价的根本目的论的特性并不是那么的明显。但是,如果我们转而关注稍微复杂的动物类型,我们就会更加清楚地看到,如果没有对动物的这些活动类型对个体、群体或者种类范围(species-wide)层面的福祉的贡献的某种理解,我们就无法令人信服地确定动物正在进行的活动类型。即便是筑巢也不止一种方式,逼近猎物或搜寻食物,进行交配和显性仪式(dominance rituals),以及养活和照料幼崽,这些更是花样多多。动物的类型越复杂,能够纳入这些描述类型的活动范围就越宽泛,我们为了确定它所代表的活动类型从而把握特定活动内容的要点所需的就越多。

相形之下,人就更加复杂,这也使得我们借助自然对象确定具体行为更为艰难。尽管如此,我们还是会自然地倾向特定的行为类型,它们是标定我们作为一个种类的那些活动类型(patterns of activity)所特有的。而且,由于我们是一种生物,这些行为类型能够借助它们对个体或共同福祉得以辨认和描述。我们是一种动物,倾向某些行为类型,它们明白无误地维持、表达和延伸着我们的生存,要么是直接地通过维持和繁衍我们类的方式(饮食、性交),要么是间接地通过防卫或侵略行为(逃跑、攻击、杀害)阻挡威胁。这些行为类型并非随机的反应和活动形式——它们根源于我们的本性所特有的可理智理解性,并被它们所充实。进一步来说,因为我们是理性的动物,我们能够通过这些自然的可理智理解性,理解和体会这些行为类型——我们自发地会想到吃、性交,等等,把它们视为积极的和可欲的,同时我们典型地把杀害视为恐惧的和应予避免的。这些自然的可理智理解性本身没有包办道德判断,但是我们的道德判断是基于它们并且以各种方式限定着它们的。而且,它们对那些判断设定着合理的限制(不是逻辑必然性)。最后,因为这些行为类型对于我们所有人来说都是自然的,它们具有特别的亮点,既是对于我们把自身体认为理性主体,也是对于我们之于他人的责任的分担。正如达西(Eric D'Arcy)所评论的,[284]似乎存在着某些行为类型——杀人又是一个突出的例子——它们总是具有重要的道德意义,即使不一定是以一种明确的或者决定性的方式。① 换言之,某些自然的行为类型在推动道德评价的意义上总是道德相关的,尽管它们并不强求一个消极的(或积极的)评价。

阿奎那在行为的自然和道德对象之间进行了区分,这种区分指明我们如何通过一个评价确定行为对象,而这个评价总体来看并不依赖对特定行为的道德评价。这种评价是在两个阶段上展开的。首先,我们通过一个以人类福祉建构起来的分析确认行为的自然对象。在这个层面上的分析包含着对行为的规范性评价,因为它把行为与广泛考虑的人类繁荣的总目标关联了起来。然而,这还不是一个道德分析,因为正如我们已经看到的,福祉的理想本

---

① 参见他的著作,《人类行为:关于它们的道德评价的论文》(*Human Acts: An Essay in Their Moral Evaluation*),Oxford: Clarendon,1963,页18—39。

身并没有产生道德规范。因此,在这个层面上,我们是通过一个评价性的但还是不道德的判断确认行为的自然对象的,所以它并不以对整个行为的道德评价为前提。

同时,阿奎那无疑坚持认为,我们有时在形成一个总体的道德评价之前就能确定具体行为的道德对象。这意味着我们对行为对象的评价必须前进到第二个阶段。在这个阶段,我们这样来确定行为的道德对象,它在某些方面与我们对自然对象的评价紧密相关——因为即使在这个层面上我们也需要提出对象的评价,不依赖对特定行为的总体评价。也就是说,我们需要确认那些理性的因素,它们使得我们能够区分道德上允许的和道德上禁止的行为形式,例如杀人,而且不用考虑行为的总体情况和主体的行为目标。然而,不是任何类型理性因素都是这样的,这也是关键之处。相反,必须通过某种方式把这些因素与那种位置联系起来:它是所涉的自然的行为类型在人类存在者典型具有的生活方式之中所占据的。这至少是阿奎那区分和连接行为的自然和道德种类的方式所暗示的。

我们在上一章曾经看到,阿奎那是借助欲望、愤怒诸如此类的合乎理性的表达来解释理性化规范的。他也是以相似的风格来解释人类交往方面的理性化的,考察什么算作侵略、[285]自卫、帮助和救援等的合乎理性的表达。尽管他没有说得这么直白,这个解释思路却暗示着这些理性化的规范是得之于社会存在的必然要求的,是我们作为社会性动物这个类型所具有的。正如其他德性在于那些行为的意向,它们符合我们欲望和侵略的官能所具有的最为完满的可能发展,参照主体的福祉的标准加以理解,那么正义的德性在于那些行为的意向,它们符合我们作为社会性动物的潜能的最为完满的可能发展,参照的是他人和整个共同体的福祉所设定的标准。

按照这种方式理解的话,阿奎那是借助对象、情况和目标来分析行为的,这既是以一般的经院主义自然法理论方法为前提的,也把它们囊括在内了。根据这些理论,在对行为的分析上要考虑过它们所代表的自然倾向,同时还要考虑塑造和指引它们的理性判断。确实,这种分析形式几乎是无处不在的。我们已经在胡古齐奥对婚姻的分析之中看到了一个例证。还有另外一个例证,它会把我们拉近到阿奎那,请思考菲利普分析谋杀禁令的方式:

> 保存个体,这属于自然作为本性,那么就此而论,杀死一个人就被说成是违反自然法的,因为自然作为本性指示着这一点。自然作为理性指引着我们不去杀掉一个无辜的人。然而,由于常常出现这个的情况:一个人是恶人,是一个罪犯,自然作为理性针对这个人的指示是他应当被杀掉。那么,一位法官杀掉一个罪犯,因为法律是与被视为理性的自然相合的,所以在这种情况下,杀掉一个人就不是违反以这种方式理解的自然法的。然而,有意地杀掉一个无辜的人却是违反自然法的,因为它违反了自然作为理性所指示的。(洛特,页114)。

如果我们把菲利普的评论与阿奎那自己对正当和不正当杀人类型的区分进行比较,我们就可以明显地发现,阿奎那预设了菲利普的长段文本中所例示的分析类型。正如菲利普所评论的,也是阿奎那会同意的,我们在传统上把特定的杀人类型确定为可辩护的——自我防卫杀人,对正义战争的追求,或者作为国家批准的惩罚形式。其他的类型则缺少这些东西从而被视为是谋杀——这条解释思路被总结为(简化为)一个口号:"不要直接杀害无辜者"。

但是,除了这些是我们所作的区分这个纯粹的事实,[286]针对正当的和不正当的杀人形式(接着这个例证),我们还能讨论更多吗?菲利普提醒我们,对于经院主义者来说,诉诸自然法,这在根本上是有效的——也就是说，如果任何东西能被视为对人性的一个真正表达，那么它就被视为善的，并且因此在道德上是正当的。但是，什么才算是人性的真正表达呢？阿奎那对倾向的解释，把它们视为人性的表达，为我们提供了扩展这种解释的一把钥匙。我们已经讨论过他的主张：人类倾向是与某种德性（或者说某些德性）相对应的，通过德性它们得到了恰当的表达。与之相应，任何能够被合乎理性地解释为人类倾向的恰当表达的行为类型，都被视为是道德正当的，具有恰当性的规范，它们是按照个体福祉（就节制或勇敢而言），或者他人的要求或共同善（就正义行为而言）的必然要求加以构思的。

这并不意味着，个体或共同福祉就其本身而言决定着什么算作一个正义行为，也不意味其他德性可以在就其本身而言的福祉层面上加以构思。我们在下一节还会回到这一点上来。然而，在目前这个阶段，笔者只想说，正当的行为类型之所以被视为是正当的，这是因为它们能被解释为合乎理性的自然倾向的表达。一个共同防卫行为的对象是借助它的共同善定位界定的，而且正因如此，鉴于社会存在的必然要求，它是一个人侵略倾向的正当表达（第二集第二部分第64个问题第2节；特定的共同防卫行为当然可能是不道德，即使这个行为类型是正当的）。相似地，正如阿奎那极好地指出的，一个自卫行为可以借助主体保存其自身的生命的意图恰当地界定（第二集第二部分第64个问题第7页）。因为自我保存反映着人性的一个真正倾向，又因为没有任何人被要求偏爱他人生命甚于自己，那么即使一个自寻死路的自卫行为也应被视为自我保存的行为，它在种类上是好的，不是一个谋杀行为，谋杀行为在种类上当然是坏的。

我们在本节开始即指出，难以看出阿奎那怎能把"不得伤害"视为不证自明的实践理性原则之一，因为事实上他似乎允许伤害他人的正当行为的出现。我们现在可以更为准确地观察他是如何解释这个主张的了。任何行为类型只要能够被正当地解释为趋向某种善的自然的人类倾向的一个合乎理性的表达，都是按照它所瞄准的自然的善加以看待的。换言之，行为的属类上的积极特性在这种情况下具有道德的决定性，而且，行为所遭受的任何[287]损害或损失都是被视为处于主体恰当的意图之外的。换言之，按照这种观点，既定的行为类型只能算作一个自然的人类倾向的正当表达，如果它能被解释为确保个体或集体福祉的必要的或恰当的方式的话。必要性和恰当性的规范并非仅有这种分析所给定，相反，它们必须通过对福祉和德性的必然要求的深入反思才能得到发展，这些是被个体或者共同追求的。尽管如此，这种反思是可以在对特定行为的评价之间展开的。几乎可以肯定如此，倘若通过对人生的恰当外形、我们共担的责任的范围和边界等的共同反思过程。

然而即便如此，倘若得出结论：只需借助对个体和共同福祉的一般思考就能表述出来相关规范，这也是一个错误。我们在前文曾指出，按照阿奎那的分析，每一德性都是被一个理性化的理想所充实的，这个理想就植根于德性倾向的潜能之上——例如，节制德性的大致规范是被合乎理性的欲望的必然要求所设定的，决定于对欲望和福祉之间的恰当关系的反思。我们这里能够提出同类的分析吗？从而表明，正义之德性所特有的行为类型是如何来自那种植根于意志之上的理性化理想的。

为了感受到这个问题的力度，我们有必要复述阿奎那正义分析的主要思路。按照他的观点，每个人类行为都是被意志诱发或命令的。尽管如此，阿奎那把正义视为意志的独特的和典型的道德德性，因为它是与正义对意志的修正相关的，从与他人、与整个共同体的善的关系出发来看。也就是说，正如节制和勇敢以这种方式安排激情，使其符合主体的总体善，那么正义就使得意志（它自然地趋向主体的总体善）意欲和追求他人的和整个共同体的利益。这就是为何阿奎那也把正义视为我们的外部行为的典型德性。正是通过这类行为，个体表达和维持着与他人和共同体之间的关系。

我们也由此正在寻找对正义诫命的一个分析，它可以根据理性行为的必然要求来解释这些，既被视为来自意志，也被视为针对他人的福祉和共同善是恰当有序的。笔者会在下一节扩展这个分析。方法是回到本节早些时候所提出的一个问题——也就是说，捍卫我们的基础道德概念的不可化约的特性，免遭康德主义和结果论的方案[288]所代表的各种不同形式的原则单一论的侵袭，这是否可能呢？正如我们指出的，这种捍卫要求我们表明：我们能够合理地区分我们所做的与我们默许发生的。此外，它还要求提供某种解释：为何这种区分在道德上发挥着共同道德所预设的那种重要性。这个任务反过来又将要求深入分析人类行为的结构，把它们既视为人类主体的表达，也视为人类相互关系的中介。当然，这正是我们所需的那种分析类型，以便表明，正义的诫命是怎样来自人这种造物的典型嗜欲——即意志——的理智结构的。

四、道德规范作为法则与分界

行文至此，我们有必要简要地概括一下目前的结论。阿奎那及其对话者把理性视为法，因为针对基本人类需求和倾向，经由理性生发出来的反思（reasoned reflection）产生了明确的、有约束力的行为规则。"十诫"的诫命被视为这些规则的一个教条化的总结，它也由此包含着一组正确的道德推理得以评判的范式。同时，阿奎那也把这些视为范例式的诫命，它们与作为一种德性的正义相关联。这就表明，可以按照与我们分析与其他德性相连的范例理想基本相同的方式来分析这些诫命，尽管这些诫命大多是否定的，无疑指向着比我们在节制或勇敢那里所发现的更为复杂的理想。由此来看,"十诫"的诫命反映着正义的理想,或者正如我们更愿意说的,一个人际和社会正当关系的理想。它作为德性生活的一个构成部分,既是可以理智理解的,也是可以辩护的。因此,这个理想在幸福理想的背景之下找到了它的含义和意义,后者预设着但不能化约为对人类福祉的一种解释。因此,这里所提出的正当关系的理想等同于一个关于善的生活的理想,个体在其相互之间以及其与更大的共同体之间的关系上享受着这种生活。果真如此的话,则意味着充实着正义理想的诫命,与人类福祉的各方面都紧密相连,即便正义像其他德性一样不能被毫无限定地等同于福祉。

无论好歹,这种分析思路都勾勒了一幅道德图景,它与潜藏在共同道德之下的那些最为基础的预设的许多内容相符。按照这种观点,道德反思和判断要首先聚焦于主体做了什么,而且更为具体地,聚焦于[289]他实施或者未能实施的行为类型。当然,道德反思也聚焦于责任、性格判断以及诸如此类的东西的贡献——对主体而不是对其行为的评价——但是,这些判断类型在概念上依赖于我们对主体所实施的行为类型的判断,正是根据这些行为类型,她才是值得赞扬的,或者应受谴责的,或者说揭示了她的性格。正如东纳根所言,针对行为的判断是一阶判断,而针对主体的判断是二阶判断。[①] 而且,按照这种观点,我们对行为的反思,在关键点上是被我们的行为类型的概念充实的,这些行为类型本身即具有某种道德价值,甚至无需对主体意图及其行为时的情况进行任何考虑。尽管这些当中有些被视为本身即是正面的,更多的则本身即被视为道德败坏的,例如,谋杀、盗窃和欺诈。后一类的这些行为类型是无法在道德上证成的,即便在有些情形下,我们能够通过

---

① 一阶和二阶诫命的区分得之于 Donagan,《道德理论》(*The Theory of Morality*),前揭,页 52—56。

实施相关类型的行为获得一个重要的善或者阻止一个严重的恶。换一种说法,至少某些禁止特定行为类型的道德诫命要么是绝对的——它们在任何情况下都不得被凌驾——要么是接近绝对,我们保留它们在例外情形下被凌驾的可能性。"绝对"具有很不乐观的含义,因为它意味着相关的规范不仅是无例外的,而且在实施上既无须解释,也无须应用——这是一种不可信的观点,正如阿奎那明确承认的。基于这个原因,我们最好还是追随当代的惯例,称之为道义论的道德规范观,但同时要明白,这里不应用一种康德主义的意义来理解这个术语。

笔者前面说过,一种托马斯主义的自然法理论好歹是符合共同道德的预设的。之所以说"好"是因为我们期待一种自然法理论能够提供一种广泛的、普遍的道德特征的说明,它至少要求被视为一种典型的人类生活方式的表达。那种理论与共同道德的最为基础的预设之一相契合,这算是它的优势,因为它表明,这一理论确实抓住了我们共享的本性的方方面面,这种本性就反映在道德的基本结构之中。但是,许多其他的人会说"歹",理由是道德绝对论,即使是它的最弱形式,也无法得到辩护。① 一方面,人们普遍觉得这一观点过于严厉了——它使我们不得不实施[290]那些行为过程,对于所有相关的人来说,它们都明显比相反的情况更糟,而且还没有清晰的和可辩解的理由。另一方面,或许还可以主张,这种观点尚不够严厉。它容忍我们逃避对损失和痛苦的责任,那是我们本来可以防止的,理由在于——似是而非的,按照这种观点——我们没有通过自己的行为施加这些损害,我们也没有防止它们的特定义务。实际上,许多批判者都持有这两种观点,他们都力主,道德绝对论在某些方面过于严厉,而在其他方面却不够严厉。

---

① Kagen 在《道德的限度》当中列出了这些选择,前揭,页 3—4。

这两种批判路线汇聚在了一起,表明它们可能具有某些共同之处,而且仔细观察确实如此。那就是它们都依赖——虽不是全部,但也在相当大的程度上——对行动和默认之间区分的质疑,这种区分是义务论道德的任何连贯的形式都必然预设的。对于这些观点的批判者来说,相关的区分要么是无法得出的,要么是不能承载它们的捍卫者所赋予它们的道德分量的。而且,正如这些批判者所正确地指出的,除非我们作出这种区分,否则义务论的立场在逻辑上就是不连贯的。因为对于后一观点来说,我们有时被迫去避免做特定类型的行为,即使作为一个结果,某种(可以争辩的)更坏的事情将会出现。如果在做与默认之间不存在任何道德差别,那么,我们对自己默许的坏的结果所应负的责任,就与我们对坏的行为所应负的责任一样,假如我们已经实施了它的话。在这种情况下,我们就面临着一个无法解决的义务冲突,即使在原则上也是如此,而且这个结论还会付出为道德的理性化辩护的代价。那些否认这一区分的人就不会遇到这样的困境。按照他们的观点,我们应当直接选择任何将会产生最佳整体结果的行为过程(不管具体来说怎样)。

这种方法具有逻辑简明的优点,但是与托马斯主义自然法理论相反,它与广泛的道德直觉相邢格。按照它的逻辑结论,它似乎意味着,在主动伤害某人与未能救助她之间不存在任何道德差别。而且,由于我们总是会碰到,较为直接或者较不直接,极为痛苦的人,这似乎意味着我们不断地从事那些行为过程:它们等同于使人遭受严重的伤害、损失和死亡。有些哲学家和一部分神学家都毫不迟疑地得出了这个结论。[1] 其他许多人发现自己处在本内特

---

[1] 在哲学家当中这个立场的最为著名的捍卫者有 Singer,Kagan 和 Unger,参见前引注 17。此外,神学家 Garth Hallet 在其《当务之急与基督教伦理学》(*Priorities and Christian Ethics*),Cambridge:Cambridge University Press,1998,当中为一种相似的观点进行了辩护。应当补充说,Unger 和 Hallet 二人都不支持结果论。(转下页注)

(Jonathan Bennett)的令人不安的[291]位置之上,他在某种程度上主张:做/默许(making/allowing)之间的区分是经不起推敲的,但是,他又接着说,他无法接受自己论证的道德结果:"在我看来,拟议的道德过于苛刻(不合理的)从而是无法接受的:我自己都不愿接受这个标准。"①因此,他有两个选择,二者都无法令人满意:"要么为做/默许的区分赋予根本的重要性(按照他的分析是站不住脚的),要么接受对我们行为的巨大的道德谴责,正如有些人已经做的,而我不会去做。"②(与之相比,笔者更喜欢使用行/默许[doing/allowing]这个公式,这纯粹是风格问题。)

本内特接着便承认:这是一个令人尴尬的结论。"尴尬"几乎无法概括整个情况。如果他是对的,那么我们也要得出结论:正确理解的话,道德要求负担重重,我们不仅无法实现它们,甚至不能把它们视为可欲的或者诱人的生活理想。相比之下,笔者更愿意赞同福特:

> 良好的道德体系有一个标准,应当可以向每个人都要求互惠,因为道德体系报之以善。但是,我相信这并非一个良好的道德体系的唯一条件。例如,它还应当是这样的:任何人在

(接上页注)至少在相关的作品中如此。Unger 承认某些来自特定关系的主张的正当性,并且相信这些为可以接受的行为过程施加了限制。参见《活得高贵,死得平凡:无辜的幻象》,页 12—13。正如 Hallet,他在其他地方为一种价值最大化原则进行了辩护(正如我们前文指出的),但却坚持他在优先当中的论证并不依赖那一原则。相反,他的论证根据在于他所称的赋予穷人诉求以绝对优先性的基督徒义务——他所说的,"宁选最需的不选最近的"(to prefer the neediest to the nearest)。主要的论证思路体现在页 1—38。笔者不知道这一信念是否与价值最大化原则相一致。

① Jonathan Bennett,《行为本身》(*The Act Itself*),Oxford:Clarendon,1995,页 162,强调为原文所有。
② Bennett,《行为本身》,页 163,整章位于页 143—163,为相关主题提供了一个出色的归纳和分析。

遵守它的同时仍然在日常的、非道德的意义上活得好。这个条件也是限定着无私行为要求的东西,而且一个完全新颖的非功利主义探究应当出现在这里。①

正如福特的评论所表明的,争论的焦点与上一节末尾所提出的问题紧密相关。笔者在那一节辨明,[292]一个代表着对自然倾向恰当追求的行为,应当被视为人性的一个正当的表达,并且因此在类型上是好的,即使它也包含着对另一个人的损害或损失。显然,如果这种分析思路要具有真正的道德力量,我们就需要为相关的恰当性标准提供一个可信的解释。这些标准得之于正义德性所具有的理想,对于阿奎那及其对话者来说,既包括与他人正当关系的规范,也包括社会制度的恰当规范。正如以下分析将要揭示的,广泛理解的正义理想事实上是与维持着人类行为的那些界限紧密联系的,正如这些也充实着共同道德。如果不涉及这些术语,这些理想就得不到分析,但是它们预设着它们并且结合着它们——正如其他德性的理想预设和表述着那些善和必然要求,它们是其他人类福祉形式所特有的。

针对道德责任的范围和界限产生了许多争论,它们所提出的问题与行为理论交织在了一起,而且这些话题整个地构成了道德哲学家和(不同情况下的)神学家的最为复杂和广泛的争议领域之一。更为详细地讨论这些问题超出了本书的范围。笔者在本节的目标是相对谦逊的。这里希望表明,一种托马斯主义的自然法解

---

① Philippa Foot,《道德、行动与结果》("Morality, Action, and Outcome"),收录于《道德困境与其他道德哲学论题》,Oxford: Clarendon, 2002,页 88—104,此处位于第 104 页,强调为原文所有。相似地,Leo Katz 证明,作为—不作为的区分对于法律来说是核心的,因为它吸收了"某种有力和深层的直觉"(*Ill-Gotten Gains: Evasion, Blackmail, Fraud, and Kinded Puzzles of the Law*), Chicago: University of Chicago Press, 1996,页 46;更为一般地,参见页 1—132。

释具有充足的资源,能够为行动和默认之间的可信区分进行辩护,并且在这种自然法理论的语境下得到那种区分的道德含义。笔者不打算对当代争论之中所出现的所有相关的论证都进行评判和回应,正因如此,本节的结论必然是试探性的。尽管如此,笔者至少希望表明,一种托马斯主义的自然法理论能够为本内特所称的"行动本身"提供一个忠实的和可信的解释,而且这种解释与一种正义理想紧密相连,这种理想与任何人都能采取的(正如福特所说的)生活方式是一致的,同时活得好——既是在日常的、非道德的意义上,也是在享受由德性的实践所构成的幸福生活的意义上。

因此,我们从研究这个例子开始:在使得某事发生与通过采取一个替代的行为过程默许一个相似的结果发生之间,不存在任何道德相关的区分。为了看清什么是紧要的,回到杀人的例证颇有助益。[①] [293]在相当大的程度上,关于行/默许区分的争论从我们对杀死某人与默认他去死之间的区分获得其起点,不管是在医疗背景下,还是在给予或者阻止救命援助的背景下。例如,假定有个濒死之人处于极度难耐的痛苦之中。他的医生真诚地希望减轻他的苦楚,而且她也明白无论她做什么都无法治愈他或者挽救他的性命了。这时有两个行为过程就摆在她面前——她可以克制不去施以进一步的生命维持治疗,默许她的病人死去,或者她直接杀掉它,(我们可以说)通过快速无痛的毒药。那么,在这两个行为过程之间有道德差别吗?

直到最近,几乎没有任何人否认后一行为,用毒药杀掉病人的行为,是一个在道德上不允许的谋杀行为,即便许多人可能会感到有所犹豫,在这种痛苦的情况下不要过快地作出判断。然而,在前

---

① 关于杀人的道德性已经产生了数量庞大的文献。最有帮助、最为综合的指引,参见 John Reeder, Jr.,《杀人与拯救:堕胎、饥饿与战争》(*Killing and Saving: Abortion, Hunger, and War*), University Park: Pennsylvania State University Press, 1996。

一行为过程上却没有这样的困扰。没有给予或者承受医疗措施的义务,特别是当可以预见到这样的措施几乎没有任何益处或者没有长期益处的情况下。因此,选择不去延长处于极度痛苦的终期病人生命的医生将被视为是明智的和怜悯的,而不用承受谋杀的愧疚。然而,在这两种情况下,结果是相同的——病人都死掉了。而且,在这两种情况下,病人的死都来自于一个选择:以一种可以预见到这个结果的方式行为。那么,这两种情况之间的道德区分的根据是什么呢?从表面上看,不存在任何这样的区分——也就是说,我们或许可以主张,一个人对任何可以预见作为她的选择的一个结果出现的东西都负有责任,不管这些结果是直接还是间接来自她所做的或者作为她的不作为的结果产生。这种论证思路里外不讨好。有人主张,在前一种情形之下,医生对她的病人的死的愧疚就像她直接杀掉他一样,但是其他人却辩称,在后一种情形之下,医生并不比前种情形之下对谋杀具有更多的愧疚。

我们在直觉上可以感到,即使两个行为过程带来的是相同的结果,这些结果是如何产生的仍然具有道德意义。尽管如此,事实证明,很难讲清楚导致某种最后结果的具体因果链为何应当如此重要,或者甚至很难精确地说明相关的因果链是什么。这些难题自然地都导致了以下结论:要么说在做和默认之间不存在任何可信的一般区分,要么至少说,这种区分无法承载传统上赋予它的道德分量。因此,对义务论立场的批判最后成了一个从根本上来说[294]消极的论证,但是,它却是一个有力的论证。如果我们无法对一个假定为根本的区分提出一个令人信服的分析,那么质疑我们的初步直觉是模糊的,并且是需要修正的,这实际上是合理的。

这种论证思路有时是通过这样的一个分析展开的:说某人造成了一个特定的后果,或者更为一般地说,通过某种行为方式造成了某事,这是什么意思。据笔者所知,在拓展这个分析思路上没有人比本内特更为谨慎,或者说更具效果。本内特的分析的关键从其颇具嘲讽的书名《行为本身》即可窥一斑——之所以说是"嘲讽的",是因为本内特相信,把行为(或事件)视为本身即是以某种方式个别化的,这就是一个错误。他并不否认行为、事件和原因的现实,但是,按照他的观点,这些最好被理解为构成着一个持续的过程,而不是形成着无数个体的一系列不同的节点;

> 在什么被做的概念上没有任何困难。行为概念的尴尬之处来自它把什么被做切割成被做的事情的那种方式,也就是说,来自于它的作为一个计数概念的性质。行为或举动具有相同的本体论类型,不同之处只在于计算的规模——正如草不同于草叶,袜子不同于鞋,钱不同于硬币。所以,尽管我拒绝使用行为概念,我在量化举动的条目、部分或幅度上没有疑虑。①

本内特的例子有点误导性,因为特定的草叶、鞋子和硬币真的是个体。尽管如此,他的要点却是清楚的——即使不存在与"行为本身"相符的真正实存的个体,我们也能通过分割那个令我们感兴趣的举动的部分来辨认特定的行为。尽管如此,我们是在考虑我们的目标和兴趣的情况下进行这些区分的,其中包括我们的道德兴趣——这样的话,它们就不能同时作为道德判断的一个基础。

那么,按照这些术语来看刚才所给出的例子会怎样呢?笔者相信本内特的分析可能是这样的:在 T(某个时间点)与 T+1(我们所选择的任何间隔时间)之间,我们都能追溯一个因果互动流,其中包括医生,还有她的病人,更何况还有不寻常的或引人注目的次序——病人身体上出现的大量事件,那是他的疾病——以及我们通常认为是理所当然的次序——病房里的氧气,它在医生和病

---

① Bennett,《行为本身》,前揭,页 35,强调为原文所有。

第四章 自然作为理性:自然法的行为与诫命

人血液当中的化学反应,诸如此类的。在这个间隔时间之中,我们假定,我们从一种状态,病人还活着,移动到另一个状态,他死了。那么,我们可以考虑两个选择。[295]其一,医生有助于那个结果,她采取了代表着积极介入那个过程的行动——她量了一注射器的毒药,并把它注射到了病人身上。其二,她克制着没有实施任何行为,那是为了拯救病人或许可以实施的——她没有取一注射器抗生素,没有给病人注射,等等。但是,说她什么都没做,这将是个错误,因为在整个次序之中她都在实施其他她已经选择了的行为,她知道做这些的一个次序,而不是主动地介入病人的死亡过程,将是她的病人的死亡。① 按照本内特的说法,在第一个选择中,她对结果的作用是积极的,而在第二个选择中却是消极的——但是,在每种选择下,她的作用都这样发挥的,有认识地促进了导致病人死亡的因果联系次序。最后,他的要点是,我们无法令人信服地把积极和消极作用之间的区分转化为做与默许之间的一种道德负载的区分。②

那么,我们怎样在一个托马斯主义的自然法理论框架之内答复这一点呢?正如我们在前一节所看到的,阿奎那不会接受本内特的初步预设:我们无法辨识个体行为,也无法在一个行为不同的部分之间进行区分。相反,阿奎那相信人类行为具有一个自然结构,而且这意味着它们是具体的个体,在现实中,而不是纯粹作为社会传统的一个结果(参照第二集第一部分第 1 个问题第 3 节答复 3)。而且,他显然把行为的结构视为是具有道德意义的——换

---

① 在这一点上,托马斯主义的行为分析将真正地巩固 Bennett 的要点。即使医生在这种情况下什么也没有做,她在病人濒死时只是站在窗边,但她仍然是参与了某种行为,即便那只是意志的内在行为,是由她的不去介入这个过程的选择构成的。当然,这种分析思路预设了医生知道(或者合理地相信)她的不介入将导致病人的死亡。

② 此处我们简要总结了一系列复杂的论证,更多细节参见,《行为本身》,前揭,页62—73("Making/Allowing")和页 85—104("Positive/Negative")。

言之,他提供的只是义务论道德所要求的,亦即,做与默许之间区分的一个可信的基础,能够作为道德判断的一个基础。然而,为了捍卫这些区分,必须深入阿奎那的行为理论。我们需要到本内特没有去过的地方,开启对人类行为的形而上学的研究。幸运的是,最近关于阿奎那的行为理论已经出现了若干出色的作品,涉及他的形而上学和神学双重背景。还有,关于行为哲学的当代英语作品。在接下来的内容中,[296]笔者特别倚重布洛克(Stephen Brock)的《动作与行为》,尽管笔者并非在每个细节上都追随他,也不想暗示他会赞同本节结尾处的道德论证。①

从最基本的条件来看,人类行为是一种运转,也就是说,人对一种因果力量的运用。那是人作为主体对某种终点所运用的,不管这是主体自身的某个方面(我自学烹饪),或者某种外在于主体的东西(我做晚餐)。这样的话,人类行为反映着与我们在更为一般的造物运转之中发现的相同的结构。它以这种方式或那种方式来自人的独特形式——不足为奇,因为正如我们所看到的,造物的形式不外乎它的恰当运转的原则。而且,它是被效能(efficacy)和终局(finality)所标定的。效能在人类行为上就像任何其他的运转一样代表着造物的恰当的因果力量的运用,据此在行为的终点会产生某种变化。不应当把这种变化理解为,它仿佛只是发动了一个运动过程。相反,它以某种方式代表着主体的恰当形式与一个终点的一个联系,整个地或者在某个方面,那个终点在某种意义上易于以相关的形式加以充实。相应地,人类行为与任何其他的运转一样也指向一个目的,亦即,主体的形式与一个恰当接收的终点之间的联系。

---

① 参见 Brock,《动作与行为:托马斯·阿奎那与行为理论》,前文所引。笔者并不打算在术语使用上追随 Brock,例如,他用"conduct"指称人类行为,而笔者直接用"action",这是一般地指造物的运行,还是特别地指人类行为,全视语境而定。而且,下面内容显然是一个长篇大论的专题研究的极为浓缩的总结。还有,笔者在总结 Brock 的论证过程中,是以一种他可能不接受的方式解释它们的。

这就把我们带到了行为的第二个标志,即,它的终局。我们已经看到,每个造物都为一个目的而行为,据此它的运转变得可以理智理解。这不外乎终极因,它来自造物的形式,并根据那种形式的一个联系得到某种意义的解释。繁衍行为是运转的突出例证,它以一种完整的方式联系着生物的形式。但是,其他的运转也能被视为来自造物的形式,联系或保存着那种形式的某个方面——例如,摄入营养,或者逃避危险。人类行为也是按照它的最基本的条件加以分析的,是造物因果力量的一个运转,从目的来说是可理智理解的,那就是它被导向的目的因。[297]就我们而言,自然的行为类型也代表着人的形式的某个方面的联系或保存,据此可以把行为视为一个可理智理解的意图对象。甚至在一个自然地厌弃自身的行为类型当中也是如此,例如,杀害行为,它被视为一个自然的对象,明显是一个趋向主体之安全或保存的自卫行为。① 笔者倾向于认为每个人类行为都可以按照这些条件加以分析。这么说并不是暗示人类行为可以在不提及自然对象时得到分析,那是由人类形式的联系或保存构成的——毕竟,作为理性造物,我们独特的生活方式包括沉思、享乐和交流想法、事物之性质、理智的美以及文化的盛宴。尽管如此,笔者确实认为,每个人类行为都将代表着某个自然的行为对象,无论它所代表的其他目的是什么。不管

---

① 这种分析思路就这样解释了阿奎那解释的一个令人困惑的特征。阿奎那论证,行为的对象总是在某个方面被视为善的——至少某些行为类型,例如杀害,把某种破坏的和自我厌弃的东西视为它们的对象(第二集第一部分100.5 ad 5)。这不是说,在这类情况下,行为的对象是被主体希望通过杀害实现的任何东西决定的,因为那等同于把行为对象纳入了主体行为时的目标之中。然而,一旦我们承认,某些行为类型,本身即是令人厌弃的,对于人来说仍然是自然的,因为它们代表着人类潜能的典型和正常的表达,就它们对人类福祉的整个贡献来说是可理智理解的,那么这个难题就解决了。继续使用杀害的例子。这是侵略潜能的一个极端表达,这样的话,它在人生当中确实具有一个自然的地位,作为逃避危险的更为一般的潜能的一个表达。因此,杀害作为一个自然的行为类型是欲望的一个可理智理解的对象,它代表着人类潜能的一个表达,在运用上追求安全和稳定的自然目标。

怎么说,即使并非每一人类行为都包含着这种意义上的自然对象,但这些行为还是构成着我们所做的一个非常广泛的部分,包含着我们的许多最具道德意义的行为。

当然,人类主体的恰当运转——她的人类行为,从完整意义上来说——代表着一种独特的运转形式,符合那种与她作为人类存在物相关的典型行动方式。更为具体地说,人类行为来自主体的认知和对她的因果理想的有意选择的运用,追求着某个她理性地认定为既是善的,也是通过被选择的行为可以实现的目标。(切记:阿奎那坚信每个特定行为都是被选择的,因为它代表着某个更大的目的的一个手段或者组成部分。)因此,对于大多数当代哲学家赋予主体行为的理由或意图以特别地位的做法,阿奎那是会表示赞同的。然而,这些理由[298]本身并非现代意义上的行为原因。毋宁说,行为本身是主体的因果效能的一个运用,通过自身的恰当力量,为的是实现某个目的,那个目的构成着她行动的理由。① 相应地,一个行为通过参照主体的行动理由反过来又与她联系起来。阿奎那会同意当前的共识:只有当主体旨在造成某个后果时,才能说她意图一个行为,或者自愿行为。当俄狄浦斯在通向他的王国途中杀死一位老人时,他没有故意地杀死自己的父亲,尽管他所杀的那个人事实上就是他的父亲,只是他并不知道。

按照这个方式理解的话,一个人类行为就是一个事件,它是由特定的关系类型构成的,亦即,主体与其主动力量的终点之间的关系。②

---

① 在这一点上笔者同意 Vogler,反对 Davidson。Davidson 的论证认为理由是原因,这贯穿着他的《行为与事件论文集》,Vogler 的答复参见《合乎理性的恶》,页213—222。笔者会补充说,理由是最终原因,但是那似乎不是 Davidson 的意思。

② 关于这种理解上的行为的个体化,参见 Brock,《动作与行为:托马斯·阿奎那与行为理论》,前揭,页49—93;对比 Vogler 在《合乎理性的恶》当中的评论,页58—59,尽管"有意行为"不是一个种(sortal),我们的行为类型概念却是多个种(sortals)(也就是说,我们不能在时间跨度内计算"有意行为",而又不进一步细化我们在计算什么但是我们能够计算杀人行为、劫财行为,诸如此类)。

这样的话，一个特定的行为是可以从因果互动的网络之中特殊出来的，它本来是植根其间的。它是发生在时间之内的，起于主体开始运用其力量的第一个动作，终于这些力量的效果与行为的终点联系在一起。这么理解的话，任何外部行为都必然涉及某种类型的身体运动，因为那是有形体的造物得以运用它们的因果力量的唯一方式。然而，行为在概念上并不等同于任何先定的身体运动的集合，相反，它借助因果力量的运用得到恰当的分析，这种因果力量是在那些运动之中发生的，并且贯穿着那些运动。① 相应地，主体只能意图他能够通过他的具体的因果力量所能合理期待产生的东西。② 我们甚至愿望得到我们知道[299]无法产生的东西，但是这些愿望只是愿望，不是指向具体行为的自愿选择。基于同样的原因，主体的选择除非参照他选择运用自己因果力量的特定方式，就无法得到有意义的描述。因此，不可能根据指向善的一般定位划定某人的意志，恶也是如此，除非有对展示他所实际做的善或恶的某种说明。我们甚至无法有意义地讲述主体的意志指向某种细化的人类善的立场，除非有对他对那种善带来了什么的某种

---

① 因此，每个动作都是按照 Davidson 所称的原始动作发生的。这是一个身体运动的外观，被丰富地解释为包括站稳、深思这样的行为。但是，(正常来说)行为的对象在概念上是不与任何这样的原始动作相连的。相反，它是被与那个动作的因果功效联系在一起的，被置于了一种合适的人类生活方式的背景之下加以审视。有很多杀人的方式，比如说，用刀、用枪、用绳子勒，诸如此类的，但是，从概念上来说，杀人行为是与任何这样的原始动作没有关系的。相反，它是按照对致命攻击的一个使用加以定义的。关于原始动作的更多内容，参见 Davidson, "Agency", 收录于《行为与事件论文集》，前揭，页 43—62。
② 正如 Brock 在《动作与行为：托马斯·阿奎那与行为理论》当中指出的，前揭，页 139—141。如果笔者的理解正确的话，Grisez 和 Finnis 坚持，主体的意图可以无须涉及那种构成着预想行为的因果效能的具体形式而得到细化。参见 Finnis、Grisez 和 Boyle 最近的论文，《"直接"与"间接"：对我们行为理论批判的一个答复》。笔者赞同 Long 的观点，《根据圣托马斯·阿奎那论道德行为对象的性质》，这等同于把行为对象纳入到了主体意图之中。更为一般地，笔者信赖 Brock：不涉及主体的恰当的因果运用去细化意图，这在概念上是不可能的。

说明。

在这方面阿奎那只提供了粗疏的纲要,他的行为理论似乎过于抽象而难有太多实践意义。但是阿奎那本人显然相信,对行为的一个一般的理论分析具有道德结果,正如我们从他对人类行为的善恶的分析当中所看到的,这以《神学大全》第二集第一部分第18个问题开始,延续到接下来的三个问题。尽管阿奎那在这一点上确实采取了传统的分类方法,但同样真实的是,他是按照前文所勾勒的一般行为理论来解释它们的。一个人类行为代表着对因果效能的一个运用,对事件的恰当描述为我们提供了行为对象,这个事件是以主体的主动能力的直接和恰当效果表述的。[①](因此,严格来说,不应把对象等同于主体行为所针对的某个人或某个东西。相反,"对象"涉及根据所示思路描述的行为本身。)同时,一个特定的行为是为了考虑某个进一步的善而被选择的,对于该善而言,它是一个手段、成分或表达。如果对象本就关涉目标,我们就可以在描述和评价整个行为时省略它们。否则,它们就代表着一个行为的两个不同的组成部分,每个都具有独立的道德意义。(阿奎那给出了亚里士多德的例子,有人把盗窃作为实施通奸的手段;参见第二集第一部第18个问题第7节)最后,因为一个行为是根据它所代表的因果效能的运用而被特殊化的,所以我们就可以把它从持续不断的条件和结果流之中区分开来,那是每个事件都植根其中的。存在着某些情况,[300]尽管它们也具有道德意义,但也要把它们与行为本身区分开来。

因此,阿奎那的分析给我们提供了一个辨识特定人类行为的合理方式,可以把它们与因果流隔离开来,那是它们自然地根植其中的。然而,在此处保持谨慎是非常重要的。阿奎那的行为分析预设着一个特定因果观,根据这种因果观,动力因的运用总是以某

---

① 笔者再次受惠于 Brock,《动作与行为:托马斯·阿奎那与行为理论》,前揭,页89。

种可以理智理解的方式出于主体的形式，而且将相应地指向某种代表着该形式的保存或交换的善。正是这种可理智理解性的结构使得我们能够以其自然对象辨识具体的人类行为。行为对象是由那种因果联系构成的，它在主体与她的有效活动的终点之间建立起来。（或者更为准确地说，它是这样给定的：假定行为是成功的，联系可能是什么。）这样的话，行为的对象就不能在离开对它所代表的因果效能的有效运用的情况下加以分析。我们能够辨识相关的因果联系，这又是通过我们对一个独特的人类生活方式所典型具有的行为类型的把握。我们能够辨识一个援助行为，或者交换行为，杀人行为，这是因为我们把握了这些行为类型的要点，凭借着我们的具体种类的生活方式，以及相应地，我们知道怎样以那些条件确认它们的典型效果。

需要强调最后一点。假定我们能够在作出一个关于构成着行为对象的因果关系的判断之前，通过追溯因果次序，把那些源于主体的东西与助推原因（contributing causes），背景条件，诸如此类的东西区分开来，这将是一个错误。从根本上来说，这是本内特建议我们去做的。但是，他的方法只有在以下情况下才有效：假定我们预设，原因是些毫无分化的力量作用，与运用它们的主体没有丝毫本质上的或者理论意义上的关联。按照这种观点，实际上并不存在把特定因果次序特殊出来的客观方式，而且把行为想象为类似水流或者泥潭这样的东西更为合理——那是我们可以基于自己的目标量化的东西，但它本身并不自然地分成各个单位。与之形成鲜明的对比，阿奎那在分析人类行为时采取了一个极为不同的因果观。按照他的观点，动力因的运用由于它与形式因和目的因的关系而是内在地可理智理解的。正因如此才可能辨识单个的事件和行为，才可能把特定行为的因果与有利条件（enabling conditions）、远程后果（remote consequences）和诸如此类的东西区分开来。

最后一点关系到另外一组议题，它们与做/默许的区分的地位不同，[301]但却相关。也就是说，目的和手段之间区分的道德意义为何？广泛认为，某些选择是被排除的，因为它们为了造成善的结果而使用了坏的手段，因此违反了"勿要为了善而作恶"(not to do evil so that good may come about)的禁令。这种直觉在传统上是通过双重效果的学说表现出来的。根据这个学说，它是一个评价模糊行为的真正图示，如果一个行为根据它的对象是善的或者中性的，那么它在道德上就是可以被允许的。如果坏的效果不是善的效果的因果手段；主体的意图是真诚的善的；而且，坏的效果与它所追求的善并非不相称的。① 对这个分析思路的反驳会问，我们为何要把行为的因果结构置于如此重要的地位，在这个例子中是手段与目的之间的关系。这个问题由于以下事实凸显出来：某些道德正当的行为类型明显包含着通过使人遭受损失或损害的方式来保护一种善——例如，战争中杀人，或者更为明确的，对罪犯执行死刑。当在这些行为类型之中这么做并非不道德时，为何通过破坏性的手段造成某些善的效果的类型就是不道德的？

限于本章主旨的范围，笔者只能对这些复杂的议题提出最为简化的评述。笔者是赞同双重效果学说的辩护者的：人类行为的因果结构确实重要。然而，这个结构的重要之处在于，它是行为的自然对象的决定因素之一，甚至先于它在决定行为的道德结构的角色之前。自然的行为类型具有一个典型的结构，据此人类福祉的特定方面得到特定方式的追求、享受、保护或者交换。因此，如果我们想在特定情况下确定行为的类型，就需要首先审视主体所做的与由此得以实现的人类善之间的因果关系。对于那些包含着为了追求某种善而有所损害或牺牲的行为来说，这种分析思路当

---

① Reeder 又为相关的文献提供了一个完整的、富有启发意义的指引，参见《杀人与拯救：堕胎、饥饿与战争》，页 106—153。

然是特别相关的。坦诚地说,这一点是需要谨慎对待的。然而,一般的想法是相当直接的:如果一个特定的行为把遭受损失或损害作为带来某个目的的必要或者因果直接的方式,那么行为对象就是由该目的决定的。朗格(Steven Long)通过分析阿奎那的论证指明了这一点:通奸不是自卫的一个正当手段,因为这种行为只是一个偶然的防卫行为。相反,在致死的防卫情形中:

> [302]致死的防卫与停止不正义的危险攻击有自然的关联。杀人"有时"随之而来,因为要求杀人的防卫是偶然的;但是,对于这次防卫来说却不是偶然的,它真的需要它。应当承认存在这样的情况,杀人只是防卫的一个结果,还存在其他的情况,需要谨慎使用致死的手段,从而保护无辜者,而且,它们要在防卫的属类根据之内使用,这纯粹是因为这是能够产生防卫的唯一适当的手段。因此,正如圣托马斯所言,这个行为存在一个种类,杀人有时随之而来,即,防卫行为的种类。虽然被选择的手段是蓄意致死的,杀害时所意图的是防卫,而且杀害是这次防卫行为的根本决定因素。①

笔者还要补充一点:致死的防卫是与防卫行为具有一种自然的关系的,因为杀死攻击者是人类通过侵略手段避开攻击的一般潜能的彰显。正因如此,自我防卫之中的杀人是一个可以确认的行为类型,它对于这种情况下的人来说是自然的。与之相对,性活动没有指向自卫的自然定位,因此性行为不能被视为自然的自卫行为。这并不意味着有人在死亡的威胁之下默许了性行为就应当

---

① Long,《根据圣托马斯·阿奎那论道德行为对象的性质》,前揭,页 61,强调为原文所有。Brock 顺着相似的思路进行了辩护,参见《动作与行为:托马斯·阿奎那与行为理论》,前揭,页 197—208。

被视为犯下了性的罪,我们也不能把某人在相似的威胁情况交出了他人的财产视为犯下了盗窃罪。相反,作出这些行为的人应当被视为是受迫行为。① 但是,在两种情形下,所讨论的行为都并非自然地是一个自卫的行为,尽管在每种情况下,行为都是出于防卫动机做出的。

无论怎么说,朗格的评述都有助于我们发现根据传统构思出来的双重效果学说的那种困难。也就是说,这个图示预设着,我们开始即清楚地知道什么构成着行为的自然对象,但在大多数相关的情形当中,那恰恰是我们需要通过对行为的直接结构的因果分析确立的。笔者将进一步表明,双重效果学说最好被[303]设计为一个在我们对行为的自然对象存疑时予以使用的图示——援引另一个经典的例证,我们不清楚一个特定的行为,是算作具有致死副作用的医疗行为,还是一个杀人行为。在这些情况下,必须对行为的因果结构进行细致的分析,这样才能建立该行为所代表的那种因果效能。在许多情况下(当然不是全部),一旦我们确立了行为的自然对象,它的道德对象就同样会变得明显——或者我们至少有根据得出结论:行为应当以某种特定的方式范畴化。一旦我们意识到特定的医疗介入会直接减缓它的效果,而且只是间接致死的,那么我们就可以稳妥地得出结论认为该行为不是一个杀人行为——因此,它不是一个谋杀行为。

我们现在回到那个更大的主题。笔者一直在论证阿奎那提供了一个令人信服的方法,它以对人类行为结构的更为根本的分析

---

① Christine Traina 辩称,在死亡的威胁之下默许性交应当被视为质料合作(material cooperation)的一种形式,参见《哦,苏珊娜! 新绝对论与自然法》("Oh Susanna: The New Absolutism and Natural Law"),见 *Journal of the American Academy of Religion* 65, no. 2(summer 1997):371—401,但是在笔者看来,它更符合我们把它视为一种受迫行为的整体判断。不用说,它本身是一个道德判断,需要作这样的辩护。然而,笔者在这里没有打算这么做。

第四章 自然作为理性:自然法的行为与诫命

形式区分了做和默许,据此我们能够(并非嘲讽地)谈论"行为本身",并且把它与它的结果和主体的整个意图区分开来。借助同一分析,我们也能把主体意图的——最为直接的,行为的对象——与那些可以被视为外在于主体意图的效果区分开来。还是回到我们开始就提到的那个例证。一位医生没有去医治一个垂死的病人,这不能说是杀了他,尽管她容忍他去死。没有任何合理的理解,能把她在这种情况下确已实施的行为视为是对她的防卫和侵略潜能的一种致死的运用——因此,不能把它们理解为对一起自然的杀人行为的例示。反过来,如果她对他施以毒药,那么这个行为只能被视为杀人行为,因为她这样确实运用了她的防卫侵略的自然潜能(尽管她的动机不是防卫或侵略),而且,她的作用的自然的和直接的效果正是病人的死亡。在这种情况下,笔者对说医生谋杀了她的病人感到有所犹豫,但却无法明白这个行为如何能够得到道德上的证成。(但是,即使这被视为正当杀人的一个例子,它仍然是一个杀人行为,而不是其他某个行为类型)。还有第三种情况。假设医生所施的药物具有直接有益的作用,例如镇痛,但是具体到这种情况,同时也具有致死的深层效果,或许是因为所需剂量超大。那么,该行为就是通过它的直接的缓和效果来界定的,这样的话就归于治疗而不是杀害行为的对象之中——至少在这个意义上说,它在道德上是可以证成的。(当然,考虑到其他因素,特定行为仍然可能是不道德的)。

[304]行文至此,笔者已经勾勒出了托马斯主义自然法理论内部的论证,它在具体行为及其结果与主体的总体意图之间进行了区分。在此必须简单地交待一下本章的其他任务。既然承认可以在一个行为与它的结果之间作出清晰而又连贯的区分,遵循义务论伦理所要求的方式,那么我们为何要赋予这一区分以道德分量呢?一般来说,答案是这样的:相关的区分,以及与之对应的义务论的道德结构本身,都深深地植根于一种独特的人类生活方式之

中,任何合理的人类福祉的理想都必须尊重它们。(然而,这并非说,具体的道德判断,据此得出了相关区分,同样是任何这样的理想的一个部分,就像植根于具体生活方式一样构成着理想)。而且,由于德性生活的理想必须是这样的,它能够被合理地视为人类福祉的完美而不是扭曲,那么结论就是:不管我们如何理解我们对另一个人的义务,它们都必须在某个方面尊重着人类行为所标示的义务边界和限制。

正如许多道德理论家业已指出的:严格来说,减轻痛苦和避免损失的无限义务,与赋予那些主体最为密切的需要和要求以任何特别的优先性,是不一致的。相似地,它与追求任何个体的项目或使命也是不符的。① 因此,如果我们想赋予减轻痛苦以绝对优先性,我们就无法维持家庭关系、友谊、社交的纽带,也无法在严肃的学术研究或艺术追求上投入精力——更不用说,作为正常生活部分的那些较不重要的兴趣和追求了。按照这些条件进行的生活几乎不能算作人生,更不是人类福祉典型的生活。笔者相信,这个事实本身就足以排除激进的结果论,它不是一个合理的正义理想。然而,在这一点上,笔者还想集中精力探讨另一个不同的主题。

阿奎那在展开对与正义相对的罪的讨论不久就评述说,"十诫"所禁止的行为类型具有共同的特征:它们剥夺了另一个人[305]他应得的荣耀(第二集第二部分第 72 个问题第 1 节)。"荣耀"这个概念表明,阿奎那想到的是对与卓越立场相连的独特主张的违反,而且实际上,他确实认为对这些类型的主张的违反是一种伤害。但是,在这种情况下,阿奎那所提到的是一个被一般的不得

---

① 哲学家们提出了很好的例证,参见 Bernard Williams 的富有影响力的论证,《对功利主义的一个批判》("A Critique of Utilitarianism"),收录于《功利主义:赞成与反对》,页 77—150;Gilbert Meilaender 顺着相似的思路提出了一个神学批判,《尔等如神:道德理论与骄傲之罪》("Eritis Sicut Deus: Moral Theory and the Sin of Pride"),见 *Faith and Philosophy* 3(1986):397—415。

伤害的规范所违反的特征,它没有任何限制地应用于所有人。因此,他在这里想到的是每个人都应得的尊重和自制,仅此而已。就此而论,不得伤害的规范表达的是什么是人的集合含义。果真如此,它们就扩展和限定着一般的正义理想,使每个人各得其所,以一种大多是消极的方式宣布什么是人之个体应得的,在卓越的主张、特殊关系,诸如此类的之前。相应地,通过遵守这些禁令,一个人获得了他或她作为道德共同体的一个责任成员的位置,并且通过这么做肯定了他或她作为一群伙伴同样值得尊重和自制。这样的话,这些禁令既表达了一个完整的生活方式,也使得这种生活方式成为可能,其中人作为个体、能够从事责任行为和值得尊重的观念找到了它的社会体现。

许多当代学者都表达了相似的观念。正如弗里德(Charles Fried)所言,"范畴规范的形式(关于对错的规范),正如这些规范的内容所做的,表现着相同的人格观"。[1] 他接着说:

> 可以肯定,道德总是与全部结果有着这样或那样的关联,这些结果是我们促成或者避免的。然而,范畴规范意指做什么是错的……但是,它们的绝对力量只与我们所意图的东西相连,而与作为我们有意图地所做的结果而产生的整个事物范围无关。道德主体与他所完成的意图的联系……纯粹是另一个方面,规范的实质内容的程序方面。两个方面都表达着一个潜在的人的道德观。把人尊为最终的道德个体,这是范畴规范的内容所表达的。应用的模式,程序的方面,表达着个体作为道德主体的人格效能的同一确定性。[2]

---

[1] Charles Fried,《对与错》(*Right and Wrong*),Cambridge:Harvard University Press,1978,页14。

[2] Fried,《对与错》,前揭,页20—21。

在笔者看来,做与默许之间的区分,最终建立在人类行为的形而上学之上,而不是我们的[306]"人的道德观"之上。尽管如此,弗里德还是通过这些评论为这种区分的规范含义提供了一个清晰而又简练的总结,借助这个过程他帮助我们看清了它如何以及为何在道德上是突出的。在基本福祉方面,相互克制的规范明定了界限,它们把一个共同体的同胞与其他东西划分开来。借用康德的话来说,它们把能够被意志使用或享受的东西与人,他不能仅仅被化约为个人目的的手段,区分开来。人类福祉的这些组成部分通过正义和正当关系的理想再次被细化,通过它们克制和尊重的界限形诸共同体的整个使命、实践和制度结构。

我们业已指出,做与默许之间的区分是被一种义务论的道德预设下来的,而且这将导致我们猜测:这种区分的道德要旨(moral salience)同样也是植根于我们这种造物的福祉的必然要求之中的。人类根本的体验在于:把自己作为能够给世界带来变化的主体,这要求懂得自己的行为,相应地也懂得他人的行为,把它们作为人的作用的范式表达。果真如此,那么我们就可以期待拒绝和忽视那样的行为,它在通常情况下是不那么值得谴责的,或者只有在某些背景下或者以一种受限的方式才应受谴责——似乎确实如此。

而且,这种分析思路也表明了:为何做与默许之间的区分在刚才提到的那些情况下尤为重要,那些都是涉及生死的大事。也就是说,这种一般的区分似乎与一种原始的意义紧密相关:人应当免于攻击,把攻击理解为针对的是另一个人的身体完整。① 笔者称

---

① 因此,笔者大体同意 Foot、Reeder 和 Warren Quinn:我们赋予做与默认这种区分的道德分量是以克制的主张比受到援助的主张更为迫切为基础的。Foot 整个生涯都在扩展这个论证。最近的论述参见,《杀人与让死》("Killing and Letting Die")和《道德、行为与结果》("Morality, Action, and Outcome")(都原版于 1985),收录于《道德困境与其他道德哲学论题》,页 78—87 和页 8—104;Quinn 的观点(转下页注)

之为一种原始的含义,是因为它似乎扎根在儿童早期的体验之中,有时是作为世界的一个因果力量行为的,有时则是他人行为的对象。①

[307]这些体验调节着儿童与她周围的人的最初的关系,正是通过这些体验,她习得了被作为一个人而不是东西对待的意味,并且以相同的方式回报他人。她懂得了人们(以及其他的有感觉的造物)不应被打、被抓或者被咬,同时她也体验到了打她、抓她和咬她的伤害和羞辱。(笔者这并非在预设,她的父母有着奇怪的惩戒观念,而是说她在这个阶段与其他孩子和动物的交流)。如果一切顺利,这些体验会产生一种同情的潜能,这是一种当她打别人时就会有的感觉,他们痛苦的方式堪比她自己已经体会到的。而且,笔者相信,这种同情感是理解敬人如己所指的内容的一个必要条件。我们关于视他者为人的所指从一开始就有一个具体的内涵,而且处于这个内涵核心的是这个观念:人不是身体攻击的一个适当对象。这就是为何在很多情况下身体完整性在我们的道德和法律直觉当中具有如此重要的地位,这也是为何某些错误类型以极为突出的形式震撼着身体完整性,特别令人恐惧,例如,强奸和拷打。

相反,未能避开来自他人的伤害的失败,并未以同样直接的方

(接上页注)见于《行为、意图与结果:做与默许的学说》("Actions, Intentions, and Consequences: The Doctrine of Doing and Allowing"),见 *Philosophical Review* 48, no. 3(July 1989):287—312;Reeder 的观点在《杀人与拯救:堕胎、饥饿与战争》之中得到了总结,页 172—175。但是,笔者不接受那种表态:这种区分本身即是做与默认区分的基础。

① H. L. A. Hart 和 Tony Honoré 在《法律中的因果关系》(*Causation and the Law*)当中提到了相似的一点,第 2 版,Oxford:Clarendong,1985,尽管并没有特别提到儿童,参见页 28—32。虽然笔者不想过于强调这些相似点,但是,比较他们在法律之中假定的因果概念与这里展开的解释,是富有启发意义的。那种分析的主要思路出现在页 9—61。Diana Cates 以稍微不同的方式解决了相似的主题,她深入分析了培养对另一个人的热情意味着什么,《选择感觉:德性,友谊与对朋友的热情》,前揭,特别是页 131—153。

式表达对那个人的人性的忽视。如果我默许某人去死，我的作为或不作为就会是懦弱的、令人遗憾的、冷酷无情的，甚至等同于谋杀，这取决于总体的情形，但是，至少我没有通过直接攻击她的外在生命辱没他人的尊严。这就是理解施救义务的背景。错误的杀人包含着对另一个根本尊严的攻击，而未能把另一个人从死亡当中解救出来却不一定表达对他的人性的相似忽视。然而，这种失败可能表达着对另一个人人性的可责的忽视，与谋杀他所表现的忽视相似。尤其是，如果有人能够让另一个人晚死一点，而又对她本人没有危险，但却没有那么做，我们就会这样认为。

难道这不意味着行动和默许之间的区分终究是要垮掉的吗？绝非如此：它仅仅表明，我们在生死情况下对犯罪和责任的评判除了做与默许的根本区分之外还反映着其他因素。更为［308］具体地说，如果有人处于急迫的死亡危险之中，对他进行施救的义务，反映着在这种情况下受难者和他的潜在的援救者，卷入了这种情形本身所导致的相互关系之中。在死亡的痛苦之中直面另一个人类存在物的人，转过头去，在字面意义上或者比喻意义上，表达着他的感知：这是不值得施救的，他退出了。这并不意味着他所做的在逻辑上等同于杀人。它只是意味着，在这种情况下，我们认为自己有一个责任，它大体上等同于我们不去攻击另一个人的责任。

我们在结束本节之前，还要准备两个更进一步的评论。笔者在前一节说过，充实着正义理想的福祉规范从根本上来说是社会规范，反映着一个既是理性的也是社会的动物类型所特有的群体生活方式。这似乎意味着个体的诉求对于共同体的诉求来说是次要的，甚至是屈从的。但是，正如我们刚才所看到的，即使在基本福祉的层面上也并非如此。我们是社会性动物，我们的生活方式在典型意义上是公共的。然而，这里所讨论的共同体类型是由克制的规范建构的，其中共同体的每个成员都享受着一席安宁之地。

这对于所有社会性动物来说似乎都是真实的。此外,我们作为理性的动物具有把我们自身概念化的能力,我们属于一种值得尊重和克制的造物。为了获得德性的实践所构成的那种完全发展的福祉形式,有必要把基本概念转化为对其他人的诉求的尊重——也就是说,必须采取一个正义理想,并且为此而活。

请注意,在这个背景下笔者说的是一个正义理想,而不是特指的"那个"正义。人类福祉需要一种公共的生活,其中个体享有一席之地。但是,这个要求就其本身而言,并未决定具体的边界,据此尊重人才能得到表达。这甚至没有预设共同体之内的所有人都会受到平等的尊重,或者享有相同的克制诉求——它只是预设(至少)共同体之内的所有正常的成年人都被视为享有着某种克制的诉求。平等关怀的理想,据此,我们每个人都应当得到相同的基本的尊重,是一个正义理想。而且,我会论证它就是正确的正义理想。但是,这个主张只能根据神学的理由加以证明——它不是人类福祉必然要求的一个必然表达,它在逻辑上也不是个人的主体感或者交换的要求所必需的。我们将在下一章回到这些主题。

五、审慎与道德知识的界限

[309]我们通过前面一章和本章的研究可以表明,实践理性及其典型的德性,审慎,在道德反思和行动之中只发挥着辅助性的作用。而且毋庸讳言,托马斯主义伦理观的许多其他的当代表述都赋予了实践理性或审慎以核心地位,与之相比,审慎在这里所讨论的托马斯主义自然法理论当中只具有相对有限的作用。正如我们业已看到的,在我们当代有人坚持认为:实践理性在思辨理性的活动之前通过它自身运用的必然要求产生着道德规范。对于其他人而言,审慎的活动使得道德规则变得无关紧要,尽管它们仍然具有次要的作用,作为智慧者过去判断的总结,作为一般指南是有用

的,但却不是在任何对于道德判断根本的意义上。①

正如前面的讨论所表明的,笔者不太相信前一立场能够获得支持,不管是作为对阿奎那的一种解读,还是基于它自身的优点。正如我们已经看到的,对于阿奎那来说,实践理性总是在选择的层面上发挥作用的,也就是说,它总是帮助辨识特定的行为,它们作为某个更深的目的的手段、成分或者例示。这并不意味着,实践理性被严格限定在狭隘的工具意义上,限定着明确细化的目的的手段,但是它却意味着实践智慧没有设定统辖我们行为的目的。阿奎那在第二集第二部分第 47 个问题第 6 节讲得很清楚,他在那里否认审慎设定着道德德性运行的目的。这些是被实践理性的首要原则设定的,它是通过良知(synderesis)习惯地认知的。这些首要原则只能实践地运行,因为它们是被人这种造物的自然倾向所充实的,并且通过主体关于什么是他所认为的他终极善的东西的信念和对之的定位,来赋予具体的含义。实践理性在运行上依赖思辨判断,而且基于同样的理由,审慎的德性预设着[310]——它没有直接产生——关于主体恰当目标的正确判断。

截至目前,我们还没有机会澄清第二种解读,而且这份研究的范围也不允许我们详细讨论。但是,正如许多学者最近指出的,它既无法作为对阿奎那的一个解读加以维持,也无法作为道德反思的一般阐述加以维持。② 我们在下文当中会回到这个立场所提出

---

① Rhonheimer 提出了一种观点,它可能是第一种立场的最有影响力的当代形式。Grisez/Finnis 的理论与这种观点相似,因为他们也认为自然法的诫命不依赖于思辨知识。但是正如 George 所评述的,说他们认为理性通过它的恰当运行生成规范,这并不准确;参见 George,《为自然法辩护》,页 89。近些年来,后一观点已经被若干论者辩护为是对阿奎那理论的解读,其中著名者包括 Daniel Mark Nelson,《审慎的优先性:阿奎那的德性与自然法理论及其对现代伦理学的意义》,前揭,以及 Bowlin,《阿奎那伦理之中的机缘与命运》,页 93—137。
② 在笔者看来,Pamela Hall 在《叙事与自然法:一种托马斯主义伦理的解释》当中为这种解释思路提供了一个决定性的回应,下文将详细讨论。Westberg 在《正确的实践理性:阿奎那理论中的亚里士多德、行为与审慎》当中同样批判了它,(转下页注)

的理论问题上来,把它作为对道德判断一个解释。作为对阿奎那的一个解读,在笔者看来,它似乎并非来自相关文本。阿奎那赋予德性以突出的、根本的地位,这胜于许多评论者所承认的,他把它们视为人类行为所从出的内在原则。但是,按照这种理解德性与法律和恩典是相协调的,它们包含着人类行动的外部原则,对它的解释同样是必需的,尽管方式不同(第二集第一部分第 49 个问题引论)。更为具体地说,他说"上帝通过法律教导我们"(第二集第一部分第 49 个问题引论),这至少表明,法律具有某种实质内容。而且,阿奎那在第二集第二部分用了 124 个问题讨论只与枢德相连的道德规范,其中既包括节制和勇敢的诫命,也包括正义的诫命。尽管在这些规范之中有很多确实是一般的理想,其他的却显然与通常理解的道德规范相符,而且在很多情况下,阿奎那是通过艰苦的道德决疑术详细讨论这些的。我们再次看到,阿奎那认为实践理性的运行是依赖于它所没有产生的规范的。

同时,实践理性的运行,其中包括审慎判断的运行,是不能被理解为它们严格对应于那些思辨理性的。[1] 尤其是,道德推理从

(接上页注)页 216—260。一般地,他在那里的讨论有助于确立阿奎那把审慎作为一个德性进行讨论的主要思路。笔者对上述观点的回应参见《道德行为与基督教伦理学》,页 125—166,以及《智慧的人知道什么:阿奎那〈神学大全〉中的德性与自然法》("What the Wise Person Knows: Natural Law and Virtue in Aquinas's Summa theologiae"),见 *Studies in Christian Ethics* 12(1999):57—69。

[1] 笔者赞同 Pinckaers 和 Kevin Flannery:阿奎那对道德行为的分析(Pinckaers)和自然法诫命的内在秩序(Flannery)为真正的、系统的道德知识提供了一个基础,但是在说这是科学上笔者比他们更犹豫。参见 Pinckaers,《我们永远无能为力之事:内在恶的行为问题、历史与探讨》,页 36,以及 Flannery,《诫命中的行为:托马斯·阿奎那道德理论的亚里士多德主义的逻辑结构》,Washington, D. C.: Catholic University of America Press, 2001, xv. 相似地,Eileen Serene 评述说,阿奎那坚持认为,泛泛而论,自然科学与道德科学都是能够接近真正科学的理想的,尽管它们无法完全达致。参见 Eileen Serene,《对亚里士多德的物理学和运动科学的解释》,收录于 Norman Kretzman、Anthony Kenny 和 Jan Pinborg 主编《剑桥中世纪晚期哲学史》,页 506—507。尽管如此,阿奎那坚信,我们无法获得对偶然的单个(转下页注)

其本质上而言[311]无法具有某些(并非全部)思辨推理的形式那样水平的确定性,因为道德推理总是处理着单个对象,那不容许完全科学的理解。按照阿奎那的观点,恰当称谓的科学是普遍和必然原则及其结论的知识,那么相应地,我们就无法获得单个和偶然对象的科学知识。这意味着实践理性由于指向当然是单个和偶然的人类行为,在其运行上就无法实现科学的确定性。然而,这并不意味着在实践理性的运用上就不存在任何标准,也不意味着它排除了在它的运用上的能力和技巧的发展。

相反,实践理性的独特作用和限制,为一种不同的德性,即实践智慧或审慎的德性,提供了根据和运行范围。同时,由于这种德性也成全着一种具体的人类潜能,没有它福祉和幸福的各个不同的方面就无法实现,那么它本身就是作为德性生活的幸福的一个完整的组成部分(参照第二集第一部分第57个问题第5节)。正如我们在下文将要看到的,实践理性的限制为审慎判断的运行的创造性,提供了一个比我们预想的更大的范围,鉴于它对思辨判断的依赖。尽管审慎并非直接地产生道德规范,但是,它却以间接的、重要的方式有助于这些规范的表述——正如我们将要看到的。我们现在把阿奎那的阐述作为我们的起点,转向对枢德中的第四个德性的细致研究。①

阿奎那在第二集第二部分对审慎进行了阐述,我们一开始就读到,审慎是一种智力德性(第二集第二部分第47个问题第1节),更为具体地说,是一种实践智力的德性(第47个问题第2

(接上页注)事件的真正科学的知识,而且由于这包括行为,那么实践理性就无法在运行时获得确定性。对这些要点的特别清晰的阐述参见《尼各马可伦理评论》(*Sententia libri Ethicorum*),VI 1.3,段1145以及II 1.2,段258—259。

① 除了前文所援引的论者,笔者在接下来的内容上特别受惠于Richard Sorabji,《亚里士多德论智力之于德性的地位》,收录于《亚里士多德伦理学论文集》,Amélie Rorty主编(Berkeley: University of California Press, 1980),页201—219。

节),它把一般原则在特定行为上的应用作为自己的特殊问题,那具有一个主体生活整体完美的目标(与艺术相反,第二集第一部分第57个问题第4节)。因此,审慎必然与偶然的单个事物相关,而且[312]这也是为何即使在最好的情况下它的思考(deliberations)也缺乏科学确定性的原因(第二集第二部分第47个问题第3节)。它的关键行为在于探究在特定情形下什么要被做,形成一个基于那种探究的判断,并且对这样决定的那个行为或多个行为发号施令(第二集第二部分第47个问题第8节)。而且,恰当称谓的道德德性(即,节制、勇敢和正义)无法离开审慎而存在(第二集第一部分第58个问题第4节),审慎反过来也无法脱离道德德性而存在(第二集第一部分第58个问题第5节)。

正如我们已经评述的,审慎是在选择层面上运行的,而且正因如此,它并不决定主体行为时的目的。然而,这并不意味着审慎不过是发现有效的、适当的手段的能力,通过这种能力实现细化的和确定的目的。相反,正如阿奎那接着解释的,确定道德德性的中道也与审慎相关(第二集第二部分第47个问题第7节)。所谓的中道,他接着解释说,不过是在那个生活领域与理性的一致,那就是那种德性的质料。换言之(正如阿奎那刚才解释的),德性的中道不外乎良知所设定的这种德性的目的,也就是说,对实践理性首要原则的习惯性把握。然而,正如我们刚才看到的,与理性的一致对于不同德性来说具有不同的,尽管是相似的,含义。而且,在特定的情形之下,具体地算作与理性一致并不是通过良知预先决定的,但是必须受到审慎的判断的决定(第二集第二部分第47个问题第7节,特别是答复3;对比第二集第一部分第66个问题第3节答复3)。

关键点即在于此。对审慎和恰当称谓的道德德性之间的不可分割的联系的任何解释,都必须考虑它们在实践之中所获得的密切的辩证关系。一方面,意志和激情的德性并非仅仅欲望去做好事,这是由审慎独立地规定的。相反,它们在个人对善的欲望之中找到表达,既是在一般条件下,也是以她对适宜、高贵、体面、值得赞扬的钦佩和欲望,这些理想已经融入了她,通过她的德性理想的形成,以及通过她欲望过一种整体上德性的和幸福的生活的欲望。这些欲望反过来又设定着整个人的定位,她的精神以及她的激情和意志。正是因为她欲望着善,既以一般的方式,也以各种具体的方式,有德性的人才会关注一个情形的特定特征,而且不去注意或者说忽视其他特征。一种局面的某些方面对她来说具有一个突出特征:对于有些与善不是一般相关的人来说,它们没有。① [313] 因此,有德性的人的欲望充实着她的判断,在部分上决定着那些描述,在这些描述之下她审时度势,并且思考着她的未来行为。

同时,我们看到,审慎所在不止于勾勒出怎样实现德性所设定的那些目的的能力。实际上,稍作思考就会发现,这无论如何都不是一个思考有德性的行为的现实方法。尽管可能在某些情况下,有德性的个人明确地知道在特定情形下他需要做什么,但对于实施他的善的目标的手段却是有所疑惑,这通常是出于好意的不确定性,但有德性的人却不是这样的。例如,请比较一下以下两种情况:首先是这样的不确定性,个人感到有必要做点慈善,但却不能确定何种慈善最有效;其次还有这样的不确定性,父亲想对儿子更慷慨些,但却担心给太多钱实际上不是真正的慷慨,因为这会滋长孩子的依赖性和被动性。后一种情况与前一种情况是不同的,它

---

① 笔者是从 Ronald de Sousa 读到这一点的,他论证说,激情以这种方式设定着显著特征的类型,它以某种方式而不是另一种方式决定着感知和选择。参见他《情感的理性化》(The Rationality of Emotion),Cambridge:MIT Press,1987,页 171—204。他没有把这一点具体应用到德性之上,但是按照阿奎那的阐述,激情的德性在质料上等同于激情本身,受到德性的"habitus"的限定,把一组显著特征而不是另一组显著特征带给了个人的感知和欲望。对于这在一组具体的激情和德性方面实际意味着什么,有一个细致和富有启发意义的分析,参见 Cates,《选择感觉:德性、友谊与对朋友的热情》,页 131—153。

的不确定之处在于通盘考虑的话,什么算是一个慷慨的行为。在后一种情况下,审慎所提供的是一个限定:在一个具体的情形下,什么算作一个有德性的行为;那就是以下说法的含义:审慎在具体的选择情形之下,限定着德性之中道的具体内容。

至于这意味着什么,那在不同的德性和不同的情况下都是不同的。对于勇敢和节制及其相关的德性而言,审慎的应用将与主体本身具有无法避免的关联,因为正如我们已经看到的,这些德性的中道是由主体自身的单个善决定的(第二集第一部分第 60 个问题第 2 节;第 64 个问题第 2 节;第二集第二部分第 57 个问题第 1 节;第 141 个问题第 6 节)。因此,虽然审慎的人在他的思考当中受到了慎重、耐心或者其他的范式的指引,但他对什么算作慎重举动(例如)的限定必然包含着对沉迷和禁绝的平衡,那与他的总体的善最相符。另一方面,正义德性的中道是受到人与人之间的公平和平等的客观准则限定的(第二集第一部分第 60 个问题第 2 节;第二集第二部分第 57 个问题第 1 节)。这样的话,正义的客观要求是能够被那些人发现和实施的,至少在某些情况下如此,他们并非特别有德性或审慎;无论如何,这都是阿奎那[314]在第二集第一部分第 100 个问题第 1 节的评论所隐含的,结果"十诫"的规范对于大多数人来说是显明的(而且,阿奎那对于大多数人并没有很高的期待,参见第一集第 49 个问题第 3 节答复 5;对比第二集第一部分第 109 个问题第 2 节)。同时,如果得出结论:正义的要求是次要的,或者是外在于德性生活的,这将是一个错误。① 毕竟,正义本身即是一种德性,并且像节制和勇敢一样,是拥有它的个人的行动潜能的一个完美(第二集第一部分第 56 个问题第 6

---

① 这是 Giuseppe Abbà 在其出色的著作的结论部分所断定的,《法律与德性:圣托马斯·阿奎那道德理论的演变》(*Lex et Virtus: Studi sull' evoluzione della dottrina morale di san Tommaso d'Aquino*),Rome:Libreia Ateneo Salesiano,1983,页 265—271。

节；第 60 个问题第 3 节）。具体而言，它把个人指向共同善，在阿奎那看来，那是个人的完满成全所必需的（第二集第一部分第 56 个问题第 6 节；第二集第二部分第 47 个问题第 10 节；第 58 个问题第 12 节）；同时，它既限定着节制，也限定着勇敢，提供着据以区分真正节制和勇敢与这些德性的不完整或伪造形式的规范（第二集第二部分第 58 个问题第 5、6 节）。

根据上一章和本章的研究可以看出，阿奎那所理解的道德推理与这种观察中道的过程是紧密相连。然而，把审慎的运行与这个过程简单等同起来，这将是一个错误，仿佛实践判断总是能够根据对一种德性的中道得到分析，在运行上完全独立于其他德性。通常，我们日常生活所面临的选择会提出一些因素，它们不止与一种德性相关，而且在它们的运用上参与多种德性。因此，实践理性要求平衡各种不同的因素，以便达到一种选择：它不仅在这个或那个方面是有德性的，而且是毫无限定地有德性。审慎的人的标志在于，具有这一平衡各种不同因素的能力，从而达到一个确定的判断，这个判断涉及通盘考虑的最佳行为过程。这就把我们带回到了一个较早的观察——即，道德理性化的标志之一在于那种把各种不同的因素置于恰当次序的能力。这就是为何阿奎那坚持认为德性是相连的，任何人都无法在不拥有和运用全部德性时拥有或真正运用一种德性（第二集第一部分第 65 个问题第 1 节）。

然而，如果我们想当然地认为，有序意味着按照一个单一的、统一的尺度安排人类生活的各个因素，很可能是按照从高到低的目的安排这些，或者根据一个单个的标准（例如，价值最大化）分析每个因素，这将是误导性的。有时有人主张，除非我们能够以这种方式把每个急需之物都置于[315]单一尺度之上，否则选择就是不可能的。然而，正如斯托克（Michael Stocker）所辩称的，如果真的是这样的话，我们几乎永远无法作出实践判断：

第四章　自然作为理性：自然法的行为与诫命　　385

　　实践情形通常需要一种平衡，平衡各种不同的德性，平衡各种不同的情感及其特有的恰当对象。如果根据以一个同质的尺度达到一个连续体的中道的方式理解这种平衡，那么这些情形面临着在亚里士多德的善人上的无穷冲突。反之，如果这些情形确实容纳了一个正确的解决方案，那么这些解决方法就无法要求一个同质的连续体。①

　　正如他接着论证的，亚里士多德的善人能够以必需的方式作出实践判断，因为她有能力把它们置于一个整体框架之内，斯托克称之为一个"高度综合的范畴"。② 这个高度综合的范畴可以像我们的愉快的一天的观念那样简单，根据它我们在逛商店还是做家务之间进行选择（这是笔者的例子，不是斯托克的），也可以像我的幸福观或者德性生活观那样无所不包。无论如何，一个高度综合的范畴提供了一个框架，在这个框架之内评价不同因素的意义和相对价值，正因如此，它使得我们能够作出一个充满着理由的选择，以某种综合的秩序整合这些理由——换言之，一个非恣意的、理性的选择。尽管如此，仍然需要指出，这个框架并非典型地要求唯一的选择，因为通常并非只有一种评价各种不同因素的说得过去的方式，即便是在一个特定的综合范畴的框架之内也是如此。但是，我们无须称奇，因为正如我们已经指出的，实践理性引导我们得出理性化的结论，但并非确定的和强制的。

　　斯托克对实践推理的分析是以亚里士多德的中道学说为起点的，但是他所讲的与阿奎那对审慎的分析也是一致的。按照一种托马斯主义的分析，实践理性判断的恰当的综合范畴是幸福所提

---

① Michael Stocker,《多元冲突价值》,Oxford:Clarendon,1990,页 133；更为一般地参见页 129—207。
② Stocker,《多元冲突价值》,前揭,页 172。

供的,那被理解为德性的实践。相应地,如果我们想裁断不同的道德因素,解决道德冲突,那么就需要诉诸或发展一种恰当的德性关系的阐释。这就意味着确实存在着一种含义:各种不同的因素是按照一个从低到高的尺度安排的——也就是说,高等德性的诉求,特别是正义(在可应用的地位)和爱塑造和指引着对低等德性的运用(正如阿奎那[316]所说的,参见第二集第二部分第 23 个问题第 8 节;第 58 个问题第 12 节)。但是,这并不意味着我们对高等善的欲望,例如,智力活动或者宗教崇拜,应当总是取代我们对低等或较为基本的善的欲望。相反,正义的要求也需要我们在某些情形下放弃高等善,以便回应他人对我们的公正要求。而且,阿奎那坚持认为,对于个人能够做什么,这是存在着限制的,即使在对真正共同善的追求中也是如此(第二集第一部分第 96 个问题第 4 节;第二集第二部分第 68 个问题第 3 节)。爱与正义是至高的德性,但是这并不意味着德性的冲突可以通过一个简单的善的排序,从高到低,或者从大到小,从而得到解决。除了其他因素之外,他人的特别诉求,以及我们的公平和不得伤害的一般义务,都对行为举止施加了限制,而且我们必须把这些考虑在内,才能尝试评价德性在特定情形之下的全部要求。

这些所需的那种反思类型在第二集第二部分第 101 个问题第 4 节得到了阐明,阿奎那在那里问,宗教守则(开启宗教生活所特有的)是否应当由于个人对父母的责任而放弃。他的回答是,这里的紧要问题似乎是两种德性之间的冲突,宗教和孝道(对自己父母的正确情愫),但他接着论证说,实际上并不存在这样的冲突:

> 没有一种德性是相反于另一种德性的,或是互相抵触的;因为按照大哲学家……所说的,善不与善相反。所以,孝敬与宗教不可能会互相矛盾,以致其一的行为,为其二所排斥。因为同前面第二集第一部分第 18 题第 3 节已经讲过的,任何一

种德性的行为,都受限于适当的情节;如果忽略这些情节,就不再是德性的行为,而是罪恶的行为了。因此,以适当的方式服侍及孝敬父母,这是属于孝敬的事。但是,如果有人注意恭敬父亲,胜于恭敬上帝,这就不是适当的方式了。

不出我们所料,他据此得出结论:个人对上帝的义务应当通常胜于个人对父母的义务。有人赋予后者更重的分量,这就是罪恶的行为,而不是德性的行为,他的行为由此就不是真正的孝道。因此,在这种情况下,不存在冲突,高等义务确实胜于低等义务。

但是,假设有个人的父母完全依靠她,没有她的支持他们无法保障生活必需品。针对这种情况,阿奎那说,应当赋予宗教和孝道各自的分量就发生了[317]变化:

> 如果我们的生身父母需要我们的服侍,没有了这样的服侍,他们就无法生活下去,而且他们也不叫我们去做什么反对上帝的事;那么,我们就不得为了宗教而舍弃他们。然而,如果我们不能服侍他们,也不至于犯罪,或者虽然没有我们的服侍,他们也能一样生活下去;那么,可以把服侍他们的事放下,以便专务于宗教之事。(第二集第二部分第 101 个问题第 4 节答复 3)

我们在这里可以发现一个复杂的家庭状况,它需要艰难的个人选择,而且除此之外,还有一个复杂的社会世界,它对个人提出了无法回避的要求。我们或许可以认为阿奎那在这里所说的是艰难的个人体验。无论如何,清楚的是,个人及其最为密切的组织,上帝和家庭,家庭和更大的共同体,都无法在一个背景思考和评价之前得到裁断和解决,它们涉及不同的诉求及其相对分量和优先性。有时这种评价能够通过诉诸看起来似乎是明显高等的因素加以解决,但并非总能如此。尤其突出的是,正义的要求,以及更为具体的特别义务和不得伤害的基本规范,都设定着界限,围绕着什么算作可以准许的选择,即使这些迫使我们不顾那些反之将是有分量的因素的东西。

看起来似乎是这样的。然而这些界限本身有时是难以划定的,或者它们在当前情形的应用上是不清楚的。这就把我们带回到了本节开端所提出的审慎判断与传统道德规则之间关系的问题之上。如果不理解实际道德决定之中所包含的复杂性和模糊性,就无法在道德规范之上投注持久的关注。这并非说道德决定的做出,从智力方面来说在每个人情形当中都是艰难的和模糊的。阿奎那是以人类行为的结构来分析道德规范的,这就为我们提供了强有力的资源,可以解决广泛的难题。而且,即使离开某种这样的理论框架,大多数负责任的成年人通常也能够在许多选择之中确定正确的行为过程,那是我们在日常生活之中所面对的。然而,我们无法一并消除遇到另一种困难的可能性,即,一种恰当的智力难题,它产生于我们道德概念本身的模糊性。我们会发现,一项既定的道德规范在我们所面临的情形之中是否适用,真的令人感到困惑;即便我们清楚地知道它会适用,我们也仍然不清楚怎样去适用它。

为什么会这样呢? 因为正如人们所广泛承认的,[318]道德概念必然总是具有某种程度的不确定性。① 也就是说,它们并没有清楚地决定它们本身在每一种情形中的应用,我们也并非总是能够确定,一个特定的概念是处理特定情况的唯一或者最好的方式。

---

① 笔者在下文总结了在《道德行为与基督教伦理学》之中所详细展开的论证。除了前文所引的 Kovesi 之外,笔者也特别受惠于 J. M. Brennan,《道德概念的开放结构》(The Open-Texture of Moral Concepts),New York: Barnes and Noble,1997。

归根结底,也不可能形成一组规则,应用一个道德概念,它具有充分的综合性,彻底消除这种不确定性,因为这些规则本身需要得到应用,而且我们在某些情形下需要应用规则的规则,依此类推……有些时候,我们需要以这种方式而不是另外一种方式应用一个既定的道德概念,这是简单的道理。这个决定不是恣意的——相反,它是一个规则主宰行为的典型例证,因为一个概念是一项规则,应用它就是遵守一项规则。基于同样的理由,应用道德概念的过程是模糊的——我们正常地是可以证明我们的具体判断的,根据它的显著理由,这可以被我们和我们对话者承认的。然而,我们所不能做的是提供那些理由,它们迫使任何理性的人同意我们对该概念的应用是唯一正确的。

因此,道德规则应用本身是需要运用某种判断的。一旦这一点得到确认,我们就会发现,审慎与规则主宰行为的二元论是不可靠的。审慎的人通过一个判断过程应用道德规则,而不是像一个数学家那样使用一个决策程序,因为不存在其他的方法适用以自然语言表述出来的规则。那么,有德性和审慎有什么优势吗?什么是具有实践智慧的人能做而其他人都不能的做的事情?为了回答这个问题,我们再次审视以下主张:对于智慧的人来说,道德规则是作为箴言起作用的。这个主张有真理的成分,因为道德规则无法脱离对例示它们的情形的某种认识而得到把握。然而,简明扼要的语句,坚持把规则视为箴言或者拇指规则,这都表明规则不外乎是浓缩的情况说明,它们提供了过去决定的速记,但没有增添任何新的元素,我们能够(实际上是理想性的)从对这些情形本身的逐一研究中学到。

然而,很难说这是一个现实的图景,甚至不是一个普通总结所具有的,更不用说传统的道德规则了。任何总结都绝非内容的集合。每个总结都是被一个根据所指导的,除非那个根据得到[319]理解,否则就绝不能把总结本身理解为一个总结。对于任何分类都可以这么说。① 为了理解生物学家关于动物分类的体系，说某种造物契合某个范畴，这是不充分的。必须能够解释分类作出的意义，并且通过把它们可以理解地应用到新型造物利用那些分类。

同样地，审慎的人卓尔不凡，不是因为她超脱于道德规则本身，而是因为她应用相关道德概念的能力，这种应用是以一种可理智理解的、人道的方式，与对这些概念的意义的理智把握是相一致的。对于不那么审慎的人来说，道德规则很可能是作为总结或者逐一构成的情形列表的提示发挥作用的。因为他对规则的意义所知甚少，或者根本没有把握，那么他就会堕入绝望的权宜，试图不求甚解地模仿过去的道德完人。这种不足可能导致道德轻浮，或者可能导致苛求规则，为尊重规则而尊重规则。然而，在任何一种情况下，把审慎的人与不审慎的人区分开来的不是以下事实：一个需要道德规则，而另一个却不需要。相反，把他们区分开来的是，审慎的人能够理智地把握和应用道德规则，而不审慎的人却缺乏这种能力。

更为一般地，审慎即是那种使得个人在特定情形下按照她的最佳的幸福生活理想观察和选择的德性。它本身是一种德性，因此是拥有它的主体的一种完美，它必须运用所有其他的德性。这样的话，它对于幸福来说就是必需的，那被理解为德性的生活。同时，除非我们理解了审慎及其在道德生活之中的位置，否则就无法理解阿奎那对道德推理的阐述，因为当审慎得到了很好的安排，并且运行良好时，它的运用即是实践理性。

笔者在前面曾经提到，审慎的运用为创造留下了比我们起初料想的更大的空间。行文至此，希望大家对于它为何应当如此，已经一目了然了。为了运用审慎判断，必须进行观察，观察在无限广泛的行为当中，哪些算作真正的德性行为，既涉及特定德性，也涉

---

① 这里 Kovesi 特有有帮助，参见他的《道德观念》，前揭，页 92—143。

及那些从它们必然关联的角度来看的德性。尽管相关的判断往往是明显的，但绝非总是如此——这就是[320]为何道德观察需要审慎的德性，而非精通把规则应用于事例的技术或程式。

基于同样的原因，审慎判断的过程充实着我们对其他德性所包含的理想和诫命的把握，而且它们通过这种方式间接地促进着道德规范的形成。我们无法理解道德规则，或者（与之相同的东西）行为类型的一般概念，如果不把握这些应用到具体例证的方式，以及它们在具体例证之中例示出来的方式，那些构成着相关德性（和恶习）的典型例证。相应地，正如我们审慎判断所积累起来的应用这些概念的经验，我们对这些范式的感觉变得越来越广泛、精妙和复杂——也就是说，我们比以前更为稳固地把握相关的理想和诫命，并且能够把它们更为充分地表达出来。正如霍尔（Pamela Hall）所解释的：

> 按照这种观点，审慎是在我们对自然法的发现之中，以及对它所指引的善的发现之中，发挥作用的，即使是不完美的运用。果真如此，它有助于生成（自然法的）那些规则，它们是它后面所要应用和扩展的。如果没有像被审慎所理解的那样对规则意义的相伴理解，没有任何规则，更不用说是自然法的那些规则了，能够得到构成或者应用。之所以如此是因为，知道怎样应用一条规则，或者甚至知道应用哪一条规则，要求实践判断运用。这一判断必须挑出具体情形下的相关细节，以便知道哪一条规则是适合于它的……没有对规则所试图保护和确保的那种善的某种（审慎的）把握，是无法明智地挑选和应用一条规则的。①

---

① Hall,《叙事与自然法：一种托马斯主义伦理的解释》，前揭，页 40。

同时，想当然地认为这些审慎观察的过程限定在个人层面，这是一个错误。相反，我们作为个体预设着丰富的集体的审慎判断，这是我们所利用的，反过来我们也促进着它。基于同样的原因，除非通过集体的体验、争论和反思的过程，否则共同体就无法达到对基本道德诫命的充分把握。所有这些如果想要发展得好就必须被审慎的个人观察所充实。① 在这个层面上，审慎的创造性范围将是最为明显的，随着每个共同在它自身情况和历史的背景下发展自己的对自然法的细化。[321]基于同样的原因，道德规范据以形成的公共生活过程将在相同的不确定性和不可消除的偶然之中运行，在个人层面上我们发现它们是在审慎判断范围内运行的。因此，当自然法在特定社会之中得到细化时，我们可以期待发现相当程度的变动空间。这正是阿奎那所说的。他在第二集第一部分第94个问题第4节提出了自然法对于所有人是否都相同的问题，并且回答说：

> 如前文所述，人依其自然本性所倾向的任何事物都属于自然法的内容；其中，人所特有的倾向是依据理性而行动。……理性的职能是从普遍之物推出特定之物。在这一问题上，思辨理性和实践理性处于不同的境地。这是因为，思辨理性主要与必然性事物相关，这些事物只能以此方式存在，思辨理性的恰当结论与普遍原则一样包含着必定如此的真理。另一方面，实践理性与偶然易逝的事物相关，这是人类行为的领域。结果，尽管共同原则中也存在着必然性，但我们越是落实到具体事件，就越可能遇到瑕疵。相应地，思辨事物的真理对所有人都是一样的，对于原则和结论而言都是如此；尽管就

---

① 正如 Hall 接着论证的，参见《叙事与自然法：一种托马斯主义伦理的解释》，前揭，页 23—44。

第四章　自然作为理性:自然法的行为与诫命

结论而言,真理并不为所有人所知,仅就被称为共同观念的原则而言则是人所共知的。但就实践事项而言,真理和实践正确性在具体事件上对所有人来说并不相同,只在共同原则上一样;而且即使在具体事件上存在相同的正确性,也并不同等地为所有人所认识。

我们将在下一章更为详细地讨论这些评述的含义。

笔者在第一章曾经表示,本书的目标是发展一种当代自然法的神学解释,它把阿奎那的评论,自然法代表着理性造物对永恒法的独特方式的分有(第二集第一部分第91个问题第2节),作为理论的起点。那种解释的主要思路现在已经确定了,现在有必要盘点一下究竟完成了多少。

阿奎那把自然法置于了更为一般的永恒法的背景之下,这既强调了自然法的独特性,也强调了它与更为一般的受造现实的成分之间的连贯性。更为具体地说,正如他各处所解释的,自然法[322]代表着理性造物实现与其本性相合的最终目的的方式——也就是说,与上帝合一,这被视为一切受造存在的首要原则和最终目的。自然法的独特性来自人的独特特征,那意味着她只能通过一个理性的选择过程,那充满着对目的是什么的某种把握,实现她的恰当目的。然而同时这个过程也植根于那些倾向,它们来自我们的受造本性,并且反映着架构那种本性的可理智理解性,甚至在它的前理性的成分之上。从这个角度来看,自然法反映着一切造物追求其最后目的的更为一般的趋势的一个表达,而且在那个意义上即是对上帝的追求,在它们的自然倾向架构起来的活动之中并通过这些活动的追求。

为了捍卫自然法的这一理论方法,首先必须捍卫那些粗略的主张:人类存在物具有可理智理解的本性以及针对那种本性的某种观念,尽管可能是不完美的。这就是本书第二章的目标。正如笔者在前文试图表明的，经院主义的人性概念，以及它所反映的较为粗略的本性方法，都是可靠的和有说服力的，即使在当代生物学的背景之下来看也是如此。更为具体地说，我们可以在这一背景之下发展出一个托马斯主义的人性观，从对基本人类倾向的目的论结构的阐述之中找出我们的理论起点。同时，如果过快地从这种阐述过渡到道德结论，这却是一个错误。阿奎那的自然法理论反映着经院主义自然法传统与亚里士多德主义幸福观的一个综合，而且，按照这个观点，自然法还反映着整个造物的目的论定位，而非特定倾向的目的论定位，更不是特定器官和功能的定位。因此，托马斯主义自然法理论的基石将是对幸福的阐释，把它理解为人类造物的最后目的和最终完美。

主张人具有一个最后目的，甚至主张道德规范也来自于这个目的，这对于我们大多数当代人来说听起来都是奇怪的。阿奎那通过论证人的世俗的最后目的在于德性的实践，无疑填补了道德与繁荣理性之间的空白，但是，这也带来了为它们之间的关系提供一个规定性阐述的风险。然而，正如我在第三章所试图表明的，这个关系并不依赖幸福与德性实践的简单等同。相反，它预设着对各种方式的一个丰富而又有说服力的阐述，根据这些方式基本人类倾向初步指向普通的非道德的善，[323]经由它们自身的内在机制指向对这些善的一种特定的、有德性的方式的追求和享受。因此，基本人类倾向的理智结构本身产生了某些德性理想，并且使得它们自然地可欲而后可敬。相应地，德性生活被视为与一种更为基本的福祉形式具有典型的联系，这使得它可以合理地作为一个令人满意的和可以享受的生活类型的候选项。

按照这种方式来理解的话，一种托马斯主义自然法理论与一种德性定位的道德方法并不相左。实际上，这种自然法理论就是一种德性理论。同时，阿奎那和其他的经院主义者也是在以下背景之下解释自然法的：关于合乎理性和似法的道德特性的更为一般的预设和信念。正如我们在本章所看到的,这个背景反映着道德判断的真实方面。也就是说,道德确实似法或者说是义务论的,这是在以下意义上说的:道德推理通过明确的行为类型概念,它有助于围绕可允许的举动设定界限。基本道德规范的义务论特征反映着人类行为的基本结构,这在道德上是突出的,因为它们架构着那些构成着人类共同体的互动。这就是为何基础道德规范,例如,我们在"十诫"之中所发现的那些,必须被理解为压倒性的行为规则,而不仅仅是用完即可丢弃的箴言;也是为何我们自然地构思着道德反思,那是在不同种类和程度的作用和责任的区分框架之下。

简而言之,这一理论所带来的是对人类道德的一个解释,把它置于相应的创造和智慧统治的学说之中。从这个背景来看,人类道德反映着人类存在的可理智理解性和善,这样的话,它就表达着上帝把特定种类的造物带至存在的创造性法令。相应地,那些构成着人类道德的理想和实践,在它的复杂性和多样性上代表着人类这种造物分有上帝智慧统治的恰当的和根本的方式,"对它自己和其他的都是智慧的"。显然,这样发展起来的理论把哲学预设和论证结合了起来,其中包括充实着阿奎那自身理论的自然哲学和形而上学,以及当代生物哲学和道德自然主义的著作。但是,这些成分不应当脱离这种理论的根本的神学特征。由于经院主义者和当代理论都极为强调创造的可理智理解性,把它视为上帝创造智慧和爱的表达,因此,我们可以期待在关于本性和道德的哲学反思之中发现神学重要性。

笔者在第一章当中曾经指出,由于经院主义者针对他们自己视为一种普遍的自然法的东西,提出了一种圣经的和神学的阐述,从我们的视角来看,他们的自然法概念似乎是悖论性的。那么,现在愈发清晰的是,本书所提出的托马斯主义的自然法理论同样是悖论性的,尽管它与前面的悖论性有所不同。若干世纪以来,经院主义者在理性与启示、自然与恩典之间所作出的区分,已经转化为了不同文化和生活方式之间的差别,而且勾连这些差别业已成为一个急需我们去做的事情。由于这个原因(还有其他的一些原因),我们当代人已经把众多的注意力集中在了道德反思的个性与共性的关系之上。数十年以来,在神学家当中,针对基督教神学,特别是基督徒生活方式的争论,已经设定了基督教伦理学的大部分议程。托马斯主义自然法理论是悖论性的,因为它跨越这些差别,既肯定自然法是对人类生存的普遍方面的反映,也肯定了它只有通过神学术语才能得到完整的理解。然而,笔者希望通过下文表明,这一理论的这种悖论性并没有使得它变得矛盾。为了证明这一点,必须更为细致地解决自然法的个性和共性元素。这将是最后一章的任务。

第五章　自然法与神学伦理学

[325]笔者在第一章曾讲到，直到最近，在基督教神学家群体当中，关于自然法的作品往往都是按照粗略的宗教派别的路线进行划分的。因为新教学者一般都把精力集中在广义解释的自然之物的神学意义上，而天主教学者则更加强调自然法的理性特征和规范内容。行文至此，可以明显地发现，本书所提出的托马斯主义自然法理论，把顺着这些一般思路理解的天主教方法和新教方法的元素结合了起来。就天主教方法来说，它对我们的潜能抱持信心：我们能够达致真正的道德知识，尽管我们作为造物和负有原罪之人的极限为我们道德省察的潜能设定了上限。它也在某个方面上反映了与当代天主教方法的一个连接点（至少直到20世纪早期部分），即，它肯定了前理性的自然的道德意义。就新教方法来说，它竭力把自然法置于一种特别神学和圣经的背景之下，并且把它作为一种独特的基督教神学伦理的基础。

当然，在当前的学术讨论之中折中妥协总是诱人的选择，因为它有望保存各种立场的最佳见解而同时又不承担它们的责任。正因如此，必须强调，我们这里所提供的托马斯主义自然法理论并没有做完当代自然法伦理学的辩护者们想做的所有事情。具体来说，正如我们不止一次地提示的，它并没有提出一个综合的、实体性的道德规则的集合，这些道德规则是普遍有效的，并且能够被人们承认如此。然而，这一理论的要点本就不在于提供这样的一组道德规则。相反，它首先是想作为一种充满神学意义的[326]人类道德的解释，把人类道德当作一个自然现象，并且因此把它作为受造的善性的人类特有形式的一个表达。它其次是想作为一种道德生活的神学，把它置于与其他关键的圣经和教义关怀的联系之中，并使之语境化。

笔者在上一章结束时曾说，鉴于当代对基督教伦理学的独特性或者普遍性的种种争论，本书所提出的托马斯主义自然法理论似乎是悖论性的。然而，这种悖论的外观所投射出来的并非矛盾——相反它是对以下事实的反映：这一自然法理论是以一种不同于我们大多数当代人所采用的方式，对自然法的共性和个性元素之间关系的解释。笔者在这个方面追随着经院主义者，其中也包括阿奎那，他们坚持自然法的普遍性和最高权威的传统观点，同时在发展一种神学视角的自然法理论时并没有感到矛盾之处。笔者通过本章想做的并非仅仅囿于从这两个视角出发看待自然法：一方面是作为一个普遍的人类现象，另一方面是作为神学反思的一个主题。

正如笔者将要表明的，坚持一个关于自然法的圣经和神学视角与肯定它的普遍性并无矛盾，只要我们理解恰当的话。诚然，这个视角与另外一种观点是矛盾的：根据这种观点，自然法是由一组可以普遍获得的明确的道德规则构成的。然而，这并不意味着，自然法能够被化约为一个纯粹形式化的东西。它确实具有实质的道德意涵，其中包括一些人类理性通常可以获得的东西，当然还有一些只有借助启示的视角才变得明显的东西。这至少是本章第一节的论点。接着笔者会在后面的两节发展这一论点，更加细致地探讨一个特别的主题，自然权利或者人权学说，把它置于托马斯主义自然法解释的视角之下加以看到。

因此，本章将提供一个机会：审视一个具有直接实践意义的主题，而且，这种实践意义还不只是仅仅对于基督徒来说的。与第一章所讨论的现代早期的自然法理论家一样，我们正面临着一个处境：解决道德普遍主义和多元主义的问题已经变得极为迫切。毫不奇怪，在这个背景之下，世俗的以及宗教的思想家都会再次转向自然法传统，甚至更多地转向它的后继者——人权传统，这样就可以在一个跨文化和国际化的背景之下为裁断道德主张提供一个框架。这些尝试反过来又可以为我们提供一个起点，从而总结托马斯主义自然法理论的某些实践意义。直到现在，我们仍然没有期待这个理论能够提出一个关于明确的权利的解释，它可以令所有理性的人都感到信服。尽管如此，它在这个问题上为我们提供了一个道德指南，考虑到该理论的根本的神学的特点，这个道德指南比我们开始预想的[327]更为实体化。它提供了一个权利观念的解释，既展示了该观念的独特的神学起源，也说明了它在纷繁复杂的背景之下广为传播的原因。它为以下省思提供了一个神学基础：我们作为一名基督徒，是否以及在哪些方面需要支持当前的人权运动。它也使得我们有理由期待，权利语言在一个多元的和冲突的世界之中可以为道德对话提供一个框架。

同时，这种自然法理论的意义在于：它为人性的神学意义以及根源于那种人性的道德提供了一种思考方式。这样，笔者就已经完成了对创造和智慧统治的学说与自然法之间联系的强调了。在本章的最后一节，笔者将试着得出以下做法的意涵：把自然法置于更为深刻的教义背景之下，那是由恩典的教义所提供的。

一、自然法乃基督教伦理之基

西塞罗在《论共和国》(第一章业已指出)当中有一句关于自然法的名言："罗马和雅典将不会有不同的法律，也不会有现在与将来不同的法律,而只有一种永恒的、不变并将对一切民族和一切时代有效的法律。"①这种普遍的、不变的自然法的理想往往都是以西塞罗的语句表达出来的,它贯穿着教父和中世纪作家,直到我们今天,既以基督教的形式,也以哲学的形式。然而正如我们所看到的,不要把西塞罗的评述理解为,它们指的是一组确定的道德规则,是一切时代和一切地域的所有善良的人都可以获得的。对于经院主义者而言,"永恒的、不变的法律"不过就是圣保罗在《罗马书》章 2 节 14 所说的,铭刻在各民族的人们心灵上的法律,据此他们判断何者为善、何者为恶,并且他们在末日审判时也受到它的审判。因此可以说,自然法的存在也是被启示所肯定着的。当然,这并不一定意味着,我们的自然法知识也取决于启示。相反,经院主义者承认,与许多其他的根本的信仰元素一样,其中也包括上帝的存在,[328]自然法的存在也是可以通过启示之外的人类理性所确认的。实际上,经院主义者有着丰富的证据,其中包括西塞罗的评述,还有其他的许多东西,从而证明自然法的存在事实上是在启示之外得到承认的。

然而与此同时,如果得出结论说,《圣经》只是肯定了我们最为独立地表述出来的自然法理论公式,这将是一个错误。上帝的存在只能通过理性反思才能得到确定——或者至少可以说,这是一个在天主教神学家当中长期有效的、得到官方认可的观点,也是一个笔者所赞同的观点。但是,这并不意味着,上帝通过《圣经》的自我启示没有为我们对上帝存在的认识增添任何东西,除了为我们在这一方面的先前理论提供了温馨的肯定之外。《圣经》在揭示上帝之于我们的身份、态度和属性之中并通过它们揭示了上帝的存在。它对上帝的描绘是:他以智慧的统治指引创造,以友爱的馈赠

---

① 《论共和国》III. XXII,33. 翻译是笔者本人的,但在翻译过程中对照了 Loeb 版的译法。

指引我们。所有这些得出的都不仅仅是对我们关于上帝已经知道的东西的肯定，即使是以某种投注其中的补充性知识。相反，它提供的是明确的内容，否则就只有一系列的占位符，占据着我们在既定的解释范畴之中认为是最终的东西——用阿奎那精辟的话来说，只要它是"所有称上帝的"（《神学大全》第一集第 2 个问题第 3 节）。这样的话，启示不仅肯定和补充着我们对上帝的认识，或者我们认为自己对上帝的认识，而且还透露出上帝存在之于我们的恰当意义，这就出现在转化那些甚至可以独立地确定的元素的过程之中。

目前大家可以清楚地看出，笔者认为经院主义者正确地坚持了自然法的存在是被《圣经》所肯定的，这并非说我们需要接受中世纪释经学在这个学说上的所有细节。① 然而同时，我们也应按照与我们理解上帝存在的圣经启示相同的路线来理解这一肯定。也就是说，启示并非仅仅肯定我们可以独立自主地确定关于自然法的理论，相反，它在一个更为广泛的神学框架之内，通过揭示它的意义的方式，启示了自然法的存在。如果我们从这个背景来审视的话，自然法首先是对可理智理解性和善性的一种人类所特有的彰显，而这种可理智理解性和善性[329]构成着创造的标志。那么，它就代表着上帝对创造的智慧的照料。它提供了一个手段，借助这个手段人们在自身的事务和他们彼此之间的关系以及与其他造物的关系上，分有着上帝的智慧统治。而且，正如保罗的话所表明的，自然法以一种更为具体的方式发挥着智慧统治的作用，它为人性与上帝的合一提供了一个基础，那既是通过启示的神法，也是通过基督使之成为可能的救赎。这样的话，它就提供了一个必要

---

① 在接下来的内容中，笔者会简要总结之前在其他地方曾经详细阐述过的论证，《自然法与神圣法：重回基督教伦理学传统》，前揭，页 121—186，以及《作为圣经概念的自然法：对一个中世纪主题的神学反思》，见 *Theology Today* 59, no. 2（July 2002）：226—241。

的背景,只有通过为承认我们自身是有罪的、承认上帝的法律和恩典是神圣的和拯救的提供了一个试金石,人类才能接受上帝的启示。

这就把笔者带到了更远的地方。笔者在第 2 章曾经说过,在经院主义者看来,创造的学说并非仅仅认定世界是由上帝造就的。它进一步表明,世界之于上帝不是模糊的,相反它反映着上帝自身的善性和可理智理性的某些东西,不管多么地不完美和隐晦。笔者想要论证,自然法也是如此,如果把它视为造物对造物主的反思的一个人类所特有的表达的话。笔者并不打算暗示:应当以道德的术语理解上帝的神圣和善性,仿佛是说上帝就像一个非常好的人,只不过是比人更好而已。然而,道德善的人所特有的形式,其中既包括我们最好的理想,也包括我们的断续的获得,都是对我们受造其中的上帝之善的反映,这样的话就不是完全异于上帝之善的。笔者觉得这一点具有重要意义,因为它给了我们一个理由,可以期待:在我们的道德理想和愿望与上帝之于我们的智慧统治的意志之间存在着某种全等。[①] 实际上,笔者觉得,这就是阿奎那断定自然法反映着上帝智慧照料的最为重要的含义。根据这个理由,我们可以自信地说,上帝对我们的呼召和审判并非全然与我们对自身的最佳理想相左——这不是说我们以人类的标准判断上帝,而是说我们承认自身的标准本身是对上帝创造智慧的反映(不管是多么的片面和扭曲)。我们完全可以相信,上帝的召唤是治愈和解放,而不是扭曲和灭绝,对于我们是谁,我们是什么——上帝的工作可能糟糕,但却绝非奇怪。

然而,对自然法的这种神学解读,只有在我们以阿奎那和其他

[①] Oliver O'Donovan 对这一点研究得特别透彻——尽管针对的是受造秩序的神学,而不是自然法——《复活与道德秩序:福音伦理学大纲》,Grand Rapids:Eerdmans,1986,特别是页 31—52。

经院主义者的方式理解法的情况下才有效,也就是说,主要把它理解为我们的道德判断的潜能,以及该潜能[330]据以发挥作用的一般原则。否则,倘若我们把自然法的首要含义与确定的规则过于紧密地结合起来,那么我们就会发现自己实际上已经处在了自然法的批判者们曾经提醒过的那种立场之上——我们开始把自己的道德标准投注到上帝身上,这样就慢慢丧失了上帝之善与我们自身的善之间的绝对的质的距离感。换一种说法,我们与上帝的善之间的全等是受造的,我们与之是有距离的,这种全等和距离是被自然法的首要原则与那些首要原则得以表达的具体规范和社会实践之间的全等和距离反映着的。这并不意味着自然法没有任何规范含义。只要我们坚持传统的和经院主义的灵活性,那么我们的神学就能够容纳次级然而却是正当的意义,其中自然法是由明确的诫命构成的,不管是启示的还是理性省察的,抑或同时兼具二者。

显然,对于任何试图把自然法用作一种神学伦理的基础的尝试来说,这种方法都是有意义的。如果我们以一种通过首要原则发挥作用的基本潜能的方式,来理解首要意义上的自然法,而且,如果我们补充说(这是必须补充的),这些并未确定它们得以表达的具体规范,那么我们显然就无法讨论那种自然法伦理:它被视为对于那种特定的基督教生活方式来说是根本的,或者实际上是与之相对的。笔者在早些时候曾经说过,任何在社会意义上体现出来的道德,都可以被视为一种自然法伦理,而且这也适用于那些道德:它们已经通过教会在其许多化身当中的实践和反思形成了。(当然,对于任何基督教从中发挥着影响力的社会来说,基督教道德与世俗道德都具有很大程度的重叠之处)。基于这个理由,笔者想要表明,我们应当增强经院主义的灵活性,以复数的形式来谈论自然法道德,把一些在"外邦"之中具有主宰地位的道德,还有一些基督教特有的道德,都包含进来。①

如果我们把它置于最近关于自然法之于基督教[331]伦理学的意义的讨论背景之下,这种方法的含义可能会变得更加清楚。笔者在本章开头曾指出,关于自然法有着持续不断的理论争论,其中有一个是与基督教针对以下内容的正确态度有关的:什么才可以被宽泛地描述为人类的共同价值和愿望。从传统上来看,这个争论是沿着宗教派别的路线展开的,天主教徒更加倾向于采纳大社会的价值,而新教徒则往往质疑某个文化或者更为一般的人类道德的价值。② 对于这种传统的划分,我们可以在霍尔华斯的影响广泛的著作《和平国度:基督教伦理学入门》之中找到绝佳的例证。③ 其中有一节的标题是"教会与世界:批判共同体的伦理学",霍尔华斯开始便引用了天主教道德神学家麦考米克的断言:"对耶稣基督这个完人的爱和忠诚,使得我们对人的意义敏感起来……在这个意义上,基督教传统阐明了人类价值,支持着它们,为它们在特定的历史时刻的解读提供了一个背

---

① 正如笔者曾在第一章指出的,David Novak 已经提出了一种自然法的犹太教解释,在很多方面都与这里所提出的自然法理论相似,特别是在它对创造学说的强调方面,强调上帝的智慧,而不是上帝的强力。参见《犹太教的自然法》(*Natural Law in Judaism*),Cambridge:Cambridge University Press,1998。如果笔者和他都是正确的,那么就可以合理讨论分属于犹太教和基督教,或者甚至犹太—基督教的自然法道德。然而,正如诺瓦克自己所指出的,许多犹太教学者会否认在犹太教思想当中自然法是有意义的或有帮助的(正如许多基督教神学家否认讨论一种基督教自然法的正当性;参见《犹太教的自然法》,前揭,页 62—91,其中有更深入的讨论)。
② 这种转折是有意的,因为说大多数主流新教徒以与 Hauerwas 相同的方式质疑社会风俗,这是误导性的。笔者的要点在于天主教徒往往既肯定这样的人类道德,也对他们生活于其中的社会的风俗相对积极,而新教徒传统上对一个或另一个采取了较为对立的立场。
③ Hauerwas,《和平国度:基督教伦理学入门》,Notre Dame:University of Notre Dame Press,1983。当然 Hauerwas 在这部著作出版之后又创作了丰富的作品,但笔者并不认为他在接下来的问题上对自己的观点有实质性的改变。笔者援引他的这部著作而不是后来作品既是因为它在过去的二十年里影响广泛,也是因为它对相关问题的讨论特别清晰和富有启发意义。

景。"①

霍尔华斯本人认为,按照这种方式理解基督教道德传统是在坚持错误意见,因为"这个预设假定,[332]基督徒们是永远不会彻底地反世界——即,一致地反对他们的文化的流行价值。"他把这个预设正确地追溯到了天主教对一种自然法观念的长期存在的信奉之上,这使得他补充说,"自然法的预设频繁地发挥着一个意识形态的功能,它支撑着某些基督徒的前见:他们的社会——特别是西方民主社会——是内在于上帝的目标的。"他接着补充说,尽管在基督教伦理学和其他道德理论之间存在着相似之处,这些"并不足以为植根于人性之中的'普遍'伦理提供一个基础。试图保卫这种伦理不可避免地会导致一种极小主义的(minimalistic)伦理,那往往是一种支持文化帝国主义形式的东西"。②

---

① Richard McCormick,《信仰有益于伦理感知吗?》("Does Faith Add to Ethical Perception?"),收录于《道德神学读本之二:基督教伦理学的独特性》(*Readings in Moral Theology No. 2: The Distinctiveness of Christian Ethics*),Richard McCormick 和 Charles Curran 编(New York: Paulist, 1980),页 156—173,此处位于第 169 页。Hauerwas 引于《和平国度:基督教伦理学入门》,页 59。笔者认为 Hauerwas 把 McCormick 的话视为上个世纪大多时间内天主教道德神学的主流代表,这是正确的。《道德神学读本之二:基督教伦理学的独特性》所收录的大部分论文可以证明这一点。除了刚才援引的 McCormick 的论文,最初发表于 1979 年,还可以参见 Jeseph Fuchs 的论文,《存在特殊的基督教道德吗?》("Is There a Specifically Christian Morality?")(最初发表于1970),页 3—19。接下来还会提供更近的例证。然而,应当特别指出耶稣会神学家 Norbert Rigali 的著作,他长期坚持基督教伦理学的独特性,以及考虑其文化和历史背景的重要性:参见 Norbert Rigali,《基督与道德》("Christ and Morality")(1978),重印于《道德神学读本之二:基督教伦理学的独特性》,页 111—120;《道德多元论与基督教伦理学》("Moral Pluralism and Christian Ethics"),见 *Louvain Studies* 13(1988):305—321;《基督教伦理和道德的独特性和唯一性》("The Uniqueness and Distinctiveness of Christian Morality and Ethics"),收录于《道德神学:未来之挑战》(*Moral Theology: Challenges for the Future*),Charles Curran 主编(New York: Paulist, 1990),页 74—93;以及《基督教道德与普世道德:一与多》("Christian Morality and Universal Morality: The One and the Many"),见 *Louvain Studies* 19(1994):18—33。

② 所有这些引证都来自 Hauerwas,《和平国度:基督教伦理学入门》,前揭,页 59,页 60—61。

当然，霍尔华斯和麦考米克在基督教伦理学与世俗道德的相容程度上是有着尖锐的对立的。然而，他们之间的对立是由一个更为根本的前见呈现出来的：《圣经》与自然法代表着两个不同的基督教伦理学渊源，在理想的情况下二者会相互补充，但有时也会产生冲突。然而，从一种托马斯主义自然法理论的立场来看，这个预设是错误的——脱离了《圣经》，自然法就无法得到正确的理解，自然法在基督教伦理反思之中本就处于一个核心的位置上。如果这个结论是妥当的，那么其他的二分法就是成问题的，这些二分法在传统上都被置于了《圣经》与自然法的区分之上，其中也包括麦考米克和霍尔华斯所设想的那些二分法，真正的人的理想与基督徒特有的理想，以及相应地，一种以教会团体为中心的伦理与一种对多元世界开放的伦理。

首先，也是最为根本的，这种自然法理论方法具有把基督教伦理反思完全置于世界之内的效果——也就是说，置于社会和历史具体的位置之中，现世的基督徒可以从中找到自我。那么，基督教伦理反思应当在其他哪个地方产生呢？我们不是天使，在教会胜利的地方无须道德判断。实际上，这些术语所反映出来的教会与俗世的二分法是误导人的。不管是把教会视为一组制度，还是视为分享着共同信仰的个体，都必须把它置于特定的社会之中。这样的话就可以接着说，社会在某些方面，既是在身体上——即使那些沙漠苦修之人也依赖广大共同体的物质保障——也是在文化上——即使对主流价值的最为激进的拒绝也[333]囊括着那些价值，只是把它作为了一种赋予他们的拒绝以意义的方式。教会与俗世之间的边界总是互相渗透的，而且正因如此，基督教伦理学的任务必然总是涉及对一些方案的评价和选择性确认，以及批判和拒绝，这些方案都是它复杂的历史和社会情境呈现给它的。

然而，基于同样的原因，霍尔华斯也正确地质疑了以下观念：

基督教伦理学可以建立在"真正的人"的理想之上,或者被等同于这个理想。理由很简单:这样的一个明确的理想是不存在的。因为我们是复杂的造物,针对我们的本性有着各种不同的充分表达——这是经院主义者们所认识到的——而且相应地,这些表达不可避免地采取了某些社会习惯的形式,这些习惯都是通过公共反思的某个形式形成的——这些也是他们所认识到的。因此,在自然法的具体的社会表达上是存在着充分的空间的,它可以容纳下文化和历史的变动,这就是我们为何能够正当地讨论自然的道德,而不是一组明确的自然法诫命的原因。

果真如此,那么如果我们像麦考米克那样说,我们对耶稣基督的忠诚,把他视为人类完美的榜样,召唤着我们简单地拥护人类的价值,这也是误导人的。托马斯主义自然法理论在一点上提出的问题是:哪些价值,以及那些价值的哪些表达?霍尔华斯援引了天主教神学家的其他评述,他们对这个问题的关注更为尖锐。例如,奥康奈尔(Timothy O'Conell)的评述:"加诸基督徒身上的根本的伦理命令正是成为他或她所是的。'成为人',这是上帝要求我们的,不多也不少。"[1]这一命令的难题在于,它预设了只存在唯一的使人成为人的方式,那可能就是耶稣的人性所例示的(怎样例示却没有得到解释)。如果这里所提出的托马斯主义自然法理论是有效的,那么这恰恰是我们所无法预设的。有许多成为人的方式,其中包括对基本人性倾向的各种各样的可以辩护的和正当的表达。

---

[1] Hauerwas 所引,《和平国度:基督教伦理学入门》,页 56。更近的,Hans Küng 同样论证了一种"基本人性"的道德应当作为宗教间对话的一个基础,这个提议随后被 Jacques Dupuis 采纳了。参见 Hans Küng,《全球责任:追寻新的世界伦理》(*Global Responsibility: In Search of a New World Ethic*),New York: Continuum, 1996,页 55—64,以及 Jacques Dupuis,《迈向宗教多元论的基督教神学》(*Towards a Christian Theology of Religious Pluralism*),Maryknoll, N. Y.: Orbis, 1997,页 321—326。

这个结论似乎与托马斯主义自然法理论的自然主义和实在论相左。如果前面三章的论证是妥当的,那么我们就具有了一个人性概念,当然它是不完整的和不完美的。但是,它足以使得我们断定:我们具有对我们自身人性的真实的和实质的把握。而且,这个人性[334]概念能够说明大部分的道德内容,其中包括:德性理想的形成和要义,道德的似法特性,以及道德责任的范围和限制。这些道德成分并不包括所有我们认为是共同道德的东西,但它们也不是纯粹形式性的。它们既包括某些德性的实体理想,也包括不得伤害、公平和负责任这些具有明确实践意义的一般规范。

从这一点来看,我们似乎具有了我们所需的一切,可以发展出一组完全实体的道德规范,它们是植根于人性之中的,因此无须援引任何特定的神学、哲学或文化传统即可得到证明。但是稍作反思,这却并非那么明显。每当我们试图从前面提到的实体性的共同之处前进到道德细节时就会产生困难。例如,假设我们承认,勇敢的德性是由人生的广泛的必然要求赋予其概念外观的,这也使得它对于所有人都是值得钦佩和珍视的。这似乎是一条普遍有效的道德规范的主要例证。然而,这种层次的共识能否产生实体性道德主张上的一致,这绝非明确。正如李耶理所指出的,他在阿奎那与中国哲学家孟子二者的勇的理想之间进行了全面的对比,德性上的一致往往是广泛的,但却是浅显的,而相应的不同往往既是集中的,也是深刻的。① 然而,这些深刻的差异关涉着实质性的议题,如果个人和社会想要运行起来就必须首先解决它们。勇敢是这点的一个特别突出的例证,因为它似乎代表着一个普遍具有的人生理想。几乎每个人都会赞同:真正的勇敢是值得钦佩的——

---

① 笔者是从 Lee Yearley 那里读到这一点的,参见《孟子与阿奎那:美德理论与勇敢概念》,前揭,页 169—203。

但是,什么算作真正的勇敢呢?不仅与懦弱形成对比,而且与勇敢的相似之物也形成对比。一旦我们开始探究这些问题,具体的文化理想和信念就立刻开始发挥作用。一个社会的英勇殉道者在另一个社会可能是罪恶累累的恐怖分子。

甚至对于"十诫"之中所概括的不得伤害的基本规范,我们也可以得出相似的观察结论。哈特(H. L. A. Hart)的《法律的概念》当中有一个影响广泛的段落,他在那里为他所描述的传统自然法学说当中的"明智的内核"(the core of good sense)进行了辩护,它被理解为包含着这些基本的规范。[①] 他的论证很简单:人类生活之中总是存在着一些反复出现的任务和困难,它们必须在人类潜能和限制没有根本改变的前提下予以解决。人们必须找到某种方式,友好地生活在一起,或者至少相互克制,通过合作的方式获取生活必需品,保障下一代的生存和稳定,所有这些都是由以下内容设定的:近乎平等、彼此易受伤害、有限利他主义和所需资源的自然稀缺。正如他所说的,这些是"自明之理",它们提供了为何任何道德法典都必须包括特定内容的"理由"。然而,正如他接着评论的,这并不意味着一切道德法典都必须以相同的方式解决这些问题。相反,事实表明它们并非如此。正如哈特所言,几乎所有社会都对取人性命施加了某些限制,这倒是真的。但是,根据这一事实能得出什么呢?除了对基本观察结果本身的重复,我们能据此得出任何明确的结论吗?我们显然不能认为,每个社会都赞同我们:当有人已经杀人或者正在杀人时就应杀了他。而且,在许多社会之中,杀人是通过一个恢复性的罚金体系加以调整的。这确系一种限制杀人的方式,但它仍然与当代西方国家通过严厉的报复

[①] H. L. A. Hart,《法律的概念》,第 2 版,Oxford:Clarendon,1994;初版于 1961,页 99。他首先从 193 到 199 页描述了任何可变的道德的最低限度的内容。更为一般的,参见页 185—212。全部的要点都是一般性的。在一个神学的背景之下,参见 Hans Schwarz,《创造》,Grand Rapids:Eermans,2002,页 202—203。

性刑罚的方式禁止杀人的体系极为不同。①

当我们面对着这些和类似的令人神伤的难题时，试图通过回到一个可以确保共识的抽象层面上迅速解决它们，是十分诱人的。但应当抵制这种诱惑！如果我们在一个相当高的抽象层面上表述我们的主张，那么我们几乎可以肯定，我们能够找到某些人人都会接受的规范性主张。难点在于，一旦我们进入到了这个层面，我们就会发现自己处在了极为概括的层面，得出的都是这样的陈述："勇敢是好的"，或者"杀人是应当避免的，除了符合谨慎界定的条件"。这类概括性并非纯粹空泛或者形式，它们确实具有某种实质。而且，正如笔者将要证明的，可以使它们发挥规范性的作用。尽管如此，它们本身还是缺乏那种确定的、实体性的规范，这些在具体的选择情形之下是为提供现实的实践指引所需的。没有一个人或者一个社会是能够在抽象的德性理想和未经细化的劝告的层面上生活的，正是它们限制着特定类型的行为。

[336]我们在上一章看到，与不得伤害相连的那些典型的道德概念，通常都是与自然的行为类型相连的，它们被相关的道德概念细化为不正当的或者没有理由的杀人形式、窃取物品形式，诸如此类。我们可以用这些术语有益地重构哈特的要旨。有一种独特的人类生活方式，它是由典型的活动类型构成的，而这些活动类型则是在重复出现的人类潜能和需要的背景下得到实施的。这些活动类型构成着自然的行为类型，正如我们业已看到的，它们在道德上总是突出的——因为正如哈特所暗示的，每个社会都必须找到一

---

① 在我们的惩罚性司法体系和一个以恢复原则为基础的体系之间（不限于杀人的不同处置）有着法律和实践的差别，有一个很好的例证，参见 Diana Jeater 的讨论，其中讲到了英国竭力把自己的法律体系强加于（当时的）南罗德西亚土著身上，《他们的正义观如此奇特：南罗德西亚 1890—1910》（"'Their Idea of Justice Is So Peculiar': Sourthern Rhodesia 1890—1910"），收录于《法律的道德世界》（*The Moral World of the Law*），Peter Coss 主编（Cambridge: Cambridge University Press, 2000），页 178—195。

种方式,既提供对这些活动类型的正当的追求,同时还要为它们设定边界。相应地,这些边界将是根本的社会规范,不是付诸实践的抽象规则。也就是说,相关规范必然形成于共同实施的实践和审慎反思的过程之中,这正是霍尔已经证明了的。基于同样的理由,这些规范将通过社会期待和制裁得到体现和维持。① 对道德(或者法律)规范的理论反思总是紧随着这些公共表述(communal formulation)的过程,而且在某种程度上被这些过程所充实。

  这些过程反过来总是包含着偶然的因素,正如我们发现充实着特定社会的道德传统。正如我们在前一章所看到的,对审慎限制的一种托马斯主义的分析暗示着这些。这就是为何不可能,甚至在原则上也不可能,细化一个特定社会的规范在理想的状况下通过完全理性和公正的主体的反思得以形成的方式。阿伦诺维奇(Hilliard Aronovitch)通过一个对以传统为基础的道德推理模式的辩护为这一点提供了一个令人信服的理由,它最后发展成了一个替代方案,替代罗尔斯关于我们的道德直觉和分析论证之中存在的广泛的反思性平衡(表面上相似的)观念。阿伦诺维奇说,他所捍卫的替代方案是建立在相似的但却有争议的主张之上的:

> 还有一种推理类型,它既不同于演绎推理,那追溯概念的含义,也不同于归纳推理,那根据恰当的例证标本进行概括。这种推理从实例到实例,从个案到个案,它把一个属性赋予一个新的实例或一个个案,根据的是它与一个已知的东西或者一个已知东西的有限集合的相似性。我会争辩说,例如,由于美式壁球像壁球,在设置、装备和目标上,等等,你擅长前者使得你很可能也擅长后者;或者说,由于大麻就像酒精一样,都是使人醉的,不一定是危险的或者使人上瘾的,它应当像酒一

---

① Pamela Hall,《叙事与自然法:一种托马斯主义伦理的解释》,前揭,有多处提及。

样得到合法化。或者说,像美国联邦最高法院所认为的,由于焚烧国旗就像一种反对言论,它应当是合法的,可以被容忍的。尽管这些论证每个都可以讨论,它却是与我们相关的论证形式。而且,类比推理作为一个推理类型在哲学史上是非常著名的,甚至被有些人视为是突出的。无论在什么样的情况下,它都是一个讲清楚评价标准的类型,一个在日常和理论背景之下广泛适用和值得信赖的类型,非规范的和规范的,包括非常著名的(普通)法律。①

类比或决疑形式的推理在道德和法律领域之中具有主导的地位,这已经得到了广泛的辩护,笔者认为那些辩护理由是有说服力的,只要道德推理的演绎和归纳形式还没有被彻底废除的话。②正如阿伦诺维奇接着指出的,这就意味着,道德结论通常不具有我们在其他领域期待发现的相同的确定性:"与演绎论证不同,它要么有效要么无效,类比论证是或多或少有说服力的。也就是说,它们的结论在某种程度上是或然的或者可靠的,尽管有时对于一切实践目标来说确定如此。"③因此,一个偶然的因素被道德推理所采取的主导形式引入到了道德推理之中:

广泛的反思性平衡(WRE)把原则与具体之间的关系解

---

① Hilliard Aronovitch,《反思性平衡抑或进化论传统?》("Reflective Equilibrium or Evolving Tradition?"),见 *Inquiry* 39(1996):399—419,在页 402。Aronovitch 是以传统的细节讲述的,而笔者则是以道德或道德体现的细节讲述的,因为笔者更喜欢保留"传统",为了自我意识的反思的、"学术的"研究和讨论的轨迹,例如,自然法反思的传统。
② 对于决疑术及其当代意义的近期讨论有一个非常好的介绍,参见 James Keenan 和 Thomas Shannon,《决疑术的背景》(*The Context of Casuistry*)的导言,Keenan 和 Shannon 主编(Washington, D. C.:Georgetown University Press,1995),xv—xxiii。
③ Aronovitch,《反思性平衡抑或进化论传统?》,前揭,页 402。

释为演绎的或者概念的。事实上,应当把它视作类比的。也就是说,原则作为更为一般的观念产生于前面的具体,并且被它们所解释。而且,由于是这样构成的,这些原则在范围和内涵上就受到了限制(不要与归纳概括混淆了)。这就是说,认为序列之中的较早元素[338]以某种方式必然包含或者蕴含着后面的元素,那些点上的联系是演绎的或者概念的,这将是一个错误。这个错误是可以称之为演绎谬误的一种形式,它错误地假定由于 B 来自 A,并且在逻辑上与之相连,那么这种联系就是演绎的,其实它实际上是类比的,或者我们可以说是解释的和联想的。①

笔者在这里相当详细地援引了阿伦诺维奇,因为他为社会层面的实践推理的过程和限制提供了一个极为清晰和充分的陈述。我们在上一章末尾已经指出,道德概念在某种程度上总是不确定的,这种不确定性为我们在特定选择情形下的确定程度施加了限制。而且,特定选择上的这种不确定性不可避免地引入了社会层面上的偶然因素,正是在那里,道德脱胎并形成于那些充实着人性的可理智理解性。这并不意味着,特定道德的发展是一个无理性的过程,也不意味着个人层面上的道德判断是无理性的。尽管如此,这里所说的那种理性化是不能这样来分析的,认为道德省察的社会过程能够或者应当(甚至是"原则上")产生一组在理性上使人不得不同意的道德规范,它们清除了一切偶然的因素。

这就把我们带到了一个关键点上。人性的可理智理解性充实着社会规范,而且正是因为这个原因,我们能够以其自然起源来分

---

① Aronovitch,《反思性平衡抑或进化论传统?》,前揭,页 408。在笔者看来,一般道德规范与具体之间的联系是概念的(不是演绎的),但这种联系方式并不影响 Aronovitch 的要点。

析和评价特定道德。就此而论,托马斯主义自然法理论是一个实在论的理论,蕴含着某种形式的道德可认知论。① 然而,人性的可理智理解性并未决定它们的表达形式,这就是这一理论为何没有产生一组全面的、明确的道德规范,使得一切有理性的人都不得不同意它们的原因。为了从我们对人性的最佳阐述过渡到道德判断,我们首先必须考虑我们共享的本性得以表达的不同的社会形式,接着我们必须根据那些不可避免地具有某种程度的偶然性的标准去评价这些。正是在此处,在从对人性的反思过渡到道德判断的过程之中,[339]神学判断将具有它们最为直观的实践影响。基督教伦理学的具体的历史决定因素——《圣经》、道德反思传统、某些教会的教导和实践,以及个人的挣扎和体验——都充实着我们的感知:按照上帝对我们的要求生活意味着什么。尽管在这一方面过分自信是错误的,我们仍然有理由相信,在这些决定因素之中,并且通过它们,上帝已经开始向我们揭示,在人性的许多不同构造之中哪些是优先的,或者至少可以说,哪些是与教会生活最为相符的。这并不意味其他生活方式必然是有害的或者邪恶的,但是,它确实意味着,仅仅诉诸人性并不足以确定上帝在道德问题上的意志。人性为行动和反思提供了一组起点,而且这些并不被神学因素所直接消除。然而,为了转化为一种充分的基督教伦理,神学反思必须为它们赋予方向和外形。

那么,因为它为承认自然道德的多样性留下了空间,一种托马斯主义的自然法理论就为发展一种具有神学意义的自然法伦理提供了一个起点。因为它从人生的自然天赋获得了自己的起点,那么从其他道德的立场来看,一种神学伦理并非全然不连贯或者不

---

① "一种形式",因为按照这种观点,道德命题的形成和细化总是相对于某种具体的社会体现出来的道德的。在这一点上(至少一般条件下)笔者同意 Bernard Williams 和 John Searle,分别参见《伦理学与哲学的限度》和《社会现实的建构》(*The Construction of Social Reality*),New York:Free Press,1985。

可理解。然而同时,由于这种伦理必然预设着对人性的充满着神学意义的解释,处于对人生意义的特定理解的框架之内,它并不直接等同于一种"完人"(fully human)的伦理。有很多成为人的道路,为了形成一种在神学上充分的自然法阐释,我们必须做的是提出一种解释——绝非唯一可能,但却是我们在此时此刻最好的——什么算是基督教意义上的人。

同时,基督教伦理的建构也不是基督教道德反思的唯一任务。我们也需要参与我们生活于其中的那些社会的道德规范的形成、批判和重建过程。托马斯主义自然法理论的最低的道德实在论为这一任务提供了充分的资源了吗?在本节的剩余部分,笔者想要表明它确实提供了。诚然,这一理论也承认人性在社会道德层面的可能表达的多样性。有鉴于此,我们不能在确定性规范层面上特指自然法,必须以复数形式谈论自然道德。然而同时,断言这些道德全部都是同等合理或者可欲也是轻妄的——从一个基督教的立场或者任何其他的立场来说都是如此。[340]对我们本性的必然要求的理性把握确实提供了标准,可以在良好的社会安排和糟糕的社会安排之间进行区分。相应地,某些安排从基督教信仰的视角来看是比其他更令人满意的,尽管这未必暗指其他的就必然是不自然的、败坏的、邪恶的或者不正当的。还有,我们有理由对说服他人的前景抱持希望,他们在根本信念上可能与我们非常不同,但却可以分享我们的道德判断,甚至我们也可以受到他们的劝说和修正。

毕竟,这种托马斯主义的自然法理论的确在人性之中识别出了具有道德意义的恒量。尽管我们无法根据这些恒量制定一个明确的、具有普遍效力的道德法典,但这也没有排除以下可能性:本着一种其他人也会发现我们的论证是有说服力的合理的预期,为它们的道德意义进行辩护。这种可能性并没有预设:我们能够游离于我们自身的社会所囊括的道德参数之外,或者游离于我们对那些道德的反思传统之外。我们能够在我们自身的特定的信念和实践的背景之下达成道德判断，同时希望这些对于其他生活在极为不同的文化背景之中的人也是有说服力的。事实仍然是，我们无法达成这样的判断，它们对于一切善良的人来说都是在理性上不得不接受的，或者甚至无法达成所有人在理想的情况下都将采纳的判断。尽管如此，这个事实完全没有排除我们可以实际地劝服他人的可能性。

有一点是值得强调的：实践反思，无论是在社会层面上还是在个人层面上，都聚焦于选择——也就是说，它聚焦于基于特定的目标和条件，什么是要被做的，而非试图确定某种独立存在的事态。这意味着跨文化边界的对话不仅凭借共同的观察结果为充分性和整全性提供试金石。但是，基于同样的原因，它也意味着在一个既定的实践困境当中将具有一个以上可以辩护的答案。这种选项的多样性无疑弱化了为具体社会安排进行辩护的努力，或好或坏地，它也降低了为此时此刻的实践困境提供可以辩护的答案的标杆。为了把一组既定的规范和社会安排辩护为我们共有人性的理性表达，我们无须证明它们是必然的，不可避免的，或者最佳的解决方案。我们也无须证明，这种安排内含于各个参与对话的人的道德之中的，或者它已经在相关的文化背景之下得到了证成，如果有人想那么做的话。我们所须证明的全部内容在于，既定的安排此时此刻是可以辩护的，通盘考虑的话，是各方都能接受为合乎理性的。我们无法[341]保证，即便是这种层面的共识在每种情况下都是可能的，如果托马斯主义自然法理论是正确的话，我们有充分的理由相信，它在许多，或者说大多数情况下，都是可能的。

这就把我们带回到了本节开端所提出的那些因素之上。也就是说，托马斯主义自然法理论确实表明，我们能够确认人性的具有道德意义的构成成分。尽管这些成分没有决定表达它们的道德概念，我们还是可以对它们的实践含义说些东西。例如，我们可能无法在各种勇敢形式之间进行判定，但我们至少能够自信地预测：面对危险时保持镇静或者胆量将是普遍受到钦佩的。基于同样的原因，它支持一种培养勇敢的生活方式或实践，一种加剧普遍和持续恐惧的生活方式似乎就是恶性的。还有一个不同的但却是相关的评判标准，它是我在前面章节所描述的自然恶习所提示的，或者更为准确地说，是作为枢德理想的对应者出现的广泛的恶习类型观念。回忆一下，这些包括个人福祉方面的扭曲，个人与他人之间关系上的残忍和冷酷。同样地，这些"恶习理想"并没有细化它们的实质应用——一个人的贞洁和自弃（self-denial）理想将是另一个的修士德性，只是名义上的德性。尽管如此，这些恶习范式确实提供了参照点，据此可以挑战特定的安排，甚至是证成，援引那些一般理解和承认为有效和相关的因素。例如，家庭生活的理想要求妇女牺牲大多或者全部的教育机会，思想追求上的进步或者判断上的自主性可以根据以下理由进行辩护：这种区别对待的牺牲是实现更高的理想所必需的。尽管如此，责任是与之相对的，根据既在于扭曲（它要求妇女所牺牲的倾向恰恰是她们作为人这种存在物的身份当中最重要的），也在于残忍或冷酷（对于那些人，包括男人也包括女人，他们认为这些牺牲理所当然）。

从托马斯主义自然法理论立场来看，这些类型的因素是突出的，也是有力的，因为一名基督徒会基于神学理由以其力所能及的方式尊重和促进人类福祉和幸福。正如我们将在下文更为全面地看到的，托马斯主义理论对幸福及其与德性关系的阐述为认真对待这些因素提供了一个根据，而且爱的神学德性使得这么做是必须的。但是，这意味着其他人，他们不一定就共享着这些理论的和实践的信念，就无法接受这些类型的论证的效力吗？绝非如此。德性理想以及与之对应的恶习[342]范式，还有其他广泛的因素，对于人来说都是自然的，因此我们可以期待发现，这些类型的论证是在各种各样的情况下提出的，甚至在它们确切的证明和应用仍不确定的地方,我们也感到它们是相关的。

　　笔者想要指出,这正是我们已然发现了的。对枢德的钦佩几乎是普遍的,只是形式不同罢了。而且基于同样的原因,被视作对这些德性的破坏的个人或社会安排是要被谴责的。扭曲、残忍和冷酷同样几乎总是会受到责难的,尽管在具体情况下什么算作扭曲、冷酷或残忍的行为仍然是有争议的。按照自然法的这一理论,这些类型的判断被解释为对人性可理智理解的结构的反思,因为这些自发地在人类判断之中表达着自己。但是,这并不一定要求为了分享判断就必须分享那种理论视角——那是长期以来的人类经验所肯定的。

　　如果这种论证思路是合适的,那么道德对话和理性共识的前景就不像我们所担心的那样渺茫。道德推理是有内在限制的,这样,在实体规范的层面上,自然法并非对于所有人都是相同的,也并非被所有人都认识(参照第二集第一部分第 94 个问题第 4 节)。尽管如此,这并不意味着,理性的道德对话,甚至达成共识,是不可能的,或者只能在预先决定的道德一致的参数之中才可以获得。在我们的多元和日渐分割的世界社会之中,我们或许不能对任何东西都达成一致,但是,我们仍然可以发现,我们能够作为理性的对话者在某些事情上达成一致。至少,我们能够这么做的希望不是一个非理性的希望。

　　在接下来的两节当中,笔者将更加细致地研究自然权利或人权的观念问题,捍卫并推进这些主张。笔者想要表明,这个观念提供了一个突出的例证,涉及一个道德概念,它脱胎于对何者之于人是自然的这样一个具体神学的解释,然后被视为一个在范围广泛的无法比较的背景之下所发生的道德判断和对话的框架。这样的话,它就提供了一个说明性的——实际上也是非常重要的——例证,这个例证所涉及的道德概念是在一个具体的社会道德背景之下产生的,然后被证明对于生活在不同背景之下的众人来说也是具有说服力的。

二、从自然法到人权

在过去的半个世纪以来,自然权利或人权的观念已经从修辞的繁荣被转化为了一个学术聚焦的热点,[343]哲学家、社会理论家和神学家无不涉足其间。这么说来,它与自然法观念本身倒有几分相似之处——丝毫不应感到奇怪,因为在自然法伦理与一种认为我们享有来自人性共同特征的基本权利观念之间,本就存在着明确的相似之处。实际上,当代自然法理论兴趣的复苏,在相当大的程度上也是人权观念学术兴趣逐渐增长使然。①

然而,认为我们能够通过一个被假定为共同具有的自然权利或人权学说,直接从经院主义时期过渡到我们当下,这将是一个错误。首先,直到最近,人权的历史编纂都还坚持着中世纪与现代在这个问题上的断裂。按照这个观点,人权学说是一个现代特有的观念,它或许利用了早期自然法理论的语言和抱负,但反映的却是对个人诉求的一个决定性的新的强调。最近,这个观点受到了中世纪研究者蒂尔尼(Brian Tierney)的挑战,他表明,(被假定为)现代的自然权利学说其语言和实质早在13世纪即可找到。② 然而即使所言非虚,自然法与自然权利之间的关系仍然带来了更为深远的问题。更为根本的,它迫使我们直面一些基本问题,这些问题与权利诉求的普遍有效性——或者相反——有关,究其含义,也涉

---

① 有两个极为不同的例证,参见 John Finnis,《自然法与自然权利》,Oxford: Clarendon, 1980, Martha Nussbaum,《妇女与人类发展:潜能路径》,Cambridge: Cambridge University Press, 2000,尽管坦白地说,Nussbaum 并没有以自然法理论形式发展她的理论。

② Brian Tierney,《自然权利的观念:1150—1625 年的自然权利、自然法与教会法理论研究》,Atlanta: Scholars Press, 1997;对之前的论证的总结在页 13—42,Tierney 自己的答复在页 42—77。

及它们是独立于还是受惠于基督教所特有的一种人的观念问题。

最近的自然权利或人权理论主张,权利诉求不仅是普遍有效的,而且也是普遍有理的,可以提出对任何理性的和善意的人来说都具有说服力的论据。然而,无论这些论据的理论效力如何,自然权利的学说史却都与之相悖。正如海姆斯(Paul Hyams)所言:

> 我们越来越多地感受到,西方民族与所谓的第三世界民族在人权、腐败等观念上的对抗,我们在西方世界视之为不言而喻的,而他们有时却称之为是西方强加的,不适合自己国家的条件。这些误解深深植根于那些从罗马法继承下来的[344]问题的表述中。不仅这些权利的具体内容,还有它们的总体定位,在很大程度上都归功于那些法律观念,它们由公元1世纪的古典法学家所阐述,在公元6世纪的查士丁尼治下被法典化,自11世纪以降被欧洲法学派所汲取和发展。它们现在已经深深地铭刻在我们的文化之中:我不是像任何其他人一样,热烈地拥护它们的无可辩驳的正当性的幻念,并且对局外人无法看到真理的无能感到愤怒的沮丧。它就像我们文化的任何其他方面一样依赖背景,很难看清它们究竟是什么。①

海姆斯在这里提到了罗马法学家,这可以表明:自然权利学说虽然在文化意义上的局限于西方社会,但在神学上却没有这种限定。然而,正如他接着所说的,尽管这个学说包含着来自西方法律传统早期阶段的元素,但它本身的形成却相对较晚,他甚至同意蒂

---

① Paul Hyams,《正当程序对欧洲法律中的秩序的维持:共同法的贡献》("Due Process versus the Maintenance of Order in European Law: The Contribution of the Jus Commune"),收录于《法律的道德世界》,页62—90,此处位于第62页。

尔尼,它在起源上与其说是现代的毋宁说是中世纪的。海姆斯援引蒂尔尼的结论说:

> 他指出,主观权利是"人之为人"所固有的观念,这是"西方特有的发明"。希腊人没有这样的东西。没有任何人能够真切地指出,"十诫"承认或授予了任何这类权利。罗马法确实接受了一种"客观自然法"的存在,但却从来没有从把占有作为一项权利对待迅速过渡到承认"一个主观的自然权利的学说"。现代自然权利语言的典型论证大多发现于中世纪,这几乎全部归功于教会法学家。这个过程完美地证明了教会法作为一种博学的法所发挥的作用,它处理着真实的世界,并且因此调整民事学说以适应真实的生活局面,那是他们在法庭和职业当中所面对的。①

对于主观的自然权利存在的最初的明确主张,我们要归功于中世纪教会法学家,如果这一点是真实的(笔者相信如此),那么这就意味着神学信念在这些主张形成的过程之中发挥着关键性的作用。如果这个进一步的结论得到证明,它就使得以下观点变得可信:主观自然权利的观念是被关于人和道德秩序的神学视角决定性地塑造的。笔者在本节试图表明,事实确实如此。更为具体地说,笔者将会论证,对自然权利的早期断定是作为经院主义自然法概念的一个合理的、尽管不是必然的发展而出现的,相应地,晚期自然权利理论的最为主要的因素,都可以被证明是来自那些充实着这一背景的神学信念。

任何人只要是熟悉蒂尔尼关于自然权利学说的中世纪起源这

---

① Paul Hyams,《正当程序对欧洲法律中的秩序的维持:共同法的贡献》,页67。Hyams用"civilians"指的是查士丁尼《法学阶梯》的早期经院主义评论家。

一突破性著作都会迅速发现,笔者在接下来的内容当中对他有多么的依赖。然而,笔者想从一个不同的方向上处理这个问题,这个方面要求我们首先稍作追溯。也就是说,笔者想回到自然法的普遍性这一更为一般的问题,集中关注经院主义者们处理这个问题的方式,从而处理人权的普遍领域的问题。

正如我们在前文当中所看到的,自然法传统按照经院主义者所接收到的,至少强烈地致力于自然法的普遍理性化和效力。但是,经院主义者也承认,这个信念与自然法传统的其他方面是有张力的:"然而,仍然存在一个反对意见,因为按照自然法,一切人都享有自由,一切事物都共有。这些却被万民法改变了"(洛特,页106)。这个评述得之于被称为《科隆大全》(*Cologne Summa*)的匿名教会法论文,在教会法学者对自然法的反思之中几乎被一字不差地重复了。而且,它所标志的问题也被神学家所吸纳。① 如果自然法是不可改变的,那么我们怎么才能解释那么广泛的社会习惯呢? 它们可是似乎与传统上认为属于原始风俗或败坏的本性不一致的东西。

不论好歹,经院主义者和他们的罗马前辈们都不准备在回答这个问题时说,实际上,"社会习惯坏的多"。然而,罗马法学家,以及那些被称为民法学家的世俗法的经院主义学者似乎都倾向于采取相反的答案,实际上说,"自然法坏的多"。② 按照这种观点,自然法等同于我们与其他动物共有的前理性的倾向。因此,在他们对自然法的[346]讨论之中,民法学家赋予罗马法学家乌尔比安的定义以优先地位,它出现在《查士丁尼法学阶梯》之中:"自然法是

---

① 至于经院主义者在社会制度层面上解决普遍与特殊之间张力的方法,参见拙著《自然法与神圣法:重回基督教伦理学传统》,前揭,页247—259。
② 正如 Michael Crowe 所说的,至少是在民法学者方面,《自然法的变动形象》,The Hague:Martinus Nijhoff,1977,页110,同样参见拙著《自然法与神圣法:重回基督教伦理学传统》,前揭,页47。

自然教给所有动物的东西:因为这种法不是人类所特有的,而是生于陆地、海洋的动物以及飞鸟等一切动物所共有的。"① 按照这种方式理解,那么自然法只出现和运行于人类社会的退化形式之中。相应地,对于世俗法学家来说,是平等的理想或理性化,而不是自然法,为评价实存的法律提供着规范性的试金石。

与之相反,经院主义的教会法学家和神学家并不打算以一种压倒一切的方式把自然法降至道德的序言地位。起初,自然法问题被教会法学家格兰西提到了充满着神学问题的经院主义的议程之上。他的教会法的分析性索引通常被称为《教会法汇要》,它是这样开头的:"人类受到两种规则的辖制,一是自然法,一是习惯。自然法见于律法和福音书。自然法要求每个人以自己期望被对待的方式对待他人,禁止每个人对他人做自己所不愿遭受的事情。所以基督在福音书里说,无论何事,你们愿意人怎样待你们,你们也要怎样待人,因为这就是律法和先知的道理。"(D. 1,导言)。②这些话难倒了大多数当代评论者。然而,一旦我们意识到,查士丁尼的《法学阶梯》同样也是以乌尔比安的自然法定义开始的,或者与之非常接近,那么格兰西的要点就会变得明白。相形之下,格兰西是一个圣经定义开始自己的教会法汇要的。这个定义几乎每个字都来自神学家圣维克多·休(Hugh of St. Victor),这位神学家一直反对自然和自然法的单方面的哲学观念。格兰西以此表明,不管法律的源头为何,它们必须按照万物最基本的法得到理解和

---

① 《学说汇纂》I 1.1.3;相似段落在查士丁尼的《法学阶梯》的I 1.2。
② 对格兰西的所有翻译都是笔者本人的。然而,笔者在校对时参考了 Augustine Thompson 的翻译,参见《格兰西:论法律》,附《标准集注》(Gratian: The Treatise on Laws, Decretum DD. 1—20, with the Ordinary Gloss),前者为 Augustine Thompson 英译,后者为 James Gordley 英译,Katherine Christensen 写作了导读(Washington, D. C.: Catholic University of America Press, 1993)。笔者在拙著《自然法与神圣法:重回基督教伦理学传统》当中较为详细地为这里对格兰西的解释进行了辩护。

解释,即,在《圣经》之中被证明的自然法则——同时究其本意也要参照那种证明得到理解。

从这个视角出发,自然法就变得重要起来。这既是因为神学的原因,也是因为广义的法学的原因,它们是同步的。12、13 世纪是一个意义[347]极为深远的制度变革时期,而经院主义者就深深地浸淫在这些过程之中。① 尤其突出的是,自然法为教会法学家和神学家提供了一个制度批判、变革和创新的基础,这不依赖(至少不是以一种明显的方式)既存的法律和习惯,并且因此可以作为一个更高的权威来源以反抗地方和国内权威。自然法的神学意义保证了自然法论证在经院主义者群体之中的突出地位和效力。相应地,对自然法的阐述通过经院主义者把它应用到当时实践问题的努力具有了理论的外观和深度。与此同时,13 世纪伊始,经院主义神学家开始采用正在浮现的自然法概念去解决一系列的理论难题,其中既包括圣经解释的谜题,也包括道德神学问题。

因为教会法学家和神学家都坚持一种强硬的自然法阐释,所以他们就无法简单地避免那些贯穿着自然法传统的张力,这是他们遇到它时就具有的。他们坚持提供一种自然法阐释,它既体现了自然法普遍的和不变的地位,也展示了自然法在各种不同的、似乎不一致的形式之中的表达。正如我们所看到的,他们在不同的自然法之间,或者在同一自然法的不同层面或形式的表达之间(在神学家中间更为普遍)进行区分,从而克服这一挑战。这种方法使得他们能够把表面上不相容的自然法视角融合起来,把它们与这些不同形式或层面的表达对应起来,从而可以断定自然法在某种基本的或者根本的意义上是普遍的和不移的,而它的派生的或者具体的表达却不是。

---

① 更为详细的细节参见拙著《自然法与神圣法:重回基督教伦理学传统》,前揭,页 34—41 和页 259—267。

这就把我们带到了关键之处。经院主义对自然法传统的发展当然是被一系列的视角所充实的,它们都经由该传统协调起来,其中既包括古典和犹太方法,也包括基督教方法。正是因为这个原因,他们自身的自然法观是无法以这些视角当中的任何一个加以理解的,甚至也无法以他们视之为最高权威的圣经传统加以理解,更不用说它们的概要了。为了理解经院主义自然法概念的特殊性和神学性,我们还需要考虑选择解释和综合的过程,这样他们可以把早期自然法传统的各种因素揑合在一起。在经院主义[348]自然法概念当中,没有一个因素在起源上是唯独圣经或者基督教的。然而,这些因素是按照一种正在形成之中的基督教神学的必然要求并以一种新颖和独特的方式解释和综合的。这些必然要求不仅是由具体学说(它们本身也是有争议的和变动不居的)所产生的,甚至主要是由它们产生的;相反,它们首先来自保存圣经内在一致性的信念,也来自它与其他权威文本的相同,正如我们已经指出的,这些文本的所有形式对于经院主义来说都是根本性的。

这个使命使得经院主义者形成了一个自然法概念,它把一种用于道德省察的内在力量或潜能视为首要的和典型意义上的自然法,据此其他对自然法的诉求得以理解。正如蒂尔尼所言,这种方法在斯多亚学派的断定之中即有所预见:在人之内存在着一种自然法。然而,"12世纪发生一次意义和重点的决定性的转向。对于斯多亚学派的有些人和西塞罗来说,在人之中存在一种力量,通过它可以观察到自然法(jus naturale),贯穿整个宇宙的客观自然法。但是,对于教会法学家来说,自然法本身被定义为内在于人之中的一种主观的效力、官能、力量或能力"。[①] 一方面,这个方法为

---

① Tierney,《自然权利的观念:1150—1625年的自然权利、自然法与教会法理论研究》,前揭,页65。

经院主义者提供了一个协调自然法各个视角的方式,同样重要的是,可以解决圣经之中提及自然法时的当然矛盾。另一方面,而且与一种自然权利学说的出现更为直接相关,它为他们提供了一种证明和保障自主和自我指引诉求的方式,它们被人们用来捍卫精神的和情感的,以及更为直接的实践的兴趣。① 正如蒂尔尼接着证明的,这种处理自然法反思的方式不一定使得一种自然权利学说成为必然,但是它能够顺理成章地作为这种学说形成的基础,而且到13世纪时经院主义教会法学家已经开始这么做了。

为了弄懂蒂尔尼论点的效力,我们必须展望接下来一节所要提出的一个要点。也就是说,权利语言容纳着范围广泛的解释。② 很多时候,"权利"被视为[349]只是一种表达方式,表达着在既定的情况下,什么算作公平、平等或者道德正直。理论家们有时在客观权利的意义上谈论权利,要点在于,它们被视为产生于一种客观的道德秩序之中的诉求。按照这种方式理解的话,权利语言代表着一种表达道德诉求的方式,它也可以用其他术语表达,或许不那么有效,但却不会失掉任何含义。经院主义自然法概念无疑暗含着一种自然权利学说,这么理解的话——那是,对于任何其他形式的道德实在论也可以这么说。

然而,蒂尔尼接着论证说,至少有些经院主义者肯定强硬意义上的自然权利的存在,据此权利诉求暗含着某种不仅仅是产生于客观道德秩序之内的一组相互义务的东西。按照这种观点,恰当称谓的自然权利与人作为个体的道德属性相连。在当代语言之

---

① 关于前一点,参见拙著《自然法与神圣法:重回基督教伦理学传统》,前揭,页129—156,页247—259。关于后一点,Giles Contable 提供了一个不可或缺的含义,涉及那一时期流行的自由欲望之后的宗教和广泛的精神动力,参见《12世纪的改革》(*The Reformation of the Twelfth Century*),Cambridge:Cambridge University Press,1996,页257—293。
② Richard Tuck 在《自然权利诸理论:起源与发展》当中,为主观和客观权利及其对自然权利理论早期历史的意义提供了一个精炼的、有益的讨论,第6页。

中,这种权利将被视为主观权利而非(仅仅是)客观权利。这样的话,它是人的一种能力,她可以选择行使,也可以不行使,而且如果行使了就会对其他人或者整个共同体产生一个不同的道德诉求。因此,按照这种观点,自然权利先于特定的社会安排而存在,尽管它们的实际行使可能要求具体制度的存在,例如法庭的存在。

蒂尔尼分析了这种强硬的权利学说,他说:

> 假若我们试图为自然权利理论找到一个早期起源的话,我们需要一查语言的式样,其中"jus naturale"不仅意指自然法或者宇宙和谐,而且意指个人的官能、力量或能力,与理性和道德省察相连,界定着一个自由领域,个人可以自由地去做他愿意做的,进行具体的诉求和实施人之为人的能力。我最后想证明,整个这些相连的观念,这种语言的结构,首先存在于中世纪的教会法汇要作家的作品之中。①

笔者这里还想补充一点:蒂尔尼所指出的"决定性的转向"(decisive shift)不仅仅是对12、13世纪的社会条件的一种反思,尽管它确实在部分上如此。(蒂尔尼本人也没有提出这样的[350]主张)。它也反映了圣经解释所设定的要求以及连贯神学的发展,正如经院主义对这些任务的理解。当我们考虑理性之于经院主义自然法概念的核心地位时,这些因素的力量就变得明朗起来。蒂尔尼正确地强调了教会法学家胡古齐奥的主张的影响:自然法在其首要的意义上被等同于理性,只有在次要意义上或者甚至在不严谨的意义上,才被等同于诫命,包括圣经的诫命。②

---

① Tierney,《自然权利的观念:1150—1625年的自然权利、自然法与教会法理论研究》,前揭,页54。
② 同上书,页64—65。

正如他接着所说的，这意味着胡古齐奥甚至把格兰西所偏向的自然法定义视为一个次要的含义。这似乎表明，胡古齐奥偏离了格兰西的圣经视角。然而正如我们在第一章所看到的，把自然法等同于理性，在这个背景中等同于一种道德省察的力量，这本身即是一个圣经主张——或者至少可以说，它在这个时代是被这么理解的，由于《标准集注》对《罗马书》章 2 节 14 注释的权威存在。①而且，这种解释思路不仅被《圣经》权威化了，如果经院主义者试图保持自然法是普遍的这一传统观点，同时带着他们对那种普遍法的特别神学的方法，那么它在实践中也是需要的。道德判断的潜能，以及它所作用的原则，可以被可靠地视为普遍的和不变的，这恰恰是因为它是在这样一个普遍的层面上运行的。同时，如此理解的自然法也为解释、表述和应用层面上的变化留下了相当大的空间。

正如蒂尔尼接着所讲到的，从胡古齐奥所偏向的理性形式的自然法定义，过渡到经院主义以个人的力量、潜能和能力对自然法的验明，这只有一小步路。而且，从这里到把权利观念视为个人的主观能力又只有一小步路。②我们在这里再次发现，经院主义思想充满着圣经和神学的因素，并受到了它们的引导。当我们转向《集注》当中胡古齐奥和其他经院主义者构筑他们的作为道德省察的一种潜能的自然法解释的段落时，这就变得愈发明显。我们看到，这种潜能被说成代表着上帝的形象，人即是由此受造的，而且它由此是无法根除的，甚至在该隐身上也是一样，正如我们经常被提醒的。它在每个人身上都可以发现，不管是男人、女人，还是小孩，[351]不管是罪犯还是义人，甚至还包

---

① 而且，Huguccio 会这么理解自己的主张，因为他援引了集注以支持自然法与理性的等式，正如我们在第一章所看到的。
② Tierney，《自然权利的观念：1150—1625 年的自然权利、自然法与教会法理论研究》，页 58—69。

括下地狱者。① 而且,这个形象并非仅仅等同于一般理解的理性,它还被更加具体地解释为人类自主的自我指引的潜能,控制着自己的选择和行为,那对于主观自然权利的概念是至关重要的。对理性自主的这种强调在东部神学家大马士革的约翰(John of Damascus)的一个评论当中体现得特别明确,正如阿奎那在《神学大全》第二部开端所援引的:"因为按照大马士革的约翰的讲法,人是按上帝的形象造成的,所谓形象,乃是指理性、自由意志及行为主权。讲论了模型——即上帝,以及按其意志,自其能力所产生者之后,现在要研究的是他的形象,就是人,即是按人之亦为其行为的根本,具有自由意志及行为主权而言。"

正如这些评述所表明的,对于经院主义者来说,人类的自我引导能力并非只是各种人类能力之一,而是明确的人类方式,以此这种造物反映着上帝的智慧和善性。而且,它还是那种智慧和善的独特反映,因为它反射着神圣活动本身的独特标记。正因如此,这种潜能不仅值得作为上帝的一个形象而赞美,而且应当作为上帝形象本身而尊敬。这里我们离一种自然权利学说就不远了,现在它被视为对反映在理性自由和自我引导之中的神圣形象的崇敬。

由此经院主义自然法概念至少包含了现代自然权利理论的一个信条,那就是肯定人拥有道德省察和自由判断的能力,这些都是通过自由的自我引导表现出来的。然而,对于人的"官能、能力或能力"的这一肯定,尽管对于主观自然权利学说的发展是重要的,

---

① 更为深入的探讨,参见拙著《自然法与神法》,页 266—267。James Barr 提到,这种解释至少与圣经当中把人作为上帝的形象的含义是一致的,参见他的《圣经信仰与自然神学》(*Biblical Faith and Natural Theology*),Oxford:Clarendon, 1993,页156—173。对相似观点的一个当代神学辩护,参见 Kieran Cronin,《权利与基督教伦理学》(*Rights and Christian Ethics*),Cambridge:Cambridge University Press, 1992,页 233—266。

本身却并不使得对主观自然权利的断定成为必然。只有一些经院主义者在这个方向上发展着他们的自然法概念,而且毫不奇怪,那些这么做的人就是教会法学家,而不是神学家。这并不意味着,对自然权利的断定是较为宽泛的自然法概念的不恰当或者不正当的应用。自然权利观念代表着较为宽泛的道德[352]概念的一个实践应用,而且正如我们在前面一节所指出的,这种实践应用并不是它们根源其中的概念所必需的。尽管如此,这个观念很容易被理解为较为宽泛的经院主义自然法概念的一个令人信服的应用和发展,尽管并非唯一可能的一个。

这又提出了更为深远的一点,我们在前面已经附带提及了,但现在需要更为细致的观察。也就是说,主观权利的观念是脱胎于经院主义自然法概念的,当时那个概念是在一个具体的背景之中应用和发展的,而这个背景是13世纪的社会条件和需要所设定的。因此,离开了它的社会背景,我们就无法理解自然权利观念的形成。但是,我们也无法断然区分这一观念发展之中的神学和社会影响,更不用说把它们置于彼此对立的地位了。在一个相当大的程度上,12、13世纪的社会背景本身就是神学信念和信守所塑造出来的。① 经院主义自然法概念反过来又成为了证明和指导这些社会发展的一个基础,并且在这个过程当中被转化为了一个具有相当大的批判和法律力量的观念。笔者这里可以提出这个过程的两个例证。

第一个涉及婚姻的改革,它始于11世纪后期,持续到我们正在思考的这个时间段。② 起初,这些改革似乎是被一个日渐强化的信念所推动的:婚姻是一项真正的圣事,必须在教会的控制之

---

① 参见Constable的《12世纪的改革》对此的论述,页257—293;更多细节和文献可以在拙著《自然法与神圣法:重回基督教伦理学传统》当中找到,前揭,页34—41。
② 关于婚姻改革及其随后的神学争论的深入研究参见拙著《自然法与神圣法:重回基督教伦理学传统》,前揭,页206—212。

下进行。它们很可能也受到了教会领袖的欲望的助推：确保它们独立于扩大的家庭，它们那时主宰着欧洲社会的大部分地区。可以预见，这些改革遭到了抵制，然而它们却相当成功，以至于到我们正在思考的那个阶段的末期，婚姻几乎全部听从于教会法了。

为了捍卫和执行这些改革，经院主义教会法学家针对婚姻提出了一种分析意见，据此可以把合法有效的婚姻从不合法的姘居当中区分出来，而配偶和其他利益相关方当中的冲突也得以裁决。这种分析的最为重要的方面或许在于：它使用了罗马法学说，婚姻生于合意(consent makes marriage)。按照一般的解释，至少在 12 世纪后期和 13 世纪时期，这意味着双方的合意[353]足以确立婚姻，产生据此而来的全部法律后果。这个学说脱胎于复杂的神学因素，但它与经院主义者对人类自由判断和自我引导的潜能的核心重要性的更为一般的强调有着明显的联系。基于同样的原因，一旦对合意的这种解释得到了普遍的接受，它就会融入正在形成之中的经院主义自然法阐释之中，这样既阐明也强化了对一般潜能和原则的诉求，这些对于那种阐释至关重要。尤其突出的是，这种理解合意的方式强调了经院主义自然法阐释之中的平等主义的应用。夫妇之间的相互合意足以确立一个有效的婚姻，这个学说是婚姻权的一个有力的保障。这样的话，它就打开了一个空间，人们可以在一个根本性的事项上自由地行动，不管他们在社会等级之中的位置如何。

正如我们在格兰西的《教会法汇要》(C. 29, q. 2)之中所看到的，这个含义又被对那些处于婚姻奴役状态之中的人的权利的直接宣告直接说明了。尽管这种观点受到了质疑，但它随后还是融入到了教会法之中，1155 年教皇哈德良四世(Hadrian IV)的谕令"Dignum est"明确肯定了非自由人即使在没有得到他们的主人批准的情况也拥有结婚权。①临近我们正在讨论的这一时期的末尾,阿奎那直截了当地把结婚权置于对自然平等的诉诸之上。他解释说,因为所有人对性的潜能的拥有和使用都平等的,那么这些潜能就包含着对一个人加诸另一个人之上的服从义务的限制。正因如此,没有任何人能被强迫结婚或者离婚(《神学大全》第二集第二部分第 104 个问题第 5 节)。

对自然法和自然理想的诉诸在第二个背景下也是重要的,即,贯穿这一时期的对有组织的宗教生活的革故鼎新。圣方济各的共同体观念是人所皆知的,它包含着一个绝对贫穷的理想,谦逊、屈从和苦行。当然,这并不意味着方济各会修士断绝了对物质资料的一切使用,因为这么做无异于自杀。尽管如此,他们宣布他们对物质资料的使用与彻底贫穷的生活是一致的,而且随着这种献身[354]逐渐遭到攻击,他们开始诉诸那个现在人们熟悉的区分:占有不同于所有,从而断言,他们可以占有外在物品,这是使用它们的含义,同时把所有留给他人,通常是一个资助者或者教会本身。

乍一看,这似乎是一个教区事务的讨论,几乎不具有一般意义。然而,它却具有意义深远的含义,由于方济各会修士对彻底贫穷理想的捍卫,结果导致了经院主义自然法阐释当中的平等主义寓意的强化,不管是有意的,还是无意的。方济各会修士为自己的立场进行辩护,(在部分上)是通过断定他们只是简单地取回了符合自然的人的生活方式,至少在拒斥所有权的范围内如此。按照这种方式理解的话,方济各会的彻底贫穷的理想可以被解读为一

---

① 对此以及后来教会针对非自由人婚姻的立法,参见 Antonia Bocarius Sahaydachcy,《非自由人的婚姻: 12 世纪的教令与书信》("The Marriage of Unfree Person: Twelfth Century Decretals and Letters"),收录于《中世纪教会法研究:鲁道夫·魏甘德纪念文集》(*De Jure Canonico Medii: Festschrift fur Rudolf Weigand*),见 *Studia Gratiana*, XXVII (1996),页 483—506。正如 Sahaydachcy 接着表明的,Dignum est 随后遭到质疑,但是教皇们始终维护非自由人婚姻的有效性。

种遵守原初自然法生活的努力。这种思路在波纳文图拉那里表现得尤为明显:"本性如此,不管似乎作为原本构成的样子,还是处于堕落的状态,以一种不同的风格提供了这种方式(贫穷的劝告)。因为人本就赤裸而生,如果他保持那种状态(未堕落),那么他就不会把任何东西据为己有。而且,堕落的人也是赤裸而生,赤裸而死。因此,这是最为正直的方式,不是不面对本性能够忍受的限制,人赤裸而生,贫穷而活"(《论福音的完满》,2.1)。

如果不细读的话,我们很可能觉得波纳文图拉这里的主张不过是一种肤浅的自然主义。但是,如果从他所参与的争论的背景来看,他的评述就别具风貌。笔者相信,我们这里看到的是对本性的一个深思熟虑的、充满神学意义的解释。它有助于凸显占有、等级和权力的传统地位,简言之,文化的一切装备,它把有些人置于其他人的从属地位。波纳文图拉并不想以此否认文化的正当性,这也是他在这篇论文的其他地方指明的。他只是在清理一个空间,断定另一种替代的生活方式的正当性。但是,他在这个过程中强调了传统地位,并且由此强调了社会不平等关系的偶然性。

这样,波纳文图拉的评论就突出了自然法思想的一个特征,它贯穿于这些例证之中。也就是说,这些都是道德批判的例证,这种批判是在具体的、社会体现出来的信念和实践的框架之中形成的,但是它仍然为那些信念和实践的批判和改革提供一个有效的基础。波纳文图拉对贫穷的解释,就像婚姻之中的合意学说一样,吸收了已经接收的反思传统的元素,而且它还预设了一组具体的社会安排以凸显它的意[355]和特点。在以上两个例证之中,自然的与习俗的之间的区分,以及对给予这些区分多大的道德权重的判断,都是在被批判的习俗的框架之内形成的。然而,在这两个例证之中,熟悉的元素被合并起来了,以对既存的实践提出批判,或者预示有着重要不同的选项。显然在这些例子中,道德批判并没有预设一种脱离个人思想和道德传统的能力。

这些例证共同指出了这一时期自然法思想的一个重要的特征。也就是说，两个例证都表明，自然法不仅在运行上被视为似法的，而且也被视为现实存在的实在法的一个源头，不管是民事的还是教会的（抑或二者）。当然，经院主义者意识到自然法必须通过某种实在立法才能表述出来并且付诸实施。这里并不涉及把自然法视为本身即是一种具有直接法律效力的法令的问题。尽管如此，他们确实相信自然法具有法律效力，它不仅为法律提供了一个源头，而且更为强烈地，提供了一个针对既存法律和制度得以检验的标准。在这个意义上，自然法可以被视为产生着法律主张，这些主张是一个正义的共同体必须尊重的，如果必要就创造新的法律和司法制度。

我们在这一点上已经非常接近主观自然权利学说了。当然，任何这类学说都预设着对个人的主观道德权威的一个信念，但是，脱离了个人的道德权威能够被赋予道德和法律效力的背景，这个信念本身是无法产生任何强硬意义上的自然权利学说的。笔者想要指出，刚才所提到的经院主义自然法反思的两个特征——它能产生内在批判的能力以及它的（潜在的）法律效力——都为自然权利主张的断定提供了必要的背景。断定一项自然权利的意义在于为某人的主张进行辩护，它游离于一个既存的社会秩序的得到承认的主张之外，往往与之相对立。而且，为了使得这个主张有效，它必须具有法律效力。鉴于它们作为社会批判的一个基础的相应功能，这意味着权利主张必须被视为，至少在某些情况下，新法律的一个源头，而不是它们的有效性依赖早已存在的法律体系特征的主张。从这个背景来看，一项自然权利或人权的断定至少具有三层含义：人在某个生活领域正当地享有行为自由；这种自由能够被恰当地断定，而且应当得到保障，甚至针对与之竞争的主张；最后，这个主张具有法律效力，而且如果没有捍卫其存在的机制，那么就应当创造它们。

笔者想要暗示的是，这些就构成了托马斯主义[356]自然权利学说的核心。也就是说，我将把这些辩护为托马斯主义自然法理论的正当的实践含义，鉴于我们自身的社会情况和直接历史，如果我们试图提供伊格纳季耶夫(Michael Ignatieff)所说的"抑制野蛮的防火墙"的话，那么它们在实践上都是必须的。① 不用说，详细叙述这个学说需要花费大把力气。尤其是，笔者并不打算表明，每个人的道德主张都能够或者应当以权利辩护的形式表达出来——例如，不清楚这是否是为不得伤害这样的基本规范进行辩护的框架——这里也不试图对积极和集体权利的难题进行评论。笔者的目标只是指出托马斯主义自然法理论的一个实践含义，而不试图详细地发展它。

人们通常会同意，阿奎那本人并没有提出一个强硬意义上的自然权利学说，尽管他确实以"权利"的形式进行了讨论，但它被理解为客观公正的事态，是构成正义德性对象的东西。尽管如此，这个学说代表着他所分享的经院主义自然法概念的那些元素的一个合理发展，这样的话，把它融入一种托马斯主义的自然法理论并没有超出合理的范围之外。而且事实上，阿奎那本人在某些点上比通常认为的更接近为一种自然权利学说辩护，尽管可以承认，他没有断定主观自然权利的存在。

最为突出的例子出现在他对服从义务的讨论上。这对于他来说，包括每一种下级服从上级的义务，既有民事背景的也有教会背景的(第二集第二部分第 104 个问题第 5 节)。阿奎那为这些关系类型的一般正当性进行了辩解，这是我们期待的，但是他也在这种服从的限度上施加了严格的限定。首先，服从的要求被关系的要点所限制(第 104 个问题第 5 节答复 2)。而且，对每个人、在任何

---

① Michael Ignatieff,《人权的政治学与偶像崇拜》(*Human Rights as Politics and Idolatry*), Princeton: Princeton University Press, 2001, 页 5。

情况下所强求的服从类型也有所限制。这些限制是被根本的人生倾向所设定的,这是所有人都分享的,在它们上面人们都是平等的:"至于在那些外面应由肉体去做的事上,人就必须服从别人。不过,就是在那些属于肉体本性的事上,人也不必服从别人,而只应服从上帝。因为以本性而论,人人都是平等的"(第 104 个问题第 5 节;对比第一集第 96 个问题第 4 节)。因此,他接着解释说,例如,没有人可以命令另一个人[357]结婚或不结婚,因为婚姻根源于所有人都分享的人性的一个方面。

在这个段落中,阿奎那并没有直接说个人享有一种自由权,可以针对他人而断定,并且在法庭上进行这样的辩护。然而,他已经走近了。也就是说,他以一种在追求某些基本人类目标上免于他人干涉的形式为人类自由进行了辩护。相似地,阿奎那坚持认为富人承担着概括的义务,把自己的多余财富通过施舍的方式与穷人分享,但是他没有说任何穷人都有权获得施舍(第二集第二部分第 66 个问题第 7 节)。然而,他确实说过,如果有人在极端需要的情况下,从另一人那里拿走了维持自己生命所必需的东西,这并不构成抢劫或盗窃罪。换言之,这个人在这种情况下是自由地从另一人那里拿东西,他享有着对那个行为的犯罪或惩罚的豁免。这不等于说,穷人享有一项能够针对富人主张并且在法律上得到辩护的权利,但是它确实意味着富人不能针对穷人提出要求他归还已经拿走的东西的主张。因此,穷人不能提出针对富人的主张,富人也不能在这种情况下提出抢劫或盗窃的指控。这即使不是丰满的主观权利,至少也是主观的豁免。

后面这个例子是特别重要的,因为它反映了一个背景:13 世纪的教会法学家确实断定了自然权利的存在。与阿奎那和其他的经院主义神学家一道,这些教会法学家认为富人承担着与穷人分享他们东西的义务,至少在有些情况下如此。正如我们刚才看到的,阿奎那用这个义务意指有人可以从另一人那里获取维持生命的必需品而不用犯罪,但是他没有直接说穷人对于多余的财富享有权利。然而,其他的 13 世纪的经院主义者却这么说过。蒂尔尼援引了教会法学家劳伦修斯(Laurentius),后者说,当穷人由于必需的压力拿走另一人的东西时,"他就像在使用自己的东西和自己的权利"。①

正如蒂尔尼接着表明的,更为重要的是,这种权利逐渐被视为一个具有法律效力的主张,因为它可以通过一个公开的审判过程加以断定和保证。当然,这并意味着它能够在脱离某个真实的法律结构而得到成功的辩护。尽管如此,这个主张还不是一项积极权利,就其在效力上依赖实在法而言。相反,它是一个公正社会的[358]基准点,它提供某种场所,这类主张得以断定和执行。这就是为何经院主义者试图设计一些机制,通过这些机制对多余财富的权利能够得到公开的辩护和执行:

> 形式化的司法程序是从罗马法那里继承下来的,教会法学家在它旁边又提出了一个替代者,这就是更为简单的平等程序,称之为"福音派的谴责"(evangelical denunciation)。一位主教可以借助他作为法官职位所内在的权威,审理任何涉及未经证实的犯罪,并且在没有原告提起形式诉讼的情况下提供救济。从大约 1200 年开始,若干教会法学家就辩称,这种程序可以用于处于极端需要困境的穷人。他可以通过一个"向法官的诉求"提出正当的主张。主教于是强令不愿合作的富人把他的多余的东西施舍出来,如果必要,可以通过驱逐出教(ex communication)的方式。当它同化进《教会法汇要》的《标准集注》之中时,这个论证获得普遍的流行。②

---

① Tierney,《自然权利的观念:1150—1625 年的自然权利、自然法与教会法理论研究》,前揭,页 73;是 Tierney 的翻译。更为深入的论证参见页 69—77。
② Tierney,《自然权利的观念:1150—1625 年的自然权利、自然法与教会法理论研究》,前揭,页 74。

当然，这里所描述的立场缺乏一个完整的自然的主观权利的理论，而且也不清楚这一时期的经院主义者是怎样说明这一理论的。尽管如此，否认蒂尔尼所援引的那些作家断定了主观权利的存在，这是在吹毛求疵。他确实直接指称它为"jus"，植根于自然法而非具体的社会习俗。

三、自然权利的悖论地位

如果我们前一节的论证妥当，那么随后从自然法过渡到完全成熟的人权学说，就不应被理解为一个断裂，而应被理解为，是13世纪（如果不是更早的话）早已存在的那些趋势的发展和转换。① 但是，这个主张未必会受到许多当代的自然权利学说的辩护者的欢迎。他们会感到不安，其中原因从前一节就可以清楚地看出。因为正如蒂尔尼所详细地说明的，经院主义对自然权利的肯定脱胎于一个[359]影响广泛的解释：人是自由和自决的主体，而且，是一个根据他或她的选择和自我引导能力享有某些权力的实体。这一解释反过来又是以明确的神学术语建构和辩护的，最终得之于对充满着教父评注的圣经的阅读——人类自由被理解为定义性特征，据此世人被说成是上帝的形象。

因此，经院主义对自然权利的辩护，是在一个关于人类生存的清晰的基督教神学主张的背景之中出现的，而且，由此必然出现的观念反映着它的神学根源。从大多数当代自然权利的辩护者的立

---

① 这个轨迹也不应被限制到世俗人权理论的发展上。正如 David Hollenbach 所证明的，我们也能在其社会教义之中追溯独特的天主教人权学说。参见《冲突中的诉求：挽回并更新天主教人权传统》(*Claims in Conflict: Retrieving and Renewing the Catholic Human Rights Tradition*)，New York：Paulist，1979，页107—137，有详细的论证。

场来看，这无疑是一个有问题的结论。毕竟，这个学说之所以诱人，恰恰因为它似乎提供了一个可以普遍接受的框架，从而能够裁决道德和法律主张，既包括国内的也包括国际的。如果过于强调该学说的神学基础，那么怎么能保持这种普遍性呢？

那么，我们就可以回到前面讨论过的普遍性和特殊性问题了。那些为人权辩护的人在这么做时大多带着以下确信：他们是在为道德主张进行辩护，这些主张应当被所有理性的人承认，甚至当地传统所施加的限制、教育的不足、恶意以及诸如此类的东西可能也在无限的未来阻止着这种承认。当代权利话语由此提供的是一个最近和最有力的例证，那是普遍道德理性的启蒙理想，它业已经由西方民族体现和颁布出来，但潜在地是所有民族的一个理想。

相应地，关于普遍人权的争论提供了一个特别引人注目的示例，说明了那种为一组对于所有人来说都有说服力的实践主张辩护所内在的诱人之处和难点。为了为权利主张的普遍性找到一个合理的证明，必须以非常概括的术语表达这些主张。正如贝尔（Annette Baier）所评论的，"普遍权利的清单，如果它们既要前后一致，又要获得普遍同意，那么就必须足够模糊，直至实际上变得空泛。"[①]我们越是细化我们用权利意指的东西，就越是难以提出令人信服的论证，从而表明这些主张应当迫使任何理性的人接受，不管他或她的信念和道德确信究竟是什么。或者更为确切地说，我们越是细化我们用权利意指的东西，就越是难以提出[360]令人信服的答案，从而说服认为相关道德主张是不可靠的或者在道德上不正当的人。例如，很难想象居然有人会质疑每个人都有人类尊严权的主张，但是，当对人类尊严进行详细阐述时，涉及宗教异

[①] Annette Baier,《诉求、权利与责任》("Claims, Rights, Responsibilities"),收录于《普世道德的前景》(*Prospects for a Common Morality*),Gene Outka 和 John Reeder, Jr. 主编(Princeton: Princeton University Press, 1993),页 149—169,此处位于第 152 页。

见者(或者异端)公开表达自己的观点的权利,或者妇女外出时不蒙面的权利,我们就会遭遇更多的争议。

人权的辩护者当然清楚地知道这些难题的存在,而且他们也提供了许多解决它们的策略。最为直接的策略是证明那些否认权利正当性的人纯粹就是错的——知性上的错误,或许是不应受责罚的错误,但同样也是错误。深入地研究为这种观点进行辩护的所有论证超出了本节的范围,但一般来说它们归属两个范畴之一。它们或者依赖康德观点的某个变种:实践理性通过自洽的准则产生规范,或者依赖在这样的一般层面上对相关权利主张的表述:它们似乎从经验上来说在所有文化当中都可以获得。在我看来,这些论证思路没有一个是成功的,具体理由已经在前面几章和本章的第一节详述了。①

然而或许还是可以断言:即使我们无法为自然权利的存在找

---

① 康德主义人权理论的最有影响力的辩护者有 Alan Gewirth 和 Jürgen Habermas。Gewirth 的主要思路是在《理性与道德》当中提出的,他较近对权利主张普遍性的辩护特别提到了文化多元主义,参见《普世道德与权利共同体》("Common Morality and the Community of Rights"),收录于《普世道德的前景》,页 29—52。对哈贝马斯的理论方法的一个近期的、非常有益的概括,它是建立在交往行为的超验分析基础之上的,参见他的《道德意识与交往行为》,Christian Lenhardt 和 Shierry Weber Nicholsen 英译(Cambridge: MIT Press,1990)。有一个很好的例子,可以说明在清晰的神学背景之下发展出来的相似路径,参见 William O'Neill,《巴别塔的孩子:重构共同善》("Babel's Children: Reconstructing the Common Good"),收录于《基督教伦理学协会年鉴》(Annual of the Society of Christian Ethics),1998,页 161—176,以及《伦理学与本土化:权利话语的范围与限制》("Ethics and Incultuation: The Scope and Limits of Rights Discours"),收录于《基督教伦理学协会年鉴》,1993,页 73—92。《世界宗教议会宣言》(The Declaration of the Parliament of the World's Religions)在解释,说"所有人都应被人道地对待",这意味着什么时,为"虚化"策略提供了一个很好的例证:"提倡非暴力和尊重生命的文化,提倡团结和公平经济秩序的文化,提倡宽容和诚实生活的文化,提倡男女之间权利平等、合作互助的文化。"具体细节参见《全球伦理:世界宗教议会宣言》(A Global Ethic: The Declaration of the Parliament of the World's Religions),Hans Küng 和 Karl-Josef Kuschel 作出评注(New York: Continuum, 1998),页 24—34。

到一个普遍令人信服的论证,但我们至少能够以粗略的和一般的术语对应予尊重和保障的权利核心达成一致。毋庸置疑的是,二战以来针对人权学说业已[361]出现了令人印象深刻的国际共识——例如,联合国的《世界人权宣言》所反映出来的,人权语言在国际法当中逐渐得到了体现,而且更为一般地,广泛的共识所采取的某些基本权利是我们在几乎任何民主国家都可以发现的。① 但是,这究竟是关于什么的共识,它的存在对于权利主张的根据和效力意味着什么?

为了评判这一共识的重要性,我们必须首先承认它并非一个普遍的共识。相当多的人并不接受它——这些人不仅包括孤立的异见者,也包括主要宗教和种族群体的重要部分。② 在这些异见者当中有些无疑是受到自利驱使的,但是我们不能这样就把他们都打发了——他们确实对为什么要反对权利观念提出了论证,这些论证是基于长期存在的道德传统的。同样真实的是,许多为人权进行理论上辩护的——其中包括最为著名的美国政府——也不愿采纳和参与给予这种使命以实践效力的国际机制。这些模糊之处再次反映了好的和坏的动机和关怀的混杂情况。③

---

① 对这个论证的强有力的陈述,包括相关历史的出色评论,参见 Ignatieff,《人权的政治学与偶像崇拜》,前揭,页 3—52。
② Karl-Josef Kuschel 看到,一些参与者对《世界宗教议会宣言》提出了问题,涉及"赋予男女平等地位,非暴力的问题,文件总体性质,被视为'太西方了'";参见"《世界宗教议会宣言》,1893—1993",收录于《全球伦理:世界宗教议会宣言》,页 6。即使当政府确实同意肯定人权,这些同意也并非总是免于程度不同的隐含 强制,正如 Xiaoqun Xu 所指出的,《人权与普遍性对话:中国历史视角》("Rights and the Discourse on Universality: A Chinese Historical Perspective"),收录于《协商文化与人权》(*Negotiating Culture and Human Rights*),L. Bell 等人编(New York: Columbia University Press, 2001),页 217—241。
③ 联合国在这个方面的近期实践一直不令人满意。尽管如此,即使带着世上最大的善意,民族国家也不免难以追求一个连贯的政策,在它们的对外政策当中尊重人权——除非因为需要得到裁判的相互竞争的主张的复杂性要求这么做。对相关主题的富有启发意义的讨论参见,Stanley Hoffmann,《越界的义务:伦理(转下页注)

美国在人权学说上的暧昧带来了更为深远的议题。美国不是对人权学说表现出暧昧或者更糟态度的唯一国家，还有许多其他的国家，其中包括前苏联，它们都在自己的宪法文件当中把人权的语言神圣化了，同时却又执行着似乎对任何意义的人权都抱有深刻敌意的[362]国内和外交政策。（为了避免误解，笔者应当补充，美国对人权的暧昧在外交政策上的反映与其国内政策的反映并不相同，这通常反映了对待民权传统的一个严肃的关切——尽管过去在这个方面存在着明显的失败，使人难以相信它的国家理想，而且最近也出现了以国家安全之名对传统民权自由的攻击。）进一步来说，即使那些忠诚地献身于人权理想的国家和机构，也会发现难以遵守相关文件的字面含义——那里所推荐的权利过于不同，如果把它们叠加到一起，它们可能要求狂妄的抱负，甚至自相矛盾的社会计划。这就为以下猜疑留下了口实：权利语言是空洞的修辞繁荣，常常被理所当然地使用，但缺乏实践意义。

尽管如此，事实仍然是，在过去的半个世纪，围绕着人权观念还是发展出了一个影响深远的共识。即使它只是一个修辞上共识，我们仍然需要解释以下事实：那么多的个人和公民组织发现，在许多不同背景之下使用这个特定的修辞是适当的，或者是优越的。在某种程度上，这个共识确实表达了能力的动态变化——但是真实的情况似乎在于，那些代表着广泛文化的个人和组织确实发现这个语词是亲切的，即使当他们必须在自己的社会之内为之辩护反对强权时。而且，在现实当中，权利共识并非只是一个修辞共识，它也以各种方式体现在国际法和风俗之中，它至少具有某些

（接上页注）国际政治学的可能与局限》（*Duties beyond Borders: On the Limits and Possibilites of Ethical International Politics*），Syracuse: Syracuse University Press，1981，页 95—140；Theodor Meron，《人权与作为习惯法的人道主义规范》（*Human Rights and Humanitarian Norms as Customary Law*），Oxford: Clarendon，1989，页 3—78；以及 Ignatieff，《人权的政治学与偶像崇拜》，前揭，页 3—52。

第五章 自然法与神学伦理学

实践效果。

这就把我们带到了一个关键点上了。人权观念在法律之中得到了体现,这个事实阻止了它变成一个纯粹空洞的理想。它的具体含义已经通过实践细化了,而这种实践已经开始具有累积效果了。[①] 权利语言作为法律语言在不同的背景之下意指极为不同的事情,这无可置疑。但是,这种含义上的复数性和异质性[363]并不等于语义的空洞。即使我们无法确定一个连贯的权利概念,我们也能为权利语言提供一个含义范围,而且当我们这么做时,我们或许就可以发现连接这些不同含义的某些共同线索。

有一种观点认为,人权问题上的共识是可以通过求助罗尔斯所说的"重叠共识"加以解释的。尽管我们发现,当把这个论证应用于权利主张之上时,大量的作者对罗尔斯的总体规划是没有兴趣的。[②] 按照这个观点,我们可以找到关于权利的共识,即使是在那些整体上的道德和宗教观念极为不同的人当中,因为那些不同的世界观都含有某些支持权利承诺的元素。在某个层面上,这是一个非常诱人的论证,但是不可否认,这也是一个极为奇怪的论证。我们怎么理解一个道德观念,它可以被极为不同、甚至相互矛

[①] 尽管现在有点过时了,Meron 对国际人权协定的法律理论和实践的状态的探讨清晰地说明了流行解释的人权法的复杂性,以及它的规范效力。特别参见 Meron,《人权与作为习惯法的人道主义规范》,页 9—135。针对相同的主题,Geoffrey Robertson 提供了一个更加流行,也更近和一般性的出色处理,《反人道罪:全球正义的抗争》(*Crimes against Humanity: The Struggle for Global Justice*),第 2 版,London:Penguin Books,2000;尤其参见 85—130。还有,David Forsythe 提出了国际人权法的主要思路,《国际关系中的人权》(*Human Rights in International Relations*),Cambridge:Cambridge University Press,2000,页 53—83。

[②] 对重叠共识的诉诸可以在罗尔斯的《正义论》当中发现(Cambridge:Harvard University Press,1971;第 2 版,Oxford:Oxford University Press,1999),页 340;更为一般地参见页 335—343。Nussbaum 明确地诉诸这个观念,Ignatieff 也是,参见 Nussbaum,《妇女与人类发展:潜能路径》,前揭,页 73—77,以及 Ignatieff,《人权政治学与偶像崇拜》,前揭,页 54—55。

盾的因素所支持呢？有人表现出疑虑，任何这样的观念都无法具有任何特别的干货，或者它并不是真正得到了为之辩护的那些因素的支持。

然而，如果我们从一种托马斯主义的自然法理论背景来观察的话，只要我们意识到理论和道德话语之间的关系并非同一，那么就可以用一种并不使得它无效的方式去确认和解释这种聚合。尽管我们无法为一种普遍的道德提供一个令人信服的基础主义的证成，那将具体到足以具有实践用途，同时是所有具有善意的人在理性上不得不接受的，我们仍然能确定道德实践的某些重复出现的方面，它们似乎穿过了文化和历史的界限。正如我们业已看到的，这些反映了具体种类的行为样式，为道德提供了一个不可或缺的基础，也为道德理论的评判提供了一个试金石。

这点的最后结果是，道德规范和实践纯粹派生于特定共同体的信念和承诺，尽管这些确实在道德形成过程中扮演着不可或缺的角色。地方性风俗是在一个框架之中表现出来的，这个框架的设定取决于我们作为一个具有广泛种类的行为样式，还有在几乎所有情况下作为人生标志的实践要求。在这个框架之内，存在着广泛的变化空间，但是这个空间并非没有[364]边界。而且基于同样的原因，特定传统将在某些基本的道德主张上交汇，原因仅仅在于，如果不是这样的话，它们就会失去被视为道德传统的可信度。

但是即使真是这样，仍然可以提出质疑：这个一般的现象在自然权利学说上并不适用。我们在近乎所有的道德体系之中都会发现广泛的一般特征，例如，互惠和等级组织。但是，权利主张与此不同，它们都明显属于特定的传统，并且植根其中。即使我们把这一主题上的广泛共识作为证据，证明权利语言已经变成了一个普遍的道德特征（而且正如我们指出的，这绝非显而易见），这也只是一个相对较近的发展——即使我们把权利学说的出现追溯到13世纪，这在人类历史上仍然相对晚近，而且所谓的共识发展得更晚。

当然这是真的，而且它阻止了我们把权利直接等同于那些根本的行为样式，这些样式对于我们作为一个种是自然的。然而事实仍然是：一旦权利学说出现，它就会生根，并且会在短时间内迅速传播。这个事实反过来表明，虽然这种语言没有反映出一个普遍重现的人性特征，但它也不仅仅是地方性传统的一个表达，由于奇怪的或者可疑的原因才传播到整个世界。一种实体性的权利学说与人性之间的关系比这个更为复杂。我们这里所具有的（笔者将表明）是一个能够以各种不同的方式表达人性基本概念的学说，这样就可以有效地回应重复出现的需求。换言之，我们这里所具有的是一种道德语言，它不是直接根源于人性的倾向和需求，但是它与那种本性却紧密相连，而且足够灵活和柔和，可以在广泛复杂的背景之下变得牢固。

经院主义在对自然法诸种形式的分析性分类之中，有时会把罗马的万民法范畴包括在内，这在他们看来包含着调整缔结条约的规定，一般接受的战争法，等等。① 他们都清楚，这些规范只是社会习惯，正因如此，他们不把它们视为一种严格称谓的自然法。然而，鉴于这些规范的一般性和普遍性，以及它们以一种清楚的方式表达理性的必然要求的作用，经院主义打算把它们视为扩展意义上的自然法。在这一点上，自然权利的观念可以被视为这种意义上的自然法——也就是说，它们在国际修辞、风俗和法律当中已经[365]被神圣化了，甚至到了这个程度，它已经作为我们共享的观念的和制度的背景的广泛特征之一发挥作用，据此更为具体的规范和实践得以形成和发展。

如果权利的语言没有与一种非常具体的道德学说相连的话，

---

① 参见拙著《自然法与神圣法：重回基督教伦理学传统》，页78，可以看到更为详细的论述。

它是无法获得这种程度的一般接受的。但是基于同样的原因,如果它根本没有内涵,那么这种语言也不会有用。诉诸权利是有用的,特别是在国际领域,因为它们传递着某些事情,而且它们所传递的并非与权利主张的含义无关,正如它们首次在13世纪呈现的一样。可以确定,权利主张在当下的含义远为复杂,而且在策略上更为模糊和不一致,远胜我们所猜想的它的早期发展。然而,至少在相当大的程度上,我们是可以根据权利主张的重复出现的特征说明该观念的一般突出性的,这些特征反过来又可以追溯到权利主张在中世纪时期的形成。

这些一般特征当中首当其冲、也是最为基础的可以称之为权利主张的绝对性。用杰出的法哲学家德沃金(Ronald Dworkin)的话来说,权利就是王牌——也就是说,它们通常被视为这样的一种主张,它取代了多数或者全部的竞争主张,不管它们可能是多么的严肃。① 更为具体地说,正如德沃金所论证的,权利主张在以下情形当中是特别重要的:个人的主张,与共同体的总体福祉,或者与大多数人或共同体的当权者的需求和利益相冲突。基于相同的原因,它们通常被用作一种为个人的利益或自由进行辩护以对抗传统风俗的要求的方式,这样它们往往就具有了一个现代后果。当然,那些为某种形式的权利理论进行辩护的人,可以通过各种不同的方式解释和限制权利主张的绝对性。实际上,并非所有这些人都坚持权利主张的绝对性。无论如何,笔者这里的目标不是为一种具体形式的权利绝对性进行辩护,相反,笔者想指出权利主张得

---

① Ronald Dworkin,《认真对待权利》(Taking Rights Seriously),Cambridge:Harvard University Press,1977/1978,xi—xii;他在 xi—xvi 系统提出了他的主要论证思路。笔者在接下来的内容受惠于 Dworkin 的分析。然而应当指出,Dworkin 在根本上把权利置于平等而非自由的理想之上。参见《认真对待权利》,以及最近的《至上的美德:平等的理论与实践》,前揭,页 120—183,可以看到主要的论证思路。针对权利主张恰当要点和效力的近期争论的较为概括的评论参见 Cronin,《权利与基督教伦理学》,页 26—56。

以明显提出的那些情况类型。也就是说,权利主张典型地出现在那些情形之中:[366]个人的自由或主张受到了基于公共利益、需求或理想的质疑。在这些情形当中,可能存在着强硬的道德理由,不惟是自利的理由,可以压制个人的主张,如果不是某种压倒一切的道德因素,可以抵制那些理由。不管权利的绝对性具体怎么样,权利主张都被视为是或多或少是绝对的,因为它们打算为处于这种情形之下的个人提供所需的保障。

这就把我们带到了权利主张得到典型援引的第二个特征之上。也就是说,权利语言在那些情形之中尤为重要,实在法由于某个原因不足以作为个人主张的一个辩护。当然,对于几乎任何一种权利阐释来说,事实都是,至少某些自然权利在实在法之中得到了(不同程度的)体现,而且这些权利能够通过直接的法律程序得到追求和承认。尽管如此,权利主张在有些情形之中是特别重要的,或者那里没有充分的实在法——在广泛的制度崩溃之下,或者个人被剥夺了任何政府的保护——或者政府本身,以及它的法律制度攻击了它的公民,正如在大屠杀当中所出现的。在这些情形当中,权利主张变得极为重要,因为它们有助于使得法律即使在没有充分的实在法框架的情形下也存在。它们立法,更为具体地说是在以下意义上,它们有助于解释和证成司法行为——例如,惩罚那些侵犯权利者,补偿受害人——而且在更为根本的意义上,呼唤法律机制,使得它们得到卫护。正如德沃金所指出的,权利主张的这个方面是第一个方面的一个推论——也就是说,就权利主张被视为压倒性的而言,它们也意味着压倒着实在法的司法标准的存在,这不仅是从一个道德立场来看的,而且甚至被视为法律。① 这当然包含着(正如德沃金接着证明的),对盎格鲁—撒克逊法律实证主义的拒斥,因为它认为一切真正的法律在本质上都是实在法。

---

① Dworkin,《认真对待权利》,前揭,页184—205。

因此,对自然权利的断定意味着前习惯的但在法律上具有重要意义的原则的存在,据此法律能够而且必须得到评判。

直到最近,权利前法律的、但却具有法律意义的基础,都一直是一个备受争议的概念。① 这是我们在这些问题上前进了多远的标志:当下权利主张的法律和道德效力,不仅是在理论分析之中,而且在国际法庭的诉讼之中,通常都得到了援引。权利主张还有第三个方面,它也是富有争议的,但笔者却认为,它对于完整地阐释权利共识的发展具有根本的意义。也就是说,权利主张通常是由个人或者代表个人提出的,有时针对其他个人,但往往是针对共同体本身,被理解为它的整体利益、它的流行传统,或者被政府机构或大规模制度组织所代表。② 这样的话,权利主张被广泛视为是颠覆社会团结的,这有点道理——尽管正如古勒曼(Jon Gunnermann)所指出的,它们也可以作为一个机制发挥作用,通过这个机制共同体的价值能够得到表达和保障。③ 正是权利语言的这第三个方面,它的个人主义,使得有些当代批判者觉得最可反驳。④ 然而,如果权利语言根本就不以此方式侧重关注个人的需求和主张,那么它就无法发挥它的一个主要功能——即,为个人进

---

① 对一点有一个很好的说明,参见 Margaret MacDonald,《自然权利》("Natural Rights"),见 *Proceedings of the Aristotelian Society*,1947—1948,页 40—60。
② 笔者在这一点上追随 Hoffmann,参见《越界的义务:伦理国际政治学的可能与局限》,页 109—110。无独有偶,Simon Ilesanmi 最近证明,公民权与社会经济权利之间的表面冲突依赖于一个错误的二分法,至少在非洲背景下如此,《非洲的公民政治权利抑或社会经济权利? 对一个错误二分法的比较伦理学批判》("Civil Political Rights or Social-Economic Rights for Africa? A Comparative Ethical Critique of a False Dichotomy"),收录于 *Annual of the Society of Christian Ethics* (1997):191—212。
③ 对这一点有一个非常有用的讨论,参见 Jon Gunnermann,《人权与限定性》("Human Rights and Modernity"),见 *Journal of Religious Ethics* 16(1988):160—189。
④ 对这个批判思路的出色总结,参见 Cronin,《权利与基督教伦理学》,前揭,页 82—93,Cronin 接着回应了这些论证,页 109—114。

行辩护,反对那种没有它的话就会借整个共同体之故而限制或者伤害某些人的强制理由。

最近,我们开始越来越多地关注人际间的实体所提出的权利主张——保存一种特定的语言或者一种传统的生活方式的权利,集体参与经济发展的权利,或者最为重要的,通过形成自己的民族国家进入国际社会的权利。不出我们所料,对于这些类型的主张来说,它们的根据、范围,甚至它们的正当性都存在着相当大的争议。对于人权学说的许多辩护者而言,这些类型的权利只能被理解为个人权利主张的集体表达,也就是说,只能通过集体的实体加以追求和保卫。笔者并不清楚,以这些术语表达出来的所有这些集体主张是不是只能被以此方式理解为个人权利主张的团体表达。正如我们在前一章所指出的,存在着某些形式人类善(human goodness),它们只能[368]通过团体实现,但仍然值得尊重和保护——尽管不清楚权利语言是否提供了表达这些主张的最佳方式,我们也不应当假设这些总是取代着个人权利。无论如何,即便存在着正当的恶的不可化约的集体权利主张,这也不足以证明权利概念的根本个人性。同样真实的是,这些类型的主张通常是个人提出的,或者代表个人提出的,具有保障个人自治或福祉的目标。把权利语言应用到集体之上,这是一种扩展的用法,这也是正当的,但应当被视为是派生性的。

当我们把权利语言的这些方面与经院主义对自然法和自然权利的阐释进行比较时,中世纪与当代理论方法之间的实质连续性就昭然若揭了。正如蒂尔尼所指出的,当经院主义者开始在当时复杂的社会结构之中反思个人的地位时,他们能够利用一个人的概念,它强调个人对一个个人选择领域的能力和权威。[①] 而且,这

---

① Tierney,《自然权利的观念:1150—1625 年的自然权利、自然法与教会法理论研究》,前揭,页 62—69。

个人的概念与他们的最为根本的神学信守是直接相连的——人是按照上帝形象创造出来的主张，并且由此在一个限定的和受造的模式上享有她或他的造物主的自治。阿奎那为这个一般的概念添加了另一个元素，在平等和身体的根本需求之间划定了一个直接的联系，结果就把"个人自由的区域"具体地与那些倾向和活动等同起来，它们是所有人在一个共同的本性之中分有的。权利主张与人的饱含神学意味的方面之间的联系，反过来又使得经院主义者既肯定权利主张的绝对性，又肯定它们的法律性。这些主张值得尊重，这不仅是基于一般的道德理由，而且是因为它们反映着要求尊重的个人权威的方面——即使有时个人会以不恰当或不道德的方式利用它们。而且，基于同样的理由，这些权利要求法律承认，因为它们表现了上帝意志的一个方面：使得人类关系和整个社会变得有序。

提出一个完满的基督教权利理论显然超出了本章的范围。然而即使不这么做，随着权利主张得到典型的提出和辩护，我们也能确定人权主张的核心要素，它在历史上来自基督徒的献身，基督徒为之辩护具有神学的意义。这至少是本节到此为止的[369]论证。这些构成成分首先包括对个人自由和自决的一个献身，被视为上帝形象的根本表达，每个人都据此被创造出来。其次，对人类自决潜能的承认运用了道德和法律力量，那是每个人社会都需要承认的。第三，进一步承认相关主张具有效力，甚至针对共同体和传统。我们不能以一种使得这些主张变得绝对的方式解释它们——否则就无法在相互竞争的主张之中进行裁决，更不用说任何其他问题了——但是，它们必须被赋予实质性的效力，至少包括个人对身体完整性的控制的高水准，以及最基本自然需要和倾向的表达。奥多诺万（Oliver O'Donovan）指出了基督教对自然权利的信守的其他部分，正如在当下的后基督教社会之中所体现的：

我们在这个标题("自然权利")之下,可以挑出三个元素:第一,**自然的平等**,由此每个人把他者作为人类之中的一个同伴,既不是奴隶也不是主人。第二,**相似的结构**,由此家庭共同体得以建立,家庭的亲密相似,地方共同体的广泛相似,以及创造我们的国家和文化家园的更为广泛的相似,语言、传统、文化和法律的相似。第三,家庭与祖国之间的**互惠**,容许每个共同体以其自身的完整性与其他人互动,这样就建立了一个普遍人类的沟通,不是作为一个完整的超家庭,而是作为一个集合和互相承认的网络。①

坦诚地说,奥多诺万比笔者更怀疑主观权利主张的基督教起源,那么他很有可能会抵制以下建议:这些代表着基督教自然权利学说的成分。② 尽管如此,在笔者看来,他已经辨明了核心的元素,它们需要被纳入任何这种学说之中,要么作为权利主张,要么作为这些主张的必要背景。而且基于同样的原因,[370]在这些元素被纳入到世俗社会的权利主张的范围内,基督教在支持它们上具有重要作用。

这就把我们带回到了本节开头所提到的权利主张的地位和证成问题上。正如我们早已指出的,自然权利和人权学说的多数辩护者都想声明:这个学说不以任何根本的方式依赖神学基础,或者不依赖任何其他的具体文化的规范和实践。他们当中许多打算承认:这个学说在历史上脱胎于神学主张,遵循着刚才指出的路线。但是,这并未解决问题,因为这种历史联系是否反映着该学说形成

---

① Oliver O'Donovan,《国家的欲望:重新发现政治神学之根》(*The Desire of the Nations: Rediscovering the Roots of Political Theology*),Cambridge:Cambridge University Press,1996,页 262,强调为原文所有。
② 参见 O'Donovan,《国家的欲望:重新发现政治神学之根》,前揭,页 247—248。尽管笔者赞同 O'Donovan 的粗略刻画:基督教献身持续地塑造着当代自由社会,最终笔者这一点上还是被 Tierney 说服了,而不是 O'Donovan。参见一般性论述,页 243—288。

的一个必要的条件，这尚不明确。一个自然权利学说可以基于其他根据产生和辩护，这是有可能的——或者以某种其他的宗教献身的形式，或者通过纯粹世俗的起点。

我们很难确切地知道如何表述这个选择。从不同起点上发展出"相同的"权利学说，这究竟是什么意思呢？作为一个结果出现的学说需要多么的相似才能使得以下主张变得合理：不管它是如何通过不同的基础形成的，我们都可以拥有实质相同的道德学说？我们必须警惕：在挽救一种人权学说的普遍性时，以一种概括的方式表达它，以致没有任何人能够合理地拒绝它。无论怎么说，事实在于，清晰称谓的自然权利学说是在西欧发展起来的，而且它们是建立在显然是神学的主张之上的。这些学说随后逐渐从它们的神学根源上抽象起来，为的是把自己打扮成世俗的、因此也是对于现代多元社会来说普遍有效的和可资利用的东西。然而，一旦这个过程开始了，人权的一般观念就会被证明对于广泛的社会背景之下的世人都具有说服力。有一组道德观念是在一个具体的神学背景下形成的，它们在其他广泛的背景之下，在那个发展成了某种接近普遍道德法则的东西的过程之中，得到了使用和有效发展。

这一发展并不像它起初看起来的那样充满悖论。权利学说是在经院主义自然法理论方法的背景之中出现的，它在关键的地方依赖本性与习俗的区分。当然，这一区分在一组特定的社会习俗的背景之下发展，然而，正如我们已经看到的，它为那个背景之中的有效的批判和革新提供了一个基础。自然权利学说代表着同一过程的更进一步——也就是说，这个学说来自对自然之物的一个充满神学意味的解释的进一步发展，作为批判[371]传统理想和实践的一个基础。随后，这个学说被欧洲神学家和政治哲学家所采纳，为国际法提供了一个基础，并且对我们当下所说的跨文化背景提供了某些指引。稍后，它被其他文化背景之下的人们所利用，作为批判他们自己身处的社会或者在一个国际背景之下提出主张的一个基础。以这样的方式，人权学说为一个道德主张提供了一个引人注目的例子，它首先形成于特定社会道德的背景之中，然后发展成为在那个背景之内和之外进行社会批判的基础，最后被其他社会之中的人们所采用。

人权学说是一个神学论证吗？对这个问题的回答取决于提问的视角。它在起源上是神学的吗？上一节所追溯的历史显示，确实如此。它的效力取决于神学主张吗？笔者看到了一个对于人权学说来说令人信服的哲学论证，它是在那些对于所有人来说都有说服力的基础之上提出的，这使得笔者倾向于认为：对人权的理论辩护必须最终建立在神学基础之上。然而，这一学说所具有的广泛传播的说服力，以及它被在这么多背景之下使用的情况，都统统表明：它也表现着基本人类倾向，表现的方式在那些没有分享它的前提预设的人看来是诱人的和有说服力的。这样的话，它就为批判和改革提供了一个根据，在那些不同于它首先出现的信念和实践的背景之下——这种类型的使用和发展无须额外的证明，不管是神学的还是哲学的，除了对德性语言或者义务和责任理想的使用。权利语言业已演化为人种共有的遗产。

果真如此的话，对于那些我们或许可以用一般性术语称之为我们长期有效的人权政策的东西，能得出什么呢？笔者这里所谈的内容是从基督徒的视角出发的，对于他们而言，权利学说的神学起源未必有什么问题。笔者马上就会从一个稍微明显的起点出发回答这个问题。欧洲各国的政府及其前殖民地长期以来都把权利话语融入它们的宪法和公共生活之中，这些社会的知识分子通过提供范围广泛的世俗和哲学权利理论学样。我们不要试图使他们相信他们这么做是错的，除非具体讨论的要求把我们带进了具体制度或理论的更为细致的研究。毕竟，如果基督徒试图基于神学的根据劝阻我们公民同胞不要利用我们认为从根本上来说属于基督教的概念，这显得多么奇怪！而且我们在这些[372]论证的有效性上没有任何神学利益。我们推动人权的使命不依赖它们的有效性，但是基于同样的理由，我们基督徒在宣布一个权利使命只能通过神学才能加以辩护上也没有任何利益（尽管我们当中有许多人或许会被神学根据说服这事实上如此）。

问题依然存在。对于权利主张的发展和推进，我们基督徒应当采取什么样的态度呢？毫无疑问，我们应当尊重他人的权利，并且尽我们的最大努力保护它们。这似乎是爱要求我们做的，它呼吁我们尊重正义的要求，根据我们对什么是正义的最佳观念。在许多政治共同体之内，这意味着尊重那些保障权利的政治制度，当这些制度失灵时，努力改革它们或者重建它们。在个人权利观念受到质疑的情形当中，还会产生更为困难的问题——在国际法当中，或者在个人与不承认权利主张效力的共同体之间产生冲突的情况。如果我们承认，权利主张在起源上是神学的，并且因此不能把它们视为对于所有人都是普遍有效的和必然有说服力的，那么我们在那些权利话语尚不存在共同体和背景之下就必须被迫避开权利冲突吗？换一种方式，在非基督教背景之下，一种基督教的权利辩护相当于一种文化或宗教帝国主义吗？

并不一定。假设我们把普遍人权视为一个实践计划而不是一个理论证明——也就是说，我们把普遍人权作为一个待追求的目标，既在国际层面上，也在特定国家的国内政策中。在那种情况下，我们的长远目标是去塑造万民法，随着它在一个逐渐互相关联的世界社会之中的形成，以这样的方式把对人权的尊重置于核心。而且，让我们承认这个结果是不可避免的吧！——人性之中没有任何东西，或者实践理性或对话的结构，会指明这个结果，而且相应地，没有普遍有效的论证，据此，这个结果能够在它实现之前对所有人进行辩护。在那种情况下，我们似乎面对着两个问题。我们为这个目标而努力，这在道德上是正当的吗？即使我们无法在它的实现之前，以我们的对话者必须接受的方式证明它。即使我们在这些条件下有正当的理由去追求这个目标,我们有充分的根据希望我们能实现它吗?

首先,显然我们基督徒有着充分的动机追求我们自己的伦理任务。毕竟,如果我们相信上帝在这种意义上或者那种意义上启示了对于人生的意志,那么我们就有[373]最为可能的理由遵守相关的标准,并且试着说服其他人也这么做。然而,这仍然没有解决我们的说服的尝试是否有理由和正当的问题——它们等同于一种文化帝国主义形式,或者更糟的,等同于一种没有根据的强制形式吗?这些都是困难的问题,离开了特定情形的背景是无法明确回答的。但是在笔者看来,在最低限度上,我们不比任何其他人缺少进入对话和实践互动的资格,通过这些对话和互动,社会实践和理想持续不断地形成和再造。在国家和国际基础上都是如此。完全拒绝这么做,等同于对我们潜在对话者的一种屈尊,或者甚至冷酷。正如霍伦巴赫(David Hollenbach)所言:

> 一个宗教多元主义的共同体,根据其定义,并没有分享一种共同的好生活的画面。趋向这一共享的画面,甚至只是一个轮廓,将采取思想工作。对好生活的一个共享的画面的这种共同追求可以被称作思想团结。它是一种思想的努力,因为它需要公民的严肃思考,思考他们对那种好的独特理解对于一个由具有许多不同的传统所构成的社会意味着什么。这是团结的一种形式,因为它只有在跨文化和宗教界限的互相诉说和倾听的积极对话之中才能发生。实际上,即便是在分歧持续存在之时,那种对话也早已是一种团结形式了,它追求对那些对什么是好的生活抱持不同观念的人的理解。①

---

① David Hollenbach,《共同善与基督教伦理学》(*The Common Good and Christian Ethics*),Cambridge:Cambridge University Press,2002,页137—138。

第二个问题是复杂的,它关系到这个计划成功的前景。毕竟,追求在万民法之中融入对权利的尊重,这究竟是什么意思呢?前面一节的分析将表明,在国际层面上,以及在国内层面上,权利主张是在广泛的背景之下出现的,具有相应的或宽或窄的含义范围。似乎可以保险地说,所讨论的权利主张越一般越基本,我们就可以越多地希望围绕它们达成广泛的共识——尽管即使在这一层面上共识,更为具体地对共识的实践维持,将不再是卑微的成就。所讨论的权利主张越具体,我们就对能实现的广泛的国际共识越没有自信——但是,即使在这个层面上,我们也有理由相信我们的说服努力不会白费。

[374]那么,我们来思考一下最为一般、也是最为根本的权利主张类型:那些遭到最为突出类型的侵略和破坏的受害人(或者潜在的受害人)所提出的,或者代表他们提出的,其中包括种族灭绝,种族清洗,强奸和刑讯。① 我们太熟悉不过了,这些类型的行为每一种在最近过去的某一点上,都被某些重要的世界部分视为有正当理由的,甚至是必需的。尽管如此,似乎存在着一个正在浮现的共识:这些以及相似的行为类型绝非正当,不论它们的动机是什么。如果我们对于在这个背景下提出权利侵犯有所疑虑,那么只能说这种语言太弱了——我们这里所看到的最好被描述为反人道的暴行或犯罪。然而,权利语言在这种背景之下并非不适当,因为一项权利具有绝对主张的含义,那是无法违背的。而且,如果存在任何我们想要从中为一项绝对主张进行辩护的背景,产生了一项相应的绝对禁令,那么这就是它。

---

① Robertson 刻画了国际法涉及最为严重的针对生命和个人安全的犯罪,《反人道罪:全球正义的抗争》(*Crimes against Humanity*),页 102—109;对最近试图创设一个执行这些法律的国际法庭的尝试的评论,参见页 346—392。

基于同样的原因，如果存在任何合理的候选，可以取代一个普遍的道德共识，而这个共识又是被从各种各样的传统之中所汲取的重叠根据所支撑着的，那么禁止种族灭绝、刑讯以及诸如此类的规范一定位列其中。我们无须为了证成这些禁令而诉诸一种自然法理论。然而，这种自然法阐释提供了另一种贡献，它说明了这些禁令为何得到了广泛的接受。从一种自然法主义的道德阐释来看，这些规范明显来自我们同情和怜悯的自然潜能，并且被它们所强化。基于同样的原因，违反这些规范可以令人信服地表现为残忍的范式。当然，并不能得出，自然的怜悯本身足以防止它们的违反，然而鉴于我们的自然意向，我们需要特别的条件，或者某种特别的正当理由，发现被禁止的行为类型是可以容忍的，更不用说值得赞扬的了。

除此之外，这些规范也反映着对"不得伤害"这样的根本道德规范一个特别清晰的应用。不仅它们所禁止的行为代表着特别突出的伤害类型，而且它们也代表着无正当理由的伤害类型。很少或几乎没有任何合理的政策利益或个人目标是可以通过这种行为现实地实现的，而且它们的极恶使得它们是正当惩罚形式的极为不合理的候选（更不用提以下事实：它们往往针对[375]那些不能承受犯罪的人遭到伤害，例如儿童）。当然，这并不意味着那些伤害类型（例如，普通的谋杀）由此就是正当化的，它们确实为犯罪者提供了利益，更不意味着种族灭绝行为（例如）可以被正当化，因为在某些极不寻常的情况下，它为犯罪者带来了明显的利益。笔者的重点仅仅在于表明，这些伤害类型的无正当理由的特征使得可以相对容易地达成禁止它们的广泛共识。在任何可以想象的传统之中，很少或没有任何相互竞争的理由可以证明这些行为类型，而且基于同样的原因，没有任何人具有为它们的正当性辩护的真正利益。

如果这些伤害类型被那么确定地承认为是无正当理由的，并且因此是无法证成的，那么为什么要花那么大的精力发展一个禁止它们的国际权利结构呢？而且与之相应，为何这个任务往往是通过一种权利语言完成的，而不是其他的，或许是更强的语言，例如，反人道暴行或犯罪？对第一个问题的回答足够清晰：尽管这些行为类型无论怎么讲都是无法证成的，它们仍然在以惊人的规律性发生着。由于这个原因，我们需要不断地谴责它们，让它们十恶不赦的性质稳定地扎根在我们的共同意识之中。而且，我们有强大的理由把道德谴责转变为一个指控、惩罚和救济的框架——换言之，一个法律体系。我们试图以权利语言的形式提出对这些暴行的谴责，笔者认为这是因为，这种语言包含着一个同时具有或者应当具有的道德意义和法律效力。因此，经院主义权利概念的第二个方面的相关性——也就是说，按照这些术语，权利被理解为具有法律效力的主张，并且因此立法，成为产生道德规范的原则。也就是为何这个概念在那些情况下特别有用，稳定的共同体提供给个人的正常保护都崩溃了——在国际法中，以及在那些情况下，共同体已经分裂了，或者不管以什么理由背弃了它的成员。

这样的话，基督教就明显具有最强烈的潜在动机，支持国际努力把我们对暴行的憎恶转变为权利的法律结构，作为国际法予以承认和执行的。不消说，不去实施这些行为，并且去做任何可以防止它们发生的事情，这是正义和爱的义务。而且，权利语言提供了一个从神学而来令人满意的方法，[376]追求后一目的，因为它带着对每个人的不可化约的价值和不可侵犯性的承认，他是上帝的形象，还有更深的承认：每个人都享有着个人权威，作为上帝的形象，要求对他或她的价值和不可侵犯性的承认。

但是，无疑还存在着许多其他的背景，不管是国内的还是国际的，也不管是法律的还是法律之外的，其中权利主张受到援引，而且基于同样的理由，许多不同的权利类型得到主张，它们并非都像刚才提到的那些主张那样重大或者有说服力。这些主张反映着前

第五章　自然法与神学伦理学

面所勾勒的基督教自然权利观的主要成分,基督教有理由承认并保护它们,不管它们得以辩护的人是谁,基础是什么。尽管如此,我们不能假定,所有开明的人最终都会在这些问题上赞同我们,或者甚至说,他们应当在原则上与我们达成一致。所讨论的权利主张越具体,其他人就越可能有好的理由质疑或拒绝它们,这来自他们自身具体的人类善的观念。那么,我们在这些情况下应当怎么做呢?

首先,我们不应通过武力和强制推动人权的理想和实践,这应当是明白无误的。我们应当强迫别人自由,这难道不是难以容忍的悖论吗?在有些情况下,国家或国际机构有正当的理由使用武力保护他人免于人权上的侵害,尽管为了得到任何有意义的证明,这些行为预设着某种针对人权性质和范围的国际共识,或者至少是关于特定主张之正义性的广泛的、相对公正的共识。在最多的情况下,我们需要预防一种弥散的趋势:把强加给别人自己的生活方式与解放他人混为一谈,而且由于这个原因,证明责任应当由那些人来承担,他们支持以使用武力的方式来保卫和推动人权。

然而,我们可以把这些理想提供给别人,我们可以带着使得它们尽可能诱人的意图,带着通过说服和协商把它们尽可能远地散播的目标。(笔者仍然是在说我们基督徒所能做的,但是下面的评述也可以更为广泛地应用。)我们已经指出,道德劝说和协商在任何道德传统的发展之中都是一个必要的部分,而且即使我们无法正当地使这个过程臻至成熟,我们也不是必须抑制尽可能活跃地参与它。进一步来说,在这个背景下,我们根据经验可以得知,我们可以发现许多来自各个文化传统的[377]人们渴望、拥抱我们的权利理想,并把它们变成他们自己的。并不能据此得出,权利语言反映着那些传统之中的最为真实或最为珍贵的东西,更不能得出,那些从自己的视角拒斥权利理想的人这么做必定是不正当的。尽管如此,权利理想确实反映着人性的真正存在的方面,它浸润着对于范围广泛的人，不管他们的背景如何，都必定是有吸引力的理想和抱负。我们有充分的理由与他们携手共进，共同推动社会理想和法律结构，它们反映着我们最为重要的个人自由和尊严的使命，即使当我们谦卑地承认，除了那些在我们最为重要的神学和道德使命之中所体现出来的之外，还存在着解释人类善的其他方式。

我们不应急于假定：道德多元主义代表着一个有待通过建立一个普遍共识予以克服的难题，甚至在那些与我们至为相关的事项之上。可以换一种说法，可能是这样的：各种不同道德的持续存在，人类善和恰当人际关系的观念分化，这本身就是上帝对人类的规划的一部分。这种可能性至少由杜普斯（Jacques Dupuis）提出了，他在《迈向一种宗教多元主义的基督教神学》当中阐述了他的深刻而又令人信服的世界宗教神学。杜普斯在这部著作之中清楚地肯定了耶稣基督是上帝的最终启示，也是通往拯救的手段。尽管如此，他论证说，我们能够在其他的宗教传统之中认识上帝的三位一体的工作，从这个视角看来是圣灵的显现和上帝拯救人类的中介。这样的话，这些传统在拯救它们的拥护者当中就具有积极的作用。而且，它们在实施和完成基督所提供的最终的拯救启示之时具有智慧统治的作用。杜普斯问道，"在上帝的计划之中，在各种不同的元素之间存在着互动吗？尽管它们并不以相同的方式呈现真实，却仍然属于不可分割的一体"。他接着回答说：

> 在涉及拯救历史的维度的地方，三位一体模式使得对上帝的道和上帝的灵的普遍临在和活动的强调变得可能，它们贯穿着人类史，作为上帝与人类个人交易的中介，而不问他们在历史上的具体情境……三位一体的基督论模式同样阐明了各种约的含义，根据基督教传统，它们是上帝在不同的时间与人类订下的。这些需要被视为不同的，但却是——同

样重要的——相关的和不可分割的。①

杜普斯针对各种宗教的智慧统治功能所说的也可以应用到各种道德传统之上——尤其如此,因为各种不同的道德在相当大的程度上也在杜普斯所提到的各种宗教之中得到了体现,并且反映着这些宗教。正如世界宗教反映着上帝的灵在人类历史之中工作的不同方面,它们保存着它们的多样性所必然要求的东西,那么——或许——道德传统的多样性反映着一种智慧统治的方式,它保存着人类善的不同的形式,这是无法在任何一个总括的道德体系之中捕捉到的,不管它是多么的公正和可敬。鉴于这种可能性,我们不能毫无限定地断言:基督教的生活方式代表着上帝针对人类的独特意志,即便我们自信地认为我们已经把握了"基督教生活方式"真正的意味。② 然而,我们只能生活在我们对上帝此时此地的意志的最佳理解之外,对于我们基督徒来说,那意味着以任何看起来恰当的方式肯定基督教的道德使命,其中包括笔者已经证明的,为他人的权利辩护,并促进对它们的承认。

四、自然、恩典与自然法

如果前面几节的论证都妥当的话,那么一种神学自然法伦理的观念就不像它乍看之下那样地具有悖论性。一种托马斯主义的自然法理论无法为清晰地阐明一个既具有普遍说服力又充分具体

---

① Dupuis,《迈向宗教多元论的基督教神学》(*Towards a Christian Theology of Religious Pluralism*),页 211—212;主要的论证思路在页 203—210 得到了总结。
② Dupuis 本人没有提出这种可能性,因为他过快地(笔者认为)假定:世界宗教在一种普遍道德上达成了一致。参见前文注释。道德多样性具有一种智慧统治的作用,这个可能性使得笔者不愿肯定 Lisa Cahill 最近所辩护的普遍共同善的理想,《迈向全球伦理学》,见 *Thoelogical Studies* 63(2002):324—344。

到具有实效约束力的道德体系提供基础,它也不能化约为一组一般的理想或者纯粹的形式规范。但它的确具有实践寓意,它们与基督教伦理学直接相关,并且为与那些基本信念可能完全不同于我们的人进行道德对话提供一个坚实的基础。

[379]尽管如此,本书所提供的托马斯主义自然法理论主要是想作为一个对道德生活进行神学反思的框架,而不是作为一个道德论证的基础。笔者本节将转回这一理论所提出的神学问题,而且特别地,我将思考一个到目前为止只是附带提及的问题。那就是,在以托马斯主义的术语所理解的自然法与我们据以转化为上帝的朋友和上帝三位一体的生命之间究竟是什么样的关系?

我们在第三章看到,阿奎那对幸福概念的扩充使得我们可以用不同的方式使用"幸福"一词,每种方式都代表着幸福作为不同完满程度的完美的观念。我们在那里主要关注的是尘世的幸福形式,阿奎那把它等同于德性的实践。同时我们也注意到,阿奎那坚持认为,最为准确意义上的幸福根本无法在此生实现。相反,他把这种意义上的幸福等同于直观上帝(Vision of God)的实现,这在他看来提供了人这种造物的知识和爱的潜能的最为完满可能的满足。我们业已发觉,许多阿奎那的阐释者得出结论认为,对他而言,不存在纯粹自然的幸福形式这样的东西。按照这种观点,人的灵性自然(spiritual nature)只能通过超自然的成就完成,那就是说,直观上帝。相应地,人在所有造物之中是独一无二的,没有恰当的自然完美和繁荣的形式。因此,如果我们打算理解阿奎那对不完美或者尘世幸福的查考,我们必须把这些解读为对完美幸福的期望,那是我们在此生也可以通过神宠体验到的。

笔者在第三章证明,对于阿奎那而言,当把幸福理解为理性造物通过德性实践所实现和例示的尘世完美时,它就提供了经院主义自然法理论方法所预设的那种神学分析的基准了。当然,仍然是这样的情况:唯一对我们敞开的尘世幸福是恩典所赋予的对至福的尘世期待。但是，如果阿奎那的确是把德性与自然法以所揭示的方式联系起来的，那么他似乎也必须承认人所自然具有的那种幸福。以一种自然法的形式谈论它可能怪怪的，因为它直接指向超自然的成就。[1] 正如他在一个不同的背景之下所讲到的，"可是显然地，本性与真福[380]相比较，如果第一个与第二个相比较一样，因为真福是最后加于本性之上的。可是第一个却应该常常保存在第二个内。因此，本性也应该保存在真福内。同样地，本性的行为也应该保存在真福的行为内"（第一集第 62 个问题第 7 节）。

当然，笔者也可能是误读了阿奎那，幸福的终极形式与其尘世期盼之间的关联无论怎么看都是复杂的。但是不管怎么说，正如我们在第三章所看到的，阿奎那直接提到了一种自然的幸福，它与人这种造物的自然能力是相称的，并且可以通过它们实现。而且，他似乎把自然幸福的实现视为一种真正的可能性，尽管这是一种几乎没有实现过的可能性——或者至少他把修成的德性的实现，那种构成着自然的幸福的实践，视为一种真正的可能性（第二集第一部分第 65 个问题第 2 节；对比第 4 个问题第 5 节；第 62 个问题第 1 节；第 63 个问题第 3 节）。还有，鉴于阿奎那形而上学和自然哲学的总体界限，很难期待他说点别的。如果人类（以及天使）没有自然幸福的恰当形式，那么我们将是唯一缺乏恰当完美形式的造物类型（参见第二集第一部分第 109 个问题第 1 节）。这不是一个相对的或者有限的剥夺类型，按照人类的脆弱以及与其他类型的动物相形之下的自然防御的缺乏。正如我们在第二章看到的，

---

[1] 因此毫不奇怪，Henri de Lubac 否认我们需要谈论一种自然的人生目的，同时也否认自然法与至福之间存在任何关系，参见《超自然的奥秘》，Rosemary Sheed 英译（New York：Herder and Herder，1967），页 41—43。相似地，Charles Curran 质疑传统自然法的道德路径的有用心，他的根据有很多，其中涉及这样的自然的代表着一个在历史当中从未存在的抽象，参见《当下的天主教道德传统：综合》，Washington，D. C.：Georgetown University Press，1999，页 42。

一个造物就是无论凭借某个具体形式的东西类型,它只能按照它所接近和呈现的完美的理想才可以理智理解。说我们没有恰当的自然完美的形式,这等同于说我们根本不是自然的一部分。

实际上,这就是那些人所采取的路线,他们或者断定人没有自然的完美形式,或者甚至声称以这些术语谈论没有意义。按照这个观点,理智和意志的灵性官能超越于自然,因为我们有着对善的知和欲的无限潜能。这个主张具有真理的成分,但是,要是我们不想模糊阿奎那本人竭力维持的那个区分的话,就必须对它进行谨慎的限定——"无限"的消极和积极意义之间的区分,我们受条件限制的无限潜能与上帝绝对无条件的存在之间的区分,我们作为存在物具有一种明确自然所特有的受造能力,与如果我们要[381]实现我们与上帝合一的最后目的所需的在质上不同的潜力类型之间的区分。① 简言之,这种解释思路模糊了人这种造物典型的和杰出的潜能,他被视为所有造物之中的一种,与上帝独特的和无条件的存在方式之间的区分。

这种区分是显而易见的,它首先体现在阿奎那对荣福直观的分析之中,涉及我们可能获得的对上帝和一般的知识类型。我们在荣福直观当中所享受的上帝的知识是直视上帝的本质存在,它的完满人格的和三位一体的现实(第一集第 12 个问题第 1、13 节;第二集第一部分第 3 个问题第 8 节;第 5 个问题第 5 节)。因为上帝是至高的理智和善,是每种其他的理智性和善性的源头,那么直观代表着对理智和意志的最为完满可能的满足(第二集第一部分第 2 个问题第 8 节;第 3 个问题第 8 节)。阿奎那直陈,这种上帝

---

① 这些区分贯穿着阿奎那的作品,但是它们体现得最为清楚的地方,至少在这个背景下来看,却是他对以下东西的系统区分:维持任何受造本性的存在和运行所必需的神圣活动和辅助,以及超自然的恩典活动。特别参见第二集第一部分第 109 个问题第 1 到 4 节。对这些区分在《神学大全》之中展开的富有启发意义的分析参见 Jean-Pierre Torrell,《托马斯·阿奎那论自然与恩典》("Nature et grâce chez Thomas d'Aquin"),见 *Revue Thomiste* 101(2001):167—202。

的知识超出了任何造物的自然能力，不论是我们自身的能力，还是最高的天使般的理智能力（第一集第12个问题第12节；第二集第一部分第5个问题第5节）。它在种类上不同于任何对于造物来说是自然的东西，因为它是一种只有上帝才自然赋有的完美。因此，除非通过一个转化行为，上帝把新的知识和爱的原则赐予受造的理智和意志，否则它是无法实现的（除了前面提到的引文，还可以参见第二集第一部分第109个问题第1节；第二集第二部分第2个问题第3节）。即使那时还是没有造物能够领悟上帝的完满本质，这也是为何直观有程度的分别——有人比他人更为完整地看到上帝，尽管每个享受到直观的人都由此享受着对于他或她作为个人来说可能的最为完整的完美程度，即幸福（第一集第12个问题第6节；第二集第一部分第5个问题第2节）。相形之下，我们作为造物所能有的上帝知识的最高形式，是通过上帝创造的和智慧统治行为的效果的知识，也就是说哲学知识（第一集第12个问题第11节）。阿奎那甚至没有把这种知识本身视为一种幸福形式——当然，它没有完善造物的所有能力，除非它被道德德性所完成。① 无论如何，这种知识无限缺乏我们被呼召去享受的那种知识。

与之相应，阿奎那也在人这种造物能被说成是爱上帝的各种不同的含义之间进行了区分。有一种对上帝的爱来自对上帝的直接认识，包含着直观，这是[382]自发的和无所不包的（第二集第一部分第5个问题第4节；第10个问题第2节）。正如上帝是至高的理智现实，满足着受造的理智，那么上帝也是至高的可爱的必需之物，填充着每一欲望——实际上，在某种意义上，上帝是至为可爱的，因为至为理智。② 由于这个原因，荣福的个人出于必然而爱

---

① 阿奎那在《反异教大全》III 38—40 最为清楚地交待了这一点。
② 这个意义上，即理智性和善性是相互牵涉的——不论什么存在都是理智的和善的，因为它存在和实现着它所特有的完美，符合它的具体形式的必然要求。

上帝,这样没有任何其他实质的意志对象可以被爱(又见第二集第一部分第 10 个问题第 2 节)。相比之下,在我们能够通过纯粹的哲学知识实现对上帝的爱的意义上,它必然是一种高冷而又抽象的爱,等同于仅仅承认:上帝作为所有存在物的终极因同样是爱的恰当对象,据此一切造物被拉到它们的最后目的(甚至这一点也超出了阿奎那的说法,但是,他在第二集第一部分第 109 个问题第 3 节暗示了这种可能性)。① 这样的话,这种对上帝的爱或许可以被说成代表着对上帝的自然的爱的人类特有的形式,等于欲求——可以说是有序趋势——维持和表达它自身的存在,符合我们在每个造物身上所发现的具体类型。

　　阿奎那由此就设定了两种性质不同的上帝知识,亦即,通过理性可以获得的知识,这必定是有限的,也就是说,外在于上帝的人格现实,以及通过荣福直观实现的上帝作为人格化的、三位一体现实的知识。相似地,他指明了两种对上帝的爱,把上帝作为终极因的理性之爱,以及必定从出于直观的完整成就的对上帝的爱。这些还包含着第三个区分,它使得我们更加接近了他自己的道德神学和这里所展开的那种托马斯主义自然法理论。也就是说,这些不同的知识和爱的形式要求两种不同的运行原则。鉴于阿奎那形而上学的主要思路,这必然来自两种无法比较的理智和意志成就的形式之间的区分。这些对于人来说是自然赋有的知识和爱的形式,当然能够通过人这种造物所特有的潜能和能力实现——潜能和能力直接来自她的本质,来自使得她成为她所是的那种造物的东西,因为荣福直观超出了任何造物类型的恰当能力,它只能通过上帝直接赐予的运作的行为原则实现,以一种不同的知识潜能的

---

① 更为具体地,对该节的研究将会表明,他坚持认为这种对上帝的自然的爱是自发的,如果我们没有遭受罪的后果的话。但是,就现在的人类生存而言,我们发现很难实现那种我们自然地趋向的对上帝的爱。

赐予在圣徒身上[383]达到顶点——这是阿奎那所说的我们具有"神形"的一个结果(第一集第 12 个问题第 5 节)。然而,这个转化过程在此生是以一个不同运作原则的赐予开始的,它产生了导致与上帝合一的实现的知识、欲望和行动的习性力量。这个运行原则是恩典,而从它而来的习性力量是神学德性,以及天赋枢德和恩赐:

> 每个东西的德性都是针对某个已经存在的自然(some preexisting nature)说的,因为每个东西都是按照那个适合其自然的东西配备的。前文已经讨论的通过人类行为修炼而成的德性,显然是针对人之自然的适当配备。与之相反,神赋德性是针对较高目的的较高方式的配备,所以必然是针对较高的自然。即是说,它们涉及对上帝神性的分有,正如《彼得后书》章 1 节 4 所说的:"他已将又宝贵、又极大的应许赐给我们,叫我们既脱离世上从情欲来的败坏,就得与神的性情有份。"正是因为我们分有了这种自然,才有了重生为上帝的子女之说。(第二集第一部分第 110 个问题第 3 节;对比第二集第一部分第 62 个问题第 1 节;第 63 个问题第 3 节;第 68 个问题)

当下在神学家和阿奎那的阐释者当中不乏一种趋势:弱化自然与恩典之间的划分。① 很少有神学家打算否定这种[384]区分的存

---

① 这种观点可以追溯到 Henri de Lubac 和 Karl Rahner 关于自然与恩典之间关系的影响深远的作品。除了前文援引的 Lubac 的作品,还可以参见 Karl Rahner,《论自然与恩典之关系》("On the Relationship between Nature and Grace"),收录于《神学研究》(*Theological Investigations*),New York: Crossroad, 1961, 1965, 1: 297—318,以及《基督教信仰的基础:基督教观念导论》(*Foundations of the Christian Faith: An Introduction to the Idea of Christianity*),New York: Crossroad, 1985,页116—137,对 Rahner 的观点有很好的总结。关于这种区分的通史参见 John Mahoney,《道德神学的制作:罗马天主教传统研究》(*The Making of Moral* (转下页注)

在(对于天主教徒来说,这种观点在教义基础之上是有问题的,如果没有其他问题的话),但许多人却主张这种区分纯粹是抽象的或者教义的。按照这个观点,一切创造都出自恩典,因为上帝的恩典触及每一个人,而且所有现实都是通过这种赐予的棱镜得到观察的(不管是否承认)。相应地,纯粹自然的状态这样的东西在现实中是不存在的,我们一切的自然潜能和能力都被视为对恩典运行的反映,即便我们无法准确地说明在特定的点上恩典是如何运作的。

不论我们怎么就事论事地思考这种解决自然与恩典问题的方法,它显然都不是阿奎那的观点。相反,在阿奎那的著作之中,自然与恩典之间的这种区分是清晰划定的,前后一致的,并且对于他的整个神学来说都是至关重要的。① 这并不意味着他预设了一种"纯粹自然"状态的真正存在,更不用说对这种状态的断定了,那都是现代早期的天主教神学所理解的。② 按照他的观点,第一批人

(接上页注)*Theology*:*A Study of the Roman Catholic Tradition*),Oxford:Clarendon,1987,页72—115。Stephen Duffy 提供了 de Lubac/Rahner 恩典学说形成的直接语境,《恩典的地平线:现代天主教思想中的自然与恩典》(*The Graced Horizon*:*Nature and Grace in Modern Catholic Thought*),Collegeville, Minn.:Liturgical Press,1992,页 50—65。这部著作对后来的天主教恩典神学提供了一个有用分析提纲,在页 196—234 进行了总结。针对 de Lubac 的著作的遗产还有一个不同的视角,参见 Gilert Narcisse,《恩典的语法:卡尔·拉内作为当代神学的分水岭》("The Grammar of Grace:Karl Rahner as a Watershed in Contemporary Theology"),见 *Theological Studies* 49(1988):445—459,他以赞许的态度评价,对 Rahner 思想的彻底利用会使我们"放弃本性与恩典的整个框架,那是经过世世代代传给我们的"(页 459)。

① 除了前文援引的 Torrell 的论文,参见 Joseph Wawrykow,《上帝的恩典与人类行为:托马斯·阿奎那神学的优点》(*God's Grace and Human Action*:*Merit in the Theology of Thomas Aquinas*),Notre Dame:University of Notre Dame Press,1995,页 60—259;然而,笔者并不想暗示,Wawrykow 将会同意笔者在下文当中的论证。

② 正如 Torrell 在《托马斯·阿奎那论自然与恩典》第 181 页所评述的,即使那些相信人不是在恩典之中受造的经院主义者(大多数人),也没有断定现代早期意义上的"纯净本性"的存在。更为一般地,笔者对阿奎那的本性/恩典之间区分的发展的分析受惠于 Torrell,在这篇文章当中可以发现深入研究的文献。

是在一种恩典状态之中受造的,而且随后人性就被原罪和实罪(actual sin)的结果弱化和败坏了(第一集第 95 个问题第 1 节;第 97 个问题;第二集第一部分第 82 个问题)。尽管如此,自然与恩典之间的这种区分在阿奎那的神学之中变得富有意义,他对两种基本的行动原则各自不同的目标和运行进行了极为小心的分析,这是在一个明晰的自然神学和哲学神学的背景之下展开的。而且,这个区分做了相当多的神学工作——不仅帮助他区分了两种幸福形式及其相应的德性,还帮助他理顺了关于我们先祖在原罪之前享受的生活方式的神学传统,并把超自然的恩赐区分了出来,它们是在那种状态之中得到享受的,既是基于自然的潜能,也是基于获得恩典的激情,正如我们现在对它们的享受。除此之外,这种区分也使得他确认了无处不在的人类趋势——最为重要的,意志趋于一个狭隘的自爱的定位——把它们当作有罪的,[385]相对于何者之于我们的本性是恰当的而言(正如我们前文所见;参见第一集第 60 个问题第 5 节;第二集第一部分第 109 个问题第 3 节)。①

从这个方面来看,自然/恩典的区分是两种知识、爱和完美形

---

① 笔者相信即便根据文本这也是清楚的:阿奎那不相信恩典是在那种任何时候任何地方赐予一切人意义上的无处不在。他坚持认为恩典必然通过天赋的德性的表现出来,其中既包括恰当的神学枢德,也包括天赋的枢德,这些构成了它的运行原则(第二集第一部分第 62 个问题第 1 节;第 63 个问题第 3 节;第 110 个问题第 3 节)。信仰是基本的神学德性,对于剩余的都是必需的(第二集第一部分第 62 个问题第 3、4 节;第二集第二部分第 4 个问题第 7 节);这个德性必然包含着某些直白的信念,其中包括自基督到来之后的某些直白的基督教信念,它们不是普遍分享的(第二集第二部分第 2 个问题第 5 到 8 节)。有些阐释者已经论证,阿奎那仍然保留了一个隐式信仰的可能性。例如,参见 Thomas O'Meara,"The Presence of Grace outside Evangelization, Baptism and Church in Thomas Aquinas' Theology",收录于 *That Others May Know and Love*, St. Bonaventure, N. Y.: St. Bonaventure University, 1997, 页 91—131。然而,笔者并不相信把这个观点归诸阿奎那本人的论证——尽管笔者会同意:他暗示了提出一种隐式信仰学说的可能性,那可以在宽泛意义上被视为托马斯主义的。杜普斯得出了一个相近的结论,参见《迈向宗教多元论的基督教神学》,页 114—120。

式之间的区分的一个直接含义,即,一种形式是人这种造物自然赋有的,另一种形式是超越于任何造物的受造潜能的。自然为我们自然赋有的那些知识和爱的形式提供了必要的运行原则——那就是我们说它们是自然赋有的含义所在。相反,直观的实现需要截然不同的新型运行原则,它们对于我们来说不是自然的,除非在我们的自然潜能是它们的接收的一个必要条件的意义上。

自然与恩典之间的区分,对于这里正在展开的托马斯主义自然法理论同样是根本性的。这一理论没有预设我们有通往一种纯粹自然状态的道路。甚至除了神学因素,"纯粹自然"的观念也是不稳定的,这是我们已经看到的,因为人性总是存在于某个具体的文化形式之下;相应地,我们的人性知识也是通过习俗中介的,并且依赖分析和论证,而不是直接的观察。尽管如此,正如我们能够在什么对于人是自然的与什么反映着特定的社会/文化表达之间作出区分,尽管是不完美的区分,那么我们也能够在什么对于我们是自然的与什么来自恩典之间作出区分。而且,这么去做是重要的,因为自然与恩典之间的区分有助于保护本性的完整,这被视为一个行动原则。更有甚者,正如我们在接下来更为清楚地看到的,我们需要能够在自然和恩典各自的运行原则之间作出区分——也就是说在天赋德性与修成德性之间——如果我们想要拥有后者的有意义的观念的话,[386]它被视为一个实体性的规范理想。这些观念反过来对于基督教自然法伦理是最为重要的,因为充实着那种阐释的尘世幸福的理想来自于我们的天赋德性而非修成德性的观念。同时,天赋枢德在其与对应的修成枢德关系之外是无法得到理解的,而且两种德性都只能在与自然原则的关系之中得到理解:"恩典与德性仿效那由上帝上智所定的本性的常规"(第二集第二部分第31个问题第3节)。

麦克马林在解释现代早期自然神学背后的核心预设时评论说,这个阶段的神学反思是被他称之为唯意志论的方法主宰着的,据此每件事情都将通过诉诸上帝的无限能力和最高意志得以解释。按照这个观点,探讨受造秩序之中的超自然介入是没有意义的,因为"每个暂时的发生都同等地是上帝意志的创造。不存在被某种特别行为推翻的或者干扰的'自然'"。① 当然,当代神学(无论是天主教的还是新教的)与现代早期的自然神学有着重大不同。尽管如此,麦克马林的评价还是道破了一点,其中现代和当代方法既与阿奎那所代表的方法相似又与之断裂。也就是说,两种视角都认为,几乎没有空间把自然当作一个独特的运行原则,它可以根据自己的术语加以理解,并且作为对上帝的善和智慧的一个反映从而具有重要的神学意义。这样麦克马林就帮助澄清了以阿奎那的方式维持自然/恩典之间的区分的意义之所在。

在当代天主教神学之中,自然与恩典之间的区分,尽管在教义上都通常被承认是重要的,却往往只具有极小的或者甚至没有解释作用。根据这个广泛传播的观点,每个事物都被恩典所浸透,而且不管怎么说,一切创造本身即是上帝无缘无故的恩赐。因此,自然与恩典之间的区分不能被视为是深刻的,或者说是神学色彩浓厚的,因为在我们的经历之中没有任何东西能够给出自然或恩典以具体含义。②

---

① Ernan McMullin,《导论:进化与创造》("Introduction: Evolution and Creation"),收录于《创造与进化》,Ernan McMullin 主编(Notre Dame: University of Notre Dame Press, 1985),页1—58,此处位于第31页。
② 笔者相信这个路径可以回溯到 de Lubac 的做法,拒绝以任何经验直接给定之外的术语分析人性:"然而最终,我们真正关心的是事实上存在什么,我们这时的本性的现实,此刻的行为,上帝创造的那个样子"(《超自然的奥秘》,页45)。这种态度自他所反对的那种高度人为和不合理的超自然秩序的解释背景之下是可以理解的(参见页25—47),但是,结果是,在他的神学之中没有为以一种可理智理解的受造存在的形式思考人性留下空间,它具有自身的结构和完整性,并且因此可以被抽取出一个不同的恩典运行原则思考。无独有偶,Duffy 接受和发展了 de Lubac 的路径,在《恩典的地平线:现代天主教思想中的自然与恩典》当中评价说,"'自然的'一词能够容忍非细致的对待,而且最好被理解为一个概念的和神学的剩余物。相反,恩典是在所有爱与苦、一切乐与悲之中体验到的,这些都是人类状况的标志。本性与恩典在主题上是不同的,但是在生活体验上却不容易划定界线"(页198)。

如果在不同的神圣活动与"异乎寻常的行为"之间,前者既包括"正常的"创造行为,也包括智慧统治的营养,后者既包括恩典的赐予,也包括奇迹的介入,没有任何[387]可以确定的差别,那么上帝的每个行为实际上都变成了奇迹——也就是说,是上帝无所不在的大能的一个表现。那么相应地,上帝的每个行为都同等地奥秘和不可领悟。自然之理充其量是暂时的,而且可以被视为人类的建构。无论如何,它们都没有告诉我们任何关于上帝的事情,远远指向上帝的纯粹能力。按照这个观点,说一切创造都是恩典的——每个东西都是上帝赐予,没有一个上帝的恩赐真正告诉我们任何关于赐予者的东西,这是说得通的。①

相反,对于阿奎那来说,还有他的大多数对话者,广义理解的自然就其自身来说即是可以理智理解的,而且它作为对上帝智慧的一个反映具有独立的神学意义。正如让-皮埃尔·托雷利(Jean-Pierre Torrell)所表明的,阿奎那的整个神学定位包含着一个对恩典的独特性的信守,不是作为贬抑自然的一个方式,相反,恰恰是作为保护它的神圣智慧的独立见证的完整和价值的一个方式。② 更为准确地说,对他而言重要的是自然的可理智理解性,也就是说各种存在类型,它们是由构成着受造秩序的各种不同的造

---

① 我们在 John Haught 那里可以看到这一理论方法的一个出色的例证,他的过程神学包含着对把上帝视为无所不能的创造者的传统教义的一个拒绝:"恩典的教义断定,上帝对世界和它的一切元素的爱是完满的和无条件的……除了它的养育和怜悯属性,爱带着一个对被爱者的独立的渴望"《达尔文之后的上帝:进化论神学》,页39)。这相当于把创造和恩典等同起来了,或者更有甚者,用一种自然化了的恩典取代恩典。基于同样的原因,按照这个观点,可见世界的秩序和可理智理解性是没有更深神学意义的永恒过程的一个结果。上帝发挥引力和目标的作用——类似亚里士多德的不动的推动者的风格——但似乎又不以任何其他的方式介入自然进程之中。

② Torrell,《托马斯·阿奎那论自然与恩典》;特别参见页198—201。Michel Bastit 提到了相似的一点;参见《托马斯主义是一种亚里士多德主义吗?》,见 *Revue Thomiste* 101(2001):101—116,115—116。

物类型呈现出来的。这些是可理智理解的,作为有限的和可领悟的存在形式,代表着参与无限存在的那么多方式。上帝是无限的,是不能被任何有限的理智所把握的,那么我们只能通过对上帝无条件存在的这些受造的相似物的反思获得对上帝的[388]概念知识。① 然而,从这个角度思考的自然并没有对上帝自身恰当的存在模式提供真实的(尽管是有限的)见解,那被视为我们周围世界的理智和善的至高理智和善的源头。

自然的可理智理解性反过来又提供了一个背景,从中我们可以形成一个真实的,但却是有限的阐述:谈论恩典及其在人生的运行意味着什么。不应低估形成这一阐述的意义和难度。没有这种阐述,恩典语言就容易变成一种内在行话,只有在教义的自说自话的语境当中才有意义。当这个发生时,恩典的概念就失去了它阐明我们的体验、指引我们的选择或者把个人观察置于广泛的神学使命背景之下的力量。然而,形成这种实质的恩典观又不那么容易。因为它指向对上帝内在生命的分有,恩典本身就像上帝那样神秘——也就是说,它共享着上帝的那种不可领悟性,那是创造的自然行为没有的。

自然与恩典之间的区分为我们提供了一个手段,可以据此形成真正丰富的恩典阐述,无须当然地消除它最终的不可领悟性。因为恩典的行为和效果被置于了一个自然奠基的上帝知识的背景之下,它们可以在某个含义上变得可理智理解,也就是说,相对于我们对上帝的善的自然知识的背景。而且,因为我们相信恩典是上帝一个进一步的恩赐,我们早已知道这上帝在我们承认和肯定的意义上是善的,那么我们有理由期待上帝的恩典是会延续或者

---

① 即使是蒙福者,他们在上帝的本质之中荣见了上帝,也没有在那种直观当中领悟上帝(第一集第 12 个问题第 7 节)。我们在此生的上帝知识必然是概念的,并且因此缺乏对其对象的现实的直接获取,即使当它通过信仰的神学德性转化时也是如此(第一集第 12 个问题第 13 节,特别是答复 3)。

至少不败坏上帝创造性的善的。最低,这也可以提供一个区分的原则,根据这个原则我们可以确认恩典的恰当效果,并把它们与其他现象区分开来——换言之,一项把圣灵与灵性区分开来的原则。集体经验在这里做了余下的大部分工作,它们是被教会的反思和观察充实的,也受到它们的约束,但是我们的重点是,离开了自然与恩典真正区分所提供的基准,我们的反思就无法紧握经验。

这个基本的区分进一步区分了诸种德性。[389]我们不止一次看到,阿奎那把修成德性理解为运行原则,通过它们我们获得了一种自然赋有的幸福形式,那在于这些德性的实践。相反,信、望、爱的神学德性被视为来自恩典的神学德性(就像修成德性来自人性一样),通过它们我们这样行为,指向对我们直接与上帝合一的最后目的的实现。除此之外,阿奎那坚持,恩典的转化效果一直延续下去,通过修成枢德的天赋类似物转化人的每个运行潜能和能力。因此,有爱德的人也同时拥有不同形式的审慎、正义、节制和勇敢及其相关的德性,它们每个都指向与上帝合一的理智或嗜欲的官能,每个都特别不同于与之相对的修成德性(第二集第一部分第63个问题第3、4节)。

我们现在开始明白阿奎那的恩典学说对于他的道德神学的意义了吧!自然与恩典之间的区分,修成德性与天赋德性的区分,为他提供了一个框架,在这个框架之内,特有的神学德性,以及天赋枢德,可以像道德理想一样变得可以理智理解。更为具体地说,修成德性被视为来自人性的理想,既提供了一个对照点,也提供了一组参数,据此天赋德性的理想得以讲出。正如阿奎那反复申明的,恩典成全着自然,而不是扭曲它(例如,参见第一集第60个问题第5节)。他也申明,在讨论爱的义务的背景下,恩典的运行并非没有自然的运行那么合理(第二集第二部分第26个问题第2节;对比第31个问题第3节)。我们现在可以更好地理解这些评述的重要性了。它们意味着,充实着修成德性的那些倾向和要求并不是通过与之对应的天赋德性洗刷的。"自然作为理性"透露出天赋德性和修成德性,尽管这两类德性特别不同,因为它们指向不同的目的(第二集第一部分第63个问题第4节)。这个连接点反过来意味着,我们的修成德性的概念能够提供一个基础,据以可以把握,出于天赋枢德和神学德性而行动意味着什么。

笔者在这一点上已经超出了阿奎那直接说出的内容了。尽管如此,如果我们坚持他的原则:恩典成全自然,而不是破坏它或者使它变得多余,那么似乎可以得出:恩典的实践命令被来自自然的命令所充实,在某种程度上由其构成。自然法贯穿着天赋德性,为它们提供着许多具体的[390]规范性内容。而且事实上,阿奎那也提供了说明这个怎样进行的例证。他断定,天赋德性和修成德性都从人的身体需求上获得它们的直接方向,它们设定了在追求更为完整的目的上什么可以被做的标准(第二集第二部分第141个问题第6节,特别是答复1)。这个主张透露了后面的一些问题,在这些点上阿奎那论证说,禁食到了损害个人健康的程度,这是有害的和有罪的,即使为着最为崇高的精神理由也是如此(第147个问题第1节答复2)。为了追求精神的目标,身体能够得到训练,应当得到训练,甚至应当被惩戒,但却不应被伤害。

这个例子意味着一种枢德的两种形式之间的联系和对比,但是,我们也可以找到一个相似之处,它是在与神学德性关联之中形成的,它们没有与之相对的修成德性。最为著名的,阿奎那证明,我们与家庭成员和其他紧密伙伴之间关系之中所表现出来的正义义务充实着爱的义务(第二集第二部分第26个问题第6到13节)。正如他所解释的,"爱德的情感,即恩典的倾向,并不及于自然的嗜欲,即本性的倾向,那样有次序;因为这两种倾向都来自上帝的上智"(第26个问题第6节)。他接着提出了一个复杂的阐述,涉及次序、范围和爱德所特有的爱和慈善的义务,其中血缘的、民事的和个人的关系,以及恩典的圣洁都考虑进去了。

正义的诫命被阿奎那视为自然法的一个典型命令。同时，它们与爱德似乎也有着一个特别近的联系，因为它们代表着表达邻人之爱的最为重要的方式（第二集第二部分第 59 个问题第 4 节）。正是因为这样，正义与爱之间的相互关系提供了一组特别富有内涵的起点，可以说明被恩典所充实的道德反思实际是怎样进行的。这种说明反过来又指明了一种方法，正是通过这种方法基督教特有的理想和信念才在一个基督教的背景之下被说成是充实着自然法伦理的发展，这样的一种方法产生了一种实质的自然法伦理，这同时也是基督教特有的伦理。我们刚才看到，对于阿奎那来说，正义的要求以精心界定的方式充实着爱的规范性理想。笔者想要证明，正义与爱之间的关系是互惠的。也就是说，不仅是正义的要求充实着爱，而且爱也产生了规范性理想，这些理想充实和改变着我们的正义观，以及与之相应的我们对自然法实质内容的感知。这至少是基本主张。那么下面我们来看看怎么才能讲清楚它。

阿奎那视爱为一种具体德性，这意味着他把它与它自身恰当的行为类型[391]联系在了一起，这样它才被概念化为一种德性。毫不奇怪，爱德的典型行为是爱，更为具体地说，是为上帝之故爱上帝、爱我们自己和他人（第二集第二部分第 27 个问题第 1 节；第二集第一部分第 25 个问题第 1 节）。这似乎意味着，爱在作为诫命的动机时是与正义和其他的道德德性相关的。也就是说，若是有人出于爱德行事，那么她也会出于其他不同的动机来这么做，因为她是缘于上帝而爱邻人的。但是，她是不会做任何不同于她邻人的事情的，只要她的邻人是出于对作为一个理想的正义的（纯粹的）坚守。当然，爱确实会为行为带来不同的动机。慈爱之人的行为与那些出于其他原因而遵循正义要求之人的行为重叠。有时确实如此，但这却不是事情的全部。正如阿奎那接着所解释的，爱也与不同类型的外部行为相连，它们构成着爱的根本行为。这些行为类型构成着（尽管当然不是唯一的）典型的方式，从与其他人关系的角度来看,通过这些方式爱的根本行为得以表达。最为根本的,慈善的外部行为是一个爱的行为,因为它共享着它的形式对象:"爱德对象的形式之理,与那施惠的形式之理相同,因为二者都是关于善的共同之理,如同前面第一节所讲过的(第二集第二部分第 31 个问题第 1 节)。所以,施惠不是一种与爱德不同的德性,只是指明一个爱德的行为而已"(第二集第二部分第 31 个问题第 4 节;对比第 31 个问题第 1 节)。相似地,我们读到,施舍是"由于同情……而这样的动机是属于慈悲或怜悯的,如同前面所讲过的。由此可见,实在地来说,施舍是慈悲或怜悯的行为"(第 32 个问题第 1 节)。按照阿奎那的理解,兄弟的规劝是一种以犯罪者自身的善为目标的训诫形式,是表明个人通过外部行为对邻人之爱的更远途径(第 33 个问题第 1 节)。

　　有人说,这些类型的行为应被视为爱的行为,而不是它们所来自的道德德性的行为。[①] 但是从前面的评述可以清楚地看出,对于阿奎那来说,这些行为类型确实直接来自爱,或者来自爱所产生的意向。这样它们与慈爱之人所实施的其他德性的典型行为有所不同。这些据说是爱所命令的,把它们指向它的恰当目的,而爱的恰当行为是被爱的德性本身所诱发的(第二集第二部分第 23 个问题第 8 节)。然而与此同时,认为爱的恰当行为也是其他德性的行为,这也有重要的真理成分。阿奎那对德性相连命题的[392]坚守意味着,大多数(或许是全部)有德行为都不会只是一种德性的行为。正如我们前面已经指出的,每一真正有德的行为都将既是直接出于它的行为,也是审慎的行为,而且对于得享恩典的人,每一有德行为同样也是爱的行为。更为具体地,或许可以说,涉他的爱的行为也是正义行为。诚然,阿奎那在爱所特有的外部行为与那

---

① 例如,参见,James Keenan,《托马斯・阿奎那罪的概念的问题》("The Problem with Thomas Aquinas's Concept of Sin"),见 *Heythrop Jounal* 35(1994):401—420。

些正义所特有的行为之间进行了区分,辩称恰当称谓的正义行为反映着某种具体的义务(第二集第二部分第 31 个问题第 1 节答复 3)。然而,他也坚持,正义是与这类涉他行为相关的首要德性。相应地,他把那些不是严格适当的行为意向,例如,友爱,视为与正义相连的德性,即使它们缺乏恰当称谓的正义的形式性质(第二集第二部分第 80 个问题;请注意,这并不意味着它们是较小的德性,不那么值得称赞,或者对人生不那么重要)。这与他的整体方法似乎并非不一致,他把爱的外部行为视为同样扩展意义上的正义行为。

这就把我们带到了一个关键点上。即使我们承认,涉他的爱的行为也可以被视为正义的行为,这也并不意味着我们通过对正义要求的反思,离开爱本身所赋予的新视角,就可以获得相应的诫命。在阿奎那的分析当中,没有任何东西排除那种可能性:我们关于爱的实质要求的深思判断至少在部分上建立在那些基础之上,它们是我们在脱离启示和我们试图根据其要求而生活的经验就无法获得的。笔者想表明,事实确实如此。也就是说,我们关于爱的要求的判断来自一个共同观察的深远的过程:涉及为上帝之故而爱邻人,还有,在可能的和恰当的范围内,像上帝爱邻人那样爱邻人,这具体意味着什么。这个过程包含着范围广泛的反思,关于谁是上帝的不同的神学主张,说上帝爱世人意味着什么,仿照这种爱的可能和限制是什么,以及谁是邻人,被视为上帝的爱的对象,以及作为一个潜在的或实在的恩典的伙伴。显然,顺着这些思路的反思将把我们带出对成为完人意味着什么的分析,除非这仅仅等同于对成为人意味着什么的反思,从信仰的视角来看。

这样,对爱的要求的反思将不仅利用正义要求的含义,还相应地塑造正义观本身。这一过程等于转化,而不仅仅是替代,我们 [393] 所理解的正义。指出这一点是重要的。首先,爱的外部行为所包含的诫命被证明与我们反之就视为正义要求的东西是不一致的。例如,如果我们相信宽恕是爱所要求的外部行为之一,我们就会发现自己在原则上放弃了某些报复性惩罚的形式,否则它们似乎就是被正义的要求所允许,甚至是所要求的。其次,在几乎所有的表现上,爱的涉他义务在范围上都是普遍的,而且它们包含着每个人的平等价值,至少在某些方面如此(参照第二集第二部分第26个问题第5、6节)。果真如此,那么它就意味着我们必须以这样的方式把正义的领域细化,让它包括所有的人,把它们视为在某些基本的方面同等有价值——否则就不会被迫得出这些判断,理性上或者基于广泛的自然的考虑。

最后也是最为根本的,爱的规范理想包含着一种对待人的特定方式。如果指向他人的爱来自对上帝的爱,而且在那种爱中把他人视为最为根本的现实的或者潜在的伙伴,那么这就给人性的某些方面赋予特别意义。恩典的赐予预设了理性判断的潜能(不一定是运行的),以及基于这些判断的自我指引的能力。人具有一种求知和理性充实的欲望的无限潜能,而且即使这些潜能没有通过它们的自然运行产生知识和对上帝的爱,即使是在含蓄的层面上,它们确实也形成了知识和爱的必要条件。上帝居然会把爱或荣福直观赐予一只猫,这甚至不是可以想象的。

笔者想要表明,这些以及相似的因素使得经院主义者把最为根本意义上的自然法等同于上帝的形象,把它理解为包含着那些人类潜能,它们使得我们具有爱的能力,使得他人的爱的对象可以理智理解。这种解释思路反过来又被他们对《圣经》的阅读所强化,并且被那种阅读所塑造。第一章所援引的《罗马法》章2节14的《标准集注》提供了对这个过程的一个很好的例示。我们在那里可以读到,所有人都拥有"自然法,据此一个人理解并内在地意识到什么是善的,什么是恶的,恶的是因为它违背了本性,在任何情形下只有恩典方能治愈……因为那不是完全被消除的,它是在人类受造时通过上帝的形象铭刻上的。"

那么,这种解释方式是如何塑造着我们的把自然法视为一种实质的神学伦理的阐释的呢？详细地回答这个问题势必超出本书的范围，但是我们[394]可以指出一些示例，它们有许多是我们已经提及的。正如我们在前一节所看到的，经院主义的人性解读产生了一个初现的自然法权利概念。相应地，这种解读意味着，所有人在某些关键的方面都是自然平等。自然平等的学说反过来又导致对正义范围的扩大解读，而且这也包含着对服从和权威范围的限制。① 我们在上一节简要提及了一种婚姻教义的出现，据此双方的合意是必备的要素。这个教义离开了以下前提是没有意义的：双方，男人和女人，拥有着自由判断和自我处置的能力，而且它有助于对这个前提给出一个关键的制度表达。回到一个更为直接的例子，兄弟劝诫是一个根本的道德义务，区别于恐吓或报复性惩罚，这个观念表达了一个即使犯错或者造成破坏的人的价值感，离开了爱的视角，这绝非自明。

到此为止，笔者一直都在为以下主张进行辩护：有一种对人性的反思，它充实着神学德性，并且有《圣经》和教义作为背景，这种反思确实产生了一种独具神学韵味的自然法伦理。事实上，我们在这个方向上似乎已经走得够远的了，以致本性最终从自然法之中退场了。如果爱的要求塑造并转变着我们的正义观，还有它所蕴含的我们对实体性的自然法诫命的阐述，那么我们真正为本性在我们的伦理之中留下了实质地位了吗？在对自然的一个充满神学韵味的解释与对自然的一个投射之间存在真正的差别吗？

为了解决这些问题，笔者要回到早前提到的一个要点上。那就是，对于阿奎那来说，一般思考的人性的倾向和要求，没有被恩典所削弱，也没有归服于它的命令之下。它们继续发挥着独立的

---

① 正如笔者在其他地方更为细致地论证的。参见《自然平等：两位中世纪思想家论自由、权威与服从》("Natural Equality: Freedom, Authority, and Obedience in Two Medieval Thinkers")，见 *Annual of the Society of Christian Ethics* 21(2001)：275—304。

规范效力，甚至针对反之就会被视为灵性目标的东西。这一点有时被更高和更低的目标和倾向的语言弄模糊了。人类倾向的层级结构并不意味着来自更为基本的倾向总是为来自更为独特的人类倾向让路。相反，常常是最为基本的需要是最为急迫的，而且发挥着最为必然的要求。正如阿奎那对它的理解，除非我们努力地活下来，否认就无法追求或享受任何[395]其他的目标（第二集第二部分第124个问题第4节）。无论怎么说，是作为整体考虑的人在她的所有复杂的需求和倾向的关联之中，发挥着对自己和他人的道德要求。这些要求以复杂的方式充实着德性，无法被化约为倾向之间简单的优先规则和优先权。

那种充实着托马斯主义自然法阐释的人性观最终是一种神学观，因为它是基于神学视角思考人意味着什么的，而这种视角是上帝形象格言的缩影。但是，这并不意味着这个概念没有使得我们认识到我们共有人性的突出方面，并且给予它们适当的道德分量。我们这里又回到了第二章开端所思考的难题，也就是说，我们关于什么是人的概念就像我们关于其他造物类型的概念一样，不可避免地形成于某些特定的信念和文化约束的预设之内，并且相应地是有限的和暂时的。那并不意味着它一定是不正确的，它也没有排除不同的人性观之间的相当大的交叉。更有甚者，阿奎那和其他的经院主义者，还有我们自己，都是在与其他没有分享我们具体的神学信念的人的对话中形成自己的人性观的，对于经院主义者来说，包括古典视角，犹太视角和穆斯林视角，对于我们来说，包括极为广泛的宗教和世俗声音。视角的多样性有助于确保我们得以形成充分的含义，尽管绝非完美的含义：我们共享着人性的共同体是什么，并且在我们的道德反思之中适当考虑这些。

这些因素是与正义特别相关的，它再次为自然法的实体要求提供了一个焦点。正义是个人和社会合作的精华德性，受到那些公开认识和被承认如此的规范制约。如果不是这样的话，正义理想就无法发挥它的主要功能：提供一个框架，人们可以在共享的公平和平等标准的背景下互动。即使是在阿奎那的时代，更不用说在我们的时代了，纯粹听命于基督教理想和使命的正义观是不能发挥这个作用的。诚然，阿奎那没有以这些一般的术语解决这个议题。尽管如此，他试图通过诉诸一个自然正义的观念处理相似的问题。义务、爱或宗教都没有取代自然正义的要求（第二集第二部分第 104 个问题第 6 节）。这样的话，自然正义就提供了一个框架，基督徒和非基督徒可以在其中和平相处，而且基督徒在其与非基督徒交往时受到自然正义的约束（第二集第二部分第 10 个问题第 10、12 节）。从我们的视角来看，自然正义的观念本身[396]似乎是一个神学建构，但它却是一个使得我们能够在多元社会的背景之下考虑那些来自我们共有人性主张的建构。

到此为止，让我们试着总结一下本节的总体结论。笔者在第三章论证说，一种托马斯主义的自然法理论从对幸福的阐释那里获得了自己的目的论焦点，把它理解为德性的实践。本节澄清和发展了该主张，表明相关的幸福观等同于天赋德性的实践，既包括信、望、爱，也包括天赋的枢德。因此，所呈现的自然法理论紧系一个尘世幸福的理想，但是，所谓的尘世幸福直接指向一个更为完整的幸福形式，期盼它的方式是我们现在无法把握的。

这种论证思路带来了更为深远的问题，这是目前无法完全解决的问题，但是至少应当把它标出来。那就是，这种方法对于那些没有分享基督教信仰的人的地位意味着什么呢？在一组由天主教神学和其他基督教团体所分享的教义使命的背景之下，这个问题具有特别的力量。也就是说，在以下观点上存在着一个长效的教义使命：一个人在上帝面前，他的最终拯救，依赖于上帝的恩典，不是个人的实现或者道德卓越。就其自身而论，这个主张不一定麻烦，但是它常常被与一种恩典阐释联系起来，这个阐释把它与具体的基督教信念和实践拴在一起。我们已经指出，阿奎那本人采取了这个方法,他那个时代的其他神学家也是如此。然而果真如此的话,那么似乎可以得出结论:非基督徒无法实现拯救,不管他们的生活多么具有模范作用。但是,这被证明是一个难以接受的结论。如果承认上帝的路不是我们自己的路,那么我们愿意说上帝与我们的约定是那么地任性吗？或者——我们敢这么说吗？——这不公平？

　　梵二大公会议的主教们试图堵塞这个思路,肯定圣灵以只有上帝才知道的方式,给所有真诚地遵循他们自己良心引导的人带来了拯救。① 这清晰地表明,恩典由于某种原因是所有世人都可以获得的,不论他们的历史或文化处境如何,而且也脱离于任何特别的基督教信念或实践。这种恩典视角与本节展开的观点一致吗？按照这种观点,恩典是与以直白的基督教术语理解的德性的实践拴在一起的。

　　[397]笔者在上一节末尾提到了杜普斯论宗教多元主义的近期作品。他谈到,各种不同的宗教视角可以被视为上帝的灵的活动的表达,它把基督作为它们的最终的参照点,但是,在上帝的智慧统治计划之中所有人的拯救也具有一个独立的和不可化约的价值。笔者感觉,这似乎提供了一个最为光明的道路,可以克服梵二大公会议关于非基督徒拯救的教义所带来的难题(免得在这一点上有任何疑虑,应当补充,笔者完全接受和采纳这个教义)。笔者的意思是,本节所提出的恩典和德性阐释或许可以提供一条完成和扩展这一解释路线的道路。虽然无法说得很细,但至少可以勾勒这个论证是如何进行的。②

---

① 《牧职宪章》(*Gaudium et Spes*), no. 22。
② 笔者并不想断定,Dupuis 定然会赞同下面的内容,笔者猜他不会,因为他比笔者更同情拉纳式的恩典分析。然而,笔者的意思是,这一路径实际上与 Dupuis 的最为深刻的见解更为一致,因为它强化了他的坚持:我们必须把我们的宗教多元主义的阐释建立在与各种具体存在的宗教的切磋之上。但是日后需要处理的论证。

按照这里所推进的观点，天赋德性在那些行为类型之中得到了典型的表达，它们预设了独特的基督教信念和实践——换言之，它们牢牢地扎根于教会的生活方式之中。但是，正如我们在第三、四章指出的，德性与其典型行为类型间的关系是概念的。它既不意味着在拥有德性和展示典型的行为类型之间存在着充分的联系，也不意味着存在着必要的联系。也就是说，可以主张有人是拥有德性的，即便他没有实施我们起初认为对于那种德性来说是典型的行为类型。为了说明这一点，我们需要说明那种方式：既定的行为何以与我们视为所涉德性类型的典型行为相似。但是，这里并没有什么困难或者神秘的东西。这正是那种过程，我们或许可以通过它把有良心的反对者的原则性拒绝，视为就像战士勇敢一样的勇气表达。这个判断暗含着对我们早前的勇敢观的一个改变（尽管不是彻底的断裂），但是我们当然想要一个对德性的阐释，它允许我们对它们的理解按照这种方式展开。

笔者想说的是，没有任何东西能阻止我们对天赋德性得出相似类型的判断。也就是说，我们是按照独特的基督教的信念和实践构思这些德性的——而且正因如此，脱离了这个背景，天赋德性和[398]修成德性之间的区分就没有任何意义了。但是，这是一个概念上的联系，不是对一组充要条件的断定。没有任何东西阻止我们承认，这些相同的德性或许会在其他的背景之下以不同的、但却可以识别的类似形式出现。当然，这意味着恩典在那些背景之下是有效的——即便恩典的确切机制只有上帝才知道，正如大公会议如此谨慎地表述的。实际上，它说明，当下流行的宗教间对话的兴趣有部分动力来自刚才提到的这种经验。我们看到具有各种宗教信念的世人，没有一个展示了我们只能视之为模范的道德善的东西，甚至爱。当我们看到了它的果实时，我们怎能否认圣灵的存在呢？我们现在可以肯定的就只有这么多，需有把更多的神学难题留待别处解决。

可能以一种试探性和无把握的笔触结束对自然法的阐释更为恰当。就笔者前面试图展开的那种托马斯主义自然法阐释而言，人类道德现象本身没有什么特别神秘之处。相反，按照这种阐释，道德只是人这种造物的自然生活的一种表达。果真如此，它就是上帝的创造智慧的一个表达，对每个人由此而生的上帝形象的一个反思，以及人类分有上帝永恒的智慧统治的独特模式的一个反思。基于所有这些理由，它值得我们尊重，甚至敬畏。但是，正如阿奎那和他的同时代的人所提醒的，不管人类道德有何特出之处，它只有在一个更为宏大的背景之下方得意义：与对于其他造物类型来说也是恰当的功能模式之间的连贯之处。最后，这样的人类道德值得敬畏和钦佩，因为它是对上帝作为造物主的智慧的反映——但是，这也适合于其他造物类型的存在方式或者生活方式。基于同样的原因，我们本身也是造物，我们道德判断和行动的潜能反映着一种与众不同和受到限制的生活方式。它们本身不是神圣的或者超越的品质，通过它们我们被以某种方式带出了自然的存在秩序。

尽管这个概括需要多方面的限定，但似乎可以稳妥地说，天主教神学家在历史上倾向于强调绝对品质、特定的善以及我们或许可以称之为人类道德内在神性的东西。新教神学家却恰恰相反，他们主要关注罪和堕落的遍布，得出结论说，我们的道德品质充其量也是有限的，当然不是与神性的接触点。在笔者看来，两个视角似乎都不是非常正确。当然，传统新教的理论方法强调人类道德的限度[399]并坚持它本身不是拯救，这是正确的。但是，人类道德无法拯救我们的事实本身，并不意味着我们对一种真善无动于衷，或者说任何未有明确恩典的东西就是一种罪。在这个方面，传统天主教理论方法似乎更具说服力，因为它坚持人类具有真善的潜能，并且给人类道德可以通过恩典转化而不失去它作为人类善可以辨识形式的性质带来了希望。

但是,说道德被恩典转化,这意味着什么呢?这是一个我们必须世代都重提的问题,教会的集体经历教导我们,一方面要承认自身的限度,另一方面要看到圣灵有时以无法预料的方式临在。我们在这一点上确实遇到了超越和神秘的限度问题,因为恩典不外乎是一种分有上帝内在生命的模式,它仍然是不可领悟的,即使对于蒙福者也是如此。然而,阿奎那教导我们,我们可以通过对道德生活的反思找到通往恩典奥秘的道路——这不是说恩典可以被等同于道德的运行,更不是要化约为它。

按照这种观点,通过爱德的运作,自然与恩典是团结一致的。这种爱德能以任何方式转化道德的命令,即使它是被它们充实的。通过爱,我们为了上帝之故而爱他人和我们自己,我们在对上帝创造的恰当的敬畏之中并通过它爱和敬畏上帝。如果没有弄懂尊重和有利,或者贬抑和伤害我们自己和他人意味着什么,那么我们怎么能做到这一点呢?——我们怎么能把握这究竟意味着什么呢?在这一点上,对我们自己和他人的来自自然法之上的义务确实呈现出绝对效力,因为它们归于对爱上帝和爱邻如己的无条件的要求之中。同时,爱的动力,它是被信和望充实的(以某种形式),是以一种转化我们的根源于我们本性的命令的感知的方式运作的,正如我们在本章试图表明的那样。

在致哥林多人的第一封信当中,使徒保罗说:"我被你们论断,或被别人论断,我都以为极小的事,连我自己也不论断自己"(《哥林多前书》4:3)。当然,从某种意义上来说,我们无法逃脱审断我们自己和相互审断的宿命——正如我们常说的,我们是社会的动物,而这意味着我们无法躲避为我们的行为设定规范并通过奖惩执行它们的根本宿命。然而,这些规范充其量也只具有暂时性,我们永远无法确定地说,在一个特定的个案之中,它们是否被恩典充实,是否反映着上帝无条件的意志——对于我们自身尚且不能,何况对于他人？我们唯有希望上帝意欲鼓舞和引导我们生活于爱之中的努力，并且怜悯地观望我们的失败。末日审判的教义承诺我们，上帝至少不会把我们的努力归于无效，或者无动于衷地看着它们——它们将根据上帝自己的智慧和爱得到评判，它们当中的善的部分将得到保存。末日之际，我们必须为自己、为他人盼望这一审断，同时谨记：之于上帝，正义与怜悯原本为一！

文　献

1. 古代和中世纪材料

　　笔者在整本书中充分利用了洛特(1931)和魏甘德(1967)著作的摘录文本。对洛特的援引提供了姓名和页码,而对魏甘德的援引则提供了姓名和段落编号。对这二者的翻译都是笔者自己的,其他翻译亦是如此,除非另有说明。

Albert the Great. De Bono. Vol. 28 in Alberti Magni Opera Omnia ad fidem codicum manuscriptorum. Münster: Aschendorff, 1951.

Aristotle. Nicomachean Ethics. Translated by Terence Irwin. Indianapolis: Hackett, 1985.

Augustine. De Civitate Dei, book 19. Translated by W. C. Greene. In City of God, Vol. 6. Cambridge, Mass. : Loeb Classical Library, 1969.

Bonaventure. Collationes de decem praeceptis. Vol. 5 Opera Omnia. Florence: College of St. Bonaventure, 1891.

——. Quaestiones disputatae de perfectione evangelium. Vol. 5 in Opera Omnia. Florence: College of St. Bonaventure, 1891.

Cicero. De Inventione, De Optimo Genere Oratorum, Topica. Translated by H. M. Hubbell. Cambridge, Mass. ; Loeb Classical Library, 1949.

——. De Republica, De Legibus. Translated by Clinton Walker Keyes. Cambridge, Mass. ; Loeb Classical Library, 1928.

Glossa Ordinaria. Biblia Latina cum Glossa Ordinaria. Vol. 4. Brepolis: Turnhout, 1992.

———. Patrologiae Cursus Completus. Vol. 114. 1852.

Gratin of Bologna. *Decretum Gratiani Emendum et Notationibus Illustratum una cum Glossis*. Rome: in aerobics Populi Romani, 1582.

———. Gratian: The Treatise on Laws (Decretum DD. 1—20), with the Ordinary Gloss. Gloss translated by Augustine Thompson and James Gordley. Washington, D. C. : The Catholic University of America Press, 1993.

Justinian. The Digest of Justinian. Philadelphia: University of Philadelphia Press, 1985.

———. The Institutes of Justinian. London: Longman's Green and Company, 1888.

Thomas Aquinas. Quaestiones disputatae de malo. Vol. 23 in Opera Omnia iussa edita Leonis XIII P. M. Rome/Paris: Commissio Leonina/J. Vrin, 1982.

———. De Veritate. Vol. 22 in Opera Omnia iussa edita Leonis XIII P. M. Rome: Ex Typographia Polyglotta S. C. de Propaganda Fide, 1970—1976.

———. De Virtutibus, q. 1, Quaestiones disputatae, t. 2: Quaestiones disputatae de virtutibus in communi, 707—751. Rome: Marietti, 1965.

———. Sententia libri Ethicorum. Vol. 49 in Opera Omnia iussa edita Leonis XIII P. M. Rome: Ex Typographia Polyglotta S. C. de Propaganda Fide, 1969.

———. Summa contra gentiles. Vols. 13—15 in Opera Omnia iussa edita Leonis XIII P. M. Rome: Ex Typographia Polyglotta S. C. de Propaganda Fide, 1918—30. Abbrevi-ared SCG in the text and notes.

———. Summa theologica. Vols. 4—12 in Opera Omnia iussa edita Leonis XIII P. M. Rome: Ex Typographia Polyglotta S. C. de Propaganda Fide, 1888—1906. Abbrevi-ared ST in the text and notes.

———. Super Librum Dionysii De divinis nominibus. Vol. 29 in Opera Omnia. Parisiis apud Ludovicum Vives, 1871—1880.

William of Auxerre. Summa Aurea, Liber Quartus. Paris: Centre National de la Recherche Scientifique, 1985.

2. 现当代材料

Abbà, Giuseppe. Lex et Virtus: Studi sull'evoluzione della dottrina morale di san Tommaso d'Aquino. Rome: Libreria Ateneo Salesiano, 1983.

Adams, Marilyn McCord. "Universals in the Early Fourteenth Century. "In *The Cambridge History of Later Medieval Philosophy from the Rediscovery of Aristotle to the Disintegration of Scholasticism*, 1100—1600, edited by Norman Kretzman, Anthony Kenny, and Jan Pinborg, 411—439. Cambridge: Cambridge University Press, 1982.

Amundson, Ron. "Typology Reconsidered: Two Doctrines on the History of Evolutionary Biology. "Biology and Philosophy 13 (1998) :153—177.

Annas, Julia. *The Morality of Happiness*. Oxford: Oxford University Press, 1993.

Anscombe, Elizabeth. *Intention*. 2nd ed. Ithaca, N. Y. : Cornell University Press, 1963.

——. "Under a Description. "1979. Reprinted in The Collected Philosophical Papers of G. E. M. Anscombe, vol. 2, 208—219. Oxford: Basil Blackwell, 1981.

Arnhart, Larry. Darwinian Natural Right: The Biological Ethics of Human Nature. New York: State University of New York Press, 1998.

Aronovitch, Hilliard. "Reflective Equilibrium or Evolving Tradition?" *Inquiry* 39(1996): 399—419.

Ayala, Francisco J. "The Biological Roots of Morality. "*Biology and Philosophy* 2(1987): 235—252.

Ayer, A. J. *Language, Truth, and Logic*. New York: Dover Books, 1952; originally 1946.

Baier, Annette. "Claims, Rights, Responsibilities. "In *Prospects for a Common Morality*, edited by Gene Outka and John Reeder, Jr. , 149—169. Princeton: Princeton University Press, 1993.

——. *Moral Prejudices: Essays on Ethics*. Cambridge: Harvard University Press, 1994.

——. *Postures of the Mind: Essays on Mind and Morals*. Minneapolis: University of Minnesota Press, 1985.

Barr, James. *Biblical Faith and Natural Theology*. Oxford: Clarendon, 1993.

Barth, Karl. *Church Dogmatics* II/2. Translated by G. W. Bromiley et al. Ed-

文 献 *491*

inburgh: T. &. T. Clark, 1957.
Bastit, Michel. "Le thomisme est-il un aristotélisme?" *Revue Thomiste* 101 (2001): 101—116.
Bekoff, Marc. "Social Play Behaviour: Cooperaion, Fairness, Trust, and the Evolution of Morality. "*Journal of Consciousness Studies* 8(2001): 81—90.
Bennett, Jonathan. *The Act Itself*. Oxford: Clarendon, 1995.
Bentham, Jeremy. *An Introduction to the Principles of Morals and Legislation*. New York: Macmillan, 1948; originally 1789.
Biggar, Nigel. Conclusion to *The Revival of Natural Law: Philosophical, Theological, and Ethical Responses to the Finnis-Grisez School*, edited by Nigel Biggar and Rufus Black, 283—294. Aldershot: Ashgate Press, 2000.
——. The *Hastening That Waits: Karl Barth's Ethics*. Paperback edition with new conclusion. Oxford: Clarendon, 1995.
Black, Rufus. "The New Natural Law Theory. "In *The Revival of Natural Law: Philosophical, Theological, and Ethical Responses to the Finnis-Grisez School*, edited by Nigel Biggar and Rufus Black, 1—28. Aldershot: Ashgate Press, 2000.
Blackburn, Simon. *Ruling Passions: A Theory of Practical Reason*. Oxford: Clarendon, 1998.
Bovenkerk, Bernice, Frans W. A. Brom, and Babs J. Van den Berg. "Brave New Birds: The Use of 'Animal Integrity' in Animal Ethics. "*Hastings Center Report*, January-February 2002, 16—22.
Bowlin, John. *Contingency and Fortune in Aquinas' Ethic*. Cambridge: Cambridge University Press, 1999.
Boyle, Joseph, John Finnis, and Germain Grisez. "'Direct' and 'Indirect': A Reply to Critics of Our Action Theory. "*The Thomist* 65(2001): 1—44.
——. "Practical Principles, Moral Truth, and Ultimate Ends. "*American Journal of Jurisprudence* 32(1987): 99—151.
Bradley, Denis. *Aquinas on the Twofold Human Good*. Washington, D. C.: Catholic University of America Press, 1997.
Brandt, Richard. *Morality, Utilitariansim, and Rights*. Cambridge: Cambridge University Press, 1992.
Brennan, J. M. *The Open-Texture of Moral Concepts*. New York: Barnes and

Noble, 1977.

Bresnahan, James F. "An Ethics of Faith. "In *A World of Grace: An Introduction to the Themes and Foundations of Karl Rahner's Theology*, edited by Leo J. O'Donovan, 169—184. New York: Crossroad,1981.

Brock, Stephen. *Action and Conduct: Thomas Aquinas and the Theory of Action*. Edinurgh: T. & T. Clark, 1998.

Burnyeat, M. F. "Aristotle on Learning to Be Good. "In *Essays in Aristotle's Ethics*, edited by Amélie Rorty, 69—92. Berkeley: University of California Press, 1980.

Cahill, Lisa. "Toward Global Ethics." *Theological Studies* 63 (2002): 324—344.

——. *Sex, Gender, and Christian Ethics*. Cambridge: Cambridge University Press, 1996.

Casey, John. *Pagan Virtue: An Essay in Ethics*. Oxford: Clarendon, 1990.

Cates, Diana. *Choosing to Feel: Virtue, Friendship, and Compassion for Friends*. Notre Dame: University of Notre Dame Press, 1997.

Charles, David. *Aristotle on Meaning and Essence*. Oxford: Oxford University Press, 2000.

Childress, James. "Moral Discourse about War in the Early Church. "*Journal of Religious Ethics* 12, no, 1 (1984).

Clark, Stephen. *Biology and Christian Ethics*. Cambridge: Cambridge University Press, 2000.

Coleman, Janet. "MacIntyre and Aquinas. "In *After MacIntyre: Critical Perspectives on the Work of Alasdair MacIntyre*, edited by John Horton and Susan Mendes, 65—90. Notre Dame: University of Notre Dame Press, 1994.

Constable, Giles. *The Reformation of the Twelfth Century*. Cambridge: Cambridge University Press, 1996.

Cook, Martin. "Ways of Thinking Naturally. "*Annual of the Society of Christian Ethics*, (1988): 161—178.

Cronin, Kieran. *Rights and Christian Ethics*. Cambridge: Cambridge University Press, 1992.

Crowe, michael. *The changing profile of the natural law*. The Hague: Martinus Nijhoff, 1977.

Crysdale, Cynthia S. W. "Revisioning Natural Law: From the Classicist Paradigm to Emergent Probability. "*Theological Studies* 56 (1995): 464—484.

Curran, Charles. *The Catholic Moral Tradition Today: A Synthesis*. Washington, D. C.: Georgetown University Press, 1999.

――. "Natural Law in Moral Theology. "1970. Reprinted in *Readings in Moral Theology No. 7: Natural Law and Theology*, edited by Charles E. Curran and Richard A. McCormick, 247—295. New York: Paulist, 1991.

Curran, Charles, with Richard McCormick. Introduction to *Readings in Moral Theology No. 7: Natural Law and Theology*. New York: Paulist, 1991.

D'Arcy, Eric. *Human Acts: An Essay in Their Moral Evaluation*. Oxford: Clarendon, 1963.

Davidson, Donald. *Essays on Actions and Events*. 2nd ed. Oxford: Clarendon, 2001.

Davies, Paul. *Norms of Nature: Naturalism and the Nature of Functions*. Cambridge: MIT Press, 2001.

Dawkins, Richard. "Accumulating Small Change. "in *Philosophy of Biology*, edited by Michael Ruse, 62—68. Amherst: Prometheus Books, 1998. Reprinted from *The Blind Watchmaker: Why the Evidence of Evolution Reveals a Universe without a Design*. New York: Norton, 1986, 1987, 1996.

Dedek, John. "Premarital Sex: the Theological Argument from Peter Lombard to Durand. "*Theological studies* 41 (1980): 643—667.

Delhaye, Philippe. *Permanence du droit naturel*. Louvain: Editions Nauwelaerts, 1960. De Lubac, Henri. *The Mystery of the Supernatural*. Translated by Rosemary Sheed. New York: Herder and Herder 1967.

d'Entreves, A. P. *Natural Law: An Introduction to Legal Philosophy*. Rev. 2nd ed. London: Hutchinson, 1970.

de Sousa, Ronald. *The Rationality of Emotion*. Cambridge: MIT Press, 1987.

de Waal, Frans. *Good Natured: The Origins of Right and Wrong in Humans and Other Animals*. Cambridge: Harvard University Press, 1996.

Dickens, Charles. *A Christmas Carol* (1843). Various editions.

Donagon, Alan. *The Theory of Morality*. Chicago: University of Chicago Press, 1997.

Duffy, Stephen. *The Graced Horizon: Nature and Grace in Modern Catholic Thought*. Collegeville, Minn.: Liturgical Press, 1992.

Dupuis, Jacques. *Towards a Christian Theology of Religious Pluralism*. Maryknoll, N. Y.: Orbis, 1997.

Dawkins, Ronald. Sovereign Virtue: *The Theory and Practice of Equality*. Cambridge: Harvard University Press, 2000.

——. *Taking Rights Seriously*. Cambridge: Harvard University Press, 1977/1988.

Ehrenreich, Barbara, and Janet McIntosh. "The New Creationism. " *The Nation*, June 9, 1997, 1—16.

Everard, William, Gerrard Winstanley, et al. *The True Levellers' Standard Advanced* (1649). In *The Puritan Revolution: A Documentary History*, edited by Stuard E. Prall, 174—181. New York: Doubleday/ Anchor, 1968.

Farber, Paul Lawrence. *The Temptations of Evolutionary Ethics*. Berkeley: University of California Press, 1998.

Finnis John. *Aquinas: Moral, Political, and Legal Theory*. Founders of Modern Political and Social Thought. Oxford: Oxford University Press, 1998.

——. *Natural law and Natural Rights*. Oxford: Clarendon, 1980.

Flanagan, Owen, Jr. "Quinean Ethics. "Ethics 93 (1982): 56—74.

——. *Varieties of Moral Personality: Ethics and Psychological Realism*. Cambridge: Harvard University Press, 1991.

Flannery, Kevin L. , S. J. *Acts Amid Precepts: The Aristotelian Logical Structure of Thomas Aquinas's Moral Theory*. Washington, D. C. : Catholic University of America Press, 2001.

Foot, Philippa. *Moral Dilemmas and Other Topics in Moral Philosophy*. Oxford: Clarendon, 2002.

——. *Natural Goodness*. Oxford: Clarendon, 2001.

——. *Virtues and Vices and Other Essays in Moral Philosophy*. Berkeley: University of California Press, 1978.

Forsythe, David. *Human Rights in International Relations*. Cambridge: Cambridge University Press, 2000.

Fried, Charles. *Rights and Wrong*. Cambridge: Harvard University Press, 1978.

Fried, Josef. "*Is There a Specifically Christian Morality?*" In *Readings in Moral Theology No. 2: The Distinctiveness of Christian Ethics*, edited by Richard McCormick and Charles Curran, 3—19. New York: Paulist, 1980; originally 1970.

―――. *Moral Demands and Personal Obligations*. Washington, D. C. : Georgetown University Press, 1993.

Gaudium et spes ("Pastoral Constitution on the Church in the Modern World"). In *The Documents of Vatican II*, Walter M. Abbott, S. J. , general editor. London: Chapman, 1966.

George, Robert. *In Defense of Natural Law*. Oxford: Oxford University Press, 1999.

Gewirth, Alan. "Common Morality and the Community of Rights." In *Prospects for a Common Morality*, edited by Gene Outka and John Reeder, Jr. , 29—52. Princeton: Princeton University Press, 1993.

―――. *Reason and Morality*. Chicago: University of Chicago Press, 1978.

Gibbard, Allan. *Wise Choices, Apt Feelings: A Theory of Normative Judgment*. Cambridge: Harvard University Press, 1990.

Goodin, Robert. *Utilitarianism as a Public Philosophy*. Cambridge: Cambridge University Press, 1995.

Goodman, Lenn E. , and Madeleine J. Goodman. "Creation and Evolution: Another Round in an Ancient Struggle." *Zygon* 18, no. 1 (march 1983): 3—43.

Gould, Stephen J. "Darwinism and the Expansion of Evolution Theory." In *Philosophy of Biology*, edited by Michael Ruse, 100—117. Amherst: Prometheus Books, 1998. Originally published in *Science* 216 (1982): 380—387.

Grabmann, Martin. "Das Naturrecht der Scholastik von Gratian bis Thomas von Aquin." In Vol. I of *Mittelalterliches Geistesleben: Abhandlungen zue Geschichte der Scholastik und Mystik*, 65—103. 3 vols. Munich: Hueber, 1926.

Gregory, Tulio. "The Platonic Inheritance." In *A History of Twelfth Century Western Philosophy*, edited by Peter Dronke, 54—80. Cambridge: Cambridge University Press, 1988.

Grene, Marjorie. "Hierarchies in Biology. "*American Scientists* 75 (1987): 504—509.
Griffin, James. *Well-being: Its Meaning, Measurement, and Moral Importance*. Oxford: Clarendon, 1986.
Grisez, Germain. "Natural Law, God, Religion, and Human Fulfillment. "*American Journal of Jurisprudence* 46 (2001): 3—36.
——. *The Way of the Lord Jesus* 1: *Christian Moral Principles*. Chicago: Franciscan Herald Press, 1983.
——. *The Way of the Lord Jesus* 2: *Living a Christian Life*. Chicago: Franciscan Herald Press, 1993.
Gunnemann, Jon. "Human Rights and Modernity. "*Journal of Religious Ethics* 16 (1988): 160—189.
Gustafson, James. *Ethics from a Theocentric Perspective*, vol. 1: *Theology and Ethics*. Chicago: University of Chicago Press, 1981.
——. *Ethics from a Theocentric Perspective*, vol. 2: *Ethics and Theology*. Chicago: University of Chciago Press, 1984.
——. "Nature: Its Status in Theological Ethics. "*Logos* vol. E (1982): 5—23.
Haakonssen, Knud. *Natural Law and Moral Philosophy from Grotius to the Scottish Enlightenment*. Cambridge: Cambridge University Press, 1996.
Habermas, Jürgen. *Moral Consciousness and Cammunicative Action*. Translated by Christian Lenhardt and Shierry Weber Nicholsen. Cambridge: MIT Press, 1990.
Hacking, Ian. *The Social Construction of What?* Cambridge: Harvard University Press, 1999.
Hall, Pamela. *Narrative and Natural Law: An Interpretation of Thomistic Ethics*. Notre Dame: University of Notre Dame Press, 1994.
Hallett, Garth L. *Greater Good: The Case for Proportionalism*. Washington, D. C. : Georgetown University Press, 1995.
——. *Priorities and Christian Ethics*. Cambridge: Cambridge University Press, 1998.
Hare, R. M. *Freedom and Reason*. Oxford: Oxford University Press, 1963/1965.
——. *The Language of Morals*. Oxford University Press, 1952/1964.

文　献　　　　　　　497

―. *Moral thinking : Its Levels , Method , and Point.* Oxford : Clarendon, 1981.

Häring, Bernard. *The Law of Christ : Moral Theology for Priests and Laity ,* Vol. I. Translated by Edwin G. Kaiser. Westminster, Md. : Newman Press, 1965.

Hart, H. L. A. *The Concept of Law.* 2nd ed. Oxford : Clarendon, 1994. 1st ed. 1961.

Hart, H. L. A, with Tony Honore. *Causation and the Law.* 2nd ed. Oxfod : Clarendon, 1985.

Hauerwas, Stanley. *The Peaceable Kingdom : A Primer in Christian Ethics.* Notre Dame : University of Notre Dame Press, 1983.

―. *With the Grain of Universe : The Church's Witness and Natural Theology.* Grand Rapids : Baker, 2001.

Haught, John. *God after Darwin : A Theology of Evolution.* Boulder, Colo. : Westview Press, 2000.

Hauser, Marc D. *Wild Mind : What Animals Really Think.* New York : Henry Holt, 2000.

Hefner, Philip. *The Human Factor : Evolution, Culture, and Religion.* Minneapolis : Fortress, 1993.

Himes, Micheal J. "The Human Person in Contemporary Theology : From Human Nature to Authentic Subjecticity. "1983. Reprinted in *Introduction to Christian Ethics : A Reader ,* edited by Ronald R. Hamel and Kenneth R. Himes, O. F. M. , 49―62. New York : Paulist, 1989.

Hittinger, Russell. *The First Grace : Rediscovering the Natural Law in a Post-Christian World.* Wilmington : ISI Books, 2003.

Hobbes, Thomas, *Leviathan.* Edited with an introduction by C. B. MacPherson. 1651. Middlesex, U. K. , and Baltimore : Penguin Books, 1968.

Hoffmann, stanley. *Duties beyond Borders : On the Limits and Possibilities of Ethical International Politics.* Syracuse : Syracuse University Press, 1981.

Hollenbach, David. *Claims in Conflict : Retrieving and Renewing the Catholic Human Rights Tradition.* New York : Paulist, 1979.

―. *The common Good and Christian Ethics.* Cambridge : Cambridge University Press, 2002.

Hollis, martin. *Models of Man: Philosophical Thoughts on Social Action.* Cambridge: Cambridge University Press, 1977.

Hollis, Martin. and Steven Lucks, eds. *Rationality and Relativism.* Cambridge: MIT Press, 1982.

Horton, Robin. "Tradition and Modernity Revisited. "*In Rationality and Relativsim*, edited by Martin Hollis and Steven Lukes, 201—260. Cambridge: Massachusetts Institute of Technology Press, 1982.

Hume, David. *A Treatise of Human Nature.* Edited by L. A, Selby-Bigge. Oxford: Oxford University Press, 1888.

——. *An Enquiry Concerning the Principles of Morals* (1751). Edited by Thomas Beauchamp. Oxford : Clarendon, 1998.

Hutter, Reinhard. "'God's' Law' in Veritatis splendor: Sic et Non. " In *Ecumenical Ventures in Ethics: Protestants Engage Pooe John Paul II's Moral Encyclicals*, edited by Reinhard Hütter and Theodor Dieter, 84—114. Grand Rapids: Eerdmans, 1998.

——. "The Twofold Center of Lutheran Etnics: Christian Freedom and God's Commandments. " In *The Promise of Lutheran Ethics*, edited by Karen Bloomquist and John Stumme, 31—45. Minneapolis: FORTRESS, 1998.

Hyams, Paul. "Due Process versus the Maintenance of Order in European Law: The Contribution of the *Jus Commue.* " In *The Moral World of the Law*, edited by Peter Coss, 62—90. Cambridge: Cambridge University Press, 2000.

Lgnatieff, Micheal. *Human Rights as Politics and Idolatry.* Priceton: Princeton University Press, 2001.

Ilesanmi, Simon. "Civil Political Rights or Social-Economic Rights for Africa? A Comparative Ethical Critique of a False Dichotomy. "*Annual of the Society of Christian Ethics*, 1997, 191—212.

Jeater, Diana. "Their Idea of Justice Is So Peculiar': Southern Rhodesia 1890—1910. " In *The Moral World of the Law*, edited by Peter Coss, 178—95. Cambridge: Cambridge University Press, 2000.

Kagan, Shelly. *The Limits of Morality.* Oxford: Oxford University Press, 1989.

Kant, Immanuel. *The Groundwork of thr Metaphysics of Morals.* Translatad

by H. J. Paton. 1948. Reprint, New York: Harper, 1964; 3rd ed. 1956.
Kass, Leon. Toward a More Nature Science: Biology and Human Affairs. New York: Macmillan, 1985.
Katz, Leo. *Ill-Gotten Gains: Evasion, Blackmail, Fraud, and Kindred Puzzles of the Law*. Chicago: University of Chicago Press, 1996.
Keenan, James. *Goodness and Rightness in Thomas Aqninas's"Summa Theologiae."* Washington, D. C. : Georgetown University Press, 1992.
——. "The Problem with Thomas Aquinas's Concept of Sin. "Heythrop Journal 35 (1994): 401—420.
——. "Proposing Cardinal Virtues. "*Theological Studies* 56 (1995): 709—729.
Keenan, James, and Thomas Shannnon. Eds. The Context of Casuistry. Washington, D. C. : Georgetown University Press, 1995.
Kekes, John. "Human Nature and Moral Theories. " *Inquiry* 28 (1985): 231—245.
Kent, Bonnie. *Virtues of the will : The Transformation of Enthics in the Late Thirteenth Century*. Washington, D. C. : Catholic University of America Press, 1995.
Kluxen, Wolfgang. *Lex naturalist bei Thomas von Aquin*. Wiesbaden: Westdeutscher, 2001.
Knauer, Peter. "La détermination du bien et du mal par le principe du double effect. "*Nouvelle Revue Théologique* 87 (1965): 356—376.
Kovesi, Julius. *Moral Notions*. London: Routledge and Kegan Paul, 1967.
Krauz, Michael. *Relativism: Interpretion and Confrontation*. Notre Dame: University of Notre Dame Press, 1989.
Kiing, Hans. *Global Responsibility: In Search of a New World Ethic:* New York: Continuum, 1996.
Kiing, Hans, and Karl-Josef KUschel, eds. *A Global ethic: The Declaration of the Parliament of the World's Religions*. New York: Continuum, 1998.
Lambert, Malcolm. *Medieval Heresy: Popular Movements from the Gregorian Reform to the Reformation*. 2nd ed. Oxford Blackwell, 1992.
Lennox, James. *Aristotle's Philosophy of Biology*. Cambridge: Cambridge University Press, 2001.
Lewist, Ewart. "Natural law and Expediency in Medieval Political Theory. "

Ethics 50 (1940): 144—163.

Lewontin, Richard. *The Triple Helix: Gene, Organism, and Environment*. Cambridge Harvard University Press, 2000.

Lisska, Anthony J. *Aquinas's Theory of the Natural Law: An Analytic Reconstruction*. Oxford: Clarendon, 1996.

Livingstone, David N. "The Idea of Design: The Vicissitudes of a Key Concept in the Princeton Response to Darwin." *Scottish Journal of Theology* 37 (1984): 329—357.

Locke, John. *Two Treatises of Government*. Edited with an introduction and notes by Peter Laslett. 1690. Cambridge: Cambridge University Press, 1963. 2nd ed. 1964; 3rd ed. 1968.

Long, Steven. "A Brief Disquisition regarding the Nature of the Object of the Moral Act according to St. Thomas Aquinas." *The Thomist* 67 (January 2003): 45—71.

———. "On the Possibility of a Purely Natural End foe Man." *The Thomist* 64 (2000): 211—237.

Lottin, Odon. *Le droit naturel chez saint Thomas d'Aquin et ses prédécesseurs*. 2nd ed. Bruges: Beyard, 1931.

———. "Le problème de la moralité trisèque d'Abélard à saint Thomas d'Aquin" In *Psychologie et morale aux XIIe et XIII e siècles*, vol. 2, 103—350. Louvain: Abbaye du Mont César, 1948.

———. "Syndérèse et conscience aux XIIe XIIIe siècles." In *Psychologie et morale aux XIIe et XIII e siècles*, vol. 2, 103—350. Louvain: Abbaye du Mont César, 1948.

MacDonald, Margaret. "Natural Rights." *Proceedings of the Aristotelian Society*, 1947—1948, 40—60.

MacDonald, scott. "Aquinas' Ultimate Ends: A Reply to Grisez." *American Journal of Jurisprudence* 46 (2001): 37—50.

MacIntyre, Alasdair. *After Virtue: A Study in Moral Theory*. 2nd ed. Notre Dame: University of Notre Dame Press, 1984. 1st ed. 1981.

———. *Dependent Rational Animals: Why Human beings Need the Virtues*. Peru, Ill. : Carus/Open Court, 1999.

———. *First Principles, Final Ends, and Contemporary Philosophy Issues*.

Milwaukee: Marquette University Press, 1990.

——. *Three Rival Versions of Moral Enquiry: Encyclopedia, Genealogy, and Tradition*. Notre Dame: University Notre Dame Press, 1990.

——. *Whose Justice? Which Rationality?* Notre Dame: University Notre Dame Press, 1988.

Mahoney, John. The Making of Moral Theology: *A Study of the Roman Catholic Tradition*. Oxford: Clarendon, 1987.

Maritain, Jacques. *Man and State*. Chicago: University of Chicago Press, 1951.

Maritain, German. "An Anthropological Vision of Christian Marriage. " *The Thomist* 56, no. 3 (*July* 1992): 451—472.

Mayr, Ernst. "Species Concepts and Their Application. "In Philosophy of Biology, edited by Michael ruse, 136—145. Amherst: Prometheus Books, 1998. Originally published in *Populations, Species, and Evolution*, 10—20. Cambridge: Harvard University Press, 1963.

——. *Tward a New Philosophy of Biology: Observations of an Evolutionist*. Cambridge: Harvard University Press, 1988.

McCormick, Richard A. "does Faith Add to Ethical Perception?" *In Readings in Moral Theology No. 2: The Distinctiveness of Christian Ethics*, edited by Richard McCormick and Charles Curran, 156—173. New York: Paulist, 1980. Originally published 1979.

——. " Human Sexuality: Towards a Consistent Ethical Method. " *In One Hunded Years of Catholic Social Thought: Celebration and Challenge*, edited by John A. Coleman, S. J. , 189—197. Maryknoll, N. Y. : Orbis, 1991.

McDowell, John. *Mind and World*. Cambridge: Harvard University Press, 1963.

McGrath, Alister E. *A Scientific Theology*, vol. 1: Nature. Edinburgh: T. & T. Clark; Grand Rapids: Eerdmans, 2001.

Mclnerny, Ralph. *Aquinas on Human Action: A Theory of Practice*. Washington, D. C. : Catholic University of America Press, 1992.

——. "Grisez and *Thomism*. " In *The Revival of Natural Law: Philosophy, Theological, and Ethical Responses to the Finis-Grisez School*, edited by Nigel Biggar and Rufus Black, 53—72. Aldershot: Ashgate Press, 2000.

McMullin, Ernan. "Cosmic Purpose and the Contingency of Human Evolution. "*Theology today* 55 (1998):389—414.

——. "Evolution and Creation. " In Evolution and Creation, edited by Ernan McMullin, 1—58. Notre Dame: University of Notre Dame Press, 1985.

Mead, George Herbert. *Mind, Self, and Society from the standpoint of a Social Behaviorist*. Chicago: University of Chicagoo Press, 1934.

Meilaender, Gilbert. "Eritis Sicut Deus: Moral theory and the Sin of Pride. " Faith and Philosophy 3 (1986): 397—415.

Meron, Theodor. *Human Rights and Humanitarian Norms as Customary Law*. Oxford: Clarendon, 1989.

Midgley, Mary. Beast and Man: *The Roots of Human Nature*. New York: Meridian, 1978.

——. *The Ethical Primate: Human, Freedom, and Morality*. London: Routledge, 1994.

Moore, G. E. *Principia Ethica*, Cambridge: Cambridge University Press, 1903.

Moss, Jenny. "Representational Preformationism to the Epigenesis of Openness to the world? Reflections on a New Vision of the Organism. "*Annals of the New York Academy of Sciences* 981 (December 2002): 21—230.

——. *What Genes Can't Do*. Cambridge: MIT Press, 2003.

Murdoch, Iris. The Sovereignty of Good. London/New York: Routledge and Kegan Paul/Methuen, 1970.

Murray, John Courtney. *We Hold These Truths*. New York: Sheed and Ward, 1960.

Narcisse, Gilbert. "Le surnaturel dans la théologie contemporaire. "*Revue Thomiste* 101, no 1—2 (January/June 2001): 312—318.

Nederman, Cary. "Aristotelianism and the Origins of 'Political Science' in the Twelfth Century. "*Journal of the History of Ideas* 52 (1991): 179—194.

——. "Nature, Sin and the Origins of Society: The Ciceronian Tradition in Medieval Political Thought. " *Journal of the History of Ideas* 49 (1988): 3—26.

Neslon, Daniel Mark. *The Priority of Prudence: Virtue and Natural Law in Aquinas and the Implications for Modern Ethics*. University Park: Penn-

sylvania State University Press, 1992.
Niebuhr, Reinhold. "Christian Faith and Natural Law." 1940. Reprinted in *Love and Justice : Selections from the Shorter Writings of Reinhold Niebuhr*, 46―54. Louisville: Westminster/John Knox, 1957.
Northcott, Michael S. *The Environment and Christian Ethics*. Cambridge: Cambridge University Press, 1996.
Novak, David. *Natural Law in Judaism*. Cambridge: Cambridge University Press, 1998.
Nussbaum, Martha C. "Non-Relative Virtues: An Aristotelian Approach. " In *Midwest Studies in Philosophy XIII : Ethical Theory : Character and Virtue*, edited by Peter French, Theodore E. Uehling, Jr. , and Howard K. Wettstein, 32―53. Notre Dame: University of Notre Dame Press, 1988.
――. Women and Human Development: *The Capabilities Approach*. Cambridge: Cambridge University Press, 2000.
O'Donovan, Oliver. *The Desire of the Nations : Rediscovering the roots of Political Theology*. Cambridge: Cambridge University Press, 1996.
――. *Resurrection and Moral Order : An Outline for Evangelical Ethics*. Grand Rapids: Eerdmans, 1986.
O'Meara, Thomas. "The Presence of Grace outside Evangelization, Baptism and Church in Thomas Aquinas' Theology. " In *That Others May Know and Love*, 91―131. St. Bonaventure, N. Y. : St. Bonaventure University, 1997.
O'Neill, Onora. *Towards Justice and Virtue : A Constructive Account of Practical Reasoning*. Cambridge: Cambridge University Press, 1996.
O'Neill, William. "Babel's Children: Reconstruction the Common Good. " *Annual of the society of Christian Ethics*, 1998, 161―176.
――. "Ethics and Inculturation: The Scope and Limits of Rights Discourse. " *Annual of the society of Christian Ethics*, 1993, 73―92.
Padgen, Anthony. *The Fall of Natural Man : The American India and the Origins of Comparative Ethnology* Cambridge: Cambridge University Press, 1996.
Parfit, Derek. *Reasons and Persons*. Oxford: Oxford University Press, 1984.
Pasnau, Robert. *Thomas Aquinas on Human Nature : A Philosophy Study of*

"*Summa theologiae*" Ia 75—89. Cambridge: Cambridge University Press, 2002.

Pegis, Anton. "Nature and Spirit: Some Reflections on the Problem of the End of Man. "*Proceedings of the American Catholic Philosophical Association* 23 (1949): 62—79.

Peterson, Gregory. " Whose Evolution? Which Theology?"*Zygon* 35 (2000): 221—32.

Pinches, Charles. "Logic and the Autonomy of Ethics. "*Australian Journal of Philosophy* 67, no 2 (1989): 127—151.

Pinches, Charles. *Theology and Action: After Theory in Christian Ethics.* Grand Rapids: Eerdmans, 2002.

Pinckaers, Servais. *Ce qu'on ne peut jamais faire: la question des actes intrinséquement mauvais, Histoire et discussion*, Fribourg: Editions Universitaires Fribourg, 1986.

——. *L'Evangile et la morale.* Fribourg: Editions Universitaires Fribourg, 1990.

——. *Les sources de la morale chrétienne: Sa méthode, son contenu, son histoire*, Fribourg: Editions Universitaires Fribourg, 1985.

Pinker, Steve. *The Blank slate: The Mordern Dnial of Human Nature.* New York: Viking Press, 2002.

Pope, Stephen. "The Evolutionary *Roots of Morality in Theological Perspective.* "*Zygon* 33, no 4 (December 1998): 545—556.

——. *The Evolution of Altrusim and the Ordering of Love.* Washington, D. C. : Georgeton University Press, 1994.

——. "Scientific and Natural Law Analyses of Homosexuality: A Methodological Study. "*Journal of Religious Ethics* 25, no. 1 (1997): 89—126.

Porter, Jean"The Moral Act in Veritatis Splendor and in Aquinas's Summa theologiae: A Comparative Analysis. "In *Veritatis Splendor: American Responses*, edited by Michael E. Allsopp and John J. O'Keefe, 278—95. Kansas City: Sheed and Ward, 1995.

——. *Natural and Divine Law: Reclaiming the Tradition for Christian Ethics.* Ottawa: Novalis; Grand Rapids: Eerdmans, 1999.

——. *Natural Equality: Freedom, Authority, and Obedience in Two Medie-*

val Thinkers, Annual of the Society of Christian Ethics 21(2001):275—304.

———. "Natural Law as a Scriptural Concept: Theological Reflections on a Medieval Theme. "*Theology Today* 59, no. 2(July 2002):226—241.

———. "Reason, Nature and the End of Human Life: A Consideration of John Finnis' Aquinas. "*Journal of Religion* 80, no. 3 (July 2000): 476—484.

———. "A Tradition of Civility: The Natural Law as a Tradition of Moral Inquiry", *Scottish Journal of Theology* 56, no. 1 (2003): 27—48.

———. "What the Wise Person Knows: Natural Law and Virtue in Aquinas's Summa theologiae", *Studies in Christian Ethics* 12(1999):57—69.

Prior, A. N. *Logic and the Basis of Ethics*, Oxford: Oxford University Press, 1949.

Putnam, Hilary. *The Collapse of the Fact/Value Dichotomy and Other Essays*, Cambridge: Harvard University Press, 2002.

Quinn, Warren. "Actions, Intentions, and Consequences: The Doctrine of Doing and Allowing. "*Philosophical Review* 48, no. 3(July 1989):287—312.

Rahner, Karl. *Foundations of the Christian Faith : An Introduction to the Idea of Christianity*. New York: Crossroad, 1985.

———. "On the Relationship between Nature and Grace. "In *Theological Investigations*, 1:297—318. New York: Crossroad, 1961, 1965.

Rawls, John. *A Theory of Justice*. 2nd ed. Oxford: Oxford University Press, 1999. 1st ed. , Cambridge: Harvard University Press, 1971.

Reeder, John, Jr. *Killing and Saving : Abortion, Hunger, and War*. University Park: Pennsylvania State University Press, 1996.

Rhonheimer, Martin. "The Cognitive Structure of Natural Law and the Truth of Subjectivity" *The Thomist* 67, no. 1 (January 2003): 1—44.

———. "The Moral Significance of Pre-Rational Nature in Aquinas: A Reply to Jean Porter (and Stanley Hauerwas). "*American Journal of Jurisprudence* 48 (2003): 253—280.

———. *Natural Law and Practical Reason : A Thomist View of Moral Autonomy*. Translated by Gerald Malsbary. New York : Fordham University Press, 2000.

———. *Praktische Vernunft und Vernünftigkeit der Praxis: Handlungstheorie bei Thomas von Aquin in ihrer Entstehung aus dem Promelmkontext der aristotelischen Ethik*. Berlin: Akademie Verlag, 1994.

Rigali, Norbert. "Christ and Morality. "In *Readings in Moral Theology No. 2: The Distintiveness of Christian Ethics*, edited by Richard McCormick and Charles Curran, 111—120. New York: Paulist, 1980. Orginally published 1978.

——. "Christian Morality and Universal Morality: The One and the Many", *Louvain Studies* 19(1994):18—33.

——. "Moral Pluralism and Christian Ethics", *Louvain Studies* 13 (1988): 305—321.

——. "The Uniqueness and Distinctiveness of Christian Morality and Ethics. " In *Moral Theology: Challenges for the Future*, edited by Charles Curran, 74—93. New York: Paulist, 1990.

Rist, John. *Augustine: Ancient Thought Baptized*. Cambridge: Cambridge University Press, 1994.

Robertson, Geoffrey. *Crimes against Humanity: The Struggle for Global Justice*, 2nd ed. London: Penguin Books, 2000.

Barbara Rogoff, *Apprenticeship in Thinking: Cognitive Development in Social Context*. Oxford: Oxford University Press, 1990.

Rolston, Holmes, III. *Genes, Genesis, and God: Values and Their Origins in Natural and Human History*. Cambridge: Cambridge Uinversity Press, 1999.

Rorty, Amélie, ed. *Essays in Aristotle's Ethics*. Berkeley: University of California Press, 1980.

Rose, Hilary, and Steven Rose, eds. Alas, *Poor Darwin: Arguments against Evolutionary Psychology*. New York: Random House, 2000.

Sahaydachcy, Antonia Bocarius. "The Marriage of Unfree Person: Twelfth Century Decretals and Letters. "In *De Jure Canonico Medii : Festschrift fur Rudolf Weigand*, *Studia Gratiana*, XXVII (1996),483—506.

Salzman, Todd. *What Are They Saying about Catholic Ethical Method?* Mahwah, N. J. : Paulist, 2003.

Schneewind, Jerome. *The Invention of Autonomy: A History of Modern Moral Philosophy*. Cambridge: Cambridge University Press, 1998.

——. *Moral Philosophy from Montaigne to Kant*. Vol. 1. Cambridge: Cam-

bridge University Press, 1990.
Searle, John. *The Construction of Social Reality*. New York: Free Press, 1985.
Sen, Amartya. *Development as Freedom*. New York: Random House, 1999.
Eileen Serene, "The Interpretation of Aristotle's Physics and the Science of Motion", In *The Cambridge History of Later Medieval Philosophy from the Redicovery of Aristotle to the Disintegration of Scholasticism*, 1100—1600, edited by Norman Kretzman, Anthony Kenny, and Jan Pinborg, 521—536. Cambridge: Cambridge University Press, 1982.
Shklar, Judith. *Ordinary Vices*. Cambridge: Harvard University Press, Belknap Press, 1984.
Richar Shweder, *Why Do Men Barbecue? Recipes for Cultural Psychology*. Cambridge: Harvard University Press, 2003.
Sidgwick, Henry. *The Methods of Ethicss*, 7th ed. New York: Macmillan, 1907. Republished with a new introduction by John Rawls (Indianapolis: Hackett, 1981).
Singer, Peter. "Famine, Affluence, and Morality." *Philosophy and Public Affairs* 1 (1972): 229—243.
———. *Rethinking Life and Death: The Collapse of Our Traditional Ethics*. New York: St. Martin's Press, 1994.
Smalley, Beryl. *The Study of the Bible in the Middle Ages*. 1952. Notre Dame: University of Notre Dame Press, 1964.
J. J. C. Smart, "An Outline of a System Utilitarian Ethics." In J. J. C. Smart and Bernard Willilams, *Utilitarianism For and Against*, 3—76. Cambridge: Cambridge University Press, 1973.
Smith, Janet E. "Natural Law and Personalism in Veritatis Splendor", In *Veritatis Splendor: American Responses*, edited by Michael E. Allsopp and John J. O'Keefe, Kansas City: Sheed and Ward, 1995.
Sorabji, Richard. "Aristotle on the Role of Intellect in Virtue." In *Essays in Aristotle's Ethics*, edited by Amélie Rorty, 201—219. Berkeley: University of California Press, 1980.
Southern, R. W. *Scholastic Humannism and the Unification of Europe*, vol. 1: Foundation. Oxford: Blackwell, 1995.

Spruyt, Hendrik. *The Sovereign State and Its Competitors*. Princeton: Princeton University Press, 1994.
Staley, Kevin. "Happiness: The Natural End of Man?" *The Thomist* 53, no. 2 (1989):215—234.
Stevenson, Charles. *Ethics and Language*. New Haven: Yale University Press, 1944.
Stocker, Michael. *Plural and Conflicting Values*. Oxford: Clarendon, 1990.
Stout, Rowland. *Things That Happen Because They Should: A Teleological Approach to Action*. Oxford: Clarendon, 1996.
Tierney, Brian. *The Idea of Natural Rights: Studies on Natural Rights, Natural Law, and Church Law*, 1150—1625. Atlanta: Scholars Press, 1997.
Tkacz, Michael. "Neo-Darwinians, Aristotelians, and Optimal Design." *The Thomist* 62(1998):355—372.
Jean-Pierre Torrell, "Nature et grâce chez Thomas d'Aquin" *Revue Thomiste* 101(2001):167—202.
Traina, Christine. *Feminist Ethics and Natural Law: The End of the Anathemas*. Washington, D. C. : Georgetown University Press, 1999.
——. "Oh Susanna: The New Absolutism and Natural Law." *Journal of the American Academy of Religion* 65, no. 2(summer 1997):371—401.
Tuck, Richard. *Natural Rights Theories: Their Origin and Development*. Cambridge: Cambridge University Press, 1979.
Tweedale, Martin. "Universals and Laws of Nature." *Philosophical Topics* 13 (1982):25—44.
Unger, Peter. *Living High and Letting Die: Our Illusion of Innocence*. Oxford: Oxford University Press, 1996.
Urmson, J. O. "Aristotle's Doctrine of the Mean." In *Essays Aristotle's Ethics*, edited by Amélie Rorty, 157—170. Berkeley: University of California Press, 1980.
Edward Vacek, "Divine-Command, Natural-Law and Mutual-Love Ethics", *Theological Studies* 57(1996):633—653.
Vandervelde, George. "The Grammar of Grace: Karl Rahner as a Watershed in Contemporary Theology." *Theological Studies* 49(1988):445—459.

Veritatis Splendor. Origins: *CNS Documentary Service*, 1993, 23.

Candace Vogler, *Reasonably Vicious*. Cambridge: Harvard University Press, 2002.

Wallace, James. *Virtues and Vices*, Ithaca, N. Y. : Cornell University Press, 1978.

Watson, Gerard. "The Natural Law and Stoicism. " In *Problems in Stoicism*, edited by A. A. Long, 216—238. London: Athlone 1971.

Wawrykow, Joseph. *God's Grace and Human Action*: *Merit in the Theology of Thomas Aquinas*. Notre Dame: University of Notre Dame Press, 1995.

Weigand, Rudolf. *Die Naturrechtslehre der Legisten und Dekretisten von Irnerius bis Accursius und von Gratian bis Johannes Teutonicus*. Munich: Max Hueber, 1967.

Weiland, George. "Happiness: The Perfection of Man. " In *The Cambridge History of Later Medieval Philosophy from the Rediscovery of Aristotle to the Disintegration of Scholasticism*, 1100—1600, edited by Norman Kretzman, Anthony Kenny, and Jan Pinborg, 675—686. Cambridge: Cambridge University Press, 1982.

Westberg, Daniel. "Did Aquinas Change His Mind about the Will?" *The Thomist* 58 (1994): 41—60.

——. *Right Practical Reason*: *Aristotle, Action, and Prudence in Aquinas*. Oxford: Clarendon, 1994.

Drew Westin, *Self and Society*: *Narcissism, Collectivism, and the Development of Morals*. Cambridge: Cambridge University Press, 1985.

Williams, Bernard. "A Critique of Utilitarianism. " In J. J. C. Smart and Bernard Williams, *Utilitarianism For and Against*. Cambridge: Cambridge University Press, 1973.

——. *Ethics and the Limits of Philosophy*. Cambridge: Harvard University Press, 1985.

——. *Moral Luck*: *Philosophy Papers*, 1973—1980. Cambridge: Cambridge University, 1981.

Xu, Xiaoqun. "Human Rights and the Discourse on Universality: A Chinese Historical Perspective", In *Negotiating Culture and Human Rights*, edited by L. Bell et al. , 217—241. New York: Columbia University Press, 2001.

Yearley, Lee. "Conflicts among Ideals of Human Flourishing." In *Prospects for a Common Morality*, edited by Gene Outka and John P. Reeder, Jr., 233—253. Princeton: Princeton University Press, 1993.

——. *Mencius and Aquinas: Theories of Virtue and Conceptions of Courage*. New York: SUNY Press, 1990.

人名索引

（不包括托马斯·阿奎那；页码为原书页码，即正文中方括号内数字）

Albert the Great, 21, 53—54, 57, 69, 162, 246—248.
Annas, Julia, 147, 152—153, 155, 172, 218
Aristotle, 8, 18—19, 49, 87, 92, 99—101, 125, 145, 148—149, 155, 160, 172, 192, 266—267
Aronovitch, Hilliard, 336—338
Augustine, 8, 12, 186—187
Baier, Annette, 359
Barth, Karl, 40, 43—44
Bennett, Jonathan, 291—295, 300
Bentham, Jeremy, 239—240
Blackburn, Simon, 251—253, 260
Bonaventure, 16, 19—20, 25, 78, 354—355
Bowlin, John, 165—166, 168, 171
Brock, Stephen, 296
Cicero 9, 12, 14—16, 19, 49, 125,

266, 327, 348
Coleman, Janet, 118
Curran, Charles, 39
D'Arcy, Eric, 283—284
Darwin, Charles, 83, 112
De Lubac, Henri, 386n. 74
De Waal, Frans, 210, 215
Dickens, Charles, 224—225
Donagan, Alan 237
Dupuis, Jacques, 377—378, 397
Dworkin, Ronald, 365—366
Finnis, John, 37—39, 127—131, 134, 137, 150, 236—237, 247, 279
Flannery, Kevin, 47n. 77
Foot, Philippa, 123, 125, 179, 291
Fried, Charles, 305
Gewirth, Alan, 237
Gratian, 346, 350—353
Grisez, Germain, 37—39, 127—131,

134,137,150,236—237,247,279
Grotius,Hugo,26—27
Gunnerman,Jon,367
Gustafson,James,41—42
Haakonssen,Knud,27
Habermas,Jürgen,238
Hacking,Ian,6—61
Hall,Pamela,320
Hare,R. M. 242
Hart,H. L. A. 334—336
Hauerwas,Stanley,331—333
Haught,John,387n. 75
Hittinger,Russell,48n. 79
Hobbes,Thomas,26—27
Hollenbach,David,373
Huguccio, 14—17, 220, 231—233, 285,350
Hume, David, 123—124, 225, 234, 239—242,250—252
Hursthouse, Rosalind, 133, 164, 173,179—180,186—187
Hürth,Franciscus,79,138
Hütter,Reinhard,42—43,45
Hyams,Paul,343—344
Ignatieff,Michael,356
Kagan,Shelly,244
Kant, Immanuel, 154, 234—239, 241—245,252
Keenan,James,259n. 47
Kekes,John,126
Kluxen,Wolfgang,255n. 41
Lennox,James,92,100
Lewis,Ewart,245

Lewontin,Richard,94—95
Lisska, Anthony, 47n. 77,79n. 31, 109n. 76
Locke,John,26—27
Lonergan,Bernard,34
Long,Steven,301—302
McCormick,Richard,39,79,331—333
McDowell,John,124,130
McGrath,Aliser,58—60,64
McInerny,Ralph,255
MacIntyre, Alasdair, 61—64, 109—112,218,260
McMullin,Ernan,67,84,386
Maritain,Jacques,36—37
Mayr,Ernest,90—91,108,113
Mead,George Herbert,215
Mill,John Stuart,241
Moore,G. E. ,124,241—242
Moss,Lenny,96—97,99
Murdoch,Iris,155
Murray,John Courtney,35

Nederman,Cary,266
Niebuhr,Reinhold,40—41
Nussbaum,Martha,148—152
O'Donovan,Oliver,369—370
O'Neil,Onora,237—238
Paley,William,86—87,99
Pasnau,Robert,257
Philip the Chancellor, 72—74, 78, 81,285—286
Pinches,Charles,278
Pinker,Steven,107,115

人名索引

Pope, Stephen, 144—145
Pufendorf, Samuel, 27, 32
Putnam, Hilary, 238
Rahner, Karl, 34
Rawls, John, 237, 336, 363
Rhonheimer, Martin, 187—190
Roland of Cremona, 70
Rolston, Holmes, 219
Rufin, 266—267
Ruse, Michael, 99
Sen, Amartya, 148
Sidgwick, Henry, 245
Singer, Peter, 134, 244
Sourthern, Richard, 17—18

Staley, Kevin, 158
Stocker, Michael, 315
Tierney, Brian, 343—345, 348—349, 357—358, 368
Torrell, Jean-Pierre, 387
Vogler, Candace, 173—174, 250
Wallace, James, 133
Weiland, George, 160—161
Westberg, Daniel, 249
William of Auxerre, 21, 78, 157, 162, 248
Yearley, Lee, 132—133, 228—229, 334

主题索引

（页码为原书页码，即正文中方括号内数字）

Act, 行为, human, 人类行为, 37—38, 51; causal structure of, 人类的因果结构, 296—303; distinguished from allowing or omission, 区别于默许或不作为, 291—303, 306—308; moral evaluation of, 道德评价, 250—251, 274—276, 299—303; object, 对象, distinguished from intention and circumstances, 与意图和情况区分, 182, 275—284, 297—303。See also double effect 同时参见双重效果

Animals, 动物, non-human, 非人类的动物, 70—71, 102, 210—211

Appetites, 嗜欲, structure of, 嗜欲的结构, 252—265

Beatific Vision, 荣福直观, 156—157, 160, 379—383, 385 See also happiness 同样参见幸福

Capabilities, 潜能, 148—152

Cause: 原因, action as, 动作, 296—303; efficient, 动力因, 93; final, 目的因, 101, 118; formal, 形式因, 92—94, 98, 118

Charity, 仁爱, 205—206, 316, 390—399

Conscience, 良心, See reason, 见理性, first principles of 首要原则

Consequentialismm, 结果论, 147—148, 234, 240—245, 279, 289—291, 304

Creation, 创造, doctrine of, 教义, 20, 48, 59, 64—68, 84—88, 135—137, 328—330

Decalogue, "十诫", 12, 14, 220, 246—251, 266—267, 268—274, 304—305

Design, 设计, argument from, 论证, 86—88, 99—100, 137

Double effect, 双重效果, doctrine of, 学说, 301—302。See also act, human, 同样参见人类行为

Emotions, 情感, See appetites, structure of, 嗜欲的结构

Evolution, 进化, theory of, 进化论, 50—51, 67, 83—84, 88—89, 94—95, 112

Evolutionary psychology, 进化论心理学, 105—106

Faith, 信仰, 255

Fortitude, 刚毅, 170, 172—173, 180—184, 192—194, 199—201, 221—222, 227—228, 334

Foundationalism, 基础主义, 61—63, 109

Freedom of the will, 意志自由, 257—262

Golden, 金, Rule, 规则, 12, 14, 232, 246, 248

Grace, 恩典, doctrine of, 教义, 52, 378—398

Happiness, 幸福, 50, 81—82, 145—163; ancient theories of, 古代理论, 146—147, 152—155; contemplative and active, 思辨和主动的, 160—161; and justice, 与正义, 208—210; as operation, 运行, 159—161; as perfection, 完美, 156—160, 257—261; and self-love, 自爱, 203—208; and the virtues, 与德性, 161, 163—177, 202—203, 221—230; well-being, 福祉, 142—144。See also Beatific Vision, 同样参见荣福直观, perfection, 完美, well-being, 福祉

Human nature, 人性, concept of, 概念, 103—125

Image of God, 上帝的形象, 4, 112—114, 340—341, 358, 368

Inclinations, 倾向, 36—38, 53, 66, 71—82, 116—123, 175—176, 212, 262, 265—266, 286

Intention, 意图, See act, human, 参见人类行为

Justice, 正义, 51, 170, 180, 184—185, 203—220, 222, 271, 274, 287—288, 390—396; and the will, 与意志, 204—206, 313—316

Kantian ethics, 康德主义伦理学, 234—245

Killing and letting die, 杀人与让死, 292—295, 301—303, 306—308

Marriage, 婚姻, 19—20, 72—75, 232, 352—353

Moral norms, 道德规范, 270—287, 288—308; categorical or hypothetical,绝对的或假设的,235; indeterminacy of,不确定性,317—321。See also act, human,同样参见人类行为; moral evaluation of,道德评价; Decalogue,"十诫"

Nature,自然,11—13, 41—44; 68—82; and convention,以及习俗,12—13, 18—20, 49—50, 73; as cosmic order,宇宙秩序,68—69; and grace,与恩典,383—389; intelligibility and purposefulness of,可理智理解性与目的,49—51, 69—72, 88, 383—384; as proper to specific kinds,具体种类所特有,69; theological concept of,神学概念,58—60; 64—68, 131—132。See also cause,同样参见原因; human nature,人性

Natural end of human life (as theological locus),人生的自然目的(神学场所),104—105, 157—158, 219—220, 279—281

Natural law,自然法, theories or concepts of: Catholic,天主教自然法概念或理论,33—45, 137—138, 144—145, 325, 331—332; modern,现代,24—33, 137—138; minimal,极小的,334—335; new theory of,新自然法理论,37—40, 126—131, 137—279; patristic,教父的,12; Protestant,新教的,4—45, 325, 331—332; scholastic,经院主义,7—24, 46, 64—68, 135—139, 245—248, 266—267, 345—358

Naturalistic fallacy,自然主义谬误,123—125, 134, 241

Passions,激情, See appetites,参见嗜欲, structure of Perfection,完美的结构,50, 119—121; and happiness,与幸福,156, 158—160, 169—170, 257; and virtue,与德性,163—164, 166—169, 176—177

Property,贫困,21—25, 353—357

Proportionalism,比例论, See consequentialism,参见结果论

Providence,智慧统治, doctrine of,教义,48, 64—65, 116, 175

Prudence,审慎,51, 169—170, 180, 185, 199—203, 249—250, 262, 309—324

Reason,理性, autonomy of,自律,27—28, 35—39, 126—131, 187—190, 235—239; first principles of,首要原则,37—38, 109—112, 127—131, 262—266, 271—272, 309—310; and intelligibility of nature,与自然的可理智理解性,49—50, 69—72, 232—233, 262; practical,实践的,37—38, 126—131, 187—190, 234—248, 309—324; and tradition,与传统,61—64; and virtue,与德性,187—190; and the will,与意志,248—267

Rights, 权利, natural or human, 自然权利或人权, 23, 147—148, 358—378; in scholastics, 经院主义者, 342—358; subjective vs. objective, 主观的与客观的, 349—350

Sentimentalism, 情感论, 239—243, 250—532
Scripture, 《圣经》, basis for natural law, 自然法基础, 4—5, 8, 10—11, 13—17, 26, 65—68, 246, 267—268, 327—329, 332, 347—348
Science, 科学: Aristotelian concept of, 亚里士多德主义科学概念, 109—141; ideal for moral reasoning, 道德推理的理想, 27—28; and realism, 与实在论, 58—63
Sociobiology, 社会生物学, See evolutionary psychology, 参见进化论心理学
Species, 种, 88—103; concepts of, 种的概念, 91, 103—125
Speculative realism, 思辨实在论, 57—68, 88—89
Synderesis, 良知, See Reason, 参见理性, first principles of, 首要原则

Teleology, 目的论, 49, 50, 75—77, 81—103, 114—115, 137—138; of human capacities, 人类潜能, 179—180
Temperance, 节制, 170—183, 192—194, 199—201, 221—222, 390

Tradition, 传统, 7—8, 29—30, 51, 63—64; and Aristotelian science, 与亚里士多德主义科学, 109—112; and moral pluralism, 与道德多元论, 33—38

Utilitarianism, 功利主义, See consequentialism, 参见结果论

Virtue, 德性: Acquired, 天赋, 162, 164, 384; acquisition of, 德性的获得, 195—203, 215—217; cardinal, 枢德, 164, 181, 389—390; as habitus, 习性, 163—164; and happiness, 与幸福, 81—82, 161—162, 163—177, 221—230; indeterminancy of, 不确定, 266—230; infused, 修成德性, 162—164, 383, 389, 397—398; instrumental, 工具的, 164—165; moral vs. intellectual, 道德的与理智的, 169; mean of, 中道, 192—193, 250, 312—331; paradigms of, 范式, 174, 181—185, 190—200, 215—217, 271; similitudes of, 相似, 185—186, 227—228; theological, 神学的, 164, 389—390; unity or connection of, 统一或联合, 186—190, 312—313; and well-being, 与福祉, 161—177, 177—203, 212—214

Well-being, 福祉: distinguished from

happiness, 区别于幸福, 142—144, 145—163; and virtue, 与德性, 163—177, 177—203, 212—214

Will, 意志, See appetites, 参见嗜欲, structure of, 嗜欲的结构; freedom of, 意志自由

译 后 记

好吧！是时候承认选择翻译这部作品有些冲动了。此前阅读、翻译托马斯·阿奎那《神学大全》"论法律"部分,深感自然法思想之磅礴。经典阅读不易,若脱离阐释性文献,终不免陷入无处求解的惶惑。于是就产生了挑选并译介相关解读性文本的想法。众所周知,泛论自然法思想的作品比比皆是,详述托马斯主义自然法理论的著作亦不计其数。择其一二总有恣意纵横之感。波特女士的这部著作吸引译者的地方当然不是它的难度,那只是每每遭遇梗阻难免自我开脱引诱自己放弃的理由。著作目录的工整使译者低估了正文内容的难译,作者文笔的精炼则加剧了推敲之后的费解。但这终究是一部重要的作品,尽管作者刻意回避它就是"那种特指意义上的"托马斯主义自然法理论。

波特是美国圣母大学神学院讲席教授(John A. O'Brien Professor of Theology),多年致力于道德神学研究,写作自然法题材的作品多部。她最近的三部著作《法律的牧师:一种法律权威的自然法理论》(*Ministers of the Law: A Natural Law Theory of Legal Authority.* Grand Rapids, MI: Eerdmans, 2010)、《自然作为理性:一种托马斯主义自然法理论》(*Nature as Reason: A Thomistic Theory of the Natural Law.* Grand Rapids, MI: Eerdmans, 2005) 和《自然法与神法: 重申基督教伦理学传统》(*Natural and Divine Law: Reclaiming the Tradition for Christian Ethics*. Grand Rapids, MI: Eerdmans, 1999),均具有相当重要的理论影响。其中,《自然作为理性: 托马斯主义自然法理论》是对之前作品的补充与丰富。因此,通过这部作品我们可以看到她较为完整的自然法理论阐释。

波特教授坚持,自然法理论研究需要探究中世纪思想家,其中包括但不限于阿奎那,但她拒绝孤立地诉诸这些思想家的文本,相反她认为应当把他们带进与当代哲学、生物学和神学的对话之中。波特教授试图为目的论、自然种类和神学自然法伦理学提供更强有力的论证。她认为中世纪经院主义者的正确之处,恰恰在于他们把自己的阐述植根于圣经教导和人性的形而上学之中。在这一点上,她严肃地批判了格里塞—菲尼斯学派的自然法理论,认为他们单纯诉诸理性的做法是难以令人满意的。当然,波特教授的著作自身即值得品读,并非仅因其与格里塞—菲尼斯学派形成对比才值得强调。

显然,译者必须为自己的冲动买单!译文全部谬误均归责于译者学识有限,把握不准,与作者的表述无关,更与读者的理解无关。最后,必须感谢诸位师友和家人多年以来的关爱,必须感谢本书编辑和出版人员的付出,正是他(她)们使得译者有动力完成这项琐碎、难以引人关注的工作。

杨天江
西南政法大学敬业楼
丁酉年七月廿九

图书在版编目(CIP)数据

自然作为理性:托马斯主义的自然法理论/(美)简·波特著;杨天江译.
--上海:华东师范大学出版社,2018
 ISBN 978 - 7 - 5675 - 7087 - 0

Ⅰ.①自… Ⅱ.①简… ②杨… Ⅲ.①自然法学派—研究 Ⅳ.①D909.1
中国版本图书馆 CIP 数据核字(2017)第 264388 号

华东师范大学出版社六点分社
企划人 倪为国

Nature as Reason:*A Thomistic Theory of the Natural Law*
by Jean Porter
Copyright © 2005 Wm. B. Eerdmans Publishing Co.
Published by arrangement with William B. Eerdmans Publishing Company
Simplified Chinese Translation Copyright © 2017 by East China Normal University Press Ltd
ALL RIGHTS RESERVED.
上海市版权局著作权合同登记 图字:09 - 2014 - 067 号

自然作为理性:托马斯主义的自然法理论

著　　者　(美)简·波特
译　　者　杨天江
责任编辑　陈哲泓
封面设计　刘怡霖
出版发行　华东师范大学出版社
社　　址　上海市中山北路 3663 号　邮编　200062
网　　址　www. ecnupress. com. cn
电　　话　021 - 60821666　行政传真　021 - 62572105
客服电话　021 - 62865537
门市(邮购)电话　021 - 62869887
地　　址　上海市中山北路 3663 号华东师范大学校内先锋路口
网　　店　http://hdsdcbs. tmall. com

印　刷　者　上海景条印刷有限公司
开　　本　890×1240　1/32
插　　页　2
印　　张　16.5
字　　数　408 千字
版　　次　2018 年 3 月第 1 版
印　　次　2018 年 3 月第 1 次
书　　号　ISBN 978 - 7 - 5675 - 7087 - 0/B · 1098
定　　价　78.00 元

出版人　王焰

(如发现本版图书有印订质量问题,请寄回本社客服中心调换或电话 021 - 62865537 联系)